黑龙江省哲学社会科学研究规划项目（批准号：17GLB024；18GLE462）
黑龙江省普通本科高等学校青年创新人才培养计划项目（项目编号：UNPYSCT－2015062）

低碳企业创新体系与金融资源配置研究

高 巍 著

中国财经出版传媒集团
中国财政经济出版社

图书在版编目（CIP）数据

低碳企业创新体系与金融资源配置研究 / 高巍著
. --北京：中国财政经济出版社，2022.10
ISBN 978-7-5223-1657-4

Ⅰ.①低… Ⅱ.①高… Ⅲ.①企业管理-技术革新-关系-金融-资源配置-研究-中国 Ⅳ.①F279.23
②F832.1

中国版本图书馆CIP数据核字（2022）第155286号

责任编辑：蔡 宾　　责任校对：张 凡
封面设计：陈宇琰

低碳企业创新体系与金融资源配置研究
DITAN QIYE CHUANGXIN TIXI YU JINRONG ZIYUAN PEIZHI YANJIU

中国财政经济出版社 出版
URL：http://www.cfeph.cn
E-mail：tianmh@cfemg.cn

社址：北京市海淀区阜成路甲28号 邮政编码：100142
营销中心电话：010-88191522 编辑部门电话：010-88190666
天猫网店：中国财政经济出版社旗舰店
网址：https://zgczjjcbs.tmall.com
北京财经印刷厂印刷 各地新华书店经销
成品尺寸：170mm×240mm 16开 25.75印张 400 000字
2022年11月第1版 2022年11月北京第1次印刷
定价：70.00元
ISBN 978-7-5223-1657-4
（图书出现印装问题，本社负责调换，电话：010-88190548）
本社质量投诉电话：010-88190744
打击盗版举报热线：010-88191661 QQ：2242791300

序　言

在大力提倡节能减排的经济背景下，低碳经济将成为我国未来经济发展的主要形式。新形势下，企业需要对低碳经济发展的必要性、紧迫性形成充分的认识，对企业自身经营模式进行解析，从多方面入手积极做好创新工作，将企业创新与金融资源配置相结合，进而获取新的经济增长点，只有这样才能从根本上保证我国经济持续稳定的发展。

低碳企业在社会经济发展中扮演着极为重要的角色，为我国经济发展注入了新动力。对于现代低碳企业来说，创新已经成为低碳企业获取竞争优势的重要途径之一，是低碳企业生存的根基与可持续发展的动力。随着金融资源配置对低碳企业发展的影响日益深入，金融资源配置已逐步渗透到低碳企业创新体系中，金融资源配置优化了低碳企业创新模式，低碳企业创新反作用于金融资源配置，两者呈螺旋交互作用关系，共同促进了我国企业向低碳化转型发展，其对生态环境保护、实现节能减排的经济发展方式具有重要意义。

我国是制造大国，大部分企业还位于全球价值链低端，低端制造环节中的企业相对来说会产生较大的污染，造成大量资源的浪费。通过创新促进我国企业向低碳化转型，解决企业创新金融资源配置问题，是促进我国经济绿色发展，提高我国企业国际竞争力、世界分工地位的重要手段。同时，在推进低碳企业创新发展的过程中，由于缺乏有效的金融资源配置途径，低碳企业创新活动面临着严重的资金短缺，如何解决低碳企业创新金融资源配置问题，已经成为各国政府、企业界和中外学术界普遍关注的问题。

高巍博士完成的《低碳企业创新体系与金融资源配置研究》一书，是她在负责承担的黑龙江省哲学社会科学研究规划项目（批准号：17GLB024）、黑龙江省普通本科高等学校青年创新人才培养计划项目（项目编号：UNPY-

SCT－2015062）和参与的黑龙江省哲学社会科学研究规划项目（批准号：18GLE462）的基础上，经过两年多系统深入的研究，以低碳企业为研究对象撰写的一部专著。该书对低碳企业创新理论与金融资源理论进行了有益探索，是一部视角独特、理论联系实际、体系完整、精心探索的好书。

高巍博士的这部专著，正是以低碳企业为研究对象，基于系统的研究思路和研究框架，建立起了低碳企业创新体系与金融资源配置研究的理论框架。研究内容包括低碳企业创新体系与金融资源配置关联度分析、低碳企业发展与金融资源配置现状分析、低碳企业发展的环境与影响因素分析、低碳企业发展路径选择、低碳企业创新体系构建、低碳企业创新体系有效性评价、低碳企业发展路径及创新体系实证研究、低碳企业创新的金融资源配置系统的结构分析、低碳企业创新的金融资源配置模式选择、优化低碳企业创新金融资源配置的对策建议等。作者在研究方法上本着继承与创新相结合、定性分析与定量研究相结合、理论研究与实证研究相结合的原则，在低碳企业发展的环境与影响因素、低碳企业发展路径选择、低碳企业创新体系构建、低碳企业创新体系有效性评价、低碳企业创新的金融资源配置系统的结构分析、低碳企业创新的金融资源配置模式选择等方面做出了很多开创性的工作，形成了全面、系统的低碳企业创新体系与金融资源配置研究理论框架。作者勇于探索的学术精神，是值得称道和学习的。

高巍博士上述具有创新意义的研究工作，初步形成了低碳企业创新体系与金融资源配置研究的理论框架，是对我国低碳企业创新理论和金融资源理论的进一步丰富和充实。希望该书能有力地推动我国低碳企业创新理论和金融资源理论的发展。

《低碳企业创新体系与金融资源配置研究》一书即将出版，我由衷地为作者感到高兴。该书很好地总结了作者前一阶段的研究成果，为进一步的研究奠定了坚实的基础。我相信，该书一定能够得到广大读者的喜爱和好评。真诚祝愿高巍博士在今后的科研求索中不断取得新的成果，硕果累累，永葆科研之树常青。

是为序。

姚凤阁
哈尔滨商业大学
2022 年 5 月

前　言

近年来，我国经济发展取得了举世瞩目的成就，人民生活得到了很大的改善。然而，过去单一地追求经济发展使碳排放日益增加，最终导致我国碳排放总量位居全球首位。随着温室气体的大量排放，全球温度逐年升高，冰川融化、洋流改变、异常高温、雾霾、地震、洪水等自然灾害频发，对人类及大自然生物生存产生了严重威胁。因此，在全球变暖、环境压力越来越严重的情况下，迫切需要大力发展低碳经济，将经济发展与生态保护融为一体，使之成为具有“生命力”的发展模式。也正是因为全球变暖和不可再生资源储量的急剧下降，给世界人民带来了严重影响，引起了世界各国的广泛关注，发展低碳经济得到了世界各国的一致认可和支持。随着全球对生态环境保护的关注度日益提高，对低碳经济发展的主力军——企业的节能减排也提出了更高的要求，企业不仅要在节能减排方面逐渐向低碳化发展，而且要通过金融资源配置优化创新模式，否则难以在竞争激烈的市场经济中生存。

经济全球化的21世纪，面对全球气候变化问题的严峻挑战，发展低碳经济、促进低碳企业发展势在必行，其已成为当前全球关注的热点问题。为此，不管是发达国家还是发展中国家都纷纷制定符合自身实际的低碳经济发展战略，试图通过改革和转型促进经济又好又快发展，促进企业走向绿色发展道路，从而实现增加就业、社会公平、环境友好发展，绘制一个绿色、和谐、低碳、包容的可持续发展蓝图。其中，针对企业在生产过程中排放大量温室气体的问题，各个国家和地区都采取制定相关法律和法规、加大节能技术的研发投入、加入全球环境治理体系联盟等措施，实现节能减排。尤其最近几年，全球气候灾难频发，环境问题已经成为当前全球面临最严重的威胁，各国纷纷意识到环境问题已经到了必须解决的地步，为此，各国政府联合起来采取一系列措施引导企业向低碳、绿色、可持续发展。经济发展本身就是一个复杂性问题，发展低碳经济不仅涉及市场、政府、劳动力等因素，而且要妥善处理好环境保护、经济发展、社会稳定、政策实施、资源利用等多种因素之间的矛盾，是一个系统性问题。因此，本书以低碳企业为研究对象，对低碳企业创新体系与金融资源配置的作用关系进行研究，以期丰富低碳企业创新体系及评价标准，为发展低碳经济提供理论参考和实践借鉴。

本书的主要研究内容如下：

（1）低碳企业创新体系与金融资源配置关联度分析。从低碳企业创新对金融发展的促进作用和金融发展对低碳企业创新的反促进作用两个层面分析了低碳企业创新体系与金融资源配置的关系。从金融资源的资金集中功能、风险管理功能、信息揭示功能和项目治理功能等四个方面剖析了金融资源配置促进低碳企业创新的作用机理。从低碳企业创新促进金融结构变迁、推动金融市场创新及加强金融风险管理等角度研究了低碳企业创新对金融发展的作用机理。

（2）低碳企业发展与金融资源配置现状分析。对低碳企业发展及金融资源现状进行系统分析，回答低碳企业创新资金投入渠道及低碳企业创新体系金融资源配置问题。从低碳企业规模总量、能源现状、创新能力及盈利能力四方面详细分析了低碳企业的发展现状；全面阐述了低碳企业创新资金投入渠道，包括财政投入渠道、企业自主投入渠道、银行信贷投入渠道及风险投资渠道；通过对低碳企业创新体系金融资源配置现状进行分析，发现现阶段存在科技投入总量不足、科技投入单一及金融支撑机制缺乏等问题。分析涵盖了低碳企业与金融资源配置的内部和外部矛盾，最终结果表明，现阶段低碳经济的发展已经取得了显著的成就，但是，与发达国家相比较，我国低碳经济的发展仍较为落后。这既有我国金融发展和产业发展制约的现实原因，也有政府层面的制度原因。因此，如何在现有基础上，逐步解除制约我国低碳经济发展的因素，实现低碳企业创新活动与金融资源配置的科学融合，是我国低碳经济未来发展的一个重要问题。

（3）低碳企业发展的环境和影响因素分析。对低碳企业发展的环境，尤其是低碳企业发展的外部环境进行了系统的分析，主要包括低碳企业所处的国际环境、政策环境、市场环境和金融环境等，其中政策环境主要从节能减排政策、污染治理政策、财政税收政策、金融信贷政策四个方面进行分析。从体制因素、经济因素、技术因素和法规因素等四个方面详细阐述了低碳企业发展的影响因素，分析各个影响因素的缺点与不足以及其对低碳企业发展产生的不利影响。通过详尽的环境及影响因素的分析，可以得到我国低碳企业发展的宏观背景，为企业发展路径选择与创新体系的构建奠定良好的基础，为实证研究提供现实背景，以及为低碳企业创新的金融资源配置系统的结构与模式等提供研究边界，旨在明确低碳企业创新发展的思路。

（4）低碳企业发展路径选择。构建了我国低碳企业发展的三种不同路径，其分为低碳企业内生型自然演进路径、低碳企业外生型变迁路径以及低碳企业混合型发展路径。对低碳企业每一种发展路径的内涵、特征和效率进行深入研究，以揭示不同路径的不同特性与适用条件，用定量模型对三种发展路径的效率进行计算，以得到企业内生能力的适用性及不同影响因素对路径选择的影响。对低碳企业三种不同发展路径进行比较分析，更为明确地指出三种发展路径的差异与关联。为低碳企业发展路径的选择提供了理论依据，优化低碳企业发展路径，同时丰富了低碳经济背景下企业发展模式相关理论研究。

（5）低碳企业创新体系构建。首先，从低碳企业创新体系的含义、功能和特征角度分析低碳企业创新体系结构，其中特征包括层次性特征、耗散结构特征、开放型特征和涨落特征。其次，从观念、技术、制度和管理创新等方面分析了低碳企业创新体系的要素构成，剖析了低碳企业创新的要素结构以及各要素之间的关系，并对低碳企业创新体系要素作用关系进行了详尽的分析。再次，提出低碳企业创新体系的运行模式，包括竞争式模式、融合式模式、垂直分工式模式和互补式模式。最后，提出低碳企业创新体系运行机制，包括调控机制、动力机制、组织机制和扩散机制四个方面的运行机制。

（6）低碳企业创新体系的有效性评价。首先，从低碳企业创新体系的有效性、管理评审过程和管理评审改进等方面对低碳企业创新体系的有效性及管理评审进行论述。具体地，在低碳企业创新体系的有效性方面研究了低碳企业创新体系有效性的含义及有效性特点；在低碳企业创新体系的管理评审过程方面研究了管理评审的输入、输出、纠正措施和预防措施。

其次，介绍了低碳企业创新指标体系构建原则和指标体系结构设计两个方面描述低碳企业创新体系的指标体系结构，其中构建原则包括科学性原则、系统性原则、目标一致性原则及动态性原则；体系结构设计方面包括构建方法的选择、评价指标体系的选取、评价模型的建立。最后，运用网络分析评价法对低碳企业创新体系进行评价，从网络分析评价的基本原理及低碳企业创新体系的网络分析评价法的运作方式等方面进行诠释。

（7）低碳企业发展路径及创新体系实证研究。以华电能源股份有限公司为实证研究对象，研究低碳企业发展路径及创新体系。首先，在介绍了华电公司的基本概况和华电公司的环境支持与发展障碍的基础上，对华电公司发展路径选择进行研究，提出建立层次结构先进合理的新能源产业体系、培育拉动性强的龙头企业并树立品牌效应以及完善新能源产业政策、制度、环境保障的混合型发展路径。其次，从观念创新、技术创新、制度创新和管理创新等角度构建华电公司创新体系，其中观念创新包含品牌观念、技术观念、投资观念、用人观念及管理观念；技术创新包含创新投入、创新管理、研究开发及创新产出；制度创新包含制度创新的内容、内涵和流程；管理创新包含总体思路、主要内容及重点领域。最后，通过对华电公司创新体系的管理评审，利用网络评价方法对华电公司创新体系进行评价，针对创新体系提出相应的对策建议。

（8）低碳企业创新的金融资源配置系统的结构分析。分析了低碳企业创新的金融资源配置系统整体结构，包括金融资源配置主体子系统、配置客体子系统和配置载体子系统，其中配置主体要素主要包括企业、政府、个体和金融当局；配置客体要素主要包括用于低碳企业创新的货币资金、金融制度资源和金融组织资源；配置载体要素主要包括金融机构和低碳企业创新服务中介，配置主体、配置客体和配置载体子系统之间的有效互动，共同构成了低碳企业创新的金融资源配置系统。从不同配置主体角度，对低碳企业创新的金融资源配置系统的结构差异进行深入探讨，低碳企业创新的金融资源配置主体的地位差异，会引起配置系统的结构差异，进而影响金融资源配置系统的运行和效率。

（9）低碳企业创新的金融资源配置模式选择。主要从低碳企业创新的金融资源配置方式、配置机制和配置模式三方面进行。金融资源在低碳企业进行创新的过程中发挥着重要作用，因此要对低碳企业的金融资源进行合理高效的配置，以便于低碳企业更好更快地发展。在进行金融资源配置的过程中，除了要满足低碳企业创新的需要，还要充分发挥金融资源的作用，减少不必要的金融浪费，以最少的投入实现最大的产出，完成可持续发展目标的要求，促进低碳经济进一步发展，尽快使我国成为生态大国。因此，在低碳企业创新的金融资源配置方式方面，提出市场调节配置方式、政府调控配置方式及社会资源配置方式。在低碳企业创新的金融资源配置机制方面，也重点研究了市场机制、政府机制及社会机制，同时对三种机制的相互作用关系进行系统描述。在低碳企业创新的金融资源配置模式的研究方面，提出市场主导型模式、政府引导型性模式、网络集成型模式及综合优势发挥型模式四种主要的金融资源配置模式。

（10）优化低碳企业创新金融资源配置的对策建议。从合理优化低碳企业创新金融资源配置的投入产出、有序引导低碳企业创新金融资源配置系统向更高级结构演化以及差别完善低碳企业创新的金融资源配置系统环境三个方面提出了优化低碳企业创新金融资源配置的对策建议。

本书的特色与创新之处包括以下五个方面：

（1）识别出低碳企业创新体系与金融资源配置的复杂关联。分别从低碳企业创新对金融发展的促进作用与金融发展对低碳企业创新的反促进作用两个方面进行分析，系统全面地识别两者的复杂关联。深入探讨了金融资源配置促进低碳企业创新的作用机理，研究了金融资源的资金集中功能、风险管理功能、信息揭示功能及项目治理功能对低碳企业创新的影响，以及低碳企业对金融发展的作用机理，研究了低碳企业对金融结构变迁、金融市场创新及金融风险管理的影响。

（2）构建低碳企业发展路径及路径选择模型。构建了我国低碳企业发展的三种不同路径，其分为低碳企业内生型自然演进路径、低碳企业外生型变迁路径以及低碳企业混合型发展路径。对低碳企业每一种路径的内涵、路径特征和发展路径效率进行深入研究，揭示不同路径的不同特性与适用条件，用定量模型对三种发展路径的效率进行计算，以得到企业内生能力的适用性及不同影响因素对路径选择的影响。对低碳企业三种不同发展路径进行比较分析，更为明确地指出三种路径的差异与关联。

（3）构建低碳企业创新体系并进行有效性评价。从低碳企业创新体系的有效性、管理评审过程和管理评审改进方面对低碳企业创新体系的有效性及管理评审进行论述。具体地，在低碳企业创新体系的有效性方面研究了低碳企业创新体系有效性的含义及有效性特点；在低碳企业创新体系的管理评审过程方面研究了管理评审的输入、输出、纠正措施和预防措施。从低碳企业创新指标体系的制定原则和结构设计两个方面描述了低碳企业创新体系的指标体系结构，其中制定原则包括科学性原则、系统性原则、目标一致性原则及动态性原则；体系结构包括构建方法的选择、评价指标体系的选取、评价模型的建立。运用网络分析评价法对低碳企业创新体系进行评价，从网络分析评价的基本原理及低碳企业创新体系的网络分析评价法的运作方式等方面进行诠释。

（4）识别低碳企业的金融资源配置系统结构。分析了低碳企业创新的金融资源配置系统整体结构；对其构成部分中的配置主体、配置客体以及配置载体进行了分析；从不同配置主体角度，对低碳企业创新的金融资源配置系统的结构差异进行深入探讨。低碳企业创新的金融资源配置系统是一个复杂的系统，主要包括金融资源配置主体子系统、配置客体子系统和配置载体子系统。在配置系统中，低碳企业创新的金融资源配置主体的地位差异，会引起配置系统的结构差异，进而影响金融资源配置系统的运行和效率。

（5）提出低碳企业创新的金融资源配置模式。金融资源配置模式是指在低碳企业创新过程中金融资源配置的运作方式。它由各种配置主体、配置客体、配置方式和配置机制所组成，并通过一定的配置途径来实现。遵循金融资源配置的方向，按照金融资源的三种配置方式在金融资源配置中的地位和作用不同，考虑到金融资源的配置途径，并结合配置主体的不同情况，将金融资源配置模式主要归纳为市场主导型模式、政府引导型模式、网络集成型模式及综合优势发挥型模式。这几种模式并不互相排斥，只是在不同的应用领域和范围其地位和作用有所不同。

本书对低碳企业创新体系与金融资源配置做了比较全面、深入的研究，丰富了低碳经济发展的相关理论，为正确认识低碳企业创新与金融资源配置关系提供有效的理论依据，为低碳企业发展路径及创新体系构建提供了理论参考和实践指导，同时也为“高碳”地区和企业转变经济增长方式提供可行的设计安排，为我国企业转型升级明确方向，同时可为相关部门科学决策和制定政策法规提供重要的参考。本书的相关研究得到了黑龙江省哲学社会科学研究规划项目（批准号：17GLB024；18GLE462）和黑龙江省普通本科高等学校青年创新人才培养计划项目（项目编号：UNPYSCT－2015062）的资助，在此一并感谢！由于作者水平有限，难免有不妥之处，仍然会不可避免地存在一些缺点或不足，敬请同行专家学者和广大读者对本书的研究工作批评指正，提出宝贵意见和建议，以使本书的观点与理论可以不断修正、补充和完善，为促进我国低碳企业创新与金融资源理论的发展贡献力量！

作者

2022 年 5 月

目　　录

第1章 绪 论

1.1 研究背景

经济全球化的21世纪，全球变暖和极端天气的频繁发生日渐成为笼罩全球的阴霾，面对全球气候变化这一问题的严峻挑战，发展低碳经济、促进低碳企业发展势在必行，如何实现经济发展与自然环境的和谐共处已成为当前全球关注的热点问题。为此，不管是发达国家的政府还是发展中国家的政府都纷纷出台了一系列政策法规来控制碳排放，以期制定出符合自身实际的低碳经济发展策略。政府试图从供给侧角度引导企业进行改革和转型以促进经济又好又快发展，促进企业走向绿色发展道路，并且从低碳经济这一角度增加就业。与此同时，消费者的环保意识不断增强，因此需求侧也可作为实现低碳目标的一个切入点，企业减少产品的碳排放可以改善其市场需求，这也迫使现代企业更加注重改善产品的正外部性，向市场推出更多低碳环保产品，在满足更多低碳消费者的需求的同时实现与自然的和谐共处。政府试图引导供给侧和需求侧共同努力，使经济在对环境友好的基础上蓬勃发展、尽可能地实现社会公平，最终绘制一个绿色、和谐、低碳、包容的可持续发展的蓝图。

各个国家和地区针对企业在生产过程中排放的海量温室气体的问题，采取制定相关法律和法规、加大节能技术的研发投入、加入全球环境治理体系联盟等措施，实现节能减排目标。尤其最近几年，全球气候灾难频发、环境问题已经成为当前全球面临最严重的威胁，各国纷纷意识到环境问题已经到了必须解决的地步。为此，各国政府联合起来采取一系列措施引导企业向低碳、绿色、可持续发展。可见，发展低碳经济是应对全球气候变暖和环境污染日益严重等问题、实现可持续发展的核心战略（Morrison and Yoshida，2009），正成为世界各国的共同选择（Bert et. al，2012；Kirit，2012）。在这样的背景下，以低碳企业为研究对象，提出通过金融资源配置优化低碳企业创新体系的路径及对策显得更加有意义。

1.1.1 低碳经济发展背景

在人类从农耕文明向现代工业文明进化的过程中，能源使用也发生了天翻地覆的变化，具体表现在水电能源、化石能源、生物能源以及核能源不断取得突破，我们的生活方式也相应地改变。十八世纪，第一次工业革命之后，全球经济在工业化的巨轮下快速推进，世界各国由于经济快速发展和人口急剧增加，给生态环境造成了巨大的压力。化石能源和生物能源的开采和使用为国民经济增长做出了突出的贡献，然而能源低效率的过度使用产生了大量的废水、废气及化工废品，对人类的生存环境造成了严重的污染。

气候是人类生存环境的基本组成部分，而冰川消融、洪涝灾害、沙尘暴及农作物减产等气候变化问题正威胁着整个人类社会的可持续发展。近年来，环境问题已经成为困扰全球的最严峻问题，温室气体的大量排放导致全球气候变暖，已经对世界经济产生巨大影响。直观的表现是，冰川溶解速度加快，永久冻土溶解加速，致使海平面不断上升，从而打破了自然界的平衡，已经到了严重威胁人类生存和发展的地步。除了直观表现，2013 年 9 月 27 日联合国政府间气候变化专门委员会（Intergovernmental Panel on Climate Change，IPCC）发布了一份专门研究报告，进一步确认了全球气候变暖的事实，并指出气候变暖主要由人类活动造成，确认度达到了史无前例的 95%。众所周知，气候问题不仅仅是自然现象，同时也是关乎人类社会发展的经济问题。各国普遍认可了大气中的 CO_2 排放量增加导致了地球变暖，并且客观证据也已经证明气候异常与人类使用碳基能源造成的 CO_2 过度排放存在紧密关系。其中，经济和社会活动加速了 CO_2 排放增加。全球变暖问题已经被各个国家广泛认定为影响人类未来生存和发展的核心问题，如果再不采取有效措施进行改善，后果不堪设想，因此以减少 CO_2 排放为主要目标的低碳经济已在全球得到广泛认同。

可持续发展理念是低碳经济提出的理论背景。由于环境破坏和资源浪费，使人类开始重视环境可持续发展问题。1972 年，出于对环境的忧虑和关心，联合国召开第一次人类环境会议，要求各国政府必须更加审慎地考虑它们对环境产生的后果，保护和改善人类环境是世界人民的希望和各国政府的责任，关系人类幸福和经济发展。美国学者沃德和杜博斯提出“只有一个地球”的概念，罗马学者提出“可持续发展”的相关概念。美国世界观察研究所所长布朗先生于 1981 年发表《建设一个可持续发展的社会》。1987 年，《我们共同的未来》这项报告在将注意力集中于人口、粮食、物种和遗传资源、社会和环境问题之后，提出“可持续发展模式”，表明世界各国正在不断地加深对可持续发展理论的认识，不再仅仅强调环境的保护，而是更进一步提出人与自然和谐相处，在环境保护的同时实现人类社会的发展。同年挪威首相布伦特兰总统提出了“什么是可持续发展”的问题，并于 1992 年联合国可持续发展大会上提出了环境和发展的理念，得到了与会人员的一致认可。大家普遍认为，可持续发展的核心价值观强调的是共同、和谐、公平和高效发展，要求经济、社会和环境协调发展。

应对全球气候变化的大背景催生了低碳经济的概念。目前，在气候变暖、环境恶化、化石能源供应紧缩、经济发展长期低迷的大背景下，世界各国为了应对环境危机而先后加入到应对气候变化、发展低碳经济的队伍中来，并不断在实践中探索适合自己国家的建立在高新技术、实现低能耗与环境保护基础上的低碳经济发展模式，低碳减排作为全球性环境行动，能够增加全球公众利益，这促使低碳经济成为世界经济发展的大势所趋。从 1972 年的《联合国人类环境会议宣言》、1992 年的《联合国气候变化框架公约》、1997 年的《京都议定书》、2007 年通过“巴厘岛路线图”，到 2009 年的哥本哈根会议和 2010 年的坎昆会议，低碳经济逐渐在世界经济发展和环境保护中占据了重要位置。

《联合国气候变化框架公约》和《京都议定书》的正式生效，对全球气候变化第一阶段 2008 年至 2012 年的减排目标的实现进行了规定，并产生了法律约束力。应对全球气候变化需要世界各国合作，合作内容涉及减排行动的各方面，如碳价格、碳交易、低碳技术、碳减排等；需要各国政府和企业投资减排相关项目，提供融资渠道，制订并实施减排相关政策和计划。后京都时代的到来，涉及各国政治、经济和环境方面，其中政治考虑要以经济利益为基础，而经济利益又要充分考虑环境影响。欧盟在后京都时代基本立场是构建一个全球性国际气候制度体系，基于当前全球气候变化的情况，制定长期和统一的行动方案。由于温室气体排放对人类发展的重大影响，气候变暖导致人类的生存环境恶化，国际社会在应对气候变化的挑战中形成共识，认识到只有构建低碳经济发展模式，才是解决气候变化问题的根本出路。

英国首席科学家 Hertsgaard 于 2006 年提出，全球气候异常问题是当下全球面临最严峻的挑战。经济学家尼古拉斯特恩指出，全世界每年将 1% 的 GDP 投入环境治理，未来 GDP 每年会减少 5%—20% 的亏损，发展低碳经济的呼声越来越高。2007 年达沃斯经济论坛年会上，全球变暖被公认为全球面临的首要问题。随后，在八国团体领袖峰会上提出，争取到 2050 年将全球温室气体排放量较 1990 年下降 50% 的目标。2009 年，哥本哈根气候变化大会做出了发达国家实行强制减排和发展中国家采取自主减缓行动的安排。发展低碳经济已经成为全球发展不可逆转的潮流。

在这样的背景下，传统的工业化发展和能源使用观念受到了广泛的质疑，世界各国开始寻求以减少 CO_2 排放为目的的低碳经济发展模式，迫切需要提高能源使用效率、转变经济发展理念、树立绿色发展、生态发展的价值观，必须寻找绿色生态可循环的经济发展模式；即通过低碳经济模式和低碳生活方式，实现自然资源和生态环境、经济发展和个人发展融为一体，绿色、高效、有序、快速、可持续发展。因此，“低碳经济”概念应运而生。低碳经济理念的提出正是顺应全球气候变暖的趋势，通过低碳发展模式减低 CO_2 的排放量，试图改变人类生产、生活方式以及发展方式，从而实现经济、社会可持续发展。

1.1.2 国际环境

自工业革命以来，随着生产力发展和科技进步，人类开发和利用自然资源的能力大幅提升，化石能源的大规模开采及使用对社会经济发展，尤其对工业化、城市化起到了重要推动作用，但人类与自然之间的关系也随之发生了根本性变化。随着工业经济的发展、人口的剧增、人类欲望的无限上升和对自然资源无节制地大规模开采，全球能源消费急剧增加。这不仅使世界能源供应面临严重危机，而且 CO_2 的过度排放导致全球气候变暖，对人类社会的可持续发展构成严峻挑战。能源的过度消耗会导致大气污染、光化学烟雾、水污染和酸雨等一系列环境问题，尤其是大气中 CO_2 浓度升高带来的全球气候变化，给人类生产和生活带来严重影响。气候变化对自然生态系统以及人类社会的影响将是全方位的、多层面的，其负面影响尤为深远。全球气候变暖将导致极地冰川融化、海平面上升、沿海低地被淹没等一系列难以承受的、不可逆转的、持久性的严重后果。全球气候变化将会给人类带来难以估量的损失，而它在很大程度上取决于人类经济活动的内容及经济发展方式。传统工业化过程中的高碳经济发展模式是导致温室气体排放量过大，从而造成气候变化的主要原因。因此，越来越多的国家开始关注气候变化与经济发展方式之间的联系。转变经济发展方式，发展低碳经济，削减 CO_2 排放量，遏制全球气候变暖，成为国际社会的一致共识。

并且，伴随着近年来风云变幻的国际环境，局部冲突不断，部分国家动荡、饱受战乱之苦，不同形式的贸易摩擦和争端屡见不鲜。全球大宗商品价格屡经高位震荡，提高了经济发展的不确定性，同时伴随着日益严重的环境问题，发展低碳经济的紧迫性变得更加突出。全球为了减少环境压力，共创美好家园，自 1992 年至今，付出了很多努力，制定了《联合国气候变化框架公约》《京都议定书》《哥本哈根协议》等文件。然而，面临环境问题，各国在分担污染责任及履约问题方面冲突不断，矛盾重重，意见难以达成一致。随着低碳经济的发展，在国际贸易中，围绕“碳”而生的贸易争端日趋激烈，这些争端主要是由限制和制裁高耗能、高排放商品出口而产生的贸易摩擦。中国出口的机电产品、钢铁产品、化工产品等都是高碳产品。随着贸易规模的加大，国际竞争越来越激烈，发达国家逐渐使用本国的绿色标准来选择出口商，设立层层障碍，提高中国产品出口的成本，影响到中国对外贸易的发展。绿色贸易壁垒、碳关税、碳审计与碳信息披露等是低碳条件下发达国家所采取或即将采取的贸易保护措施，其会使中国国际贸易所受到的冲击将越来越大，特别是中国传统的贸易优势领域、行业和产品所可能受到的冲击更严重。发达国家以此来降低中国产品的市场份额，抢夺中国厂商的市场利益，最终夺取国际贸易市场的控制权。随着低碳经济的不断发展，发达国家已经形成完整碳交易产业链，这使发达国家既掌握了低碳交易的主动权又掌握了制定国际低碳标准的话语权。出口产品的高碳化使中国在国际碳交易市场以及整个碳交易产业链中处于底层。在这个价值链中，中国所获得的是对初级产品加工赚取的一部分加工费，而发达国家垄断了碳交易的真正利润。由此可见，随着矛盾的逐渐升级，环境问题已经演变成国家之间的经济、政治、军事等多方面的博弈，为全球稳定发展产生一定影响。

从政治经济学角度分析，低碳经济发展和环境外交已经成为了国际舞台上的热点和手段。发展低碳经济以及解决环境污染问题，实质是各国经济未来如何发展，如何解决经济增速和环境保护之间的矛盾问题，因为碳排放的权利大小和总量关乎各国经济发展速度和国际地位，所以，各国针对低碳经济发展这一全球性问题展开了激烈博弈和较量。但是，发展低碳经济对人类意义重大，虽然在短期内难以实现经济和环境和谐发展，但是为人类可持续发展奠定了重要一步。特别要提出的是，全球经济发展受到不可再生能源储量的约束，据测算，1.6 万亿桶石油大约 60 年就会消耗光。然而，每天全球石油消费量已达到 71 亿桶，同比增长 2%，而且到 2020 年全球已经消耗掉当前技术下可以开采石油的一半，而新能源发展缓慢。因此，在这样的背景下，世界各国均面临严重的石油危机。据美国石油协会测算，全球未开发的原油储量小于 2 万亿桶，这个储备量在当前的消费能力下仅能供应人类发展 95 年左右。所以，在原油储量紧缩的现状下，全球经济发展会更加依赖煤炭，由于当前煤炭利用率较低，煤炭供应在不久的将来也会出现危机。全球意识到必须采取一项战略，实现节约能源和发展新能源。不可再生能源的耗尽趋势使发展低碳经济成为必然选择。

1.1.3 国内环境

中国改革开放 40 余年来，经济总量和综合国力取得了巨大成就。目前，中国已经成为全球最大的贸易国和第二大经济体，人民生活水平显著提高。然而，随着不可再生资源消耗逐渐加剧，环境污染问题逐渐成为了国人关注的首要问题，因此，未来经济如何快速发展挑战巨大。当前的发展模式也暴露出一些弊端，具体表现为：

首先，中国经济发展过程中的资源约束不断增加。众所周知，任何国家和地区经济的发展与资源和环境密不可分。中国地大物博，虽然资源总量丰富，尤其自然资源、耕地、森林、草原、淡水和矿产资源总量处在世界前列，但是，由于庞大的人口数量，中国人均资源量处在全世界较低水平。尤其自改革开放以来，中国经济取得了举世瞩目的成就，经济一直保持高速增长势头。中国经济总量先后超过了俄罗斯、加拿大、意大利、法国、英国、德国、日本，成为仅次于美国的世界第二经济大国。但我国经济快速增长的同时也存在一个突出问题，就是能源消耗大幅增加。中国经济水平取得了质的飞跃，人民日益增长的物质文化需要也随之增加，海量的资源需求导致资源存储量加速下降，显然，逐渐增加的物质需求受到资源的约束力越来越强。

其次，粗放型的经济发展模式成为中国经济进一步发展的“瓶颈”。中华人民共和国成立以来，中国经济一直以粗放式增长模式快速发展，具体表现在高污染、高能耗、低效率的“高碳”特征。20世纪90年代中期，随着改革开放的扩大和深化，我国成为世界上吸引外资最成功的国家之一。发达国家利用中国丰富廉价的劳动力资源和相对宽松的招商引资政策，将其国内一批劳动密集型的夕阳产业和高能耗、高污染产业转移到中国。其中，制造业是外商投资的主要领域，占外商总投资的50%以上，有的年份甚至超过60%。我国制造业以原材料或零部件的加工、装配和组装为主体，而对产品的研发、设计、销售、服务等环节相对较少，这是造成我国加工制造业高能耗、高污染的主要原因。根据对中国能源结构的测算，结果显示，中国煤炭、石油和天然气的储量分别为94%、5.4%和0.6%，显然中国的能源是以煤炭为主的“高碳”结构，然而，二氧化硫、粉尘、二氧化碳等温室气体污染源主要是煤炭。中国实行改革开放以来，经济得到了快速发展，广大民众的生活得到了改善，物质需求也更加旺盛，同时，国家参与全球竞争必须以强大的工业为基础，军事、基础设施、城镇化以及全国人民步入小康社会等，需要强大的经济实力，正是这些因素的影响，加大了能源的需求量，导致污染气体的排放量急剧增加，雾霾、气候异常频发成为中国经济发展的桎梏。

最后，低碳经济是我国经济发展的重要动力。自2008年全球金融危机以来，全球经济持续低迷。经济结构调整和产业结构转型是经济发展过程中的必经之路，核心在于结构调整的决心和策略。在规章制度层面，要将过去以高投资、高污染、高消耗以及出口拉动经济增长的模式转变成以消费、投资和出口拉动经济增长。推广低碳经济是我国解决资源约束和环境污染问题的重要举措，低碳发展模式不仅可以盘活我国经济又好又快发展，而且可以改善全球经济发展环境，促进全球进入良性循环。低碳经济不仅强调低能耗、低污染、低排放，而且是具有全局性和战略性的一种发展模式。第一，低碳经济不是一个单纯的技术或经济问题，而是一个涉及政治、经济、社会、技术、环境系统的综合性问题，是一项全面复杂的系统工程。低碳经济发展需要政府在政策、资金上给予支持，通过技术创新调整和优化能源结构，减少碳排放，提高经济增长的质量，实现人类社会与自然环境的协调发展。第二，低碳经济是一种长期的、具有战略性的发展模式。发展低碳经济要求改变经济增长方式、能源消费方式和人类生活方式，因此，从“高碳”经济向“低碳”经济转型，不是在短期内对人们经济活动、生产方式和生活方式的微调，而是人类为了适应自然环境的发展变化趋势所作出的一项长期战略选择。故向低碳经济转型是中国经济可持续发展的必然选择。

以上分析可以看出，传统的经济发展模式已经不能适应当前全球经济发展大势，只有走低碳经济道路才能解决当前中国经济发展的突出矛盾，为未来可持续发展奠定基础。一方面，中国作为负责任的大国，已经充分认识到了发展低碳经济的必要性和紧迫性，1998年5月，中国签署了《京都议定书》。在2009年12月的哥本哈根峰会上，中国宣布的温室气体减排量化目标降幅很大。近年来，中国领导人更是多次强调要保护环境，发展低碳经济，并且表示不仅要将这种可持续发展理念在国内践行，还要在国际践行，中国要为全球经济发展贡献自己的力量。面对全球生态环境日益恶化的问题，中国有责任、有义务通过发展低碳经济，节能减排。另一方面，低碳经济发展是大势所趋，面临国内资源约束压力和环境恶化压力，发展低碳经济符合全球及中国的长远利益，符合中国发展循环经济的理念。另外，当前的全球竞争不仅仅是经济总量的竞争、科技的竞争，也是生活环境的竞争，只有加强低碳经济发展的投入力度，才能促进中国走好可持续发展道路，才能实现建设资源节约型、环境友好型社会的发展国家战略。

1.2 研究目的和意义

1.2.1 研究目的

低碳经济发展模式是当前全球共同关注的首要问题。发展低碳经济不仅可以提供一个良好的生活环境，带来“绿水青山”，而且能够促使整个自然界和生产方式良性循环，带来“金山银山”。面对当前突出的环境污染问题，以及环境污染导致各类疾病井喷式暴发，迫切需要改变传统的生产方式。在当前全球第四次工业革命浪潮中，传统的发展模式导致了当前突出的环境问题，发展低碳经济是大势所趋。

目前，学术领域多有针对某一行业创新能力或是企业绩效方面的研究，如某类企业创新能力、经营绩效相关问题研究，创新能力、绩效影响因素研究，抑或是创新能力、经营绩效评价体系研究，以及就如何提高企业创新能力或企业绩效的相对策建议等。对创新能力进行研究的企业多见于高新技术企业、制造业企业等。对企业经营绩效的研究虽然有很多，但很少直接研究低碳类企业，即使涉及低碳方面，也多是基于低碳视角，而真正研究低碳类企业的文章并不多见。在现今科学创新技术不断进步，经济全球一体化的大趋势下，气候问题带来了人们对低碳生活、企业对低碳生产的诉求，如何使定位于低碳化发展的企业在瞬息万变的市场竞争环境中有效地进行低碳创新，提高经营绩效，是低碳类企业可持续发展的重点。

创新活动创造了生产条件与要素的全新组合并将其引入生产过程（Schumpeter，1934）。企业具有联结创新活动与市场化应用的作用。创新为企业创造了非物质形态的资本资产（Dilling - Hansen、Madsen & Smith，2003），是企业进步的长期源泉（Porter，1992）。同时，资本市场为企业提供了投资和融资的广阔平台。一方面，资质良好的企业可以通过资本市场进行股权、债权融资，用于日常运营和新项目投资建设；另一方面，现金流充裕的企业可以通过资本市场进行投资，取得股息红利、利息等收益。企业创新活动与资本市场休戚相关。创新活动具有周期长、风险高等特点，因而依赖充足而稳定的资金来源，除了自有资金外，资本市场为企业提供了多方位的融资渠道。通过直接融资、银行贷款等途径，企业在获得外部资金的同时转嫁了部分风险。然而，在金融高速发展的同时也涌现出了各种各样的问题，多领域、深层次的改革空间较大。经济体系中存在垄断、竞争力低下、资源浪费等现象，总的来看，金融资源未能实现按照效率原则进行配置，金融错配现象严重。鲁晓东（2008）提到，不同所有制企业之间与效率不相匹配的融资能力是中国目前金融错配的具体表现。而卢峰、姚洋（2004）则验证了“漏损效应”，即金融抑制背景下，金融资源从享有特权的国有机构流回到信贷歧视的私人机构的过程。金融错配通过信贷歧视等渠道导致金融市场未能充分发挥资源合理配置、分担投资风险从而促进企业创新的作用。与此同时，金融错配往往催生寻租、套利活动，导致企业组织惰性（Zhou，2013），抑制企业创新动力。因而，探究金融错配作用于低碳企业创新体系的效果与机制具有广泛而深远的意义。

本书以低碳企业为研究对象，试图探讨低碳企业创新体系与金融资源配置的作用关系问题。首先，通过广泛阅读文献，归纳总结国内外关于低碳经济、低碳企业发展以及金融资源配置与创新的相关理论和成果。在此基础上，剖析了低碳企业创新体系构建与金融资源配置的关系问题、金融资源配置促进低碳企业创新的作用机理以及低碳企业创新对金融发展的作用机理。通过实地调研和研讨对低碳企业发展情况进行了梳理，具体包括低碳企业的发展现状、创新资金投入渠道分析以及创新体系金融资源配置等问题分析。从国际环境、政策、市场以及金融环境视角，分析低碳企业发展环境，从体制、经济、技术以及法规因素角度，研究低碳企业发展的影响因素问题。从演进路径内涵、特征和效率视角，提出低碳企业内生型自然演进路径、外生型变迁路径以及混合型发展路径三种路径。构建低碳企业的创新体系，通过分析当前低碳企业的创新体系结构，解析低碳企业创新要素构成和关系，提出具有针对性的、符合发展实际的低碳企业创新体系运行模式和运行机制。从创新体系的有效性和管理评审、评价指标体系结构以及企业创新体系的网络分析评价三个方面，采用网络分析评价法对低碳企业创新体系的有效性进行评价。以黑龙江省华电能源股份有限公司为实证对象，对其低碳创新体系构建、创新体系的有效性评价以及发展路径选择三个方面进行研究。此外，分析研究了低碳企业创新金融资源配置系统的整体结构、构成以及结构差异问题。从低碳企业创新的金融资源配置方式、配置机制和配置模式三个方面，提出了金融资源配置的模式选择。从合理优化低碳企业创新金融配置的投入产出、有序引导低碳企业创新金融资源配置系统向更高级结构演化、差别完善低碳企业创新的金融资源配置系统环境三个方面，提出了优化低碳企业创新金融资源配置的对策建议，旨在寻找我国低碳企业发展的新思路，解决我国经济发展和环境保护的困境。

1.2.2 研究意义

经济发展本身就是一个复杂性问题，发展低碳经济不仅涉及市场、政府、劳动力等因素，而且要妥善处理好环境保护、经济发展、社会稳定、政策实施、资源利用等多种因素之间的矛盾。所以，低碳经济的研究不应该单纯地进行定性研究，除了研究低碳经济的内涵特征、实现路径和政策措施问题以外，有必要通过实证定量研究，构建科学的低碳企业创新体系和体系的评价标准，这是低碳经济发展不可或缺的基础性工作，是一个系统性问题。目前，从现有的文献、文件及相关报告中，关于我国低碳企业创新体系及发展路径的研究成果较少，尤其缺乏一套合理、权威、科学的低碳企业创新体系及评价标准。

发展低碳经济有利于改善环境和气候问题，促进可持续发展。为了应对环境和气候问题，减少温室气体的排放成为世界上每个国家应尽的义务。虽然中国在工业化进程中需要能源的支持，但仍应为改善环境问题做出努力。在这种情况下，发展低碳经济，既有助于承担应尽的国际责任，又能保证自身发展的需要，顺应历史潮流，展示大国姿态。同时，发展低碳经济，提高能源效率，还能降低能源消耗量，为实现我国国民经济的可持续发展创造条件。在低碳经济的大形势下，创新管理已然成为企业发展的必然趋势。综上分析，本书的研究成果对丰富低碳企业创新体系及评价标准具有重要意义，对发展我国低碳经济具有重要实践意义。

1. 理论意义

近年来，低碳和创新始终是制造企业研究学者探讨的热点议题，将两者相结合探索我国企业如何践行低碳发展、完善低碳创新体系的研究无疑具有较好的理论意义。目前，我国学者对于低碳企业的技术创新机制的研究还较少，该研究在我国还属于管理学领域的前沿问题，本书通过对我国企业的低碳技术创新体系进行深入的研究，可以丰富企业技术创新方面的理论，同时，也为其他学者对该领域问题的研究提供了理论基础，因此本书的研究具有一定的理论意义。

第一，在深入理解和分析低碳经济相关理论的基础上，参考国内外学者关于低碳企业创新体系的相关研究成果，通过分析影响我国低碳企业发展的体制、经济、技术、法规等因素，构建具有针对性的低碳企业创新体系要素结构模型，提出我国低碳企业创新体系需要采用竞争式、融合式、垂直分工式及互补式发展模式，并且运用网络分析评价法对低碳企业创新体系进行了有效性评价。

第二，使用统计和数学的方法，通过研究我国低碳企业发展路径和创新体系，有助于为以传统能源和重工业为发展模式的地区提供理论支撑。低碳经济的发展模式是一个系统工程，需要一套完整的理论体系进行指导，方能确保低碳经济发展模式顺利实施。

第三，丰富低碳经济发展的相关理论，为“高碳”地区和企业转变经济增长方式提供可行的设计安排，为我国企业转型升级明确方向。通过剖析低碳企业创新体系与金融资源配置的关联度、结构分析以及模式选择，为低碳企业创新发展提出了新的路径，丰富了低碳企业创新发展的理论体系。

第四，有助于完善我国低碳企业的金融资源配置模式，同时，引入金融资源配置方法解决低碳企业创新发展问题，同样丰富了金融资源配置理论的研究方向。金融资源作为支持低碳企业科技创新的核心战略资源，是科技发展和经济发展的关键因素，因此研究金融资源促进科技创新的作用机理、配置机制具有重要的理论价值。本书通过探索金融资源促进低碳企业创新的作用机理以及配置机制，丰富了金融资源配置的理论体系。

2. 现实意义

我国作为能源与资源丰富的大国，自然禀赋突出。中华人民共和国成立以来，经济发展一直借助优越的能源储备，工业体系主要以重工业为主，带有浓重的资源型色彩。近几年，全球环境问题压力日益增大，发展低碳经济得到全球各国一致认可，所以，单纯依赖传统能源开发的粗放型经济发展模式已经不能适应当前发展趋势。考虑到我国未来经济的持续稳定发展，如何在低碳经济背景下转变经济结构从而实现经济绿色、可持续发展至关重要。

研究我国低碳企业创新体系，可以丰富、完善具有中国特色的企业管理理论，重视企业的管理创新，并将其与观念创新、技术创新、制度创新相结合，以此提高中国企业在低碳经济时代的管理水平。其实践意义在于：

第一，发展低碳经济有助于化解我国经济发展和环境保护间的突出矛盾，通过研究，为我国可持续发展提供了决策参考，研究成果能够解决我国当前面临的突出问题。研究基于低碳经济的企业技术创新战略选择，对于形成相对完整的技术创新的战略选择体系，以及我国企业该如何作出正确的战略选择，转变经济发展方式，实现低碳经济发展具有很强的现实意义。

第二，通过实证研究，使管理者能够认识到在低碳经济发展的督促下技术创新对低碳企业的提升作用，以及在当今低碳经济背景下低碳技术创新对企业可持续发展的重要意义，有利于低碳企业坚持科学发展、走永续发展之路，提高低碳企业经济效益。熊彼特认为，创新是构建一种生产函数，对生产要素重新进行优化配置组合，其目的是获取潜在的利润。而在潜在利润的驱使下，创新通过合理优化配置企业现有的有限资源，促使资源配置效率的提高，最终实现提高企业经济效益的目标。

第三，研究为低碳企业发展提供了很有价值的理论参考，不仅明确了我国低碳企业当前面临的问题和困难，而且解决了企业未来如何发展、怎么发展的问题，为低碳企业发展指明了道路。有利于低碳企业完善自身的管理体制，推动低碳企业稳步向前发展。创新是企业改革一个必不可少的组成部分。现在越来越多的企业开始重视自身的创新发展，并将其提高到战略发展层面，低碳企业也应加快管理创新的步伐，通过创新更好地完善观念创新、技术创新、制度创新，使低碳企业永谋生机和活力。

第四，本书提出从金融资源配置视角解决低碳企业创新发展问题，将神经网络用于基于低碳经济下企业技术创新战略模型的制定和选择，提高研究方法的科学性、研究结果的可行性和准确性。不仅为我国低碳企业创新发展提供了新的思路，也为其他国外低碳企业创新发展提供了借鉴。本书对影响低碳企业技术创新的因素进行研究，根据相关研究结论，找到在全球化背景下低碳企业低碳创新体系不足之处以及可以深化的地方，为企业加强低碳技术创新提供理论基础，具有重要的现实意义。

1.3 研究内容和方法

1.3.1 研究内容

本书在总结国内外关于低碳技术创新研究的基础上，结合相关的理论基础，首先，对低碳企业的创新体系与金融资源的配置进行关联度分析与现状分析；其次，从低碳企业的发展环境出发，深入探究影响低碳企业发展的多方面影响因素，剖析了低碳企业发展的具体路径；再次，构建低碳企业的创新体系，并以华电能源股份有限公司为例进行有效性评价和实证检验；最后，从金融资源配置的角度研究低碳企业的创新化发展，结合定量与定性分析结果，提出优化低碳企业创新金融资源配置的对策建议。

本书的主要研究内容分为以下几个部分：

（1）绪论。主要包括研究背景、研究目的及研究意义，研究方法、写作思路以及本书的创新之处。

（2）文献综述。梳理了国内外学者对低碳经济、低碳企业发展路径、低碳企业创新体系以及金融资源配置与创新的研究现状，对国内外的已有研究进行了归纳总结，分析已有研究的不足之处，为下面的定性及定量分析奠定了理论基础。

（3）低碳企业创新体系与金融资源配置相关理论基础。在相关理论部分，首先对低碳经济、低碳企业、技术创新以及金融资源进行了概念界定，然后对本书所用的相关理论进行阐述，主要包括低碳经济理论、循环经济理论、技术创新理论、技术扩散理论以及金融资源理论。

（4）低碳企业创新体系与金融资源配置关联度分析。从低碳企业创新对金融发展的促进作用和金融发展对低碳企业创新的反促进作用角度分析了低碳企业创新体系构建与金融资源配置的关系；从金融资源的资金集中功能、风险管理功能、信息揭示功能和项目治理功能角度剖析了金融资源配置促进低碳企业创新的作用机理；从低碳企业创新促进金融结构变迁、推动金融市场创新及加强金融风险管理角度研究了低碳企业创新对金融发展的作用机理。

（5）低碳企业发展与金融资源配置现状分析。从低碳企业规模总量、能源状况、创新能力和盈利能力四个方面分析了低碳企业发展现状；从财政投入渠道、企业自主投入渠道、银行信贷投入渠道和风险投资渠道视角分析了低碳企业创新资金投入渠道，提出低碳企业创新体系金融资源配置存在科技投入总量不足、科技投入渠道单一以及金融支撑机制缺乏等问题。

（6）低碳企业发展的环境与影响因素分析。从国际环境、政策环境、市场环境和融资环境四个方面系统地分析了低碳企业的发展环境，明确我国低碳企业创新面临的国内外局势；从体制因素、经济因素、技术因素和法规因素四个方面分析我国低碳企业发展影响因素，分析各个因素对低碳企业发展不利或有利影响，为企业创新体系的构建和发展路径的选择奠定了良好的基础。

（7）低碳企业发展路径选择。从内生型自然演进路径的内涵、特征和效率分析低碳企业内生型自然演进路径；同理，分析了外生型变迁路径和混合型发展路径，从以上三个发展角度全面系统地分析了我国低碳企业发展路径，主要目的在于明确低碳企业发展的协同过程。

（8）低碳企业创新体系构建。通过对低碳企业创新体系的概念、功能和特征的界定，在分析低碳企业创新体系要素构成的基础上，构建低碳企业创新体系要素结构模型，制定出竞争式模式、融合式模式、垂直分工式模式和互补式模式，并根据运行模式，从调控机制、动力机制、组织机制和扩散机制角度构建低碳企业创新体系运行机制。该部分对其要素结构模型、发展模式及运营机制的研究为低碳企业创新形成了一个较为完整的框架。

（9）低碳企业创新体系有效性评价。分析了低碳企业创新体系的有效性、评审过程及管理评审的改进，然后从低碳企业创新指标体系的构建原则和结构设计两方面描述了低碳企业的创新体系，最后利用网络分析评价的基本原理对低碳企业创新体系的运作方式进行评价。该部分研究内容为低碳企业创新形成了一个审查机制。

（10）低碳企业发展路径及创新体系实证研究。以华电能源股份有限公司为实证研究对象，研究低碳企业发展路径及创新体系。分别针对华电公司发展路径、创新体系等进行实证，并对创新体系的有效性进行评价。华电能源公司作为低碳企业，对该公司的实证研究有助于对其他低碳企业创新体系构建及发展路径选择提供有益借鉴。

（11）低碳企业创新的金融资源配置系统的结构分析。分析了低碳企业创新的金融资源配置系统整体结构，包括金融资源配置主体子系统、配置客体子系统和配置载体子系统，配置主体、配置客体和配置载体子系统之间的有效互动，共同构成了低碳企业创新的金融资源配置系统。并且从不同配置主体角度，即政府驱动、市场驱动和平衡驱动视角分析了低碳企业创新的金融资源配置系统的结构差异。

（12）低碳企业创新的金融资源配置模式选择。本书提出了低碳企业创新的金融资源配置方式，包括市场调节配置方式、政府调控配置方式和社会资本配置方式；从市场机制、政府机制、社会机制以及以上机制相互作用的角度提出了低碳企业创新的金融资源配置机制；提出了低碳企业创新的金融资源配置模式，包括市场主导型模式、政府引导型模式、网络集成型模式和网络优势发挥型模式。

（13）优化低碳企业创新金融资源配置的策略研究。通过以上分析，结合定性及定量分析的结果，从合理优化低碳企业创新金融资源配置的投入产出、有序引导低碳企业创新金融资源配置系统向更高级结构演化以及差别完善低碳企业创新的金融资源配置系统环境三个方面提出了优化低碳企业创新金融资源配置的对策建议。

（14）结论与展望。基于前文的理论分析、模型验证以及实证研究的结果，归纳总结低碳企业创新体系与金融资源配置的研究结论，针对我国低碳企业创新发展过程中所遇到的问题提出了促进低碳企业创新发展的对策建议，根据本研究存在的局限性，进一步探讨了后续研究工作和研究方向。

1.3.2 研究方法

本书涉及环境经济学、资源经济学、统计学和管理学等多种学科，采用学科交叉分析方法、文献研究法、实证分析与规范分析相结合、定性分析与定量分析相结合等研究方法对低碳企业创新体系与金融资源配置问题展开系统研究。

（1）学科交叉分析方法。系统运用管理学、可持续发展、资源经济、环境经济以及统计学等理论基础，通过扎根理论、访谈及数据统计分析展开对低碳企业发展环境和影响因素的定性和定量研究，将低碳企业和低碳经济的概念进行整合，运用统计学的知识展开对低碳企业发展路径和创新体系的构建与评价。

（2）文献研究法。根据研究主题，通过查阅大量国内外相关领域的书籍和电子文献，对搜集的文献资料进行系统研究，通过对企业创新理论和金融资源配置理论的分析，从而更加全面地掌握选题的国内外研究现状，保证研究的可靠性，也使研究更加科学和规范。

（3）实证分析与规范分析相结合方法。基于管理学、经济学的基本框架，同时结合低碳企业的特点，对低碳经济的内涵及低碳企业发展的环境与影响因素进行分析，确立了低碳企业发展路径和创新体系构建。在此基础上，选取具有代表性的低碳企业华电能源股份有限公司为研究对象，展开系统实证研究。

（4）定性分析与定量分析相结合。研究对象既包括低碳企业发展的环境因素以及影响低碳企业发展的因素等定性分析的部分，又涉及大量的定量研究，如通过结合我国低碳企业的内生型、外生型和混合型发展模式，构建出低碳企业发展的创新评价体系，由评价基本原则、基本流程、指标体系、方法等组成，并以具体的华电能源股份有限公司为实证研究对象，运用指标体系对其创新体系进行量化分析。

1.3.3 技术路线

低碳企业创新体系与金融资源配置研究的技术路线如图1-1所示。

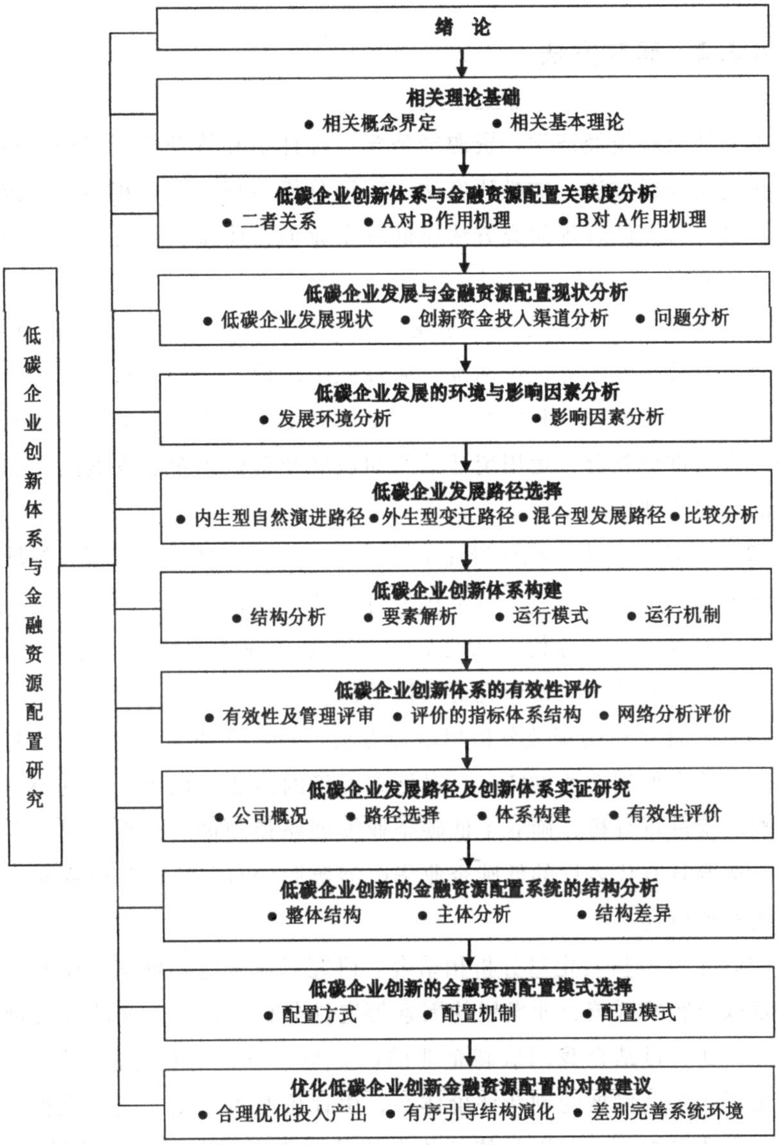

图1-1 技术路线图

1.4 研究重难点和创新点

1.4.1 研究重点

本书在整个研究过程中，主要包含以下几个重点：第一，在充分阐述、总结低碳企业创新体系的各要素之后，形成系统的低碳企业创新体系，并对创新体系的各要素之间的作用关系进行详尽分析，提出低碳企业创新体系的运行模式及运行机制，在低碳企业创新体系的构建基础上对创新体系进行有效性评价，相对量化地反映低碳企业创新体系所处阶段；第二，分析低碳企业创新的金融资源配置系统整体结构，并分析该结构中配置主体、配置客体以及配置载体，探讨不同金融资源配置系统的主体地位差异导致的系统结构差异以及系统的运行效率差异，探索最利于低碳企业创新的金融资源配置系统；第三，从低碳企业创新的金融资源配置方式、配置机制和配置模式三方面研究低碳企业创新的金融资源配置模式的选择，分析不同金融资源配置模式的优劣，进而提出最优的金融资源配置模式。

1.4.2 研究难点

本书研究的关键难点在于以下三个方面：

第一，由于中国对于低碳经济的研究刚刚起步，许多问题的研究还仅仅停留在制度层面，很多相应的机构和数据库没有建立。并且，大量低碳企业由于正处于发展初期，上市的低碳企业少之又少，导致许多有价值的数据获取非常困难，而在低碳企业的创新体系评价过程中，大量有价值的数据支撑会使评价结果更加有效，故本书在缺乏大量相关数据的支持下实证结果可能很难精准。

第二，中国目前对于低碳企业技术创新的专项资金支持渠道还未发展成熟，市场在金融配置过程中趋利避害的本能也导致低碳企业的技术创新资金的获取具有不确定性，从而使低碳企业创新的资金支持的数据也具有不确定性。

第三，受制于数据可得性、分析完整性和作者理论与实践功底局限性，本书提出的政策建议可能更多体现为定性的政策取向；受制于对宏观经济的把握，在与其他方面政策的衔接方面缺少更具有战略性、宏观性、系统性的认识。

1.4.3 创新点

目前，全球的低碳经济发展方向已成为大势所趋，本书通过对现有文献的综述和总结，对于低碳企业创新体系和金融资源配置进行了创新性研究。本书的创新之处主要体现在以下方面：

第一，与之前大部分研究分别分析低碳企业创新体系与金融资源配置不同，本书通过分析两者之间的关联度，创新性地将两者结合起来，分析两者之间的关系以及作用方式。这是一个新的且有实践指导意义的研究方向，能够丰富低碳企业创新体系与金融资源配置的相关理论，为低碳环境下受资金约束的低碳企业创新和金融资源配置提供了理论支持。

第二，本书从国际、国内影响低碳企业创新的因素出发，细致分析了影响低碳企业发展的诸如体制因素、经济因素、技术因素和法规因素，从而更加清晰地了解金融资源如何配置低碳企业用于技术创新的资源。此外，本书系统探索了低碳企业发展路径，并且比较了低碳企业内生型自然演进路径、外生型变迁路径以及混合型发展路径的优劣，为低碳企业发展路径提供了方向。

第三，在对低碳企业创新体系的有效性进行评价的过程中，本书以华电公司为例，运用 PCFA 和灰色关联度方法对华电公司进行实证分析。通过多种模型方法的结合，不仅可以使不同模型间优劣互补，而且利用不同模型可以从多个角度进行分析，依次完成递进式的论证，尝试在研究视角和研究方法结合上有所创新。

第四，本书在充分分析低碳企业创新的金融资源配置系统的结构基础上，详细探讨了市场主导型、政府引导型、网络集成型、综合优势发挥型等金融资源配置模式对于低碳企业创新的综合影响，探索最有利于低碳企业发展的金融配置模式，以期助力低碳企业更加高效地发展创新，实现低碳企业可持续发展。

第 2 章　文献综述

2.1　低碳经济研究现状

低碳经济是人类文明进步与全球环境问题之间出现矛盾的情况下产生的，经济的低碳化发展旨在推动人类社会可持续发展，为人类社会发展创造一个绿色、健康、和谐的生存环境。多年来，低碳经济发展已经取得了丰硕的研究成果，主要包括低碳经济的概念提出、产生原因及其发展措施。

2.1.1　低碳经济的概念提出

2003 年，英国的《能源白皮书》首次提出了发展“低碳经济”的理念，在气候问题备受关注的国际大背景下，它迅速为世界许多国家采纳，成为一种新型的可持续经济发展模式。究其提出的背景，主要在于三个方面：第一，全球经济快速增长的过程中向大气中排放了大量的废气，而大气中 CO_2浓度迅速上升带来了全球气候变化；第二，无节制滥用资源，单位能耗过高使资源枯竭进一步加深；第三，企业生产所产生的未经处理的废水、废气、废渣等高污染物严重影响了人类健康及动植物的生命，使人类社会赖以生存和发展的环境遭到破坏。

英国政府于 2006 年 10 月发布了《气候变化的经济学》研究报告，该报告是由经济学家 Lord Nicholas Stern 牵头，对全球气候变化进行的调查研究，从经济学角度评估了气候变化与经济发展，尤其与低碳经济之间的关系，并提出了低碳经济发展的政策措施和发展模式。该报告的主要观点包括：世界各国应该立刻行动起来，采取有效措施遏制温室气体的排放，否则每年至少耗费全球二十分之一至五分之一的 GDP 来处理气候问题带来的风险。相反，如果世界各国立刻采取措施遏制温室气体排放，每年耗费在气候问题的资金大概仅占全球 GDP 的百分之一。未来一二十年全球温室气体排放将会达到峰值，然后以每年百分之一至百分之三的速率下降，21 世纪中叶之前，大气中的温室气体浓度将在 550ppm 以内。预计到 21 世纪中叶，发展中国家的碳排放总量增幅要降低，发达国家绝对碳排放总量要减少。

随着能源消费量的不断增长，化石能源的资源总量有限以及生产使用过程中温室气体的排放和对环境污染严重等问题逐步显现，成为全球关注的焦点（Kirsten et al.，2011）。在这种情况下，发展低碳经济已成为可持续发展的一个全球性的战略，特别是针对能源危机和全球气候变暖日益增加的压力（Zhao，2011）。低碳经济作为一种有效的方法，可以节约能源，又可以促进经济转型，对经济的增长和环境保护起到重要的作用（Walker et al.，2014）。

国内学者庄贵阳（2009）认为，低碳经济是人文发展水平和碳生产力同时达到一定水平下的经济形态，实现控制温室气体排放的全球共同愿景；其通过技术跨越式发展和制度约束得以实现，表现为能源结构的优化、能源效率的提高和消费行为的理性。潘家华等（2010）认为，低碳经济一方面对人文发展实施了碳排放的约束，另一方面强调对碳排放的约束不能损害人文发展的目标，解决途径便是通过节能和技术进步等手段提高碳生产力。张坤民教授（2008）认为低碳经济包括低碳产业、低碳技术、低碳城市、低碳生活等一系列新内容。它通过大幅度提高能源利用效率，大规模使用可再生能源与低碳能源，大范围研发温室气体减排技术，建设低碳社会，维护生态平衡。付允（2008）等认为低碳经济是在不影响经济和社会发展的前提下，通过技术创新和制度创新，尽可能最大限度地减少温室气体排放，从而减缓全球气候变化，实现经济与社会清洁发展和可持续发展。

2.1.2 低碳经济产生的原因

国内外学者从资源条件、社会基础等方面出发，探讨低碳经济产生的原因，并据此提出了发展低碳经济的各项措施。Sara Giarola 和 Nilay Shae (2011) 研究指出，导致我国必须发展低碳经济的原因是资源禀赋、财务和技术能力以及社会基础设施。刘学之、甘志霞和尚玥佟（2011）研究指出，人类发展的稳定，维护能源供应提供了强大的动力，这是必要的。在整个世界上每一个国家，高强度的碳排放对环境造成了极大的伤害。全球变暖和极端天气造成人类发展低碳经济，低碳经济已经成为整个人类的共识，无论是发达国家还是发展中国家，这是生活方式的改变和生产结构变化的基本和技术创新相结合。众所周知，中国是世界上最大的发展中国家，随着快速的工业化国家，中国社会的能源需求以惊人的速度在增加，中国已成为第二大能源消费国和第一大碳排放的国家。

王旭、李俊峰等（2014）研究指出，世界越来越重视低碳经济，越来越多的国家试图发展低碳方式的国际贸易。低碳贸易，对中国来说既意味着挑战也意味着机会。中国在国际市场上具有重要作用。一方面，中国正面临低人均资源和严重污染环境。另一方面，低碳贸易有利于降低大额能源、资源消耗和破坏性损害的成本，实现环境与贸易的平衡发展。因此，低碳经济成为中国采取对外贸易的唯一解决方案。中国需要缓解沉重的压力，承担国际责任，并进一步参与到国际分工中，通过转变对外贸易增长方式，实现对环境友好的低碳经济模式。

郭晓晶（2012）研究认为，由于全球气候变暖已经严重危及人类的生存环境和健康安全，低碳经济的发展已成为不可逆转的世界潮流。庄贵阳(2014) 认为，在经济全球化和气候全球化的今天，发展低碳经济是唯一出路，并剖析了中国低碳经济发展的路径、潜力及挑战。胡涂洋（2015）通过分析发达国家低碳经济发展状况，提出了适应中国的低碳经济发展道路。综上分析，现有的研究成果均以国外的理论为研究背景，在此基础上，提出适应中国低碳经济发展的道路。此外，中国能源结构和生产方式是非常不恰当的，这无法保证中国未来的持续健康发展，因此，积极发展低碳经济是实现中国经济发展方式转变和可持续发展的唯一道路，而发展低碳经济需要中央政府和地方政府的大力支持，这对于中国发展低碳经济不仅是一个机会也是一个很大的挑战。

2.1.3 低碳经济与经济社会发展的关系研究

国外学者通过对各国情况的分析，对发展低碳经济所产生的温室气体减排与经济发展的环境库兹涅茨曲线进行了检验。Panayotou（2003）从对环境服务的消费倾向角度认为，随着收入的提高，产业结构发生了变化，从而消费结构也随之产生了变化。格鲁斯曼等人对部分环境污染物（如二氧化硫、固体颗粒物等）排放总量与经济增长之间的长期关系呈倒“U”型关系。与此同时，当人们开始关注保护环境的问题，环境恶化的现象也逐步减缓甚至消失。而 Friedl 等（2003）研究了 1960—1999 年间奥地利的情况，认为 CO_2 排放状况与经济增长呈“N”型而非倒“U”型关系。Grubb 等（2004）认为，在工业化初期，随着经济的发展和人均收入的增加，人均 CO_2 排放量会处在一个较高的水平上，当经过这一阶段后，人均 CO_2 排放量将在不同的水平上趋于饱和。Ankarhem（2005）在瑞典国内对二氧化碳（CO_2）、二氧化硫（SO_2）和挥发性有机物（VOC）进行了长时间的考察，验证了环境库兹涅茨曲线分布。

Kawase 等学者回顾和描绘了长期气候稳定的情景，分析 CO_2 强度、能源效率和经济活动与排放变化间的关系，指出在总的能源强度改进速度和 CO_2 强度减少速度比前 40 年的历史变化速度快 2—3 倍的情况下，可以达到 60%—80% 的减排目标。气候集团在《赢余：低碳经济的成长》报告中回顾了市场的发展历程，分析了低碳经济道路所能带来的收益，表明在投资回报，增加产量、提高生产可靠性、缩短生产周期、改善产品质量、改善工作环境以及鼓舞员工士气等诸多方面，低碳经济将发挥更好的作用，并在新增就业方面具有较大的潜力，其增长速度也高于其他经济形态。

Treffers 和 Spakman（2005）提出，德国在 21 世纪中叶碳排放相对 1990 年减少五分之四，他们认为经济增长与碳排放之间的矛盾可以通过政府政策调节来解决。Shimada（2013）等学者运用扎根理论构建出了基于城市尺度的低碳经济长期发展的方法，并将该方法移植应用到日本滋贺地区。Malte Schneider（2014）认为，德国为了在低碳技术上取得突破并且占领制高点，陆续出台了五期能源研究计划。

张雷（2003）用多元化指数方法分析了经济发展对碳排放的影响，认为经济结构的多元化和能源消费结构的多元化会导致国家从以高碳燃料为主转向以低碳为主。赵云君等（2004）通过选择多个单一国家的不同样本，发现有些指标的实证结果相互矛盾，从而提出了“环境库兹涅茨曲线只是一个客观现象，而不是一个客观规律”的论断。中国现代化战略研究课题组的《中国现代化报告：2007》（2007）根据1960—2002年各国人均CO_2排放量的变化趋势，认为部分国家的环境变化符合环境库兹涅茨曲线，部分国家并不符合该曲线。杜婷婷等（2007）采用SPSS统计软件，对中国CO_2排放量与人均收入增长的关系进行了时间序列分析，认为二者之间呈现“N”型而非倒“U”型的演化特征。

张秋明（2013）认为，英国政府将生物燃料和氢作为未来战略储备燃料，并且采取税收和补助等措施鼓励生物燃料政策的推行。王志轩（2015）提出，中国低碳经济的发展，首先必须在法律框架下合法进行；其次，要运用科学方法科学合理地评估中国低碳经济发展的潜能；最后，要通过政策、价格和市场等手段推进低碳经济快速发展。万宇艳等人（2016）从国家层面、区域层面和企业层面三个方面研究低碳经济发展状况，并有针对性地从宏观和微观角度提出低碳经济发展的对策建议。综上分析可以看出，这些学者依据不同国家发展实际提出了适应性的发展对策。

2.2 低碳企业发展路径研究现状

过去几十年，经济飞速发展给环境带来了一系列问题。高污染、高能源消耗的传统经济模式已经不适应当今时代生态文明建设的要求。“发展低碳经济，构建和谐社会”的理念不断深入人心。在生态文明建设的大环境下，公司如何通过技术创新、新能源开发具体实施低碳经济策略深受关注。上市公司如何通过先进技术、新开发能源来实施低碳经济越来越受到证券研究机构和投资者的重视。

20世纪80年代以后，发达国家将资源节约、环境保护和低碳发展作为提升国家竞争力的关键途径，低碳企业在国家政策的推动下实现了长足发展。我国低碳企业发展起步较晚，我们应该在借鉴发达国家先进经验的基础上，建设符合我国发展实际的低碳企业，下面从影响因素、发展路径与模式以及发展评价研究三个方面进行分析。

2.2.1 低碳企业发展的影响因素研究

绿色低碳发展与人口、经济、技术紧密相关，三者相联系起来可形成人类对环境压力影响因素的 IPAT（I = Impact，P = Population，A = Affluence，T = Technology）分析方程，碳排放的驱动力也正是以经济、人口、技术为主的一系列因素的综合作用（Ehrlich 等，1971）。著名的 Kaya 公式也在很大程度上说明了 CO_2 排放的相关因素，根据对人口、经济、能源与人类活动产生 CO_2 之间的数量关系的研究，提出由人口、人均 GDP、每单位 GDP 的能源消耗、每单位能源消耗的碳排放量四个因子相乘可以得到经济活动所产生的碳排放量（Kaya，1989）。IPAT 方程和 Kaya 公式相结合后，延伸发展出了 STIRPAT 模型（I = aPbAcTde），a 为模型的系数，b、c、d 为各自变量指数，e 为误差，加入指数让公式可用于解释人类活动对 CO_2 排放的非比例影响（Dietz、Rosa，1994）。通过使用 STIRPAT 模型，分析碳排放的影响因素，可以看出国内 CO_2 排放量的解释作用最突出的因素是人口（魏一鸣等，2008）。

可见，早期的研究主要集中在碳排放的影响方面的研究，而后随着低碳概念的提出和推广，研究热点转向低碳经济、低碳发展影响因素。发展阶段、资源禀赋、消费模式、技术水平是较早被定义的影响低碳发展的重要因素（付加峰等，2010）。而后王圣、王慧敏、陈辉等学者（2011）采用对数平均权重 Divisia 分解法，分析了经济发展、能源效率和能源结构对于碳排放量的影响，研究结果表明改善能源效率和能源结构的作用比较有限，而经济发展是主要影响因素。相较对数平均权重 Divisia 分解法，使用广义费雪指数（GFI）方法有更明显的效果，通过该方法拟合以能源效率、能源结构、经济发展作为影响 CO_2 产生的重要因素的特征，可得出各影响因素的动态演进过程（田立新、张蓓蓓，2011）。张淑英（2012）通过中国煤炭工业低碳发展 3E 模型，研究得出转型低碳经济过程中，企业用能结构的优化仍是影响企业低碳发展的首要因素，并从战略方向、战略保障、战略核心和战略措施四个方面提出了煤炭资源低碳利用的政策建议。

在产业低碳发展的问题上，针对影响因素中压力因素方面的研究认为，低碳经济理念的欠缺、碳减排压力、非化石能源的开发对于煤炭企业低碳发展有重要的影响；针对影响因素中推动力因素方面的研究认为，管理创新、资金支持、人才培养、信息化有重要的影响（谭玲玲，2015）。实现观念、结构、科技、消费方式和管理五大方面的创新，对于低碳经济的推动作用也受到了冯之浚等学者（2009）和 Liu 等学者（2011）的认可。

可见目前大部分研究都是针对碳排放、低碳经济的影响因素，本书认为人口、经济、环境仍是对整个煤炭产业和大型煤炭企业绿色低碳发展具有较强影响的因素，可通过系统方法进一步深入研究，确定能够推动低碳企业发展的关键性影响因素，以及阻碍绿色低碳发展的重要问题，有助于科学制定低碳企业发展战略和路径。

2.2.2 低碳企业发展路径与模式研究

企业在低碳发展战略的实施过程中，采取的发展路径和模式，对于经济效益的提升和绿色低碳的实现起着关键性的作用。绿色低碳发展模式往往基于循环经济的实现，从绿色管理模式、低碳生产模式、循环使用模式、绿色营销模式和绿色物流模式五个方面入手，结合企业的经营特质，构建低碳企业循环经济发展模式。胡兆光（2009）提出，能源的低碳发展实际上寻求帕累托改进，是最大程度地减少能源消耗和 CO_2 排放，同时保持经济稳定增长的过程，实现低碳发展模式，需要从三方面着手，一是要充分利用市场调节机制；二是要发挥政府政策的导向作用；三是要通过行政手段优化能源结构。胡光的研究主要从市场和政策路径着手，而刘海滨和郭正权（2010）的研究要从技术层面入手，针对低碳发展模式中的煤炭资源低碳利用方面提出三条路径，一是使用洁净燃煤技术，最小化 CO_2 排放；二是发展和使用低排放、高产量的煤发电技术；三是鼓励发展新型煤化技术以减少燃煤污染。也有研究将技术和政策相结合探究煤炭产业的绿色低碳发展路径和模式，程宇航（2010）认为要实现产业升级中的绿色低碳发展，可选择推动绿色低碳技术自主创新、发展绿色低碳能源、加快产业生态化进程，建立资源节约型产业体系。范英等学者（2010）提出可以通过推动低碳经济发展和合理开发与推广减排技术来实现化石燃料的低碳利用以及节能减排目标。

在 2011 年之后，随着国内、国际环境保护压力日益增大，绿色低碳发展的关注度持续升温，越来越多的学者投入该领域的研究，出现了大量的相关研究成果，更多的绿色低碳发展模式被提出。马岩和鲁江（2011）以煤炭行业为例，探讨了 4 种可以实现循环经济的低碳发展模式，分别是煤炭企业低碳经济模式、资源经济型城市低碳发展模式、煤炭能源化工基地低碳经济发展模式、低碳经济区域发展模式。而绿色低碳发展途径的研究也进一步拓展到更深入的方面，提高煤炭回收率、加大节能力度、提高用电效益、加大节水力度、加大科技投入力度等几个重要方面被认为是煤炭企业发展低碳经济的有效路径（卫屹、于彦新，2012）。刘琳琳（2014）认为低碳经济和循环经济之间并非单纯的替代关系，循环经济可推动低碳发展，低碳生产技术的发展、循环经济原理的应用、煤炭企业管理机制的完善，可实现循环经济。赵国浩（2015）针对煤炭经济的发展模式进行了全面的研究，在微观层面，通过推行清洁生产以实现生产主体的循环经济模式；在中观层面，生态工业园区的建设将不同的企业和工厂连接起来，形成一个相互依存的系统；在宏观层面，进行全面的废物回收和再次利用，以物质和能量的循环推动低碳经济的模式。

潘家华（2004）和庄贵阳（2005）等详细地从理论上论证了低碳经济的本质、重点、目标及如何发展，为后续学者们的研究打好了扎实的理论基础。鲍健强、苗阳、陈锋（2008）从多方面、多角度、多维度地分析了我国低碳经济发展的路径，并指出应从碳汇、城市、产业、工业和农业等角度进行发展。任奔、凌芳（2009）指出应从点及线、由线到面来建立示范区带动低碳经济的发展。刘佳（2011）以内蒙古为研究对象，通过定性与定量相结合的方式研究了内蒙古建设低碳城市的路径。周志（2011）从系统动力学出发，以 LMDI 因素分解法得出主要影响因素，在此基础上建立 ISD 模型进行研究。邓怡卿（2012）以 3E 理论和系统动力学为基础，分析了西安市的低碳经济发展状况，并构建了系统动力学模型，但其内容过于理想化。徐樟丹（2015）通过引入碳税、放权交易这一变量来建立

ISD模型进行研究，并指出要建立低碳工业体系，需从金融、服务、政策三个角度着手。孟伟（2015）引入了产业结构、能源消耗、科技投入、森林碳汇等因素，分析了现实操作中的限制问题。

当前国内外学者通过完善法律制度、推动低碳经济发展和合理开发与推广减排技术等方面的研究，提出实现绿色低碳发展的路径与模式，但目前提出的路径与模式缺少系统思维和战略性视角，难以产生很好的效果，在探究清楚绿色低碳发展的动因以及对组织绩效带来的影响的基础上，与绿色低碳发展战略相融合，才能找到最优的发展路径和模式。

2.2.3 绿色低碳发展的评价研究

随着低碳经济的不断发展，研究者们开始关注到煤炭企业绿色低碳发展水平的评价问题。研究者们逐步采用不同的方法从浅层到深层地评价煤炭企业的绿色低碳发展水平。最初的研究致力于评价 CO_2 排放水平、能源效率，这些评价可间接反映煤炭产业的绿色低碳发展水平，也为后期该研究领域的发展奠定了良好的基础（赵国浩等，2000）。早期的研究主要从发展情况和协调情况角度进行考量，通过构建评价指标体系，衡量能源产业发展水平，例如周德群等学者（2001）针对能源低碳利用评价方面设计了包括燃料燃烧过程消烟除尘率、工艺废气净化处理率、工业废物利用率的能源与环境协调水平指标，并使用主成分分析法进行了测度。

21世纪初，随着火电厂的大批建设投产，发电用煤成为了最主要的煤炭消耗途径之一，绿色低碳发展评价研究领域的早期学者致力于评价煤电企业的低碳发展水平以反映整个行业的状况，当时盛行的方法是投入—产出法。国外学者通过Malmquist指数方法，在投入—产出模型的基础上，污染物被纳入产出指标，减少污染物排放的成本被纳入投入指标，通过这种方法，可以评估燃煤电厂的低碳发展水平（Yaisawarng，2004）。Parikh等学者（2009）同样是通过投入—产出法，并结合社会会计矩阵法对印度的 CO_2 排放状况进行了评价。而基于指数分解法提出的对数平均迪氏指数方法也是被周鹏（2007）和韩松（2016）等学者广泛使用的一种能源效率的主流评价方法。虽然前人的评价方法已经在一定程度上可以判断绿色低碳发展水平的高低，但是绿色低碳发展水平评价的宏观指标过于聚合，无法衡量是否真正实现低碳，基于每单位 GDP 的 CO_2 排放量的单一指标体系不能完全解释或反映最终使用能耗和 CO_2 排放情况。

基于早期学者们的研究和存在的问题，徐君和马栋栋（2012）以煤炭行业为例，提出了低碳发展水平评价的六项原则，科学性、可操作性、系统性、动态性、定量指标与定性指标相结合、3R 原则（Reduce 减少原料使用、Reuse 重新利用、Recycle 再次循环）。根据这六项原则的指导，研究更多地考虑到综合评价和多元方面，煤炭企业绿色低碳发展水平的评价方法被进一步完善。例如，多级模糊综合评价法的使用，率先实现了多重因素综合评价，在针对电力企业的评价中，降低了一些无法精确描述指标的模糊性带来的偏差程度，更准确地反应低碳发展水平（米国芳，2012）。又如吴玉萍等学者（2012）站在煤炭产业链的角度，从生产、环境治理、低碳利用、低碳意识四个角度设计产业链的低碳发展评价指标体系，并提出实现低碳发展模式的相关策略。

目前，在低碳发展评价方法领域的研究中，存在大量的理论研究和实证研究，评价指标体系的设计主要包含人口、资源、经济、环境、社会五个层面，结构已趋于较为全面和成熟，但在方法方面，仍然以指数方法、投入产出法、主成分分析法和 FAHP 评价法为主，缺少方法上的突破，可进一步发掘新的方法以及传统方法与新方法相结合的混合方法。

2.3　低碳企业创新体系研究现状

2.3.1　低碳企业创新体系的含义

1. 企业创新的含义

经济学中的创新概念由经济学家熊彼特（Joseph A. Schumpeter）最早提出，他认为创新就是构建一种新型生产函数，以不同于前人的方式将生产要素重新组合，以提高生产效率或获取新的产品，其认为经济发展是质的变化过程，是创新的结果。因此，他将创新定义为在企业中产生和开发的一系列的新产品、新服务、新流程、新材料、新市场以及新的组织模式，从而实现对生产要素或生产条件的“新组合”，主要涵盖了五种情况：第一，通过引入新产品或服务，使企业开展创新活动促使消费者熟悉新产品；第二，通过引入新的生产工艺或方法，使企业在生产或营销产品或服务中引入新的创新方法；第三，通过开拓新市场，使企业在新的领域中开发创新；第四，通过获取新的原材料或半成品，获取企业原料的新来源；第五，通过建立企业新业务或新的市场结构，使企业在新的组织结构中具有一定的垄断性。从熊彼特的定义中可以发现，创新涵盖的范围非常广泛，在其提出的创新概念中，技术创新是主要内容，但并没有给出具体的细分定义。在1939年，熊彼特进一步将“创新”定义为几乎包含了一切可提高资源配置效率的创新活动，并强调“形成新的生产力”是成为“创新”的必要条件，熊彼特的观点形成了创新理论体系，这一理论为创新学说奠定了最原始的基础。Zawislak（2018）通过技术、运营、管理和交易等四方面的能力对企业创新进行了研究。

2. 企业技术创新的含义

《中共中央、国务院关于加强技术创新，发展高科技，实现产业化的决定》中提出，“技术创新，是指企业应用创新的知识和新技术、新工艺，采用新生产方式和经营管理模式，提高产品质量，开发生产新产品，提供新服务，占据市场并实现市场价值”。

企业技术创新研究起源于20世纪30年代末由熊彼特提出的技术创新理论。到20世纪50年代，由于科技的快速发展，技术变革对人类社会和经济发展的影响越来越大，人们开始认识到技术创新对经济增长和社会发展的巨大作用，并开始对技术创新领域进行研究。随着理论界研究工作的不断深入，国内外学者对企业技术创新能力概念已有了不少论述。

Barton提出管理系统、技术系统、掌握专业知识的人和企业价值观共同构成了企业的技术创新能力。Burgelman认为企业技术创新能力是促进企业进行技术创新的一系列特征之和，包括对技术发展的理解能力、可利用资源及分配、结构和文化条件、对行业发展的理解能力及战略管理能力等。傅家骥提出了企业技术创新能力是企业技术能力的核心，是由创新管理能力、研发能力、创新倾向、制造能力、创新资源的投入能力和营销能力构成的。许庆瑞提出企业技术创新能力是企业为实现技术创新，以工艺创新能力和产品创新能力为核心的系统整合功能。欧洲共同体和经济合作与发展组织发布的《奥斯陆手册》认为企业技术创新是为取得新的或经过重大改进的产品（或服务）、工艺、销售方法或商业实践、工作现场组织或对外关系中的新组织形式而实施的活动。Pavin 认为大多数的企业技术创新都是复杂的并且是积累性的，企业应有效地结合信息、人力、财力和物力并且需要完善的功能分配系统进行企业的创新活动。Kline 和 Rosenberg 认为，如果将企业技术创新视为一种能够在某个准确的时间点应用或投入企业生产中的事物并从而改善和提高企业经济效益的思想是完全错误的，企业技术创新事实上是存在于企业的整个生产生命周期中的并且可能通过经常发生的变化来改变企业的经济效益。

3. 企业创新体系的含义

李相银和杨亚平（2002）认为，企业创新体系是由企业的创新信息系统、动力系统、创新搜寻与选择系统、创新过程系统、创新方法系统、创新能力系统、创新支持系统以及各系统之间、系统与外部环境之间相互关系构成的整体。本书认为，所谓企业创新体系是企业制定创新规划的方法和依据，包含创新目标系统、创新行为系统、创新动力系统和创新支撑系统。企业技术创新体系，指的是企业为了在核心领域实现技术突破，构建具有自己知识产权的网络、组织和制度。低碳企业创新体系就是在企业创新体系的基础上，实现技术创新低碳化、组织结构和制度生态化、组织网络高效化。从该定义可知，企业创新体系是一个开源的创新系统，不仅包括自主创新，还包括合作创新和引进创新，旨在通过综合利用外部资源提高企业创新水平。

Henry Chesbrough（2010）提出，企业在自主创新时，通过利用内外部有价值的创意，借助内外部市场实现商业化的过程就是开放式创新。其中，企业内部的研究开发催生了创意的产生，技术的商业化过程以企业内部条件为基础。可以发现，开放式创新是一个多元的创新模式，单纯地借助外部技术创新，对企业来讲无疑受制于人，影响企业的长远发展。而且，企业的创意应该来源广泛，企业自身的创意在某种意义上不能满足企业的所有发展需要，这就需要企业外部的一些创意，例如实验室、产品论证阶段或者产品研发过程中产生的好想法都可以为企业所用。另外，企业内部产生的创意也可以流通到企业外部，主要形式就是建立新的企业，当然，企业负责人由企业内部员工担任。其他漏出机制还有专利转让、员工离职等。正是因为企业创新体系的多元性、系统性、动态性、环境制约性及边界性等特征，才能为企业实现低碳创新创造条件。张强（2018）建立了包括 R&D 人员、R&D 经费内部支出、新产品开发经费支出、技术改革经费支出、专利申请量、有效发明专利、新产品开发项目数、新产品产值、新产品销售收入等共 9 个指标的企业技术创新能力评价体系。彭美玉（2018）从政府政策、市场环境、内部治理、企业经营、资源配置等 5 个方面构建了企业技术创新影响因素的指标体系。

2.3.2 低碳企业创新体系的结构

低碳企业创新体系产生于企业创新体系，而企业创新体系最核心的内容就是企业技术创新体系。其中，企业技术创新体系结构的研究成果主要包括以下两个方面：

第一，企业技术创新过程主要从企业内部职能及相互关系视角产生较为丰富的研究成果。胡永铨和江慧芳（2009）认为，企业的创新不仅仅是技术创新这一活动，而是一个系统的体系。技术层面的创新离不开企业其他层面创新的支持，包括管理创新、组织创新、制度创新和市场创新等。许庆瑞（2011）提出，企业技术创新必须依托科研、生产和营销部门间的关系，以及企业发展战略、培训体系、企业文化、管理制度等方面的支持。夏保华（2012）提出，健全的企业技术创新体系是一个系统工程，包括生产学习系统、技术创新搜寻及探索系统、文化创新系统等 4 个子单元构成，通过内部协同和相互作用构成一个完整的创新系统。巢来春和余玉龙（2003）认为，民营企业在构建创新体系的进程中，必须树立知识创新、技术创新、经营创新、管理制度创新、企业文化创新等全面创新的系统观，才能真正增强创新能力，提升创新水平，达到提高企业核心竞争力的目的。

第二，主要从企业技术创新影响因素角度分析。郭斌（2013）提出，健全的低碳企业创新体系由战略、组织结构、研发、财务投入、有效的人资、企业家及其精神 6 个部分组成。并且提到企业家及其精神、战略和组织结构对企业创新效率有关键作用，其余三个要素决定了低碳企业的创新资源。Christopher Meyer（2015）提出，低碳企业创新体系主要由战略协调、领导管理、组织与人、衡量标准等因素组成，关于各要素间的相互作用和影响由企业文化决定。Lee（2016）等人将影响企业技术能力的因素分为三类，个人、组织以及技术竞争力。Ghaffari（2017）等人将航空航天领域的技术创新发展关键因素分为与参与者相关的因素、与科学与技术相关的因素以及与机构组织相关的因素等。袁爱武、郑晓松和王斌等人（2007）以国有企业为研究对象，分析了制约国有企业创新的因素：市场意识相较薄弱的体制、人力资源缺乏长远思考的现状、信息搜集的局限性以及合理的激励机制的匮乏。并且，他们提出在以信息技术为主要核心的现代，完善的国有企业创新体系必须能够及时掌握与企业创新发展相关的信息，并且保障信息安全。张佩（2009）认为，房地产企业技术创新包含的要素主要指影响房地产企业技术创新活动的具体要素，包括人财物的投入、激励机制、政策法规、营销水平、管理水平等，即可将房地产企业技术创新体系细分为技术创新人力投入子系统、技术创新资金投入子系统、技术创新管理子系统、技术创新激励子系统、政策法规子系统、营销子系统等部分。

2.4　金融资源配置与创新研究现状

现今无论是在金融资源配置领域或是企业创新领域中都鲜有对二者关系的研究，较为常见的是在对企业创新能力影响因素的分析中，提及金融作为企业资源配置中的一个要素与企业创新能力的关系。

从宏观层面，英国的金融体系有力地支持了英国的工业项目，进而顺利推动了工业革命的实施（Bagehot，1873），后续学者的研究也得出类似结论（Hicks，1969）。美国经济学家 Mckinnon（1973）和 Shaw（1973）研究了发展中国家存在的经济问题，提出发展中国家因固有限制造成对金融资源的错配，并认为固有限制主要表现为政府对金融行业的过度管制和干预。学者 Hyytinen 和 Toivanen（2005）以芬兰的中小企业为样本，对发达国家的早期金融环境、创新与经济增长的关系进行研究，表明资本市场的不完善抑制了创新和经济增长，而政府的资助可以有效缓解这一问题。Dollar and Wei（2007）曾对中国所有制迥异的企业进行了大规模的调查研究，结果表明，中国的私营企业仅仅能从银行系统获得五分之一左右的营运资金，而这个比例在国有经济部门则多达三分之一以上。总而言之，国外的研究（Aghion et al.，2012）基本认为金融资源的错配会抑制企业创新投入活动，来自 Silva 和 Carreira（2011）的研究更具体地表明，创新活动的产生首要源自与创新活动产生相关的资金是否充裕，而匮乏的创新资金将会降低创新活动发生，进而抑制创新的投入和产出。Gurley 和 Shaw（1960）认为，金融发展对国家经济增长和科技水平提高有着积极的作用。Bencivenga（1991）采用世代交叠模型研究发现，金融市场的成本与企业创新技术的生命周期存在相关关系，金融市场成本过高时，生命周期较短的技术创新就会得到发展，同时，他也提出金融市场的资金配置渠道并不畅通，不利于生命周期较长的技术创新。Benfratello 和 Sembenelli（2008）通过面板数据分析后发现，资金配置效率与地方金融活跃度有一定关系，地方性银行的设立可以显著提高区域企业的创新活动水平。Chowdhury 和 Maung（2012）以发达国家为研究对象，分析认为金融与科技融合的现实效果存在国别差异，发达国家的金融发展水平与企业 R&D 投入水平呈正相关关系。Alexand 和 Guarnieri（2014）利用多个国家的面板数据实证检验了风险资本与创新之间的关系，结果表明，适度的资本投入会促进企业进行技术创新，并会朝着绿色、循环、可持续的方向发展。HUS Po－Susan 等（2014）以发达国家和新兴国家为研究对象，实证检验了股票市场、信贷市场与创新产出之间的影响，研究发现，金融市场鼓励科技创新，尤其是重工业企业的技术创新，有效的资金投入可以补足企业的研发缺口，促进企业进行高效、绿色、精细化的创新。魏玖长等（2014）通过建立 VAR 模型，实证分析认为，银行贷款和风险资本都有助于绿色实体企业的技术创新，且风险资本对绿色技术创新的正向效应要大于银行贷款。段世德和徐璇（2011）认为科技金融本质上是科技创新与金融资源的深度结合，科技金融效率的高低直接影响企业的创新活动。一般而言，科技金融效率越高，企业的发明专利数就越多，且企业技术创新也会更加注重环境因素。此外，也有学者认为科技金融效率无法有效推动科技创新。和瑞亚和张玉喜（2014）采用耦合协调的相关方法，对中国28个省市区域进行了测度，研究发现中国金融发展与科技发展之间的耦合协调度较低，金融发展无法有效作用于科技创新。张玉喜和赵丽丽（2015）通过构建动态和静态面板模型，利用面板数据实证分析了不同时期下中国科技金融效率对科技创新的影响，研究发现在短期内，中国科技金融效率对企业技术创新有显著正向作用，但在长期内并不显著。侯建和陈恒（2018）通过对绿色技术创新转型的研究后发现，不同于传统技术创新，绿色技术创新对企业创新活动中所耗用的人力、物力、财力都提出了更高的要求。王旭和褚旭（2019）则从市场资源配置的角度认为，绿色技术创新是一种以牺牲或放弃当前经济增长为代价，从而来促进生态健康和可持续发展的手段，但是其严格的正外部性也会带来市场失灵、资源过度倾斜配置不当等问题。

从企业微观层面来看，研究相对更加丰富。Galbis（1977）采用一个两部门模型，从理论上论述了金融的自由化如何影响资源配置以及经济增长，并设定经济中存在效率低下的部门和技术先进的部门，认为提高利率可以促使资源从落后的部门配置到技术先进的部门中，亦即金融自由化可以提高资源的配置效率，进而促进技术创新。King 和 Levine（1993）从理论和实证的层面研究了金融因素、企业家精神与增长的关系，研究表明金融资源合理配置使资金的配置效率得到了提高，资本投入使企业获得最大效率的产出。Levine（1997）的理论研究进一步认为，完善的金融系统不仅仅能够更好地动员储蓄和积累资本，还能够更好地改善资源配置，通过减少交易成本进而推动技术创新。Kitakyushu 和 Len ox（2005）截取上市公司20年的面板数据，研究发现风险资本投资与企业专利发明数具有正相关关系，风险资本的增加使企业获得更多的科研成果，而企业不断进行技术创新也有利于吸收资本投入。Barbara 和 Characteristic（2007）通过对上市公司的融资和创新活动进行定量研究后得出，企业技术创新无法脱离金融支持，金融配置效率对企业技术创新会产生直接促进效应。Quadrini（2009）设计企业家职业选择模型，Bianchi（2010）建立了信贷约束、技术生产与企业家行为的理论模型，上述迥异的理论模型均表明，合理的金融资源配置能使更多的信贷资金流向最具创新精神的企业家。Siddhartha

等（2014）通过研究融资成本与企业创新发展之间关系后认为，企业的融资约束深刻影响科技创新活动，融资约束越大，企业的研发投入就越低，就越不利于企业进行创新。叶莉等（2015）从微观企业的视角提出“政府—企业—银行”三方多阶段博弈模型，认为中国科技金融配置效率对企业技术创新存在多方管制，无法真正有效发挥其作用。芦锋和韩尚荣（2015）认为，在科技研发的不同阶段，风险投资额对企业的创新活动产生明显的异质性，其中政府支持却无法有效发挥其正向的引导作用。武力超等（2015）证实了金融资源的渠道对企业创新的影响，结果表明与企业具有紧密关系的融资机构不仅促进了企业的创新决策，而且还有助于企业创新能力的提升。刘慧芬（2017）的研究结果表明，在我国这样资金供给非完全市场化的金融市场中，创新型企业可能受到资金供给的极大约束，从而不得不求助于商业信用支持企业的研发创新。此时，商业信用对于企业技术创新可能发挥极其关键的推动作用。

姜照华和马娇（2019）也认为，企业的科技创新得益于金融资源的合理配置，且科技创新又多以推动资源节约、减少污染、生态保护的方式进行产出。Gorodnichenko 和 Schnitzer（2013）从技术选择和吸收两个角度来研究金融资源配置结构和创新效率的关系，研究发现金融资源错配对发展中国家技术创新能力的提升具有抑制作用。戴静和张建华（2013）为了分析金融资源错配程度对企业创新产出的影响，利用 2001—2010 年中国行业面板数据进行实证研究，研究发现，在金融资源存在错配的环境下，国有企业相较于民营企业更容易获得资金来开展创新活动，且资金成本更低，并且得出了在国有经济比重高的行业，企业的技术创新水平较高这一研究结论。康志勇（2014）以 2001—2017 年制造业企业为研究对象，对金融错配与企业创新的关系进行研究，他认为金融错配直接或间接导致企业创新成本增加、相对收益减少，从而对企业创新活动具有抑制作用，实证结果验证他的猜想是正确的。成立为等（2015）研究认为，金融错配会释放三种信号，第一种是扭曲资产价格的信号，相较于实物资产价值，技术创新价值被低估，抑制了企业进行自主创新投资；第二种是扭曲资金价格的信号，导致民营企业的融资成本加大，抑制了民营企业开展创新活动；第三种是扭曲跨期资产价格的信号，由于低估未来资产价格、高估当期资产价格，导致市场纷纷不看好企业开展创新活动所带来的预期收益，从而对企业创新产生了负向影响。戴魁早和刘友金（2016）以高技术产业作为研究对象，通过理论分析和实证分析相结合的方法对要素错配与创新效率的关系进行了研究，研究发现要素扭曲程度越严重，企业创新效率越低，但是企业可以通过加强自身建设，不断提高核心竞争力来减轻这种负向作用。Belitz 和 Lejpras（2016）从技术吸收的角度出发，深入研究了金融资源错配和技术创新水平两者的关系，研究发现，金融错配会引发技术创新发展滞后的问题，而良好的金融环境对技术的发展起到促进作用。杨伟鸽（2017）运用 ADF 检验和协整检验，分析了政府补助和银行贷款对企业创新活动产生的影响，发现金融错配降低了企业的资源配置效率，进而阻碍了企业自主创新能力的提升。刘斌斌等（2019）在研究中首先对地区信贷错配程度进行了测算，在此基础上实证研究了信贷错配对绿色技术创新的影响，他们认为在不同的环境规制地区中，信贷错配对绿色技术创新水平的负面影响有着不同的表现。杜鹏飞（2020）以中部六省为研究对象，分析了金融要素错配与高技术产业创新之间的关系，研究发现，金融错配抑制了企业技术创新水平的提升。

从以上学者的研究来看，多数研究成果认为，为企业提供创新活动所需要的资金支持、提供优惠政策措施等，都有助于促进企业自主创新能力的提升。

2.5　国内外研究评述

通过回顾、总结、归纳、整理国内外文献可以看出，国内外学者在低碳经济理论、低碳经济能源消耗与碳排放、低碳经济实践以及低碳经济技术创新、金融资源配置与创新等领域已经取得了丰硕的研究成果，然而，国内外学者的研究视角等还存在一定区别。从研究时间角度分析，国外在以上领域的相关研究显然走在中国的前列，中国目前在相关领域的研究处于起步阶段，主要集中在宏观角度，从国家整体看待低碳经济发展以及低碳企业创新，其中，技术创新风险与低碳技术的研究相对更深入一些。在当前经济新常态、全球价值链背景下，对低碳企业创新体系与金融资源配置相关研究相对较少，并且现有的研究成果存在以下问题：

（1）研究视角单一。从现有的文献资料分析发现，当前，国内外学者主要研究全球价值链、低碳技术创新、风险管理等理论较多，研究成果不具有系统性，而低碳企业创新体系是一个复杂的、系统的、生态的网络，因此，现有的研究成果缺乏系统性和完整性。另外，我国低碳企业创新体系的基础研究成果主要产生于全球价值链背景，可以查阅的资料相对较少，没有形成成熟的企业创新体系理论框架，尤其在金融资源配置与低碳企业创新方面的研究相对匮乏，现有的研究成果主要以金融支持对创新型企业的作用角度分析，缺乏深入的研究成果。在经济全球化的今天，中国处于繁缛复杂的经济贸易网络体系中，尤其全球当前迫切需要解决经济发展与环境保护之间的矛盾问题，因此，研究低碳企业创新体系与金融资源配置至关重要，此研究成果有助于丰富我国创新理论，有利于推动我国低碳企业走向生态的、富有成效的发展轨道，有利于化解我国经济发展和环境保护之间的矛盾。

（2）研究内容缺乏系统性。现有的研究成果主要源于微观层面，而且当前关于企业创新方面，对其创新环境研究较多，对企业创新的影响因素、演进路径、创新体系及评价体系研究甚少，尤其在金融资源配置影响企业创新方面的研究相对匮乏，正因如此，在中国经济处于由中低端领域创新向高精尖领域创新的重要阶段以及在全球提倡低碳经济的背景下，迫切需要通过研究低碳企业创新体系、评价标准及发展路径等内容，丰富低碳企业创新的研究成果。尤其要研究碳排放与经济发展和环境之间的关系，金融资源配置如何助力低碳企业创新发展，这对相关单位制定政策至关重要。另外，通过研究低碳企业创新体系与金融资源配置这一系统性理论，可以带动相关领域的研究方法、工具的突破，有利于推动学术界的活跃度。

（3）实证研究缺乏全面性。通过广泛研读国内外文献发现，国外学者在实践方面的研究相对多一些，例如美国、日本、德国等发达国家表现尤为突出，部分研究成果为我国低碳企业创新提供了借鉴。然而，由于国情及体制、机制等方面存在较大差异，我国低碳企业创新方面的研究成果相对匮乏，基本停留在概念、产业等理论层面，现有的成果对具体区域及省市低碳企业创新体系及路径相关研究内容较少。关于金融资源配置对低碳企业创新影响方面的研究，主要集中在对策建议层面，而金融资源配置如何影响低碳企业创新、内在机理、作用机制等领域的研究成果不多。显然，在低碳经济全球大发展的今天，世界各国均需要处理好经济发展和环境之间的关系，迫切需要具有实践意义的研究成果，实实在在地为我国低碳企业创新做出贡献。通过研究低碳企业创新体系与金融资源配置，对我国低碳企业发展以及低碳企业创新均有重要的参考作用。

2.6　本章小结

本章遵循历史研究的脉络，从分类研究的角度，对低碳企业创新体系与金融资源配置的相关文献进行梳理和总结。从研究的内容看，对低碳企业创新体系与金融资源配置的研究主要关注的是：① 低碳经济的研究，包括低碳经济的概念提出、低碳经济产生的原因、低碳经济与经济社会发展的关系研究等；② 低碳企业发展路径研究，包括低碳企业发展的影响因素、低碳企业发展路径与模式、绿色低碳发展的评价等；③ 低碳企业创新体系研究，包括低碳企业创新体系的含义、低碳企业创新体系的结构等；④ 金融资源配置与创新等方面的研究。该领域的研究成果为后续的研究者提供了丰富的理论基础和借鉴依据，但是研究中也存在一些不足之处，如研究视角单一、研究内容缺乏系统性、实证研究缺乏全面性等。因此，对于低碳企业创新体系与金融资源配置的研究是没有止境的，是随着时间的变化而需要不断进行的，需要时刻给予密切的关注。

第3章 低碳企业创新体系与金融资源配置相关理论基础

3.1 相关概念界定

3.1.1 低碳及低碳经济的含义

1. 低碳的含义

低碳，顾名思义，就是碳的含量较低，指较低或更低的以二氧化碳为代表的温室气体。“低碳”这一概念最初源自较低或更低的温室气体排放问题。1997年于日本京都召开的联合国气候化纲要公约第三次缔约国大会中所通过的“京都议定书”明确确定六种温室气体的减排，即二氧化碳、甲烷、氧化亚氮、氢氟碳化物、全氟碳化物及六氟化硫等，未将温室气体水蒸气和臭氧纳入其中。虽然在考虑减排的温室气体中后三类气体造成温室效应的能力最强，但对全球升温的贡献百分比来说，二氧化碳由于含量较多，所占的比例也最大，约为55%。因此，二氧化碳排放是温室气体排放的主要研究对象之一，而且又是生产生活中主要人为排放物，尤其是大量消耗石化能源的制造业产业成为二氧化碳排放主要来源之一。所以，温室气体排放问题在社会经济生活中主要为二氧化碳排放问题，后来也称为碳排放，此时所谓“低碳”更为直接的含义实际上就是减少碳排放。

当前围绕低碳的相关解释已经大为拓展，涵盖“低能耗、低污染、低排放”，更多地体现了一种社会责任，被认为是全球国家政府需要应对的问题，须加强政府在其中的作用，采取有效行政管理、加大技术创新研发应用的投资力度、签订政府企业间自愿协议、制定节能减排补贴措施及改革政策框架等；很多国家政府制定了相关政策，如英国制定了气候变化税、碳排放贸易基金、碳信托交易基金、可再生能源配额、气候变化法案等；美国制定了能源法案以及低碳经济法案；德国“高科技战略规划”规划 2020 年国内低碳产业要超过其汽车产业；日本曾在 2007—2012 年间也有 2090 亿日元用于发展清洁汽车技术，以降低燃料消耗，同时减少温室气体排放等；2015 年巴黎气候大会上，中国政府承诺到 2030 年单位国内生产总值碳排放比 2005 年下降，等等。因此，低碳内涵最初最常见主要体现为国家政府层面的一种社会责任。

从资源使用者、污染源以及温室气体排放源来说，企业更应该承担更多的责任，因此从企业角度，低碳含义转向以提高企业能源的利用效率和开发使用新清洁能源等方式来提升资源价值、减少温室气体排放及相关污染物；这些方式需要依赖企业技术创新，如发展节能技术、碳捕获和储存技术以及开发利用风能、太阳能等可再生能源，提高电力设施效率等（任治俊等，2012）；实际上部分企业已经将低碳发展目标作为生产运作计划一部分来推行，如西门子、丰田等企业都积极发展高能效、环保新产品，提出了各自的节能减排目标。

也有文献指出，公众消费生活方式也是重要排放源之一，因此诸如节约意识、环境保护意识以及购买使用节能产品等比较多地被提倡，较多的新产品低碳标准被提出，如欧洲的汽车尾气排放标准、日本的产品设备能源效率标准以及美国的“国际质量认证标准体系”等被其公众所认知和推广，并在市场决策中被倡导购买和使用低碳新产品，不断提升公众参与生态文明建设和低碳发展过程意识。

综上所述，低碳发展实际上涉及政府、企业以及公众等各个层面，而强调单一层面的低碳化不但无法真正落实低碳发展，反而会形成社会低碳发展障碍和不可持续性。

2. 低碳经济的概念

低碳经济，顾名思义，就是用最少的资源消耗和环境污染换取最大的经济收益。低碳经济概念的提出具有深刻的现实发展背景，早在20世纪90年代，借鉴经济学理论中的库兹涅茨曲线，Grossman（1991）提出了环境库兹涅茨曲线，来描述发达国家在以往发展过程中出现的环境污染水平与经济发展状况之间存在着的关系。1998年，Ann Kinzig和Daniel Kammen（1998）首次提出低碳经济的概念，从全世界层面探讨向低碳经济的过度，目标是使空气中的CO_2含量能够小于或等于工业化前一倍的水平。Sissiqi（2000）通过对亚洲多个国家的高碳排放经济增长和碳排放变化进行分析，发现在同一经济发展阶段，经济增长和碳排放增加的变化趋势是一致的。2003年2月24日，英国政府发表的能源白皮书《我们能源的未来：创建低碳经济》，是国外第一次出现低碳经济术语的官方文件。这个概念的提出旨在呼吁全人类为更好的生活环境和发达的经济创造可持续的机会，降低不可再生能源的消耗量，提高清洁能源的开发力度，共同创造幽雅又经济繁荣的生活环境，该理念以维护地球的生态平衡为目标，把低碳经济看成了一种经济增长方式。自从英国官方提出低碳经济这一概念之后，中外学者们便从不同的角度对低碳经济进行了阐释和分析，但到目前为止，学术界关于“低碳经济”的定义还没有达成共识，低碳经济仍然没有统一的、约定俗成的定义。学术界从能源技术革命、全球碳库及碳循环、经济形态、价值观念等角度解释了低碳经济的概念。具体内容如下：

（1）能源技术革命角度。庄贵阳（2007）在中国最早提出了低碳经济的概念，面临我国传统的高消耗、高排放、高污染的“三高”经济发展及低收益的社会经济发展模式，庄贵阳提出的低碳经济是一场能源的革命，通过依靠政策措施和技术创新来减缓气候变化，旨在解决能源效率和清洁能源结构问题，该理论的核心在于通过能源和制度创新以及调整能源结构、提高能源效率、调整产业结构、遏制奢侈消费、发挥碳汇潜力、加强国际经济技术合作等手段，旨在降低环境污染，走可持续发展道路。张坤民（2008）指出，低碳经济实质是提高能源利用效率和创新清洁能源结构问题，核心也是能源技术创新、制度创新和发展观的转变。发展低碳经济，是一场涉及生产模式、生活方式、价值观念和国家权益的全球性革命。株伯强（2009）认为，政府和市场通过政策激励和融资支持，推动技术创新和资本流动，推广低碳技术。陈岩（2010）认为，低碳经济实质是追求绿色 GDP 的问题，能源高效利用、清洁能源开发核心也是能源技术和减排技术创新、产业结构和制度创新以人类生存发展观念的根本性转变。刘莎和王培红（2010）认为，通过制度创新、技术创新，促进产业结构的升级调整、促进可再生能源和清洁能源的利用，减少化石能源的消费，降低 CO_2 等温室气体的排放，可以实现经济社会发展与生态环境保护双赢。杨明（2011）也提到，低碳经济发展的重点在于提高能源利用效率和建设以低碳能源为核心的能源结构。

（2）全球碳库及碳循环角度。Stern（2006）在报告中指出，在向低碳经济转型的过程中，存在复杂的政策挑战。应采取国际集体行动，建立有价格信号的碳市场，刺激科技研究和推广应用的措施，发展中国家尤其应该如此。周生贤（2008）指出，低碳经济是继原始文明、农业文明、工业文明之后人类社会的又一大进步，是在生产模式、生活方式、价值观念和国家权益等方面所进行的全球性革命。王文军等（2009）认为，技术、制度与公众参与是低碳经济的技术经济范式体系开发的主要内容；要有效实现低碳经济的全面发展，就要做好加大研发力度、产业结构调整、开展国际合作。柯健（2010）认为，低碳经济是成为实现可持续发展，减缓气候变化的必由之路。中国走低碳经济的道路，契合国民经济社会可持续发展的要求，契合世界潮流。杨圣明（2010）认为，低碳经济不仅是人类的新诉求，而且是当今全球经济发展的新趋势。金涌（2013）等学者提出，以产业结构调整、能源结构调整、科技创新等手段推进低碳经济发展，以能源和化学的生产流程为研究对象，重点关注节能减排和新能源开发，通过对传统过程节能挖潜、优化工艺路线、优化替代产品、开发 CO_2 的搜集和利用技术以及优化消费过程等手段推进低碳经济，然后制订具有针对性的相关政策，实现经济发展和环境保护协同的可持续发展道路。

（3）经济形态角度。付允（2008）认为，低碳经济是以低能耗、低污染、低排放和高效益、高效率、高效能为特征，以低碳发展为发展方向，以节能减排为发展方式，以碳中和技术为发展方法的绿色的经济发展模式。Michael（2008）指出，低碳经济核心是制度创新、技术创新和发展观的改变，是以低能耗、低污染、低排放为特征的经济模式。张斯倩

(2014) 认为，低碳经济，重点在低碳，目的在发展，它绝不是以降低人们生活质量和经济发展为代价的发展模式，而是致力于经济与生态双赢的科学发展模式。贾林娟（2014）认为，低碳经济发展模式是以低碳经济理论为指导，以可持续发展为目的的绿色、循环发展模式。陆源（2015）认为，低碳经济是运用新能源和新技术降低碳排放，以保证经济社会和生态环境的可持续发展的一种经济发展模式。张仁寿（2015）认为，低碳经济是一种以促进国民经济可持续发展为目标的新型经济发展模式。任志宽(2015) 认为，低碳经济是实现经济增长和温室气体排放低增长或者负增长的经济模式。冯之浚（2016）等学者提出，低碳经济发展模式是传统能源“高碳”模式适应当前发展需求的演化结果，包括低碳发展、产业、技术和生活等经济形态总称，实质在于提升能效、节能、可再生能源以及温室气体减排技术等，提升产品的低碳开发水平，维持全球的生态平衡。通过观念创新、结构创新、科技创新、消费方式创新、管理创新以及从约束和激励两个方面强化政府以及行业的指导，一方面加强制度约束力，另一方面推动企业及民众大力发展低碳经济。

(4) 价值观念角度。鲍健强和苗阳（2008）认为，低碳经济是经济发展方式、能源消费方式及人类生活方式的一次重大变革，是现代工业文明转向生态文明和生态经济，碳排放量将成为衡量人类经济发展方式的新标志。任力（2009）指出，应通过加强低碳制度创新与技术创新，建立碳交易市场，促使企业承担低碳社会责任等方式促进低碳经济发展。潘家华(2011) 等学者提出，发展低碳经济并不意味着不发展经济，而是在保证良好环境的前提下良性地发展经济，应该着力提升高碳效率，研发新能源技术，降低成本，坚持低碳经济发展的理念不动摇，并提出我国低碳经济发展应主要通过行政监管和利益导向的激励手段。中国的低碳经济发展道路不可能是一蹴而就的，在发展过程中，必须处理好气候变化和经济发展之间的矛盾问题，并提出低碳经济发展的根本在于将发展取得的经济收益回馈至环境保护和经济建设中。杭雷鸣和屠梅曾（2007）指出产业结构升级的关键要素是低碳经济的发展，它大幅度地促进了能源强度下降。朱磊等（2018）通过引入面板门槛模型研究了经济增长与环境治理约束的相互关系，认为环境治理政策的实施很难从根本上改变经济增长与碳排放的依存关系，但环境治理相关政策的实施能够减弱二者之间的依存关系，碳排放等环境因素会在一定程度上降低经济增长效率。总之，低碳经济是以碳减排为目的，以低碳作为可持续发展的最终目标，它指出一方面是应按照市场经济的原则发展低碳经济，另一方面发展低碳经济不能导致人民生活水平的明显下降，即既要节省自然资源和能源，又要不断提高使人民生活水平。

（5）概念比较角度。吴晓青（2012）提出，低碳和循环经济均属于绿色经济范畴，需要从经济活动的不同视角认识问题。杨美蓉（2015）提出，循环经济、绿色经济以及生态经济都是人类探索经济发展和自然环境问题归纳总结的新思想，同时，也是人类解决资源、环境和生存危机而提出的解决之道。低碳经济是一种低碳化发展模式，以节能减排作为主要手段；绿色经济是对环境与社会经济发展的整体认识，从技术、发展机制、文化价值观念等变革和创新，是包含低碳经济和循环经济的，并在此基础上有所扩展，体现多层次需求的发展；生态经济是强调人与自然的行为符合自然界的基本规律，以自然界生态平衡的发展方式，寻求人与自然的和谐发展；循环经济是一种低消耗的发展方式，以最小的资源消耗和环境代价促进经济社会的可持续发展。它们之间相互为彼此的发展提供基础，同时又起着相互促进的作用。

通过以上分析可以发现，虽然目前理论界关于什么是低碳经济并没有达成一致意见，但是学者们大都认为低碳经济就是在政府的领导之下，通过技术创新和制度改革，在不影响各国经济发展为根本前提，最大限度地减少 CO_2 等温室气体的排放量和减少对环境的污染，实现可持续发展的目标。低碳经济不是一个简单的技术问题或经济问题，它是一种破解能源、环境和经济之间的矛盾约束，促进能源消费、环境保护与经济增长的协调发展范式；它是关乎人类未来发展方式的一场变革。低碳经济的实现，涉及从理念上、制度上、技术上、市场机制上、产业结构上、效率上、国际合作上等多方面的创新改革，降低碳基能源的消耗，大力发展清洁能源，减少温室气体排放，使全球范围内的社会经济发展与自然生态环境相协调发展的一种经济方式。因此，本书认为低碳经济指的是以低消耗、低排放和低污染为基本准则，通过技术、管理、制度及观念等要素的创新，融合经济、能源、公众的生活方式及环境为一个整体，最大可能地通过有限的资源投入实现最大的经济收益以及最小的环境污染，最终实现一个健康的生态圈。

3.1.2 低碳企业的界定与特点

学术界对低碳企业目前没有一个明确的界定，大家普遍认为低碳企业就是指在生产过程中，很少甚至没有向大气层排放污染气体的企业就是低碳企业，有狭义和广义之分。

狭义的低碳企业指的是以循环经济发展模式为原则，尽可能地减少环境污染、降低能耗，提高产品附加值，实现经济、社会和环境效益的有机统一，通过技术创新研发新能源技术，提高生产效率，企业在整个生产流程环节中实现节能减排、产品绿色化以及经济效益最大化的目标。广义的低碳企业指在完成狭义低碳企业经济收益和环境效益最大化的基础上，在企业及企业间的文化、活动、合作、交流以及企业的基础设施建设方面都实现节能减排，与传统企业相比，低碳企业不仅仅是追求经济收益最大化，而且要承担维护社会稳定，保护生态环境的责任和义务，这就要求企业向低碳型企业的方向发展。张波（2013）提出，低碳企业在日常的生产活动中要在现有的技术水平下尽最大可能地以最少的碳排放量换取最大的收益，要将低碳生产理念贯穿整个生产流程，旨在提高企业低碳竞争力，实现企业可持续发展。

本书认为，低碳企业是一个广义的概念，不仅包括那些致力于节能减排的企业，也包括为低碳企业服务的低碳服务业，内容中提及的低碳企业不包括低碳衍生行业。

在当今国际背景下，追求低碳经济已成为时代的主流。低碳企业具有生产技术含量以及附加价值高的特性。低碳技术作为一种科技含量较高的技术类型，其应用于创新能够很大程度上提高企业生产技术的科技水平，并增加其所生产产品的附加值，进而提高企业产品的市场竞争力和企业的利润。生态破坏、环境污染及能源枯竭对我国经济发展的影响越来越明显，现代企业也在生产过程中不断寻求替代能源，降低能耗、减少污染。另外，企业竞争的加剧和产品利润空间的减少，促使企业采用节能环保装备来组织生产，最大限度地降低成本。因此，我国现代相关企业都正在积极寻找清洁能源，加速技术创新与生产方式转型，更加重视企业发展与生态环境的协调。在低碳经济环境下，企业要想拥有竞争力，就必须顺应时代潮流，考虑节能减排因素，同时应优化企业运营决策，协调整个供应链系统已成为我国企业必须面对的重大战略选择问题，这一选择成功与否将会影响到企业的成功与发展。

3.1.3　技术创新的概念与特点

对于技术创新，由于研究角度、方法论等的不同，迄今为止学术界对技术创新概念一直没有形成严格统一的定义。韩菁（1995）指出，技术创新应包括发明、创新和扩散等。邓线平（2010）认为，低碳技术创新是相对于高碳生活方式与技术而言，主要体现在工艺与工具创新两方面。吴昌华（2010）则从技术的研发、示范与推广等阶段来研究低碳技术，并指出低碳技术可细化为战略性技术、创新性技术、成熟型技术与商业化技术。其中，战略性技术短期内处于基础研究阶段，但存在长期发展潜力，其技术发展将预示未来科学研究的趋势与方向；创新性技术目前已处于应用研发与少量示范阶段；成熟型技术是指已进行大规模示范推广的技术；而商业化技术是指具有经济性并实现了商业化目标的技术。目前低碳技术的研发主要集中在能源、交通运输、建筑行业与工业制造等领域。樊步青与王莉静（2016）认为，低碳创新可分为低碳产品创新与低碳工艺创新。董景荣（2000）全面研究了国内外对于技术创新概念的阐述，根据我国的基本国情，给出了技术创新的内涵：以企业为主体，以市场为导向，以经济收益为目标，以创造性构思与市场实现为特征，是一系列过程构成的技术经济活动。

纵观各位专家学者的观点，对技术创新的一些基本认识已经取得了共识，即技术创新既不是纯经济学范畴，也不是一个纯技术学范畴，而是以技术为手段，以满足市场需求和促进经济发展为目标，科技与经济相互促进、相互转化的过程。它既具有技术特征，又具有经济特征，是技术与经济的桥梁和中介。低碳企业技术创新即技术创新在低碳生产与可持续发展领域的具体体现，它既遵循技术创新的一般规律，又具有现代企业发展所需的特殊内涵。我国学者在对技术创新概念进行界定的基础之上，依据技术创新理论，结合低碳企业的特殊性，从不同角度对低碳企业技术创新的概念进行界定。学者们就以下基本问题取得了共识，即：低碳企业技术创新是一种过程创新，低碳企业技术创新是生产要素的重组，目的是获取经济、社会和生态效益。而就低碳企业技术创新包含的内容及创新环节的外延方面，学者们的观点各异。由于低碳企业技术创新理论与实践的迅速发展，其外延正逐渐由微观到宏观、由狭义到广义扩展，并使创新的系统论和网络论观点得到提升。本书研究所指的低碳企业技术创新是广义的范畴，以资源配置为理念，遵循系统论的观点，即由各行为主体以自身利益最大化为目的，将企业关于为低碳生产和经营而发生的相关技术研究开发、试验推广、生产应用与扩散等一系列活动中所需的创新资源进行重新组合与分配。

由于低碳企业具有生产技术和行业的特殊性，低碳技术创新除了具有技术创新的一般特点外，还具有以下显著特点：

（1）系统性。低碳企业技术创新是由创新过程、创新组织和支撑体系三大子系统构成。各个子系统内部又是由诸多小系统组成，且彼此之间有着内在的运行机理，受历史、自然、经济、科技、社会、心理等多种因素的综合作用，各个子系统相互作用、互为补充，通过各自的功能联合完成低碳技术创新过程。低碳技术创新并不仅仅是低碳技术本身的突破和进步，而是与低碳生产、低碳消费等各环节紧密关联的，构成一个统一整体的低碳创新系统。该低碳创新系统由低碳知识生产、低碳创新服务及文化等系统构成。低碳技术创新系统有机融合了各子系统组成要素，即低碳创新的理念、观点及技术有机融合到低碳生产的产品中，保障低碳技术创新的各组成要素能够体现在整个低碳生产过程中，是实现价值创新的过程，从而真正实现低碳技术创新。

（2）协作的多元性。伯格曼认为，技术创新能力并不是某一单独的特征，而是通过一套完善的活动计划来实现的，比如对于资源的调度和重组、先进的生产工艺、领导层战略规划、企业内部的文化和组织结构等。低碳企业技术创新由研发、成果转化、应用与扩散等若干环节构成，各个环节有着不同的行为主体。低碳企业内部的研发部门、生态环保组织、高校机构、评估部门以及金融和政府机构等主体都在低碳企业技术创新不同环节发挥着相应的作用，体现了创新主体的多元化特征。在以企业低碳生产与可持续发展为目标的技术创新过程中，各个主体通过彼此之间的影响与作用，产生合力使低碳企业技术创新得以升级和发展。

（3）动力的多元性。姚明月等（2015）认为，技术创新动力会受到来自外部环境的市场需求拉力、市场竞争压力、创新主体特性、企业创新能力、创新活动的可持续性、创新的政策支持几个方面因素共同决定。许庆瑞（1995）等学者对绿色技术创新问题进行了系统的理论和实证研究，并总结出动力源包括政府法规要求、突破工艺瓶颈需要、应对社会舆论压力需求、用户需求、进入国际市场需要五个方面，在绿色技术创新的动力源上，他又总结出我国学术界目前已有的研究结论主要包括法规标准、政府强制、经济利益驱动、社会需求拉动、技术进步推动、职工工作条件要求等。由此可见，低碳企业技术创新主体具有多元性特征，各个行为主体从事技术创新活动有着不同的目标和动力，且每个主体又具有多重的创新动力。利润、成就导向、社会价值实现等都是推动企业进行创新的动力。作为主要应用主体的高耗能企业，其参与创新的动力一般是为获取最大经济利益，也可能是为了减轻耗能成本等。此外，法律约束和政府把控也是低碳企业技术创新的重要原因，为适应行业排污耗能的标准以及降低污染物的处理成本，企业需要以满足社会公益需求而非经济利益为创新活动的动力。

（4）技术创新较长的时滞性。技术创新从技术研制、发明、试验、应用到商业化实现的各个环节，要经历一段相当漫长的过程。低碳技术创新需要投入高成本，不断突破关键性和阻碍性技术，是一种高难度、高技术的创新过程，这一过程的实现需要观念引领、制度保障、技术支撑、研发投入以及低碳服务推广等诸多方面的因素协调作用，因此，它是一项长期的系统工程。而且，企业自主创新结果被准确预见的可能性很小，它们的产生和发展过程都带有一定程度的偶然性，并且即使这些自主创新的项目能够最终被利用，采用和实施这些自主创新项目也具有较高的内在不确定性，难以准确预测这些项目的未来发展趋势。此外，企业自主创新成果是一种未来的行为，即从创意出现到经过创新的中间过程，最后到创新成果的商品化存在一个相对较长的时滞。低碳技术创新关系到人们生产生活方式、生产消费价值观念，因此，需要政府相应规章制度的引导与支持，通过文化渗透，转变人们消费观念和生产理念，调动全民参与到低碳、节能生产生活方式这项长期工程中，推动低碳经济的发展。由于企业生产具有分散性及其对能源或资源极强的依赖性，又由于生产方式的异质性，导致对新技术适应和改造能力较差，因而对于高耗能、高排放的企业，其技术创新具有更加显著的时滞性。

（5）不确定性和高风险性。低碳企业技术创新是一种极强的探索性活动。在企业研发环节，从事探索生物内部规律及其与外界环境关系的活动，要考虑到自然、经济和社会等方方面面的复杂因素，实现这一环节的活动难度较大。企业进行低碳自主创新的技术基础相对比较薄弱，整个创新过程可能具有较长的周期，不能随时根据技术的发展前沿和最新动态调整企业技术发展方向而采取了在当前已经落后的技术将导致企业陷入相当被动的局面。在企业技术推广及扩散环节，存在着组织机构的安排、供需主体的衔接等方面的问题，也存在着较大的难度。在这一过程中，可能会出现即使创新成功，但是创新成果仍无法满足现实的市场需求，使企业难以实现预期的创新收益和利润目标。也可能有些创新仅是出于创新人员的灵感等所开展的一种探索和努力，这种创新的成果能否满足市场更是无法预计的。在企业技术应用及商业化实现环节，由于技术对于创新主体的依附性较强，使其商业化收益具有较高的不确定性。创新成果的效应也具有不确定性，技术更新速度加快，低碳自主创新产品不一定能降低企业运营成本，市场能否接受也是不确定的，这些因素都可能给企业带来巨大的风险。这些都导致了低碳企业技术创新具有较大的不确定性和较高的风险性。

3.1.4 金融资源的概念与性质

资源是指可以用于生产满足人们需要的产品的各种手段或财富（R. HeLftwihc，1973）。在古典经济学时代，人们常把经济资源分为劳动、土地和资本。“金融资源”这一名词第一次出现在西方学者 Goldsmith 所著的《金融结构与金融发展》一书中。到了近代，企业的经济资源主要被划分为物质资源和人力资源。然而，不论如何对资源进行分类，资源的稀缺性都是所有资源类别主要的特征。Samuelson（2005）认为，金融资源是稀缺的而对其需求是无尽的是金融资源需要配置的根本原因。金融资源的有效配置是指将稀缺的金融资源合理高效地分配到各个企业或部门中，以实现金融资源的最佳利用，即用有限的金融资源来实现效益的最大化，而金融错配就是金融资源配置没有达到这一理想状况。王振山（1999）指出，只有让金融资源率先流向经营效率高的企业或部门，才能实现金融资源配置的帕累托最优，即如果金融资源配置和经营效率不相匹配，那么就说明金融资源配置没有达到最优的状态，市场中出现金融错配。周煜皓和张盛勇（2014）在文章中认为，金融资源错配是金融资源配置结构与企业经营效率的匹配度没有达到最优。季熠（2015）在研究中认为，之所以金融资源无法实现优化配置，是因为市场缺陷导致金融资源无法按照市场供求进行流动，只有较少的金融资源流向高效部门从而导致其经营活动缺乏足够的资金支持。在货币信用经济条件下，任何资源的采集和使用都是通过货币或货币资本实现的，因此货币及货币资本成为了企业在社会进行运转不可或缺的重要资源。

白钦先和谭庆华（2006）指出，金融是一种具有特殊战略地位的资源，其配置效率的高低对其他经济资源的配置效率产生直接影响，最终影响到整个社会的发展。这种特殊的战略引导作用，导致金融资源相较于其他资源更受重视。金融资源的功能对我国经济社会的发展也起着举足轻重的作用。对于企业创新活动来说，金融资源最主要的作用就是能够提升企业在创新过程中的资本配置效率。一方面，当资本配置效率较高时，金融资源能够提高企业创新活动的收益率，并且能够尽可能地缩短资本回收期，从而提高企业开展创新活动的积极性；另一方面，金融资源对企业的创新活动是否具有竞争力具有极强的敏感性，能够对创新活动的投资收益率、资本回收期、风险等因素给予较全面的分析，从而确定最优的要素组合，并且最大限度地分散风险，使企业的创新活动能够适应市场的发展要求，以增强企业创新的市场竞争力。由此可知，在企业的创新活动中，金融资源所具有的资本配置和风险管理功能都发挥了极强的作用。一旦发生金融错配，这两种功能将无法正常发挥，从而会降低金融资源对企业创新活动进行风险分担以及提高资源配置效率的能力，进而增加了企业创新活动的成本，降低了企业开展创新活动的积极性。

从广义金融资源和狭义金融资源视角来看，根据广义金融资源的定义，金融资源可分为三个层次，具体包括基础层次的金融资源、中间层次的金融资源以及高层次的金融资源。基础层次的金融资源包括资本或者货币资金，它属于最具有基础性的、核心性的金融资源。实体性中间层次金融资源，包括金融组织体系和金融工具体系。具有整体性的高层次金融资源，具体指货币资本的借贷等与现存经济发展的相互关系。狭义的金融资源具体指以各种形式占有、支配和使用的货币和货币资本及各种金融工具。从狭义角度来说，所谓金融资源就是在健康的货币信用制度下，由各经济部门或个人，以负债形式占有、支配和使用的货币或货币资本（其中股权资本可以看成是一种特殊负债）。总而言之，金融资源是社会物质产品的价值形态，是以货币或货币资本形式存在的资源。由于企业信用风险特征是企业融资过程的重要考虑因素，因此金融资源的来源和分配渠道不仅需要企业具有合理的资金规划，同时也需要企业具有可行性项目与发展前景。

金融资源具有二重属性，即自然属性和社会属性。一方面，金融本身是一种战略资源，具有实用性、贮藏性、开发性和稀缺性，这是它的一般资源属性，也即自然属性。这种属性决定了对金融资源的开发、管理、配置和使用要遵循一定的规律和原则，这涉及金融可持续发展的问题；另一方面，它又是一种可以对其他所有资源（包括自然资源和社会资源）具有配置功能的资源，这是它的社会属性，这种属性决定了金融在整个经济发展过程中的核心地位，以及金融与经济、社会发展的相互关系，这具体体现在金融资源的层次性、中介性、可再生性、脆弱性以及金融资源与经济和社会的相互关联性等特殊资源属性上。

整体而言，金融资源在一般经济发展的整体框架中是经济发展的重要组成部分，并且通过金融资源的开发和利用使一般经济发展具有了全面性的重要意义。

3.2 相关基本理论

3.2.1 低碳经济理论

低碳经济，同时也被称为减少高碳能源消耗的经济发展模式。在全球变暖的今天，低碳经济已然是我国乃至全世界经济发展的必然趋势。但是，低碳经济作为一个相对新兴的产物，它从理论到实际操作，是否绝对是当下国家经济建设、社会发展的必然方式，犹未可知。因此，一个国家或地区是否应在当下采用低碳经济的发展模式，首先要充分了解低碳经济的真实内涵和提出背景，这也是本书研究的基础条件。

1. 低碳经济的特征

低碳经济作为一种与时俱进的经济发展模式，与以往的经济形态相比具有先进性、阶段性和创新性三个主要特征：

（1）先进性，即低碳经济的发展理念与传统经济相比具有先进性。传统发展模式具有高排放、高污染、高能耗的特征，对生态环境产生了严重的影响，随着能源资源的日益紧缺，高碳的发展模式将无法再继续下去。低碳经济强调更高的碳生产率，即每单位碳排放所产生的 GDP 或附加值更高。同时，社会福利水平并不会因此而降低，并没有因为减排而抑制经济发展，降低生活质量。这种经济模式与可持续发展的内在要求一致，具有明显的先进性。

（2）阶段性，即低碳经济的发展周期具有一定的阶段性。与传统经济一样，低碳经济也是一种经济形态；在当今的气候环境和能源条件下，低碳所要求的开发新能源、提高能源利用率、调整经济发展结构，符合了人类的发展要求。如果低碳经济发展得顺利，新能源能够满足社会发展的需求，环境问题也会得到较好的解决，那么，经济发展的核心目标自然会再次发生转变。因此说，低碳经济具有一定的阶段性，在完成了当前的发展阶段目标后，将会产生出更高的经济发展目标和追求。

（3）创新性，即低碳经济的发展模式比以往的经济形态更具有创新性。传统经济主要以 GDP 产生的多少来衡量经济发展的程度，对经济发展质量考虑较少，低碳经济则强调对碳的排放进行计量，引入了碳排放指标来衡量经济发展的质量，通过技术创新来实现低碳化的目标，这将会带动并最终形成社会各行业的新技术研发应用的创新潮流。

2. 低碳经济的基本体系

低碳经济的基本目的是实现经济环境可持续协调发展；其基础是建立

低碳能源系统、低碳技术体系和低碳产业结构，以及与之相适应的生产方式、消费模式和政策法规；它的实质是优化能源结构、提高能源效率；核心是能源技术创新和制度创新，最终要实现经济增长与碳排放之间没有决定性关系。从物质资料的各个生产环节出发，低碳经济的内容表现在以下方面：

（1）低碳生产。要发展低碳生产，必须尽可能地减少温室气体的大量排放，让社会生产体系构筑在低能耗、低污染的基础之上。在低碳领域中主要包括低碳能源、低碳技术和低碳产业三个方面。发展低碳能源主要表现在风能、太阳能、核能和低热能以及生物质能等方面，其发展目的是替代煤炭、石油等高碳能源，从而减少碳的排放。

低碳技术几乎遍及所有涉及温室气体排放的行业部门，包括电力、交通、建筑、冶金、化工、石化等，在这些领域，低碳技术的应用可以节能和提高能效。此外，低碳技术还包括可再生能源与新能源、煤的清洁高效利用、油气资源和煤层气的勘探开发、CO_2 捕获与埋存等新技术。我国改革开放以来经济建设所取得的伟大成就，依靠的是有中国特色的社会主义市场经济发展模式。同样，我们的低碳产业发展也不可能照搬发达国家的模式，而应该建立一套合理自主的“中国模式”。应紧紧把握低碳产业发展方向。抢占低碳产业制高点，从产业前端定位，积极培育低碳产业集群（新能源、节能减排、环境治理三位一体）的企业联合发展、各自发挥优势的新型模式，鼓励低碳产业整合运营和低碳技术的系统集成，通过企业集群的整合能力带动低碳生态城市的建设，从而全面推进中国低碳经济的可持续发展。

此外，在物质资料的生产过程中要特别注重科学的统筹规划，要加强高新低碳技术与科技的运用，避免盲目地扩大再生产和资源浪费，减少重复建设；提高碳基能源产品的附加值；与此同时还要注重废旧资源的循环利用，做到再减量、再回收、再利用，积极发展循环经济。

（2）低碳流通。低碳流通是“低碳绿色流通”，是二者的交集，也就是说，不是所有的低碳经济都是流通，也不是所有的绿色流通都是低碳的，只有既是低碳又是绿色的流通，才是低碳流通。要以可持续发展理念为指导，通过制度创新、技术创新、产业转型和新能源开发来减少煤炭和石油等高碳能源消耗，最终降低排放，实现经济与社会发展的良性发展的同时，注重生态和环境的保护的绿色流通体系。具体来说，低碳流通是一个完善的流通体系，是包括低碳商流、低碳物流、低碳信息流、低碳资金流（支付）、低碳消费的一个有机整体。

流通的低碳化就是不仅要使生产要素和生产的产品能够自由流通，而且要使资源配置得到优化，进而使企业节能降耗、降低成本。在低碳化的流通模式中，要有零售业的节能环保标准，要鼓励和支持这些企业进行技术改进，实现低碳销售；同时，举办“节能示范商店”等各种形式的低碳号召活动，尤其使企业在照明、空调、电梯、冷藏等仪器设备方面实施节能降耗工作，并且要对于商业建筑景观照明进行一定的管制。要积极开展节能和低碳认证与低碳评估和积分等项目以促使低碳流通工作的顺利开展。在低碳流通过程中，还要不断提倡文明节约、绿色低碳的消费观念，零售企业要绿色采购，比如可设立环保专柜，引导和促使顾客购买使用低碳产品，并抑制过度包装、限制塑料购物袋的使用等。此外，构建废弃物逆向回收渠道，引导销售商与生产商和回收企业展开全面合作，开展以旧换新、二手寄售和废弃物逆向回收的良性循环体系。

（3）低碳分配。低碳分配政策的制定者是政府，强调的是政府通过制定相关的法律、税收、财政政策和金融行政等手段，在对要素收入进行社会再分配的过程中，对于节约资源、技术先进、环境友好的产业优先给予政策倾斜和优惠待遇。而对于那些高污染、低附加值的产业给予一定的政策限制和法制规范，引导我国低碳经济迅速发展，实现产业的低碳化。自 2008 年全球性金融危机以来，我国中央财政拨款 400 多亿元逐步支持节能减排项目和环保设施的建设；马颂德（中国技术创业协会理事长、原科技部副部长）指出，我国不断对新能源方面的投入加大力度，其中，风能增加了 88%、核能的增加了 72%、水力发电增加了 19.2%。2009 年，我国“十大产业振兴计划”对电子信息产业以及新能源建设的支持也反映了这样的观点和政策。

（4）低碳消费。低碳消费是一种基于文明、健康的生态化消费方式，它以“低碳”为导向，着力于解决人类生存环境危机，促使人类社会和谐共生、共同发展，实现物质消费、精神消费和生态消费均衡发展。它要求人们着眼于人类的持续发展和资源的良性循环，在消费的过程中注重文明方式、适度性、绿色环保，杜绝铺张浪费。

人们在传统的生活观念里，一味提高个人或者家庭的生活质量，而忽视了自身存在的环境质量，低碳消费模式作为高质量的消费模式，就是引导人们认识到环境质量是生活质量的构成要素。当环境遭到严重的破坏，人们的生活质量就会随之下降。因而低碳消费模式让人们懂得了如何拥有以及拥有什么样的消费手段与消费对象，并且在消费和使用过程中如何利用消费品来满足自我需要的问题。低碳消费还强调消费者应该对社会和后代负责，在我们当代人的消费过程中要努力实现低能耗、低污染和低排放；低碳消费方式是可持续发展观念在消费领域最本质的表现。

3. 实施低碳经济中的外部性理论

外部性往往是在缺乏相关交易的情况下，当社会成员在从事经济活动时，其经济行为影响了他人的利益，却没承担相应义务或得到相应补偿的经济行为。一方面，低碳经济中存在着正外部性，当一个国家积极植树造林增加碳汇时，就是正外部性，即外部经济；另一方面，其也存在着负外部性，明显地表现为生产厂商或消费者向空气中排放温室气体时，其产生的温室效应降低了整个社会的福利。英国的经济学家尼古拉斯·斯特恩曾指出："不断加剧的温室效应将严重影响全球经济发展，其严重程度不亚于经济大萧条和世界大战。要求世界各国必须从国内生产总值中拨出1%对抗全球变暖，否则全球经济将付出比治理这些高5—20倍的代价。世界每排放1吨CO_2，会造成至少85美元的破坏。"这里的破坏就是温室气体排放所带来外部性的经济损失，构成了社会总成本的一部分。

（1）外部性的特点。低碳经济中的外部性存在自身的特点：第一，在低碳经济外部性产生前无法进行任何交易行为。例如，企业排放温室气体前不会以确定这种行为的产权形式或者交易方式，与受污染影响的受害者进行讨价还价；另外，对于外部性的范围及补偿支付，双方当事人也没有事前谈判。第二，低碳经济中外部性存在产权的缺失，使事后的补偿和谈判存在困难。在存在外部性的情况下，每个人对自己的权利和责任的边界的界定是模糊的。环境资源具有不可分割性和公共性，即任何人都不可能排他地消费环境资源及其产生附属污染物。因此，当企业将未经严格处理的废气排入公共空间时，很难定义企业所污染空气的产权，而这种产权的缺失却使排污者过度使用这些资源，不考虑其他人的公共权利。第三，存在私人成本与社会成本的不一致，或是私人收益与社会收益的不一致。当外部经济时，边际社会收益高于边际个人收益，社会的最优产量高于产业最优产量，所以当植树造林产生森林碳汇时，就产生了较高的社会收益；当外部不经济时，边际社会成本高于边际私人成本，社会的最优产量低于产业的最优产量。

低碳经济中存在的是外部不经济现象，当企业排污影响了环境，这种危害所产生的治理成本加上企业的成本就构成了社会总成本，环境污染导致的边际社会成本高于排污企业的个人成本。因此，由于低碳经济中存在的外部性，就很容易从经济学角度解释为什么社会发展进入工业化以来，石油化工能源所产生的排放导致了气候变化中的“公地悲剧”，而且由于存在“搭便车”的动机，使关于减排的国际谈判往往陷入僵局，难以形成一致意见。目前解决低碳经济的外部性所带来的不利后果的做法主要有政府干预和产权交易。

（2）低碳经济下解决外部性的途径。外部性会影响资源的最优配置，解决外部性问题的根本途径是外部性内在化。产权理论对传统的外部性理论有了实质性的发展，制度经济学认为，一切经济交往活动的前提是制度安排，它是用经济学的方法研究外部侵害的制度根源，它要求制度安排必须以效益最大化为标准，而清晰的产权能够保证资源配置的高效性。

从经济学的角度看，人类赖以生存的生态环境作为公共物品，主要是由于其具有生态功能和实物功能，并通过支付一定的成本而形成的产品。而作为一种资源，随着人类经济活动的不断延续，其稀缺性正在逐步显现。而对于这种公共物品的过度使用，已产生了巨大的负外部性问题——全球气候变暖。

低碳经济其核心是技术创新和制度创新，以此实现减缓气候变化促进人类可持续发展的目标。从政府层面，主要以市场机制为基础，加强宏观调控，建立起一套与低碳经济和可持续发展相适应的制度法规。一方面，尽可能地抑制在发展过程中可能产生的“外部不经济性”；另一方面，对于难以消除的“外部性”，使其部分“外部性”成本或收益“内在化”，采取对原有高排放高耗能高污染项目及其技术和设备提高其投入成本和使用成本，激励企业在生产过程中进行技术创新和采用低碳技术，减少其对生态环境的所造成的损失。

在低碳经济下，企业作为社会生产的主体，应当更加有责任在生产发展的同时，降低由于资源消耗，环境污染所产生的外部不经济性。采用低碳技术，特别是在控制和减少环境污染和降低温室气体排放方面，绿色技术及其绿色技术创新应当更多地得到推广和应用。在企业进行战略选择时应当充分考虑到采用低碳技术和绿色技术创新，及其在较长时间段内所产生的外部性，例如，当投资进行低碳技术和绿色技术创新的成本等于或小于日后一段时间内所产生社会正外部性效益，企业应当尽可能进行相关方面的创新；反之则引进相关技术和设备，以降低高污染高排放所产生的财务成本和社会成本。对于正在建立的“碳权利”（通过减少或吸收温室气体排放所产生减排量的拥有权）将会形成的市场价值或价格，即通过市场将外部性内在化。企业应当通过低碳技术和绿色技术创新等途径获得更多的“碳权利”，使投资产生较好的财务收益和社会收益，实现生态补偿的目标。

3.2.2 循环经济理论

循环经济理论由 Pearce 于 1990 年首次提出，该理论依据物质循环运动规律，以物质高效利用和充分循环为核心，以“减量化、再循环、再利用”为原则，通过构建经济系统，实现人类社会与自然经济系统良性循环。这种循环经济体系涉及经济、社会和环境的系统工程，通过尖端技术资源优势，强化循环经济发展模式的研究，实现经济与环境系统间的平衡，从而促进人与自然和谐发展，促使我国经济社会走向科学发展轨道。当前，循环经济存在进入门槛高、投资力度大以及技术复杂度高等一系列问题，因此要通过协调技术、资源、政策等因素突破障碍，推进循环经济持续发展。

循环经济理论因人类对于资源及环境承载极限的认识而被提出，因可持续发展战略的实施而被倡导。循环经济作为一种关系到人类可持续发展、科学发展、绿色发展的发展理论、发展趋势、发展范式、发展战略，越来越受到人们的重视。随着循环经济发展的不断深入，循环经济理论也不断趋于完善，下文将从循环经济的产生基础、运行模式及特征三方面进行分析。

1. 循环经济理论的产生基础

循环经济指在人、资源和技术等系统内，在生产过程中，将传统的资源依赖型经济增长模式向生态资源循环型发展。通过将废弃资源的循环利用，以最少的资源投入、最少的废物数量、最少的环境破坏，实现最大的经济收益的目标。

循环经济理论是经济发展与生态环境保护的“双赢”理论，是基于对物质充分循环的前提下的经济发展模式，可以实现生态破坏最小化和经济收益最大化的目标。该理论综合利用生态学、经济学以及系统科学等多个学科，通过对资源进行合理配置和充分循环等方式，实现资源、经济和环境的协调。另外，循环经济有利于延长资源的使用寿命，从而创造出更大的经济收益。其具体的产生基础有以下几点：

（1）自然基础。人类的生存注定要同自然环境建立长期的物质交换关系，这是一种发展的必然。物质交换具有双向性，一方面，自然环境为人类提供资源，以供物质财富的创造；另一方面，人类将废弃物输送回自然界，由于不能“消化”将对其造成损害，这样的损害也随时威胁着人类的社会发展。这种双向性表现出增长型的经济活动对生态环境资源需求的无限性以及稳定型的生态环境系统对生态环境资源供给的有限性之间的矛盾。自然界在交换关系中扮演了两种角色，供给和容纳。人类对资源的供给和废物的容纳有着长期的依赖性，同时，面对人类无限的需求，自然界的资源供给和环境容量能力也十分有限。资源环境问题呈现出生态系统和经济系统之间物质交换的不匹配问题。由此，人类为延续种族生存而改变物质交换形式和效率以适应自然界的环境容量的过程，成为循环经济理念的形成基础。从另一种角度来讲，循环经济形成的自然基础，也是其生态经济学基础。

（2）经济基础。自然基础的分析中说明生态环境在其扮演的角色中不断进行资源供给和废物容纳的过程，逐渐使资源匮乏和环境污染问题成为人类社会发展的产物。传统经济增长模型中研究人员试图进行经济增长的内因变量分析，希望找寻经济增长的内在驱动力，但相关研究都将生态环境视为外生变量。我国生态经济学家刘思华教授则提出“生态环境内因论”，他指出健全的生态条件和优良的环境质量是作为生态经济再生产过程的必要组成部分，它们不仅作为经济活动的外部环境，而且还是经济活动的内在因素。在生态环境由外生变量向内生变量的转换过程中，人们增加了资源枯竭和环境污染对于经济增长相关负面影响的关注，在试图改变现有困境的情况下，物质循环利用成为新的发展理念，也成为循环经济理念产生的经济基础。

(3) 社会基础。人类社会发展进程中，原始阶段的生存需求集中于农林牧渔等产业，人们的开采和开拓能力有限，资源的加工和生产中融入少量的物理和化学转化过程，资源的提取和废弃物的排放还处在生态环境的可承载范围内，形成一种较为原始的循环型社会和生态物质交换状态。18世纪中后期工业革命开始，人们从蒸汽时代大跨步进入电气时代，人类的生活变化成为原始生活状态的“快放镜头”，但生态环境自身的更新还保持“原始速度”。随着人类物质和精神需求的不断激增，资源的提取和废弃物排放开始超出生态环境可承受范围，此时成为社会和生态物质交换的恶性循环阶段。20世纪中后期，人们意识到环境污染的严重性，开启了可持续发展的时代，人们主张绿色低碳循环发展，提高资源的使用效率，社会和生态之间的物质交换进入了高级循环阶段。循环经济是不同时期发展理念支配下的人类社会和生态环境共同作用的产物，这也成为循环经济理念产生的社会基础。

2. 循环经济的模式及其运行原理

20世纪90年代以来，可持续发展问题受到各国政府的重视，越来越多的有识之士认识到资源与环境问题日趋严重的根源在于工业革命后采用的人与自然对立的经济模式。如何谋求人与自然共生共荣、协调发展，成为各国普遍关注的议题。循环经济就是在长期的探索中找到的一种符合可持续发展目标的有效模式。循环经济物流模式可以认为是“资源—生产—流通—消费—再生资源”的反馈式流程，运行模式为“资源—产品—再生资源”，具体如图3-1所示。

循环经济正逐渐成为许多国家环境与发展的主流，越来越多的政府官员、学者、企业家加紧了对循环经济的研究。一些发达国家已把循环经济看作实施可持续发展的重要途径，看作当今世界环保战略深化发展的方向。本质上，它是人类对难以为继的传统发展模式反思后的创新，是对人

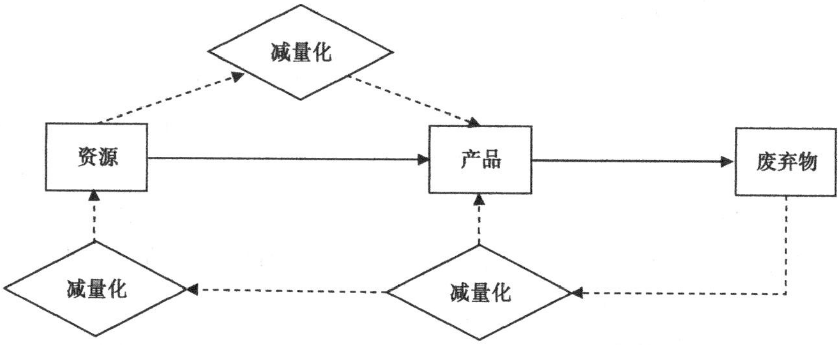

图 3－1　循环经济运行模式

与自然界关系在认识上不断演进的结果；它融合了清洁生产和生态工业，并将环境保护延伸到国民经济的一切有关领域，融入生产技术、产品和服务的各个层次中，将环境保护与经济运行模式统一加以考虑，这就突破了原有的环保理念，大大提升了环保思想的深度和广度。此外，循环经济系统是函数、动态和长期的平衡，遵循如下原理：

（1）循环经济系统惯性原理。封闭的循环经济系统与外界基本上不发生关系，所以不会获得外力协助发展经济，会造成经济衰退或者稳步不前的经济状态。

（2）循环经济系统的层次原理。任何系统都是有层次的，且不同层次的时间规律不同，同一层次上也包括不同的特殊性。在一个层次上制定相同的循环经济政策是不现实的。

（3）循环经济系统的生态承载能力原理。所谓经济生态系统的承载能力指的是经济发展过程中，经济与生态系统的运行、改革、开放和发展的程度，如果超越了生态系统的承载力，系统平衡会被打破，导致系统的不稳定。除此之外，需要考虑改革、开放和发展对系统承载力的提高效用。实现循环经济，需要解决两个问题：① 如何在宏观经济领域实现资源有效配置？② 如何在微观主体领域实现资源的最大可能替代？国内外学者主要从产品生命周期、企业动力机制、运用交易费用理论、绿色供应链以及循环产业链构成等多种视角研究循环经济的实现路径。在实现条件方面，通过研究产权、价格、财税、法规、企业监管产品标准、经济核算等制度、约束和评价机制，将循环经济理念灌输到企业运营过程中。

3. 循环经济的特征

发展循环经济主要目标就是实现减量、二次利用和循环利用。其中，减量化是一种输入端方法，目的在于减少进入生产端和流通中的物质量；二次利用是一种过程性方法，目的在于延长产品和服务的周期和强度；再循环原则是输出端方法，旨在废弃物资源的充分利用。该概念和原则已被国内外学术界认可，在中国，循环经济被认为是对生产和消费活动中物质能量流动方式进行管理的经济模式。

在“3R”原则基础上，有学者提出再思考、再修复、无害化、巧制造和再重组等原则。在模式上，将循环经济视为物质流的闭循环回路的观点存在争议。因为，循环经济中物质流动是非线性的，可能会以“环”“链”“网”形态体现。其具体特征主要表现在以下几个方面：

（1）环境友好性特征。总结循环经济所要求的物质循环标准应包含两个方面，其一，投入经济系统中的物质应经过多次循环使用，达到最高使用效率；其二，经济系统排放出的废弃物可以被生态系统所“消化”，并且总量不超过其自净能力。循环经济是在人类社会基础上经济活动和生态环境长期作用的产物，循环经济所拥有的环境友好性特征是将所投入物质在持续进行的经济活动中得到合理和持久的利用，减弱污染物的有害性和排放量，以此将经济活动对生态环境的影响降至最低，解决二者之间存在的矛盾，以实现经济和环境的共赢。

（2）资源高效性特征。循环经济的本质为资源的高效循环利用，这也是循环经济的主旨命题。原始生产发展阶段，由于生产力和生产技术的限制，资源的利用效率并不充分。随着生产技术的进步，同步带动经济发展规模不断地壮大，资源的无效率利用增大了资源枯竭和环境污染的可能性，在工业化和城镇化的快速发展阶段，经济开始由资本制约型向资源制约型转变。循环经济资源高效性特征是在经济社会进入转型期后，基于可持续发展理念，在生产和销售等各个环节循环利用资源，发展静脉产业，以此提高资源利用效率。宏观层面表现为经济运行全过程的资源高效利用；微观层面则体现出产品周期方面的资源高效利用。

（3）科技先导性特征。循环经济的推行和发展需要先进科学技术为支撑。现代经济系统中生产过程遵循着物质守恒定律，但是很多产品通过物理和化学转化过程，输送回自然界时，已不能被完全“消化吸收”。在生产技术不断发展的今天，面对如何提高资源使用效率，如何实现废弃物无害化处理，如何让生态系统顺利完成自净过程等诸多问题，循环经济需要高科技的支撑来引导经济实现可持续发展。人类必须积极推动循环经济的技术创新，突破经济发展过程中诸多难题。循环经济的科技先导性特征表现为在循环经济的推行过程中，亟需清洁生产技术、无害化技术、污染防治技术和废物利用技术等共同铸造循环经济科技体系，为循环经济提供支持。

3.2.3 技术创新理论

低碳生产和技术创新是人类进入生态文明的标志之一，许多学者也对低碳企业技术创新进行了大量有益的研究，但目前对低碳技术仍未形成统一的概念界定。布朗和韦尔德（1994）明确地界定了低碳技术的概念，认为低碳技术是指遵循生态原理和生态经济规律，节约资源和能源，避免、消除或减轻生态环境污染和破坏，生态负效应最小的无公害化或少公害化的技术、工艺和产品的总称。国内知名学者席德立（1993）提出，低碳技术又称为清洁生产技术，是以保护人体健康和人类赖以生存的环境、促进经济可持续发展为核心内容的所有生产技术活动的总称，主要包括清洁能源技术、清洁工艺技术和清洁产出技术三个方面。也有很多学者认为只要通过研发、生产、分配、流通和消费等环节的技术改进，达到降低资源与能源的消耗、减少或避免环境污染的双重效果，这种技术就可视为低碳技术。

低碳技术创新是在技术创新的基础上发展而来的，其倡导的是一种与环境和谐的经济发展模式，追求生态效益、经济效益和社会效益的综合效益最优化。低碳技术创新要达到循环经济的基本原则，应采用全程处理模式，从源头到末端达到“最少废弃、最佳生产、最适消费、最小危害”的效果。广义的低碳技术创新分为三类：一是理念创新，理念创新涉及低碳技术创新的方方面面，贯穿于低碳企业技术创新活动的整个过程。理念创新主要包括企业管理与发展观念两个方面的创新，其中企业管理创新是指高耗能、高排放产业在开发运用低碳生产技术的同时，积极地运用低碳管理理念进行管理组织、协调生产和营销等工作，从而使得整个系统步入低碳管理一体化的经营过程中，是整个系统在功能和结构上的整体优化。发展观念创新具体是指培养人力资源的可持续发展意识，如低碳技术知识、节能认识、可持续发展战略等，是从根本上拓展企业的低碳发展理念；二是低碳工艺创新，低碳工艺创新包括排污减少创新甚至“无污染”创新、清洁工艺技术创新以及多样的末端治理技术创新。清洁工艺技术创新不仅可以有效地减少废物和污染物的生产和排放，降低物耗、能耗，从而降低整个工业活动对人类环境的危害，而且可以降低利用资源的成本，使产品在品质上和价格上都具有较强的竞争力；三是产成品创新，产成品创新包含产品的低碳设计与低碳开发，即设计中加强开发和充分利用可再生资源，开发各种可以节约能源和原材料的产品，这些产品能够在其生命周期中不危害或少危害人体健康和生态环境。狭义的低碳技术创新则只包含后两点，即低碳工艺创新和低碳产成品创新。

1. 熊彼特创新理论

1912 年，“创新”首次提出于美籍奥地利经济学家熊彼特（Schumpeter J. A.）的以创新为主题的《经济发展理论》一书中。20 世纪 30 年代和 40 年代，熊彼特在《经济周期》和《资本主义、社会主义和民主》中进一步深化了创新理论。熊彼特创新理论涉及创新的概念、经济增长和经济周期等论述，着重科技与经济的联系，将创新视为经济增长的核心，创新的动力来自于企业家精神及企业家通过创新追求潜在利润。

熊彼特构建了一套完整的创新理论体系，详细地对技术进步影响经济增长的内在机制进行了阐述，并提出非均衡的经济思想。他认为创新的实质是对现有生产要素的重新组合，某种程度上可以认为创新是构建了一种新的生产函数。新古典经济学则进一步强调了创新概念的外部性特征，认为创新表现为一种创新主体企业与外部环境相互作用和交互的社会过程。新制度经济学认为，企业在创新的过程中表现了高投入和高风险的特征，并且在企业的不同发展阶段，创新对企业的风险性也不尽相同，进而对企业绩效的影响也形成了不同的经济后果。新奥地利学派在总结上述研究的基础上，进一步认为，创新的内涵表现具有多样性，创新不仅是对旧有生产要素和生产条件组合的均衡打破，更是通过构建新的生产函数来重新恢复均衡。而现代创新理论则进一步丰富了创新的内涵概念，认为创新能够使企业在市场竞争中保持长足的竞争优势，并在创新方式上分为了颠覆性创新和渐进式创新、结构性创新和空缺式创新等不同的创新类型。可以看出，以熊彼特创新理论为基础的西方经济学，对创新理论的探讨主要从企业视角和经济增长视角出发，强调了创新对市场要素资源配置的影响作用。

2. 内生经济增长理论

自20世纪80年代以来，内生经济增长理论（Endogenous Growth Theory），也称为新增长理论（New Growth Theory）伴随知识经济的到来逐步兴起。以Romer、Lucas等为代表的经济学家突破新古典增长理论（Neoclassical Growth Theory）对于技术作为经济增长外生变量的假设。在此前，经济学界对技术创新外生或内生于经济系统的程度没有根本定论。

在研究技术创新影响经济增长的内在机制方面，新古典代表人物Solow（1956）首先将技术进步作为外生变量，通过设定由劳动、资本、技术进步三者共同构成的生产函数，以索罗余值的形式表示技术进步对经济增长的贡献，提出技术进步是经济增长的重要来源；Arrow（1962）的“干中学”模型中，提出技术进步由资本积累所致，随资本积累而增长，同时将技术进步与外生人力资本积累相联系，并假定技术在整个经济系统内存在扩散和溢出，从而促进经济增长。在此之后，Romer、Lucas、Grossman和Helpman等学者继承并发展了上述思想，直接将技术创新作为经济增长的内生性因素展开研究，强调创新与资本积累同是经济增长的重要力量，并明确技术进步的决定性力量。

根据上述学者研究中对技术内生性的认识不同，内生经济增长模型可分为：Romer（1986，1990）、Grossman和Helpman（1991）的以知识为基础的经济增长模型，及Lucas（1988）的侧重人力或物质资本积累的以投资为基础的增长模型。Romer（1986，1990）的研究基于三个前提：①技术变化是经济增长核心，技术变化刺激资本积累，持续的技术变化与持续的资本积累共同作用于创新产出；②技术变化是创新参与者自主最优行为选择结果，市场刺激在很大程度上影响知识成果转化商业化产品的进程；③知识同商品、公共产品的本质属性不同，新知识需要固定开发成本，且具有部分排他性和非竞争性。在 Romer（1986）收益递增经济增长模型中，以知识或创意为基础理解经济增长，提出投资知识能促进知识积累，提高投资回报率，进而刺激知识投资，随着这一模式无限地良性循环，知识得以持续累积，投资将持续增长，并随着知识边际收益的长期递增促进经济获得永久性提高。在 Romer（1990）知识驱动模型中，知识资本、人力资本的重要性及知识溢出效应的产生得到进一步体现，研究部门（包括人力资本和非熟练劳动）的技术水平、产品部门收益率、消费偏好及经济规模总量决定了一国经济增长率，其中后三者均能通过改变人力资本在人口中的比例发挥作用。

Grossman 和 Helpman（1991）提出产品质量提高是技术进步的表现，拥有最高行业质量的领先者通过排他性产权获得短期垄断地位，但以当前最高技术为基础，每种产品或技术都面临一架梯子，有质量提升的潜力，更高质量产品的拥有者将取代现有领先者的市场地位，从而激励产品质量攀升，经济持续增长。此外，在 Lucas（1988）的理论架构中，通过增加人力资本投入，并受益于人力资本增值的知识溢出效应，企业能实现技术进步，并提高产出，当人力资本积累越多，价值增值越快时，经济效益越大，可以说，人力资本积累决定经济持续增长的速度，投资于人力资本十分重要。上述内生经济增长理论为政府制定政策找到了突破口，通过影响经济参与者的最优决策，促进创新，实现经济增长。

3. 产业创新理论

产业创新理念的雏形源于熊彼特的创新理论。他认为企业的不断创新会从内部对整个行业产生影响，促进产业结构的变化，甚至破坏旧产业，创造新产业。到 20 世纪中叶，一些学者开始关注产业创新及其与产业结构和产业竞争力的关系。Cunningham 最早提出产业创新（Industrial Innovation）的概念，探讨产业差异带来的创新问题，分析不同产业绩效受技术创新的影响，并讨论产业创新过程中存在的障碍。而 Freeman 奠定了产业创新的理论基础，他认为国家创新的核心应该是产业创新，采用历史分析法，阐述了工业革命以来的重大产业创新。

随后，产业创新受到了学术界的广泛关注，相关研究日益增加。其中，一个核心研究方向是探索产业创新与产业成长之间的关系。雷家骕认为，产业成长包含三个层次的含义：①产业本身向高层次转变；②产业结构升级；③国民经济中大多数产业的内部产能得到提高。产业创新以及创新扩散是产业成长的基础，产业创新与产业替代是产业成长的本质，产业创新是产业成长最核心的方面，没有产业创新，就难以推动产业向更高层次发展。

Abernathy 和 Utterback 通过研究汽车、钢铁等行业经典案例，提出了从产业创新角度分析产业成长的"A－U"模型。该模型是从产业创新视角剖析产业成长的典型代表，它认为企业的工艺创新同产品创新相互作用、相互关联，两者的联系在产业成长的不同阶段呈现出不同的特点，具体如图 3－2 所示。产业成长阶段可以划分为三个阶段，即流动阶段、过渡阶段与特性阶段，不同产业阶段决定企业创新频率与类型。

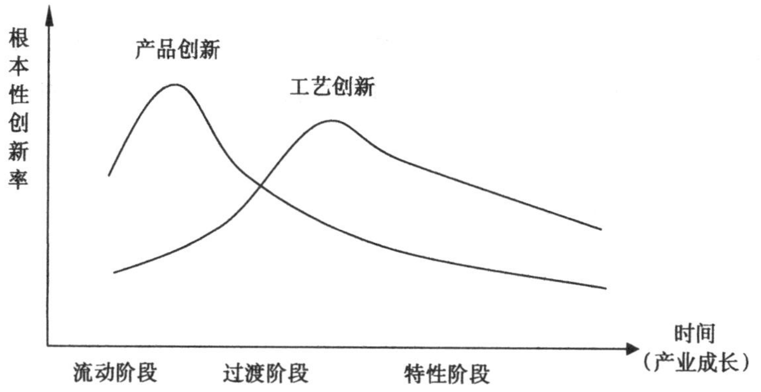

图 3－2　产业创新"A－U"模型

3.2.4　技术扩散理论

1. 技术扩散概念的界定

Rogers（1959）提出，所谓扩散就是创新经过一段时间之后，通过特定渠道，在特定群体中传播。该扩散概念具体指创新扩散，或者指面向客户的商业化技术扩散。目前，技术扩散包括时间和空间两个维度，具体指技术知识在经济和地理空间上的应用和传播过程。技术扩散过程是一个循序渐进的过程，来源于技术创新成果的首次商业化实践，与整个商业化实践过程密切联系。技术扩散过程包括技术的初次应用、推广、普遍采用和淘汰过程。Smith（1980）提出技术扩散是从一个地方或一个使用者手里传到另一个地方的过程。

在研究技术扩散的文献当中，还经常见到“技术转移”这样一个概念。陈念文等（1987）指出，技术转移是一种以技术应用为目的，有意识、有计划、有组织的活动，而技术扩散与前者不同，技术扩散是指技术的自然传播，具有自发性特征。Glinow 和 Teagarden（1988）认为，技术扩散主要涉及传播技术文件、成果转换的专有技术和硬件设备的转移三个阶段。Komoda（1986）认为，技术扩散是对引进技术的能力转移。丁焕峰（2006）提出，技术扩散是新技术在时间和空间维度上的演化过程，包括五个方面：首先，技术扩散是在一定渠道下通过传播技术实现技术成果转换的过程；其次，技术扩散的结果对社会经济发展产生作用；再次，商品化的技术创新成果是技术扩散的关注对象；此外，技术扩散独立存在，也与技术创新全过程形影不离；最后，技术创新成果和技术扩散对经济的影响作用不同，对资源的需求和消耗也不同。

2. 技术采纳理论

法国的社会学家、心理学家加布里尔·塔尔德（1890）认为，个体因素差异将对创新的扩散产生较大影响，如个体特征、文化教育水平、社会关系结构、媒体宣传和自身所处的社会网络层次等。任何一项技术创新其本身对推动社会进步是有限的，只有达到广泛应用，才能发挥技术本身的优势，才能为社会创造更大的价值。因此技术创新本身较为重要，而技术扩散对推动社会进步更为重要。农业创新技术扩散过程都是随着时间变化而变化，在不同时间内技术扩散的速度各不相同。农业技术创新扩散是指农业新技术、新发明、新成果等从创新源头开始向周围传播，不断被广大农民或农业企业接受和采纳的过程，或者是某种农业创新技术通过一定的渠道在目标使用者之间传播和采用的过程，且该项技术在其传播和扩散过程中会进一步演化出更多更大的关联创新，形成更广泛的技术扩散。

在技术扩散理论中，美国著名传播学者 Bass（1969）建立了一个用于首次采购新产品的模型，Bass 将研究的范围限定在首次购买新产品者，并将重复购买者界定在外，假设新产品的采纳数量等于采纳者数量，则可以用新产品的采纳者数量代替新产品的采纳数量。该模型采用微分方程验证创新技术扩散过程和扩散机理，是对新产品、新技术需求的预测模型，能够准确分析市场动态变化规律，对市场容量和变化趋势作出科学估计。Bass 模型在农业技术采纳领域应用非常广泛，首先将农户分为新技术革新者和新技术模仿应用两种类型，其中新技术革新者是独立地采用新技术，往往不向外界传播；而新技术模仿者首先向新技术研发者或采用者进行全面学习，将新技术相关内容进行深入学习和领会后，才会在农业生产过程中采用新技术。

3. 技术推广理论

Albrecht（1987）提出了技术推广理论框架，具体如图 3－3 所示。该理论框架主要由技术推广服务子系统和技术推广目标子系统组成。技术推广服务子系统主要包括技术推广服务系统、技术推广服务人员、技术推广组织机构和技术推广组织环境构成。技术推广目标子系统则由技术推广目标群体系统、个体和新型经营主体，以及技术推广社会环境构成。技术推广服务子系统起到技术推广政策制定和选择技术推广方式的作用，同时对推广目标群体起到引导和干预作用，促使新技术得以采纳和应用。采纳新技术效率是评价技术推广服务子系统效果的最重要指标。依据该技术推广理论框架可知，技术推广实质就是技术推广服务子系统和技术目标群体子系统间交流学习的过程，因此技术推广方式方法和技术受体采纳效果两方面是评价技术扩散的重要指标。若使众多个体广泛采纳新技术，技术推广服务子系统需找到与技术目标群体子系统最佳的交流方式和渠道。

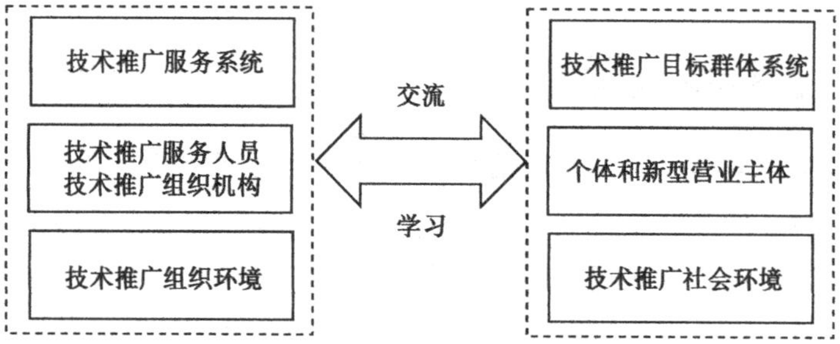

图 3－3 技术推广理论框架

3.2.5 金融资源理论

金融资源的理论体系主要包括以下几个方面：一是金融资源的原理，作为金融理论的组成部分，该原理从一个全新的视野诠释了金融理论，对于金融与经济发展的关系提供了新的理论框架；二是金融资源协调理论，主要研究金融资源本身以及其与经济资源和社会资源之间的协调问题，为政府部门和市场主体提高金融资源的配置水平提供理论依据。具体而言包括：金融领域内部要素之间的协调问题，主要涉及货币资源、资本资源、其他金融商品资源以及金融体制性资源之间的协调；金融资源与经济资源之间的协调问题，这里遵循的逻辑是经济资源是金融资源开发的基础，金融资源的开发和配置能更好地调动经济资源的配置；金融资源与社会资源的协调问题，主要研究金融资源与文化、宗教、体制、人力以及教育等资源的协调；上述协调问题的解决能够促进金融资源的有效配置；三是金融资源的开发配置理论，主要研究各类市场参与主体的金融资源开发和配置行为活动，为确保金融资源合理的开发，避免金融资源的过度开发提供规范性的理论指导。具体而言，中央银行是货币资源、金融法律法规、货币政策以及宏观调控等方面的开发主体，其他金融机构均无权参与其中，中央银行在金融资源的开发中处于垄断地位。商业银行是金融商品、金融资本、商业银行经营活动的具体实施细则以及包括金融文化等在内的金融非正式规则的开发主体。其他各类金融主体亦有自身的金融资源开发领域，当然金融资源的开发受制于正式制度的约束，是一个动态调整的过程，并非一成不变。

1. 金融资源论的起源

金融资源作为一个专业术语可以追溯到戈德斯密斯（1955）的研究，作者首次对金融资源及其传递渠道对经济增长的影响进行了初步关注。遗憾的是，其后续并未展开进一步的深入讨论和研究，对于金融资源的概念、属性特征以及体系的构建均未给予系统的论述。依据国内学术界的考证，戈德斯密斯（1955）提出的金融资源这个概念是出于偶然且未形成系统的体系，以至于最终并未得到整个西方经济学甚至金融学理论界同仁的重视（白钦先，2001）。在戈德斯密斯（1955）提出该概念以后的近半个世纪中，金融资源的内涵以及体系的研究一直处于沉寂阶段。

随着经济和金融的发展，各国之间贸易往来日趋密切，金融的创新和金融市场的国际化程度越来越高，主要国家的金融往来日渐频繁。在第一代金融发展理论的影响下，一些发展中国家在国内经济金融环境不健全的情况下逐步加快了金融开发的步伐，这为日后出现金融危机埋下了伏笔，尤其是步入 20 世纪以来，国际上经济金融危机开始频繁显现，这引发了国内学术界对此问题的思考，如白钦先（2001）所研究的那样，资金或资本不能仅仅当作一种生产要素来看待，金融因素还有其他重要的表现与功能，有必要基于一个全新的视角来审视金融发展问题。通过白钦先对国内外经济金融发展历程的思考与总结，金融资源理论的萌芽由此产生。

国内对金融资源的正式研究始发于 20 世纪 90 年代中后期，据学者（白钦先，2001）考证，国内学者在期间曾提及到金融资源一词，但并未进行系统的阐述，且常局限于信贷资金，抑或是概念表述泛泛而谈。真正意义上第一次系统提起金融资源一词起源于国内学者白钦先的研究文献，他深入讨论了金融资源的概念、金融的资源属性、金融资源的理论体系、金融资源的合理开发和有效配置、金融资源的效应功能区、金融资源的立法、金融资源与金融发展的关系以及金融资源与金融可持续发展的问题。白先生的上述研究引发了国内学术界对金融资源的深入而广泛的讨论和研究，此后一系列的研究成果层出不穷，如崔满红先生（2005）又提出了以金融资源理论作为一种新的理论分析框架来研究金融问题。至此，上述国内学者的前期研究成果为本书提供了关于金融资源理论的详实框架，金融资源的理论体系得以形成和完善。

2. 金融资源理论的体系

金融资源的理论体系主要包括以下几个方面：

第一，金融资源的原理，该原理作为金融理论的组成部分从一个全新的视野诠释了金融理论，对于金融与经济发展的关系提供了新的理论框架。

第二，金融资源协调理论，主要研究金融资源本身以及其与经济资源和社会资源之间的协调问题规律，为政府部门和市场主体提高金融资源的配置水平提供理论依据。具体而言包括：金融领域内部要素之间的协调问题，主要涉及货币资源、资本资源、其他金融商品资源以及金融体制性资源之间的协调；金融资源与经济资源之间的协调问题，这里遵循的逻辑是经济资源是金融资源开发的基础，金融资源的开发和配置能更好地调动经济资源的配置；金融资源与社会资源的协调问题，主要研究金融资源与文化、宗教、体制、人力以及教育等资源的协调；上述协调问题的解决能够促进金融资源的有效配置。

第三，金融资源的开发配置理论，主要研究各类市场参与主体的金融资源开发和配置行为活动，为确保金融资源合理的开发，避免金融资源的过度开发提供规范性的理论指导。具体而言，中央银行是货币资源、金融法律法规、货币政策以及宏观调控等方面的开发主体，其他金融机构均无权参与其中，中央银行在这里金融资源的开发中处于垄断地位。商业银行是金融商品、金融资本、商业银行经营活动的具体实施细则以及包括金融文化等在内的金融非正式规则的开发主体。其他各类金融主体亦有自身的金融资源开发领域，当然金融资源的开发受制于正式制度的约束，是一个动态调整的过程，并非一成不变。

一般来说，金融资源的开发遵循以下几个原则：①明确性原则，金融资源开发主体分工明确，严格按照相关的法律法规等制度性文件执行；②社会效益原则，金融资源的开发要顾及国家整体和长远的利益，避免开发主体部门短视的情形；③效率博弈原则，亦即按照金融资源开发的社会效益选择开发主体；④成本和收益的统一原则，主要涉及金融资源在开发和配置过程中的成本、风险、收益以及投入产出问题。金融资源的有效配置包括如下基本原则：①协调性原则，指的是与自然资源、经济资源以及社会资源的协调是金融资源有效配置的前提；②客观性原则，指的是金融资源的有效配置以当期累积的“存量”为依据，过多或过少配置都是无效的；③绩效原则，指的是金融资源功能的发挥效果以及资源配置的有效性；可持续发展原则，亦即金融资源的开发和配置要保持适度的原则，在满足当期需求的同时为后期提供量和功能的累积。

3.3　本章小结

本章主要对低碳企业创新体系与金融资源配置相关概念和理论进行界定，是研究的基础性分析。具体来说，对低碳、低碳经济、低碳企业、技术创新以及金融资源的概念进行界定；对低碳企业、技术创新与金融资源特点或性质进行分析；对低碳经济发展相关理论进行详尽的介绍，即低碳经济理论、可持续发展理论、循环经济理论、技术创新理论、技术扩散理论以及创新理论，以便为后文分析、路径选择、体系构建、评价、实证研究等提供理论依据。

第4章 低碳企业创新体系与金融资源配置关联度分析

4.1 低碳企业创新体系构建与金融资源配置关系

在经济活动中，发达国家的金融资源基本在市场机制下进行配置；在理论文献研究中，发达国家的金融资源配置对于创新的影响基本是研究市场机制下金融资源配置是如何影响创新活动的，其早期的理论文献为本书揭示了金融资源配置对创新活动的影响机制。早在英国工业革命时期，金融资源对工业项目的支持作用体现得淋漓尽致（Bagehot，1873），如Hicks（1973）所分析的那样，英国的金融体系支撑了工业革命的顺利实施。可见，正是金融资源的支持推动工业的创新，为工业革命的顺利开展奠定了基础。银行信贷配置对于创新的系统理论研究至少可以追溯到Schumpeter（1934），他认为银行信贷对企业家的支持可以激发企业家的创新精神，如建立新企业、构建新的组织结构、开拓新的市场、开发新的产品技术等，进而实现“创造性的破坏”过程。由上述理论本书不难推出，合理的金融运行机制能够确保金融资源流向创新企业，进而激发创新企业的活力以此促进区域创新能力的提升。

依据低碳经济理论与技术扩散理论，不难发现对于高耗能企业而言，通过对低碳技术的创新可以克服资源稀缺性的约束进而实现低碳经济增长。本节将分别从低碳企业创新对金融发展的促进作用与金融发展对低碳企业创新的反促进作用两个方面进行深入分析，进一步揭示低碳企业创新体系与金融资源配置之间的关系。研究发现，低碳技术创新是实现低碳企业经济增长的本质，而通过优化金融资源配置是可以促进技术创新的，进而促进经济增长。因此，可以说金融资源配置的优化能够更好地促进低碳企业技术创新，进而促进低碳经济增长，在为企业带来低碳发展的同时注入新的竞争优势和成长动力。

4.1.1　低碳企业创新对金融发展的促进作用

低碳企业创新与所有的技术研发企业一样，具有高风险和高收益的特性。而企业创新技术研发所面临的两个最大问题就是资金问题和风险问题。创新技术研发是庞大的系统工程，包含创新研究、知识发现、技术或工艺的发明等一系列复杂过程，需要大量人力、物力、财力的共同配合，尤其需要大量的资金支持。同时，低碳企业创新面临着巨大的风险，一项新的创新技术研发出来后要面临政府政策的管制与成本效益原则的约束，因此低碳企业研发活动前期投入在短期内很难得到补偿。这两个原因就是制约低碳企业进行创新研发的最大障碍。而金融资源配置通过发挥金融资源的利用效率与金融资源的渠道功能可以很好地解决上述两个问题。在金融资源为企业创新提供资金支持的过程中，企业创新也为金融发展贡献着力量。

第一，企业通过自身需求多样化推动金融多样化发展。近年来，借助全面深化改革的东风，中国民营经济保持旺盛发展活力，实现了较高质量的快速发展。而民营企业的快速发展离不开资金的支持。一方面，不断发展的民营企业对资金的需求永无止境；另一方面，可用于满足发展需求的资本则是稀缺的。资源的稀缺和人类需求的矛盾贯穿人类社会始终，这里，人类对物品和劳务的无限需求表现在量和种类两方面。因此，以经济的或有效率的方式利用稀缺资源生产数量和种类丰富的物品和劳务成为贯穿人类社会始终的必然要求。同样，民营经济的发展对金融产品和服务在量和种类方面都提出了更高的需求，这与单个金融企业只有专注于一类产品的生产才能有效利用内部规模经济之间产生了冲突，从而对金融企业的多样性也提出了需求。不同类型的金融机构在同一区域内相互临近，可通过节约周转资金余额，提供投融资便利；提高市场流动性，降低投融资成本和风险；以及金融机构间合作展开，共享辅助性产业等方式产生外部规模经济。无论是单个金融企业尽可能大地扩大业务规模以充分利用内部规模经济，还是众多金融机构彼此接近以充分利用外部规模经济，都表现为金融集聚。包括民营经济在内的实体经济发展只有为金融集聚提供市场需求，金融集聚才有现实意义，利用集聚优势调动资源为民营经济成长输入金融资本。除了企业规模扩张过程中对金融发展对推动作用，企业技术创新，如低碳技术创新对金融发展也发挥着巨大作用。低碳技术的创新研发项目往往需要投入的资金比较大，单凭企业内源资金很难为整个项目融资。如果没有金融体系将分散的货币资金聚集起来，那么研发创新低碳技术的企业就不得不与多个货币持有者进行多次金融交易，因此提高了企业的融资成本。而通过资源配置功能的发挥，金融体系可以将单个投资者的资金集中起来，再将筹集的资金投资于低碳企业的技术创新，增进企业研发的积极性和提高研发活动质量，进而使企业在业务流程中的生产阶段就能实现低碳生产。现如今，比较常见的资金来源方式如金融中介提供的贷款和金融市场提供的股权、债权融资等。

第二，区域民营经济成长意味着区域民营企业数量和产出的增加，带来民营企业的效益提高和资金盈余，由此闲置资本和投融资需求的增长。民营企业将多余的资金转变为储蓄，或购买有价证券等多种金融产品，以获取更高的收益回报，客观上带动了金融产业的集聚。而以利益为导向的金融企业必然向民营经济发达的区域集聚，形成互补和竞争并存的多元化金融机构，广泛开辟潜在的金融资源和市场，为企业发展积累更多的金融产业资本。金融集聚和民营经济成长双向互动：在发展初期，民营经济发展促进金融发展，民营企业集聚促进金融集聚；在发展成熟期，金融集聚越来越主动引导民营企业集聚和民营经济成长。前者为金融集聚的需求反应型机制，即金融集聚取决于包括民营经济在内的实体经济的发展需要。区域民营经济的繁荣对金融业提出新的需求，于是金融资源在该区域汇聚和扩张，并辅以金融政策和法律法规的完善，形成区域金融产业集聚。具体而言，民营经济成长产生了大量金融资源，为科技创新加快了货物运输和信息传播的速度，对于金融部门来说，通讯方式的变革显著增强了资金的流动性、安全性，因此它们有意愿成为科技创新产品和服务的早期用户。首先，科技创新重塑了金融市场的交易方式。信息技术赋予证券交易系统瞬时处理海量交易信息的巨大潜力，不再需要场内喊价等方式下单，而是借助计算机网络传递交易数据和指令，塑造了证券交易的新模式。其次，科技创新加快了金融市场的国际化进程。经济全球化趋势客观上要求一个国家化的资本市场，证券交易所为了提高竞争力、满足海外投融资需求，通过并购整合形成了突破时空限制、高度发达的交易体系，促进了金融市场的繁荣。最后，科技创新促进了金融市场结构调整。单一的主板市场无法适应创新型企业的融资需要、投资者的风险偏好，也不能为风险资本提供便捷的退出渠道，世界各国和地区纷纷设立二板市场及场外交易市场，如美国的 NASDAQ 市场，其中 80% 的公司与高科技产业密切相关，这些充满生机的市场不仅完善了金融市场的层次结构，同时也促进了金融市场的发展和效率的提升。

第三，金融在为低碳企业的创新研发活动分散风险的过程中丰富了自身的风险管理功能。低碳技术创新的特性决定了研发活动的难度和高度，同时也预示投资活动面临较大的流动性风险和收益率风险，因此，低碳企业为了避免独立承担全部风险，往往会在企业外部的金融市场寻求新的金融工具和资金渠道，进行风险分散。出于对风险规避的心理，投资者在流动性风险的约束下往往偏好于短期投资，因此金融市场中流向于长期的、流动性低的、回报不确定性比较高的技术创新项目的资金就会更少，导致恶性循环。而金融体系的流动性不仅为投资者迅速变现提供更多便利，同时也有利于长期资本的形成和资源的配置，从而促进低碳技术的成功研发。此外，由于低碳企业的技术创新研发需要较高的专业化程度，因而导致收益的波动性也较大。投资者更倾向于投资风险小且专业化程度低的技术项目，结果导致专业化程度高的技术得不到足够的投资。企业为了节约成本和追求利润最大化，往往选择“高耗能”“高排放”“高污染”的高碳技术来进行生产。而要发展低碳经济就必须使生产企业摒弃之前的高碳生产技术，转而采用低碳生产技术。王兵等（2010）融合交易成本经济学分析框架指出，过低或过高的企业创新投资会限制其获取银行信贷融资的能力，二者呈现倒 U 型关系。所以，金融市场应该根据市场供求关系的调节，将市场的投资资金越来越多地集聚在具有可持续发展意义的技术创新研发项目，进而分散低碳企业创新的收益率风险。

4.1.2 金融发展对低碳企业创新的反促进作用

高耗能企业追求低碳技术创新既是顺应市场发展的需要，同时也是企业可持续发展的必然趋势。低碳企业创新不仅仅是一项新技术的研发，还要涉及技术的应用及转化成最终的产品。只有完整地进行这一过程，才能够实现将低碳技术创新作用于实体经济，进而为企业带来经济效益流入。因此，在这个过程中突出强调了三个主体的作用：低碳企业、创新研发以及购买或支持研发活动的金融资本。首先，需要组建专业团队为低碳企业研发创新技术；其次，需要企业有足够的资金实现研发并最终用于生产和经营；最后，研发成果能够经过市场检验为企业带来新的经济利益的流入。不可否认，在低碳企业创新的过程中，金融发展起着不可忽视的作用。Carlotaperez（2002）在其出版的著作中也明确指出，技术革命的产生与发展都离不开金融资本的持续支持。

促进创新根本上还在于良好的融资制度（鞠晓生等，2013），而市场机制作为一种高效的资源配置机制能够为创新效率高的企业营造宽松的金融制度环境，给予创新活动所需金融资源，进而达到提升企业创新能力的目的。作为金融资源的重要表现形式——信贷资金其配置方式要符合创新环境，如林毅夫等（2009）所言，信贷资金配置制度需适应创新企业的特征，如此才能更有效地发挥资金的配置功能，进而促进创新活动的开展。然而，在金融发展过程中出现的资源错配对低碳企业创新活动起到了反促进的作用。Hsieh 和 Klenow（2009）运用中国、印度和美国的工业面板数据进行分析研究，发现中国和印度的 TFP 显著低于美国，而两国存在金融资源错配现象是导致这一结果的主要原因，如果可以实现金融资源优化配置，那么将会显著提升中国和印度企业的全要素生产率，他们还认为，金融错配对两国的技术进步产生了负面影响。Gorodnichenko 和 Schnitzer（2013）从技术选择和吸收两个角度来研究金融资源配置结构和创新效率的关系，研究发现金融资源错配对发展中国家技术创新能力的提升具有抑制作用。戴静和张建华（2013）为了分析金融资源错配程度对企业创新产出的影响，利用 2001—2010 年中国行业面板数据进行实证研究，研究发现，在金融资源存在错配的环境下，国有企业相较于民营企业更容易获得资金来开展创新活动，且资金成本更低，并且得出了在国有经济比重高的行业，企业的技术创新水平较高这一研究结论。

康志勇（2014）以 2001—2017 年制造业企业为研究对象，对金融错配与企业创新的关系进行研究，他认为金融错配直接或间接导致企业创新成本增加、相对收益减少，从而对企业创新活动具有抑制作用，实证结果验证他的猜想是正确的。成立为等（2015）研究认为，金融错配会释放三种信号，第一种是扭曲资产价格的信号，相较于实物资产价值，技术创新价值被低估，抑制了企业进行自主创新投资；第二种是扭曲资金价格的信号，导致民营企业的融资成本加大，抑制了民营企业开展创新活动；第三种是扭曲跨期资产价格的信号，由于低估未来资产价格、高估当期资产价格，导致市场纷纷不看好企业开展创新活动所带来的预期收益，从而对企业创新产生了负向影响。戴魁早和刘友金（2016）以高技术产业作为研究对象，通过理论分析和实证分析相结合的方法对要素错配与创新效率的关系进行了研究，研究发现要素扭曲程度越严重，企业创新效率越低，但是企业可以通过加强自身建设，不断提高核心竞争力来减轻这种负向作用。Belitz 和 Lejpras（2016）从技术吸收的角度出发，深入研究了金融资源错配和技术创新水平二者的关系，研究发现，金融错配会引发技术创新发展滞后的问题，而良好的金融环境对技术的发展起到促进作用。杨伟鸽（2017）运用 ADF 检验和协整检验，分析了政府补助和银行贷款对企业创新活动产生的影响，发现金融错配降低了企业的资源配置效率，进而阻碍了企业自主创新能力的提升。刘斌斌等（2019）在研究中首先对地区信贷错配程度进行了测算，在此基础上实证研究了信贷错配对绿色技术创新的影响，他们认为在不同的环境规制地区中，信贷错配对绿色技术创新水平的负面影响有着不同的表现。杜鹏飞（2020）以中部六省为研究对象，分析了金融要素错配与高技术产业创新之间的关系，研究发现，金融错配抑制了企业技术创新水平的提升。康志勇（2014）以 2001—2007 年我国制造业企业为样本，采用面板 Probit 模型检验了金融错配对企业创新具有显著抑制作用。

从实际角度来看，资源错配已经成为一种常见的现象。在不同国家全要素生产率具有差异的背景下，我们很难将技术壁垒看作影响资源错配产生的根本原因，反之，正是由于资源配置的不同方式，才产生了资源错配的常见性。在金融市场能够有效配置资源的情况下，资金价格能够有效地反映市场供求状况，资金流向到最有投资价值的领域中去，但是在现实情况下，金融资源错配状况较为普遍。银行偏向把资金贷给国有企业或是风险低、报酬高的项目中，而相较于概念新、创新高的研发活动与低碳企业则存在融资难或是融资贵等问题。由于资金的供给不及时，往往会导致低碳企业创业研发活动无法展开或者夭折，进而继续使用原有的污染耗能方式，最终导致这样的金融体系与资金分配方式抑制了整个行业的创新发展。只有这一过程完整地实现，创新研发才能够起到促进低碳企业经济增长的作用。所以，要实现金融发展促进技术创新，推进低碳经济增长和社会可持续发展，就必须合理配置金融资源，进而保证低碳企业能够进行技术研发、促进技术转化、实现创新成果，从而带来新的利润。同时，也只有金融资源能完整地作用于这三个主体，才能够更好地实现技术创新，进而促进低碳经济增长和社会可持续发展。

4.2 金融资源配置促进低碳企业创新的作用机理

金融资源配置的构成是由配置主体、配置客体、配置动力、配置机制和配置环境等几大部分组成，是一个具有开放性、动态性、宏观与微观层次性的复杂系统，配置系统中各个子系统之间是紧密联系并相互作用的。配置系统的运行实质上是在一定的经济环境、社会环境、文化环境下，在市场、政府、社会三大动力的作用下，各配置主体对人力、财力、物力和信息等配置客体进行的有效分配与使用。在此过程中，配置主体与配置客体形成一定的结合关系，即配置机制。同时，低碳企业创新是一个完整的技术创新过程，应该是一个由研发、中间试用、商品化、产业化等多阶段组成的动态复杂的过程。

4.2.1 金融资源的资金集中功能促进低碳企业创新

不同于普通投资项目，创新投资项目具有的周期长、成本高、风险高、成果难以商业化等特点格外受融资约束的影响。首先，由于创新项目周期长且产出难以确定，因而具有较高的失败风险，为了获得外部投资者的青睐，企业必须将创新过程中的相关信息披露给外部投资者，外部投资者通过相关信息大致估计投资所面临的风险大小，从而决定是否对企业的创新活动进行投资。但是与之矛盾的是，由于我国目前的知识产权保护制度并不完善，一旦企业向外界披露创新项目的相关信息，就很有可能被其他企业效仿，从而加大了创新成本。因此，我国企业一般将创新活动的相关信息作为商业秘密，不会轻易向外界披露，导致外部投资者对企业的创新项目了解甚少，无法对创新项目的优劣进行判断，且不能预估创新投资所面临的风险大小，这导致外部投资者作为信息劣势的一方会不愿意对未知的创新项目进行投资，企业创新活动难以获得外部机构的支持。外部投资者即使进行投资，为了将其面临的风险降到最低，也会向企业要求相应的补偿，从而加大了企业获得外部资金时需要支付的成本。其次，创新活动需要投入大量资金，通常一半以上都是用来支付高级研发人员工资的，由于创新过程中的相关知识是在高级研发人员的大脑中形成，因此一旦高级研发人员中途离开企业，会导致企业流失一定程度的研发成果，给企业造成巨大且不可挽回的损失，因此企业必须向研发人员提供高额工资以防止他们中途解约离开。由于一般的创新项目周期较长，这意味着企业需要长时间地向高级研发人员支付高额工资，以维持创新项目的正常运行，这需要企业拥有长期且稳定的资金来源。

资本形成过程的实质，是将社会现有的部分资源抽调出来增加资本品存量，以便使未来可消费产品的扩张成为可能。对于企业而言，资本的聚集则使企业缓解了技术创新过程中面临的融资约束问题。企业在进行技术创新时需要大量的研发资金，企业的内部融资难以解决资金短缺的问题时，只能依赖外部融资渠道来弥补研发和生产的资金。对此，只有发达、高效的金融市场才能大规模地调动社会闲散资金，满足企业技术创新的融资需求。Tadesse（2005）认为，金融集聚能够缓解产业部门技术创新活动的信贷约束，为最有机会在新产品、新工艺、新技术取得成功的创业者提供资金支持、共享机会和长效激励，进而保证技术创新活动的长期化和稳定化。技术创新活动的进行，往往需要消耗大量资金，并且技术创新活动的预期收益并不明显，这就使一些企业无力或拒绝投入资金用于技术创新。孙志红和王亚青（2017）认为，可通过扩大金融规模以加速资本积累，提高金融效率以加快技术创新。市场经济体系的基本单位是企业。杨志群（2013）运用多层线性模型（HLM）研究发现，金融集聚通过提升区域金融发展水平推动区域内企业的技术创新，其中，银行业集聚和证券业集聚促进金融市场化，银行业集聚和保险业集聚促进金融业竞争。且银行业质量提升有利于激发企业活动，从而促进经济增长（Han 和 Cheng，2017）。孙刚（2015）运用面板数据模型研究发现股权市场空间集聚能够显著促进区域内企业创新投入及其效率，对高融资需求、高科技含量行业的民营企业尤其明显。高小龙和杨建昌（2017）认为，金融集聚作为金融资源的区域集中，在集聚区域内，金融资源规模大，投融资渠道多样，根据供需均衡原理，资本的价格（利率）会随着资本供应量的增加而不断降低，这将有助于降低企业创新活动的融资成本，使企业获得更多的资金用于技术创新活动。

从本质上说，金融资源配置有利于加强资金的集中和储备，通过集中有效资金加强企业资金的流动性，降低信息成本和机会成本，进而为企业提供风险分散的功能。金融资源配置通过金融工具、资源渠道将经济中分散于居民、企业和政府手中的资本实现快速和大规模集聚，从而为具有良好经济前景的创新项目提供足够的资本。储蓄转化为投资就是要实现资本的有效配置。一个高效的金融系统存在自动的甄别机制，能够判断优质、高效的企业及项目，实现资本的优化配置，从而促进经济的发展。使用高碳技术的企业对污染排放和处理的耗用成本较高，导致企业生产的毛利率降低，再加上技术创新和新产品的重大不确定性，因此从事低碳技术研发需要企业拥有大量的资金支持，而多层次的资本市场正好可以满足这些创新型企业融资的特性。无论是创业板市场，还是股权投资基金、产业投资基金等各种风险投资基金，都鼓励和支持创新型企业发展，推动资金流向这些企业和行业，从而有力地助推低碳经济的发展。在资金实现优化配置的同时也给予努力进行低碳产品生产和低碳技术创新的企业以充分的激励，引导资金向具有良好环境保护预期和减少温室气体排放的低碳型企业流动。总的来说，金融市场化通过高效的金融市场扩大企业技术创新资金供给，进而促进企业技术的创新和进步。

4.2.2　金融资源的风险管理功能促进低碳企业创新

金融集聚不仅仅在规模上对金融产业起到促进作用，金融集聚还会在区域内形成一些金融机构的协作平台，这些平台通过集中的金融交易不仅提高了区域内金融业整体的交易效率，同时也降低交融交易的成本。在这个金融机构集聚的平台中，金融业内部也可以通过相互的合作开发出更多的产品和业务，如银行与银行之间的同业业务和银团业务，保险公司与银行之间的交叉销售，投资银行与商业银行之间的综合金融服务，这些关联业务的关系，可以为区域内的企业提供更多和更全面的复合型金融产品。通过金融集聚，金融机构之间还可以共同分享金融资源，提高区域内金融企业的基础设施和服务设施使用率，不仅降低了金融企业的运营管理成本，还能提高金融企业的资金周转速度。

企业进行低碳技术创新的过程中，可能需要进行生产工艺、生产技术、生产管理等方面的创新。企业的技术创新活动通常伴随着较高的风险，如果缺乏金融市场支持，资金将只能投资到风险低的技术上，那么资本会趋向集中在低技术水平的投资领域，从而影响企业的技术创新和发展。而金融市场分散风险的功能使企业在技术创新过程中的高风险得以分担，有效促进了资本向高端技术创新市场的流动。可见，金融市场化水平较高的区域，有效地降低了投资的不确定性和风险，金融市场能够产生出更具有灵活性和高效的融资渠道，使企业在技术创新活动中获得充分的金融支持，提升了企业技术创新的意愿。Benfratello（2008）认为银行信贷发展可降低其固定投资支出的现金流敏感性，增加其从事创新的可能性，尤其增加高技术企业及小企业的过程创新可能性。王弓和叶蜀君（2016）认为，金融集聚产生的金融环境能够有效分化企业创新时产生的风险，有效地促进资金向高端技术创新市场流动。而保险的存在可将民营企业的风险转移给为换取某种回报而愿意偿付索赔，承担风险的投资者；而期货、期权等衍生金融工具的功能类似，为民营企业的商业冒险降低了风险，有利于民营企业开拓创新，从而促进民营经济成长。金融体系可以提供有助于在不同经济部门中协调分散性决策的价格信息。Bencivenga 和 Smith（1991）通过构建模型研究金融交易与专业化分工以及创新之间的关系。

该理论模型假定更专业化的分工往往需要具有大量金融交易的经济体来完成，然而高昂的交易成本常常抑制金融市场的专业化，但完善的金融体系能有效降低交易成本，进而促使专业化市场分工的形成和技术创新。如健全的银行体系帮助降低了资本流动性风险，进而增强了投资者对低流动性、高技术、高回报项目进行投资的意愿。Stulz（2000）认为，银行能够持续、动态地监控创新项目，及时发现项目存在的风险，根据项目进展与资金需求情况决定是否继续提供贷款，因此银行适合为分阶段融资的创新项目提供资金支持。

创新过程存在资产的高度专有性，会极大地增加其生产的流动性风险；与此同时，技术创新活动投资需求大、创新收益周期可能较长，再加上市场的不完善，创新过程中也会带来投资的流动性风险和收益率风险。由于风险的加大，一方面，投资者不愿投资于长期项目，这样，资金就大量流向收益低的短期项目，而收益高的创新项目难以融到资金，造成资源配置的低效率，阻碍经济的低碳转型；另一方面，生产者受到投资者与市场的影响也不敢轻易采用新的创新产品或技术。例如，一些中小企业或风险厌恶型企业基于自身考量会拒绝向技术创新项目进行投资，导致项目面临融资约束。流动性风险和收益率风险的存在，会极大地抑制低碳技术创新和低碳行业的发展。在这种情况下，寻找降低交易成本和减少信息不对称的机制，建立相应的方式和渠道就成为帮助企业发展低碳技术或产品的重要手段，而金融机制恰恰具备这样的功能。金融体系的功能之一就是能够增加流动性。低碳行业的资产由于在一定程度上存在高度专用性，因而资金流动性受限。而金融市场可以将低流动性的高收益资产转化为高流动性的收益资产，这样可以防范由于流动性造成的不确定性，从而促进资金流向高收益的长期创新型项目。金融体系的另一大功能是收益率风险的分担。在金融市场上，投资者可以根据自己的风险偏好进行风险配置，最终分担低碳创新者的投资收益率风险，而银行系统可以将所管理的风险转化为内部化的、可承担的风险。

总的来说，多元化和多样化的金融机构能更加充分发挥其分散、交易、转嫁风险的能力与优势。一方面，基于风险识别，引导产业资本流向发展前景好、生产效率高、生产技术先进的创新项目或处于成长期的企业；另一方面，基于风险转移，改善地区的风险投资环境，借助风险资金的投资机制，引入风险投资主体，利用风险投资基金的高风险博弈倾向，把众多分散的风险资金聚集起来，并合理地分派到不同的技术创新领域内，在协助投资者有效缩小风险敞口的同时，也保障了各类创新活动尽量少受外部因素的干扰和制约，从而实现企业技术水平的提升。因而，通过金融体系的风险化解和分散，将极大地激励企业家进行低碳投资的意愿和创新者进行低碳技术创新的愿望，进而推动低碳技术创新和低碳经济的发展。金融集聚能够提高资本配置效率，缓解技术创新融资压力，为其提供足额的资金支持，并且金融集聚区域内形成的金融环境有助于知识的传播与积累，提高地区知识总量和技术水平，分散创新风险，提高企业管理水平，进而促进企业技术的创新和进步。

4.2.3　金融资源的信息揭示功能促进低碳企业创新

相比于其他投资，创新投资面临的信息不对称程度更高。首先，由于创新投资本身固有的不确定性，其产出不能从投资中预测，创新项目成功概率是公司内部私有信息，外部投资者并不能很好预测。即使创新投资成功，创新成果具有高度专用性，创新成果能否产生商业价值依附于经营活动是否成功，因此创新成功的价值难以评估。特别是在外部知识产权交易市场不发达的情况下，创新成果市场价值难以获取，因此无法准确评估创新成果价值。其次，信息披露并不能很好地解决创新投资内外部信息不对称问题。创新是一种外部性极强的投资活动，特别是在外部知识产权保护不完善的情况下，信息的拥有者并不能阻止其他人从免费使用中获利，创新的观点易被模仿，向市场披露创新信息的过程中，这些信息也可能会泄露给潜在竞争者，因此企业披露创新项目信息的意愿降低，有关创新项目的信息披露质量也就比较低（Bhattacharya 和 Ritter，1983；Anton 和 Yao，1998）。基于创新项目信息披露的现实，我们也能观察到这一现象。我国关于创新信息披露并没有一致性规定，管理层对于是否披露研发信息及如何披露拥有很大程度的自主权。既可在董事会报告中披露，也可选择费用化在管理费用明细中披露，还可以在支付的与其他经营活动有关的现金项目明细中披露，也可以在开发支出中披露。针对这一问题，金融机构的先进的信息系统和风险管理系统更有利于金融机构甄别、监控创新活动中的风险，缓解创新活动的信息不对称。利率市场化增强了银行这种金融中介的竞争意识和竞争实力，相对于其他类型的融资，银行融资更像是一种关系型融资，银行与企业间保持了良好的借贷关系，信息积累也能够增强银行对于企业创新成功概率的预测能力。同时相对于公开市场融资需公开披露信息，企业和银行间的信息只在银行和企业间传递，企业核心技术信息泄露的可能更小，企业也会主动向银行披露其创新项目信息，进一步降低信息不对称。在债权人和贷款人的协作下，信息不对称程度降低，创新融资约束程度也得以降低。

由于低碳技术创新的专业性和复杂性，单个投资者往往缺乏搜集和处理与创新相关信息的时间、精力和能力，难以承担评估低碳企业或项目的高昂成本，这就使资本难以投向最有价值的创新项目。而金融中介由于其专业化的能力、规模经济的优势，再加上长期合作的信息优势，使其能以低成本的方式获取低碳企业或项目的有效信息。在投资项目选址和融资安排的过程中，资产价格和利率为民营企业管理者提供了关键信息，而预期不需在金融市场进行交易的企业管理者，也可利用这些信息为决策提供参考。丰富及时的市场信息为民营企业管理者提供了决策参考，有利于民营企业的发展和民营经济的成长。Buera 和 Shin（2010）的研究也指出，金融集聚可以发挥信息收集和处理的规模经济效应，从而使资金流向社会回报更高的项目。于斌斌（2017）认为，金融集聚为技术创新提供了创新环境。金融集聚的过程，除了有金融机构、货币资源的集中，还包括金融知识、信息与产业技术的相互融合，在金融集聚区形成丰富的创新资源。金融机构由于地缘的临近，金融知识与技术可以通过业务上的往来和金融商品的交易向外扩散，同时，金融人力资本的流动更加速了金融知识与技术的传播过程。在知识与技术的传播过程中，不同金融知识和技术的交叉产生了一定的溢出效应，增加了金融集聚区域内的知识总量，提高了整个集聚区域内企业的整体知识水平。在金融集聚区内，形成一个包括金融支持、金融语言、金融知识、金融技术等共同组成的金融生态环境。而在金融集聚程度较低的地区，区域内没有成熟的金融生态环境的嵌入，产业部门会因缺乏金融支持而无法进行独立创新，只能依靠外部知识的渗透来进行技术创新，降低了产业部门的技术进步速度并增加了创新成本（王丹和叶蜀君，2015）。金融集聚的产生，为企业创新提供源源不断的信息源，加速企业创新速度并降低学习成本。

金融中介可通过其获取的信息优势，将资金配置于有前途的投资项目，这样，有利于资源配置向低碳企业倾斜，从而促进低碳经济的发展。此外，一个有效的资本市场能通过股票的价格反映企业所有内在的相关信息。如果市场具有足够的深度和广度，包括个人与机构在内的投资者将会努力获取企业的相关信息，并对企业的潜在市场价值进行预判。在市场的价格及供求机制的作用下，市场上的交易结果最终将反映出投资者对企业的评价。而对企业来说，在一个成熟、有效的市场上，具有良好预期的投资项目应当在融资成本上占据优势地位，为了获得其成本及融资优势，企业也会自愿向市场公开其项目的相关信息。因此，对于企业低碳的节能减排投资项目来说，一个有效的金融系统不仅对投资者有利，而且对于企业本身也有巨大的资金支持动力。同时，对政府而言，通过金融体系，掌握了企业发展低碳项目和产业的信息，其不仅可以熟悉企业的项目安排，也可以熟悉实际的效果，在政策的选择中，可以根据企业的实际情况对环境保护政策进行相应的调整，制定出更切合实际的政策措施。总之，由于金融中介和金融市场能够有效地获取投资项目的信息，并选择最有前途的企业，因而能准确地将资金配置到效率最高的项目中去。因此，在经济增长意义下充分利用好企业信息能有力地改进资源配置，有利于低碳产业和低碳经济的发展。

4.2.4　金融资源的项目治理功能促进低碳企业创新

金融资源的项目治理功能主要是通过金融中介与低碳企业所签订的一系列信贷契约来实现的。Schumpeter（1912）认为，金融中介除了识别最好的生产技术之外，还通过发掘和筛选在生产过程和产品创新过程中最有可能成功的企业家来推动技术革新。King 和 Levine（1993）强调，金融中介发展可以降低甄别具有创新精神的企业家的信息成本。孙婷和温军（2012）从理论层面分析了以银行为代表的金融中介通过融资支持机制、债务治理机制和信息揭示机制对企业创新起到推动作用，并使用计量模型证实了金融中介发展水平提高能有效引导资本流向具有投资价值的创新项目，弱化企业经营年限对创新的影响。科技金融资金的需求与供给都建立在双方信息相对透明的基础之上，在前期，金融中介机构、科技资本市场、创业风险投资主体通过规模信息生产与处理、公开信息披露以及专业信息评估等途径对企业技术创新活动的融资规模、研发现状等情况进行分析，进而决定是否进行投资。而在后期，在科技金融资金配置的信息披露基础上，科技金融各类投资主体会进行事前、事中、事后的审查、监督和管理，具体来看，事前主要针对项目评估和合同制定等环节进行审查；事中主要对资金的使用状况、经济环境变化的外部风险进行监督和管理；事后则是以结项成果、成果转化或项目失败清算等一系列事项进行谈判。依靠这种信息披露和生产机制，使各主体能有效进行联系和制约，从而达到直接约束、激励科技企业的创新活动的目的。通常，金融中介在发放贷款时，都要与企业签订一份贷款契约，对有关贷款金额、利率、还款方式、抵押品或担保、限制性条款及违约责任等作出明确规定，这些规定在不同程度上有约束借款人的作用。在贷款发放后，金融中介可以实时监测借款人的现金流量状况，可以对借款人进行跟踪调查，了解其经营情况。根据掌握的情况决定后续贷款发放的进度和额度，如果贷款的使用存在风险甚至可以直接取消借款人的后续借款或者提前收回贷款。因此，在金融中介提供信贷给低碳企业后，低碳企业就需承担还本付息的义务和按贷款契约的规定披露有关创新项目的进展情况。这就迫使低碳企业在创新研发时必须慎重，既要考虑创新研发能否成功，也要考虑研发成果的市场空间有多大。低碳企业不能进行没有经济效益的研发活动，即不能进行无效的技术创新。这是低碳企业必须遵守的市场规则，也是其自发产生、必须承受的内在创新压力。

在金融中介机构与借款企业之间，除了借贷关系外，双方还在资金结算、股权控制、人员交流等多方面有联系，金融中介对借款企业进行监控具有得天独厚的优势。银行等金融机构的监督功能源于它的信息生产功能，能够部分解决事前的逆向选择问题。良好的金融市场通过与创新项目签订金融契约，对投资活动进行事前、事中和事后监管，有利于激励和监管技术生产者的努力，从而提升该类创新活动的成功概率。比如，在代理监督模型中指出，金融中介作为投资人的代理人，统一对企业进行监督，避免了投资者的重复监督活动，金融中介的监督成本远远小于各投资者的监督成本之和，因为具有监督的成本优势。客户越多，这种成本优势就越明显。Allen 和 Gale（2000）指出，金融体系还有监督和管理企业的功能。Levine（2005）也强调，金融系统在缓解信息、执行合同和交易成本方面，发挥着监督和管理投资项目，有效地发挥公司治理的功能。依据委托代理理论，由于金融中介作为众多投资者的代理人对企业进行监控，避免了由各投资者分别进行监控的重复，金融中介在受托监控时的监控成本与代理成本之和比由各投资者分别监控时的监控成本之和要小，因而具有监控的成本优势，且银行与企业之间往往是一种隐性的长期契约关系，便于银行积累借款人的信息，从而有效地降低借款人的道德风险。另外，银行等金融中介的监督效率在很大程度上还取决于一国的法律体系的完备性和法律执行效率。当低碳企业由于管理者的经营管理能力或者其他外部原因而导致到期不能还本付息时，金融中介就可能采取包括诉诸法律、申请实施对低碳企业的破产清算等在内的必要的补救措施。在这种情况下，一国的立法及其执行情况就对金融中介的信贷决策起着非常重要的作用。如果一国的法律比较健全且能够得到有效的执行，那么金融中介就有积极性支持低碳企业的创新活动，而且也对低碳企业无形中进行了激励约束。

4.3 低碳企业创新对金融发展的作用机理

创新对经济发展有着根本性的推动作用，会导致经济和社会形态发生重大变化。当然，作为经济体的重要组成部分的金融系统也不例外，金融结构也必然随着整体的变化而变化。创新作用于金融结构的方式主要是通过金融创新来实现的。金融创新是指人们创造出新的金融组织、新的金融工具和金融制度来更加合理地配置金融资源，获得更高的收益或降低风险的活动。科技创新的推广和应用，推动了金融创新和金融发展。金融创新一般可以分为金融机构创新、金融市场创新、金融工具创新、金融制度创新，以及金融基础设施和交易方式的创新，这些创新最终会导致金融结构变化。

在现代经济生活中，社会资源的分配实质上是资金的分配。为控制温室气体排放对环境造成的危害，世界经济正经历由“高碳”向“低碳”转型的发展阶段。发展低碳经济是一项涉及政治、经济、文化和社会各方面，需要国内、国际社会共同为之努力的复杂系统工程。金融作为现代经济运行中最基本的手段，广泛地渗入包括企业技术创新在内的社会经济生活的各个方面，低碳企业的创新需要多样化的融资来源和融资方式，不仅需要国家政策支持和政策性金融支持等政府投资，也依赖长期资本市场、短期债券市场和银行信贷市场等金融支持，金融资源在市场资源配置中起到核心作用，因此能否获取充足的资金支持是低碳企业进行创新活动至关重要的因素。

4.3.1 低碳企业创新促进金融结构变迁

科技创新作用于金融系统最直接的方式就是改变金融系统的基础设施，从而改变金融活动的方式。这些变化极大地提高了金融交易的便利性，降低了金融交易的成本，提高了金融系统的效率。银行系统的ATM自动存取款机、网络银行以及手机银行，证券市场的交易方式，保险公司的电子保险单，我们日常进行商业活动的支付方式和支付工具等都是科技应用于金融基础设施后带来的改变。由于客户数量的增长和金融产品的增多，金融系统的信息存储、传递、处理和分析需要有稳定而高效的数据库技术来支持，以确保信息精准和交易平稳运行。金融网络技术的应用使金融覆盖范围越来越广，不同地域之间的关联程度加深，全球分散的金融市场通过互联网连接成了一个整体，金融全球化和一体化的趋势已然形成。此外，科技创新还改变了金融系统的服务方式。计算机技术能够代替各种人工进行的重复工作，以往每笔交易都需要人工操作完成，为此需要占用大量人力，耗费大量时间，用计算机替代相关工作后，极大地解放了人力劳动，使交易不再局限于地理空间限制。客户可以自助通过网络终端享受不同的金融服务，增加了交易的灵活性和安全性。

低碳企业的技术创新研发活动是一个包括研发、商业化、产业化等阶段在内的动态过程，并且这一过程具有高投入性、高风险性和高收益性等特点。同时，依据金融市场具有逐利特性，金融资源流向的驱动力是资本的利益，所以市场的资金必然会投入到发展需求和利润空间大的低碳项目中来。进而，低碳企业的创新研发活动会带来集约化生产和规模经济效应，由此带来的收益是资本投入和组合的结果，是资本所有者的收益。现代市场经济理论认为，市场自由竞争的结果是企业的经济利润为零，任何企业都不可能获得超额利润，而要想获得超额利润，比较有效的手段是获得垄断地位，但由此导致的社会总福利下降而为多国政府所不容。高耗能企业长期以来一直因环境破坏力与生产地位的重要性受到政府与市场的重视，因此，相对于其他行业与企业而言，降低企业耗能和提高企业碳使用效率的低碳技术研发活动具有更强大的外部性，从长期看会引起社会总福利上升。政府为鼓励低碳创新往往采取允许企业一定程度的技术垄断的政策，这为企业通过合法的技术垄断地位获取超额垄断利润提供了空间。获得超额利润是低碳企业参与技术创新研发活动的根本动力，也是产业资本能够吸引金融资本的核心驱动力。同时，因为与低碳相关的项目往往背靠政府支持，具有较低的信用风险，拓宽了项目的盈利空间，进而使金融中介能够有效分散风险，为有效控制投资风险提供了可能。

金融市场的核心是通过交易实现价值的跨时间、跨空间交换，将融资需求与投资需求最优匹配，实现资源价值的最大化。首先，技术创新通过新产品的产业化及新兴产业的产生扩大了市场的金融需求，金融市场为满足技术创新所产生的融资需求，会扩大规模并且发展更为适合高风险类型的股权市场；其次，不同的科技创新阶段和不同规模的创新型企业有不同的资金需求，科技创新周期性较长，资金需求量较大，金融市场需满足技术创新各个阶段的资金需求，因此会使资本市场更富有层次性，金融工具更为丰富，推动着金融市场不断创新改革升级；最后，在完全竞争市场中，企业没有超额利润，由于技术创新后国家为保护技术创新成果，一般会使创新成果具有一定的垄断性，企业因此可获得一定的垄断利润，这也为金融市场提供了更大的盈利空间。企业对追求超额利润时所产生的横向市场风险与纵向周期风险进行及时规避，因此金融市场将把这些创新型企业的高风险与高收益进行匹配，实现企业的风险分散。

4.3.2　低碳企业创新推动金融市场创新

金融市场创新指的是通过对金融交易方式进行技术改进、更新或创设，从而形成新的市场架构的金融体系。金融市场创新在本质中是一个制度变迁的过程，金融制度的创新一方面表现为金融制度的改革，即金融管制的不断放松，另一方面表现为金融制度不断以新的方式对金融资源作出安排，它既是人们观念变化以后在制度方面的反映，也是受到金融工具创新的要求而作出的改变。制度创新为金融工具开辟了新的空间，其本身也可以成为金融创新的一项重要内容。因此，低碳企业的创新直接要求制度的创新，例如，二板市场是与风险投资一同出现的新的金融制度，目的在于为保证风险投资能够顺利通过资本利得获得利润，并推出投资领域寻求新的具有风险的投资机会。制度创新在通过金融工具创新取得成果以后会加强人们对制度创新的信任，促进新一轮的制度创新；制度创新在没有新的观念形成以前是不能主动完成的。因此它一定以观念创新为基础，起着承上启下的作用。

由于低碳企业的创新研发项目自身的盈利特征差异，传统的投融资工具如投资基金、风险投资、债券、信托等无法在具有高风险、高收益的低碳企业创新项目中建立有利的利润补偿机制，因此也催生了金融体系中具有不同功能的金融工具、金融产品甚至金融机构与之相适应，这在客观上增加了金融交易，促进了金融发展。衍生金融产品是低碳企业创新推动金融市场创新的一个重要标志，依据低碳企业市场需求衍生的金融产品能够有效补充政府、银行以及市场对低碳企业的金融支持。

相对于发达国家的金融资源在低碳企业中的配置情况，我国商业银行参与低碳企业的途径比较单一，其业务以绿色信贷、理财产品等为主。“绿色信贷”将金融从信贷市场、资本市场、FDI 三个侧面展开，研究我国金融发展和碳排放之间的关系，认为信贷市场、资本市场以及 FDI 均是碳排放的原因，但信贷市场规模扩张对碳排放的影响远远超过其他金融发展指标，也就是说，金融发展集中度的提高会增加碳排放，而金融发展深度则会显著地抑制碳排放。因此，我国需要促进金融自由化、金融深化、加强金融创新和风险管理，不断丰富我国的金融系统，以此达到经济增长的同时降低碳排放的目标。适当降低绿色信贷的门槛，创新形式丰富的理财产品，积极设立低碳投资基金、低碳信托，发行低碳债券。

此外，碳交易市场是金融业务最具发展前景的领域。目前碳排放权在碳交易市场中是非常重要的低碳衍生产品，碳排放权是指能源消费过程中排放的温室气体总量，包括可供的碳排放权和所需的碳排放权两类。碳排放权交易是指由政府机构评估出一定区域内满足环境容量的污染物最大的排放量，并将其分成若干排放份额，每个份额为一份排污权。政府在排污权一级市场上采用招标、拍卖等形式将排污权有偿地分配给企业，相关企业可以在二级市场上将排污权再次进行交易，根据自己的需求买进或卖出，这就是所谓的碳排放权交易。随着近年来国际间碳排放权交易的壮大与货币化的提高，碳排放权已经逐渐成为一种新型金融资产，随之还出现了大量的衍生产品，包括远期产品、期货产品、期权产品、掉期产品等，这些产品的出现都能够为低碳企业的发展提供一定的金融支持。

创新是行业升级的原始动力，通过技术创新可以简化流程，提高效率。一方面，通讯传播技术的发展使金融市场信息收集成本大大降低，计算机行业的发展使信息处理速度更快，金融风险程度测算与决策量化分析更为准确。由于技术创新的发展，使各行业的效率和准确性都大幅提高，行业更为专业化、标准化、透明化。另一方面，科技发展改变了金融市场原始的交易方式，使金融市场也更为专业化。资本市场的模型风险测算更为精确，资本市场的交易更易监测进行风险防控，股票、期货等产品交易速度更快，信息能够更快地在价格中得到反映，金融工具大大丰富，科技金融已成为一个新的发展方向，借助大数据对金融市场再次信息升级。

低碳企业的技术创新研发活动通过扩大市场需求推动金融发展。金融的核心是跨时间、跨空间的价值交换，所有涉及价值或者收入的在不同时间、不同空间之间进行配置的交易都是金融交易，金融发展的核心则是金融交易的品种日益增多、次数日益频繁以及交易规模日益扩大。国际金融业正通过金融制度、金融产品和金融市场的建立和不断创新，从资金层面助推经济成功转型，促进经济、社会和环境三者协调发展。低碳经济的发展需要完善的金融制度予以支持，包括金融机构设立、金融机构运营、金融产品交易等方面的制度规范。

4.3.3　低碳企业创新加强金融风险管理

高耗能、高排放企业通过市场融资方式获取研发资金，主要包括商业银行、科技资本市场、创业风险投资机构等，体现为通过金融体系的风险管理功能促进低碳技术创新，为低碳技术创新提供风险分散、转移与管理的手段或渠道。金融体系自身所具备的风险性要求其具备自身风险管理功能与创新项目的风险管理机制，在融资过程中，主要存在两种风险：流动性风险和生产性风险。其中，流动性风险主要是由于企业在进行低碳技术创新活动时，需要向金融中介机构申请贷款获得所需资金并且占用一定的时间，所形成的是金融中介机构与投资者之间的风险；生产性风险主要源于低碳技术创新过程中所面临的风险与收益不确定性所形成的金融中介机构与科技型企业之间的风险，如技术研发能否成功的技术风险、技术研发成功后所面临的市场风险，以及由于政策环境变化所导致的社会风险等。金融体系在向低碳技术创新提供融资支持的过程中，为了规避风险逐渐形成了不同的风险管理功能。

从外部环境的角度看，金融创新对金融风险的影响依赖于金融市场之外的经济环境，金融不可脱离实体经济单独存在。无论从基础资产还是从衍生品的角度看，实体经济的资金需求都是驱动金融市场的根本动力。银行信贷以实体经济为基本对象，股票、债券等基础资产是以为实体经济募集资金而出现的，衍生品可以对冲掉实体经济的价格风险，促进实体经济的稳健发展。因而，金融市场的风险中，最基础性的部分来源于实体经济。剔除掉这部分来自实体经济的收益与风险外，金融市场是一个零和博弈，二级市场投资者之间的金融交易是不同收益风险在各主体之间的再配置过程。这表明，实体经济对金融风险的影响会通过直接和间接两条途径发挥作用。直接途径主要通过基础资产作为媒介，对金融市场的系统性风险及部分非系统性风险产生影响。间接途径则可以通过影响金融市场参与主体的预期、资金、投资模式等方面影响金融风险。当预期到经济衰退时，金融市场主体采取谨慎的策略，可能造成金融市场风险的集中释放。金融创新可以提高金融市场的交易效率，改变市场结构，但无法完全改变外部经济环境波动带来的风险，而只能在特定的环境之下产生作用。金融创新在实体经济稳健的情况下，可以为实体经济提供更加有保障的资金供应，形成对实体经济的保护，有利于金融风险的降低。如通过创设新的金融工具，增加对实体经济的资金供应，改善实体经济的绩效等，都会有利于降低由实体经济与金融市场共同构成的系统风险。

银行等金融中介机构通过风险共担机制实现对低碳技术创新的风险管理。银行对投资者的跨期风险分担机制和金融市场对投资者的横向风险分散机制为低碳技术创新提供了融资机会。在流动性风险的约束下，追求短期利益最大化和具有风险厌恶的投资主体倾向于将资金投向短期项目，从而导致对回报期长、风险大和投资收益好的低碳技术创新项目投资不足。金融中介机构通过对流动性风险进行管理，可以为投资者迅速变现提供便利，有利于长期资本的形成，从而促进低碳技术创新。资本市场通过公开信息披露机制实现对低碳技术创新项目或企业的风险管理。潜在的投资者通过掌握资本市场上价格变动信息、信息披露所提供的创新项目信息或企业信息，获得科技型企业或创新项目的财务信息、经营状况以及发展前景等信息，对其进行综合评估与判断，从而决定是否进行投资。一旦投资者投资某个创新项目或者企业时，资本市场会通过资产组合，分散与化解低碳技术创新项目的收益性风险。

4.4　本章小结

本章通过对低碳企业创新体系与金融资源配置的关系进行研究，分别从低碳企业创新对金融发展的促进作用与金融发展对低碳企业创新的反促进作用两个方面进行分析，认为低碳技术创新实现低碳企业经济增长的本质是，通过优化金融资源配置进而促进技术创新，在为企业带来低碳发展的同时注入新的竞争优势和成长动力，由此形成了一个闭环推动的可持续发展结构。同时，本章探讨了金融资源配置促进低碳企业创新的作用机理，研究了金融资源的资金集中功能、风险管理功能、信息揭示功能及项目治理功能对低碳企业创新的影响；揭示了低碳企业对金融发展的作用机理，研究了低碳企业对金融结构变迁、金融市场创新及金融风险管理的影响。

第5章　低碳企业发展与金融资源配置现状分析

5.1　低碳企业发展现状分析

5.1.1　低碳企业规模总量

根据2012年5月12日国家发展改革委发布2012年第10号公告，公布“万家企业节能低碳行动”企业名单及节能量目标，其中全国共有16137家企业进入名单中，共节能23505万吨标准煤。2015年12月3日，巴黎气候变化大会“中国角”举办企业日边会活动，多家中国企业、环保组织及科研机构的代表与外国专家共同探讨企业在推动节能减排、发展绿色低碳经济、参与应对气候变化领域的实践经验与机遇，为中国城市的低碳转型探索路径。

2014—2015年，全国单位GDP能耗两年分别下降3.5%、3.2%，单位GDP的CO_2排放量下降4%、3.5%。2016年，创新实施“五大规划”，大力发展十大重点产业，能源生产规模以上工业企业能耗增速由“负”转“正”。全国规模以上工业企业综合能源消费量为425983万吨标准煤，同比增长0.5%，增幅由“负”转“正”。电力热力及水生产供应业综合能源消费量11876.8万吨标准煤，增长0.5%；六大高耗能行业综合能源消费量为37028.8万吨标准煤，比上年增长3%。规模以上工业企业主要20个能源产品品种产量“11升9降”。分行业能耗分析，石油石化、电子、冶金、煤炭、医药、化工六大高耗能行业能耗增长分别为11.9%、21.4%、-9.8%、-11.7%、-12.1%和11.8%，全国六大高耗能行业能耗占全部规模以上能耗比重的73.4%，同比增加1.8%，表明高能耗企业是阻碍节能减排工作向前推进的不利因素之一。

近年来，我国大力发展低碳经济，为低碳企业提供了较大的发展空间，也有较多的低碳公司逐步上市，主要包括制造、电子、新能源、环保、汽车、稀土等行业。从企业的发展范围来看，低碳行业是一个不折不扣的成长行业。就新能源行业来说，2013年由于特斯拉Models的热销，掀起了一股新能源汽车的热潮，各国汽车厂商投入大量的技术、资金研发新能源汽车。2014年年初，比亚迪·秦上市，新能源汽车开始进入中国家庭，2014年也成为新能源汽车普及的元年。为促进低碳经济的发展，我国对低碳上市公司研究开发低碳产品给予大量的资金支持。目前，低碳企业具有较大的发展空间，成长速度非常快。根据数据显示，我国现存低碳相关企业7645家。2015年，我国新增低碳相关企业701家，同比增长82.08%，是近十年增速最快的一年。2016年，我国新增低碳相关企业952家，同比增长35.81%，是近十年我国新增低碳企业最多的一年。2019年，我国新增低碳企业676家，同比减少0.15%。2020年，新增652家低碳企业，同比减少3.55%。

5.1.2 低碳企业能源状况

1. 能源利用现状

（1）能源强度。能源强度是指能源利用与经济产出之间的比率。该指标主要是用来比较各个国家和地区的能源使用效率以及能源使用的收益。计算该指标的方法主要有两种：一是每单位GDP需要消耗的能源量；二是每单位产值需要消耗的能源量，表5-1为我国2005—2020年度的能源强度。

表 5-1　　2005—2020 年我国能源强度

年份	全国生产总值（亿元）	能源消费总量（万吨标准煤）	全国能源强度（吨标准煤/万元）
2005	183218	261369	1.426546518
2006	211924	286467	1.351744021
2007	249530	311442	1.248114455
2008	300670	320611	1.066321881
2009	335353	336126	1.002305034
2010	401513	360648	0.898222473
2011	471564	387043	0.82076452
2012	519470	402138	0.774131326
2013	595244	416913	0.700406892
2014	643974	425806	0.661216136
2015	689052	430000	0.62404579
2016	742694	441492	0.594446703
2017	830946	455827	0.548563926
2018	915244	471925	0.515627527
2019	983751	487488	0.49554003
2020	1008783	498000	0.493664148

资料来源：《中国统计年鉴 2021》。

从表 5-1 可以发现，2005—2020 年，全国生产总值逐年上升，能源消费总量也逐年递增，但能源消费总量增速与生产总值增速相比较低，从而导致全国能源强度逐年下降。虽然我国能源强度下降一半，但仍然高于世界平均水平。根据数据分析可以发现，近十年，我国能源利用效率增长显著，然而依然低于世界平均水平。尤其 2010 年之后，能源强度低于 1，反映出我国单位 GDP 消耗能源量不断降低，能源使用效率趋近世界平均水平。

我国能源强度的下降主要由两方面的原因驱动：一方面，我国经济结构的转变，主要体现为第二产业占比下降、第三产业占比提高。国际能源署的《世界能源展望中国特别报告》中提到，中国服务行业每个增量的单位耗能比工业低 13 倍；另一方面，能效管理有所改善，尤其是高能耗行业的能耗下降。《世界能源展望中国特别报告》中提到，2000—2016 年中国服务业的能源强度下降了 27%，而工业下降了 31%。根据发改委 2016 年 12 月印发的《“十三五”节能减排综合工作方案》，到 2020 年我国单位工业增加值能耗下降 18%，各主要工业行业的能耗都将会有不同程度的下降。

（2）能源生产、消费弹性系数。能源生产弹性系数是研究能源生产增速与国民经济增速关系的，用能源生产总量年增速和 GDP 年增速之比进行测量；能源消费弹性系数反映能源生产消费增速与国民经济增速之间的关系，用能源消费量年增速与国民经济年增速之比进行测度，能源消费弹性系数与依赖程度呈正相关关系。2005—2020 年能源生产、消费弹性系数如表 5 -2 所示。

表 5 -2　　2005—2020 年能源生产、消费弹性系数

年份	全国能源生产弹性系数	全国能源消费弹性系数	黑龙江省能源生产弹性系数	黑龙江省能源消费弹性系数
2005	0.98	1.18	0.08	0.80
2006	0.54	0.76	0.10	0.71
2007	0.56	0.61	-0.23	0.63
2008	0.52	0.31	-0.31	0.55
2009	0.34	0.53	0.05	0.41
2010	0.86	0.69	0.05	0.57
2011	0.95	0.77	0.03	0.72
2012	0.41	0.51	0.03	0.53
2013	0.29	0.48	-0.61	0.41
2014	0.14	0.36	-1.11	0.15
2015	0.29	0.19	-0.75	0.25
2016	0.51	0.25	-0.85	-0.07
2017	0.54	0.46	0.02	0.28
2018	0.84	0.52	-0.88	0.34
2019	0.82	0.55	-0.48	0.38
2020	1.22	0.96	-0.65	-0.79

资料来源：《中国统计年鉴 2021》《黑龙江统计年鉴 2021》。

根据表 5 -2 可以发现，首先，2005—2014 年，全国能源生产弹性系数与全国能源消费弹性系数均存在不同程度的波动，但总体上全国能源生产弹性系数与全国能源消费弹性系数呈下降趋势，2014 年能源生产弹性系数达到最低值 0.14，2015 年全国能源消费弹性系数达到最低值 0.19。但自 2017 年起，全国能源生产弹性呈上升趋势，整体来看，2010—2020 年，能源生产弹性系数呈“U”型变化，表明经济发展对能源消费的增长依赖程度大幅度提升。

表 5 - 2 中的后两列是黑龙江省的能源生产弹性系数和能源消费弹性系数，为后文研究黑龙江省典型低碳企业发展路径做铺垫。从表中还可以看出，黑龙江省能源生产弹性系数处于全国平均水平以下，也就意味着能源产量和经济增长率之比处于全国平均水平以下。其次，黑龙江省能源生产弹性系数波动较大，具体表现在 2006—2008 年该指标处于下降趋势，之后反弹呈上升趋势，尤其在 2007 年、2008 年、2013 年和 2014 年，该指标为负数，而在 2015—2020 年，仅仅 2017 年能源生产弹性系数为正，这反映出经济增速要快于能源生产。

2. 碳排放现状及分析

温室气体的排放量已经超越了空气的自然净化能力，其中，化石燃料是碳排放量的主要因素。据测算，每年中国化石燃料消耗产生的碳排放量占全部碳排放量的百分之九十五以上。所以，可以采用化石能源消耗产生的碳排放量为指标直接计算碳排放量的值。

（1）计算公式。

$$C = \sum_{1}^{3} C_1 = \sum_{1}^{3} F_i E_i \tag{5-1}$$

其中，C 代表碳排放总量，C_i代表能源消耗产生的排放量 i（$i=1$，2，3，煤炭、石油、天然气），F_i 代表能源碳排放系数，E_i 代表 i 类能源消耗量。

（2）数据来源。研究数据均来自于《中国统计年鉴》，选取能源消费构成代表能源消费数据，具体如表 5 - 3 所示。特别指出，水电虽然作为日常生活消费的能源，但是这两种能源不产生碳排放，并且从全国能源消费构成可查数据来看，这两种指标不属于产生碳排放的能源，所以研究选择原煤、原油和天然气等作为研究样本进行数据分析。

表 5-3　　2005—2020 年全国能源消费量及结构

年份	能源消费总量	占能源消费比重（%）			
		煤炭	石油	天然气	一次电力及其他能源
2005	261369	72.4	17.8	2.4	7.4
2006	286467	72.4	17.5	2.7	7.4
2007	311442	72.5	17.0	3.0	7.5
2008	320611	71.5	16.7	3.4	8.4
2009	336126	71.6	16.4	3.5	8.5
2010	360648	69.2	17.4	4.0	9.4
2011	387043	70.2	16.8	4.6	8.4
2012	402138	68.5	17.0	4.8	9.7
2013	416913	67.4	17.1	5.3	10.2
2014	425806	65.6	17.4	5.7	11.3
2015	430000	64.0	18.1	5.9	12.0
2016	441492	62.2	18.7	6.1	13.0
2017	455827	60.6	18.9	6.9	13.6
2018	471925	59.0	18.9	7.6	14.5
2019	487488	57.7	19.0	8.0	15.3
2020	498000	56.8	18.9	8.4	15.9

资料来源：《中国统计年鉴 2021》。

通过广泛阅读文献和资料，可以发现，国内外学者关于原煤、原油和天然气三种能源的碳排放系数方面，具有代表性的有四种参考数据，在已有的四种系数基础上，通过对其加权平均，得到需要的能源碳排放系数，具体如表 5-4 所示。

表 5-4　　四种代表性能源碳排放系数　（单位：吨碳/万吨标准煤）

	煤炭	石油	天然气
IPCC 国家温室气体指南	0.732	0.5761	0.4511
国际能源机构 IEA	0.704	0.481	0.391
日本能源经济研究所	0.745	0.601	0.451
国家科委气候变化课题组	0.730	0.591	0.412
平均值	0.729	0.549	0.419

（3）计算结果。通过计算相关统计数据，得出全国2005—2020年的能源消费碳排放量指标，具体如表5-5所示。

表5-5　全国2005—2020年碳排放量　（单位：万吨）

年份	煤炭	石油	天然气	总量
2005	137949.5	25541.5	2628.327	166119.3
2006	151196.1	27522.32	3240.801	181959.3
2007	164604.9	29066.88	3914.826	197586.6
2008	167113.7	29394.58	4567.424	201075.7
2009	175445.7	30263.44	4929.288	210638.4
2010	181935.4	34451.26	6044.46	222431.1
2011	198072.4	35697.75	7459.867	241230
2012	200813.6	37531.54	8087.799	246433
2013	204848.5	39139.38	9258.387	253246.3
2014	203630.6	40675.54	10169.52	254475.7
2015	200620.8	42728.67	10630.03	253979.5
2016	200189.2	45324.89	11284.09	256798.2
2017	201372.5	47297.07	13178.41	261848.0
2018	202797.7	48967.41	15027.98	266975.1
2019	205053.5	50849.87	16340.60	272244.0
2020	206207.9	51672.98	17527.61	275408.4

3. 碳排放分析

（1）总量方面。经过上述计算发现，2005—2020年全国碳排放总量整体呈上升趋势，其中，2006年的增长幅度最为明显，之后持续平稳增长，而且在2015年出现轻微下降，之后几年维持在1%—2%的增速持续增加。当然，通过数据分析可以看出，全国2005—2015年碳排放量增长幅度明显，接近一半的增幅。从线性图形预测，全国未来碳排放总量会继续保持上升趋势，具体如图5-1所示。

（2）结构方面。2005年全国煤炭、石油和天然气碳排放量分别是137949.5万吨、25541.5万吨和2628.327万吨，2015年全国煤炭、石油和天然气碳排放量分别为200620.8万吨、42728.67万吨和10630.03万吨标

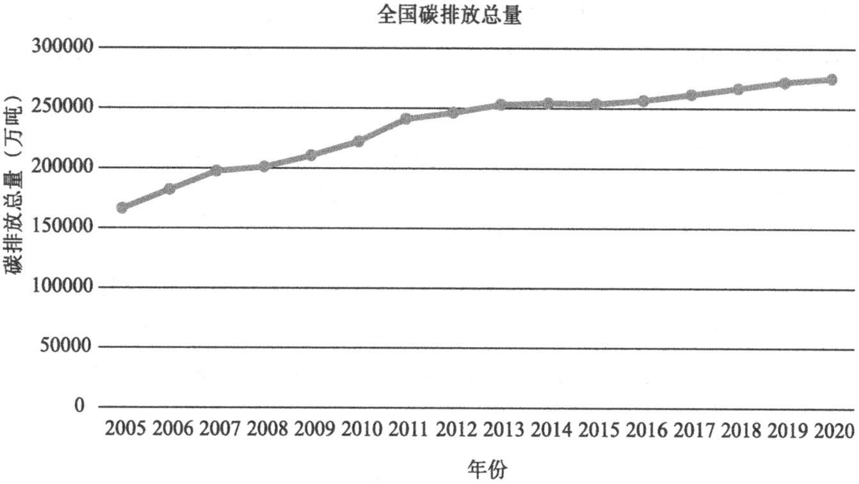

图 5－1 全国碳排放总量变化情况

准煤，而到 2020 年时全国煤炭、石油、天然气的碳排放量分别为 206207.9 万吨、51672.98 万吨和 17527.61 万吨，总的碳排放量呈明显上升趋势。但具体而言，煤炭的碳排放量占比最大，天然气的碳排放量占比最小，石油的碳排放量占比居中。煤炭、天然气和石油碳排放是主要的碳排放来源。而就长期趋势而言，煤炭的碳排放量占比整体呈现下降趋势，天然气的碳排放量占比整体呈现上升趋势。

4. 主要问题

（1）能源利用技术水平低。从能源强度角度分析，我国在能源利用技术方面相对国际水平显然存在不足，表现为每生产一单位产品消耗的能源总量要高于平均水平，换句话说，能源利用效率不高。从能源强度曲线走势来看，全国的能源强度曲线逐渐向国际能源强度曲线靠近，也就是说，我国每生产一单位产品消耗的能源数量在不断下降，逐渐接近世界平均水平。这反映出我国在该领域取得了显著成效。从国际视角来看，近年来虽然我国的能源利用率取得了长足发展，与发达工业国家间的差距不断缩小，但是目前为止，我国在能源利用率方面与发达国家还是存在较大差距。

（2）经济增长对能源的过度依赖。从统计数据分析来看，2005—2015 年我国能源生产弹性系数逐渐降低，说明全国能源产品变化量和经济增长变化量比率较低，尤其注意的是，国家生产弹性系数在2010年和2011年出现反弹，这反映出我国能源生产与经济增长变化还存在不稳定现象。究其原因，与金融危机及政府支持等不确定因素相关，再就是那几年全球大宗商品价格持续低迷，影响了国家的能源生产量。另外，从能源消费弹性系数角度分析，全国的能源消费弹性也存在波动，但整体上呈现下降趋势。

(3) 产业结构不合理。我国经济发展以第二产业为主，第三产业为辅，产业结构呈“二一三”模式。目前，这种模式显然已经不能适应低碳经济的发展目标，为此，在“十二五”规划中明确提出，要加强第三产业的增加值，预计未来五年第三产业增加值提升40%。然而，煤炭、钢铁、石油等高碳产业是全国经济增长的核心驱动力，如何在较短时间实现产业结构调整任重而道远。另外，我国当前处于城市化进程的快速发展阶段，对能源的需求量逐渐增加，经济发展如何实现低碳化是我国当前及未来面临的突出问题。

(4) 能源结构不合理。目前的能源结构主要以化石能源为主，其中，煤炭、石油和天然气能源消费总量占全部能源消费总量的97%以上。我国能源总体上是“富煤、缺油、少气”，具体而言，截至2020年年末，我国煤炭资源总量占能源消费总量的56.8%，石油、天然气资源占能源消费总量的27.3%。近年来我国煤炭的比重虽然一直在降低，但其仍在能源消耗中保持最大占比，依然超过平均水平一半以上。近几年，国家积极号召，大力发展风力发电和水力发电，但总量较低，我国化石能源为主体的能源结构没有得到根本改变，造成碳排放和污染物排放量过高，引发了较大的环保压力。目前各省市在风力发电领域取得了可喜成绩，在能源结构中，风电发展前景较好。

5.1.3 低碳企业创新能力

受低碳经济发展大环境影响，我国装备制造业的低碳技术创新呈现出良好的势头，但是关键技术及设备基本通过向低碳技术较强的国家引进得来，这虽然缩短了装备制造企业向低碳制造转型的进程，但大大影响了企业低碳技术创新的发展，压缩了研发空间。无论是进口设备引进的二次技术创新还是进口设备使用效率都无法实现技术突破，造成了我国装备制造企业的低碳技术在世界低碳创新产业链中只能长期扮演被动加工制造角色的这一现象。在低碳技术开发尚未量产普及的市场机遇下，无法摆脱对其他国家低碳技术的过度依赖，对先进设备功能的掌握及运用能力水平偏低，始终被困于技术模仿的怪圈，无法走向核心技术研发都将使装备制造企业难以实现突破关键技术等领域进行规模化生产、销售，迅速提升企业绩效的目标。本书从以下几个方面分析企业的创新能力。

（1）R&D 人员分布。由《中国统计年鉴 2021》中的数据分析可知，全国创新基础整体呈上升趋势，主要表现在企业 R&D 人员投入呈增长趋势，而高校和科研院所研发人员变化不明显。以黑龙江省为例，科研院所研发人员一直保持在 3600—3700 人之间，高校研发人员保持在 2400—2500 之间。其中，大中型企业的研发人员增幅较大，从事研发的员工占全国研发人员总数的一半以上，表明黑龙江省企业在不断加强研发投入，旨在提高企业创新能力，从而占据市场制高点。

（2）创新资金来源。通过分析全国 R&D 经费来源数据可以发现，企业和政府 R&D 经费投入均有大幅增长。全国 R&D 经费投入大部分来源于企业，2005—2020 年全国企业 R&D 经费投入占全部投入的 70% 以上，具体如表 5 – 6 所示。显然，企业已经是全国技术创新的中坚力量。

表 5 – 6　全国 R&D 经费来源

年份	合计（亿元）	政府资金（亿元）		企业资金（亿元）	
		总额	所占比例	总额	所占比例
2011	8303.6	1883.0	0.226769	6420.6	0.773231
2012	9846.4	2221.4	0.225605	7625.0	0.774395
2013	11338.3	2500.6	0.220545	8837.7	0.779455
2014	12452.6	2636.1	0.211691	9816.5	0.788309
2015	13601.8	3013.2	0.22153	10588.6	0.77847
2016	15064.3	3140.8	0.20849	11923.5	0.79151
2017	16952.3	3487.4	0.20572	13464.9	0.79428
2018	19057.9	3978.6	0.20876	15079.3	0.79124
2019	21424.5	4537.3	0.21178	16887.2	0.78822
2020	23720.6	4825.6	0.21343	18895.0	0.79657

数据来源：《中国统计年鉴 2021》。

（3）R&D 经费在三大执行机构的配置。通过分析我国 R&D 经费执行机构配置结构可以发现，2011—2020 年，我国大中型企业、高校及科研机构 R&D 经费均有不同程度的增长，其中大中型企业 R&D 经费增幅最为明显。到 2015 年，大中型企业 R&D 经费占三大执行机构的 80% 左右，毫无疑问，已经成为我国 R&D 经费支出的中坚力量，具体如表 5－7 所示。从数据来看，高校和科研院所 R&D 经费投入也取得较大幅度的增长。不过相对大中型企业 R&D 经费投入要少得多。总体分析，我国三大执行机构的 R&D 经费投入呈上升态势。

表 5－7　　　　我国 R&D 经费执行机构配置结构

年份	大中型企业（亿元）	高校（亿元）	科研机构（亿元）
2011	3296.6	688.8	1306.7
2012	4383.7	780.6	1548.9
2013	5749.3	856.7	1781.4
2014	6257.6	898.1	1926.2
2015	6793.9	998.6	2136.5
2016	7664.5	1072.2	2260.2
2017	8955.5	1266.0	2435.7
2018	10321.3	1457.9	2691.7
2019	12175.5	1796.6	3080.8
2020	13583.6	1882.5	3408.8

数据来源：《中国统计年鉴 2021》。

（4）专利的授权数量。从表 5－8 可以看出，我国在 2007—2020 年发明专利授权数量总体呈上升态势，发展态势良好。这反映出全国近几年企业的研发能力提高迅速，对企业成长大有裨益。从专利授权单位分布来看，我国具有研发能力的企业增幅很快。专利授权单位的增多，一方面，间接地反映了我国对专利的重视程度很高，这有利于创新型国家形象的树立；另一方面，为国家经济发展贡献力度逐渐增强。我国的企业创新组织体系不断完善，但研发机构仍有待健全。国外企业科技创新的实践表明，创新企业必须具备完善的组织系统，尤其是要有自己的研发机构。在发达国家中，80% 以上的科研工作是在大企业中完成。

表 5-8　　发明专利授权单位分布

年份	个人	大专院校	科研机构	企业	机关团体	除个人外企业所占比例（%）
2007	7457	8214	3173	12851	250	0.524788
2008	9635	10265	3945	22493	252	0.608659
2009	56915	37965	14332	118257	1627	0.686818
2010	69312	48294	18254	154581	2625	0.690852
2011	17278	26616	9238	58364	851	0.613912
2012	17893	33821	11248	78651	2234	0.624442
2013	16675	33309	12284	79439	1828	0.626194
2014	16508	38317	13573	91874	2408	0.628534
2015	24618	57196	19243	158620	3759	0.664188
2016	26129	62311	20109	189564	4023	0.686809
2017	23393	75693	22369	200804	4711	0.661460
2018	23183	74893	20508	222287	5088	0.688673
2019	16558	91188	26798	222439	3936	0.645947
2020	16924	118675	31349	268366	5377	0.633287

数据来源：《中国统计年鉴 2021》。

（5）校企合作方面。目前，全国共有上千家规模以上的企业与国内外多所高水平大学以及多家研究机构建立长期合作关系，旨在通过校企合作，实现产学研相结合。具有代表性的合作成果有：华为技术有限公司与清华大学长期合作关系，华为技术有限公司与中国科学院的合作关系，哈尔滨汽轮机厂与哈尔滨工程大学的合作关系，以上都是企业通过与高校或科研院所建立产业技术联盟，从而推动企业技术创新和高校科研综合能力提升。

5.1.4　低碳企业盈利能力

1. 我国经济增长与碳排放关系的长期趋势

（1）EKC 模型。

①EKC 模型的提出。关于环境与经济之间的关系，库兹涅茨假设提供

了一个较为有效的分析范式：通过考察经济发展水平与环境污染程度的关系，思考经济与环境协调发展的可行性。库兹涅茨等学者于1995年首次提出了人均收入与公平分配存在关联性的理论。Panayotou于1993年在库兹涅茨研究成果的基础上，探索了人均收入与环境质量的关联性问题，并得出了EKC曲线，证明人均收入和环境污染呈倒U型变化模式。EKC曲线经过几十年的发展，已经发展成为分析经济增长与碳排放关系的重要工具。然而，国内外学者在对该理论进行实证研究发现，经济增长与碳排放呈多种模式，包括倒U型、U型、N型、单调上升型和单调下降型等结论，并且该理论受清洁技术等因素影响，EKC曲线受时间变量的限制。另外，EKC曲线当前虽然还不尽完善，但是在实践过程中用EKC曲线完全可以胜任分析经济增长和环境质量的关联性问题。选取2000—2011年人均GDP、人均排放量为指标，分析全国CO_2等温室气体排放与经济增长之间的关系，假定二者之间也存在着类似的倒U型关系。把经济发展过程共划分为三个阶段：第一阶段主要表现为经济的超高速发展以及环境的快速污染；第二阶段主要表现为过渡阶段，环境污染达到了最高点，拐点之后环境污染开始减弱；第三个阶段主要表现在经济发展趋向稳定，环境污染水平降低至环境修复线以上的稳定阶段，是我们追求的最终目标。

目前关于环境与经济之间关系的实证研究较多，主要集中在环境污染排放物与经济发展指标之间的关系特征研究。如邹庆等（2014）运用动态最优方法在包含人力资本积累的内生增长模型下考察经济与环境是否可以实现协调发展的问题，并利用省域面板数据，将环境污染指标（工业二氧化硫、工业烟尘、工业粉尘和CO_2的人均数量进行复合加权计算）与经济发展指标（人均实际GDP）纳入环境库兹涅茨曲线方程模型中进行验证，认为EKC假说在中国是成立的，但现阶段还未到达其倒U型曲线拐点位置，且能源强度、环境规制和一次性能源消费结构对中国污染减排有利，工业结构、城市化水平和贸易开放度则相反。王勇等（2016）分别就二氧化硫、烟粉尘、氮氧化物的人均排放量与人均GDP的关系，在EKC假说的基础上构建EKC方程模型进行考察，认为大部分东部省份已经越过环境库兹涅茨曲线的拐点，但环境质量改善仍旧缓慢，多数总部省份处于峰值阶段，而西部省份大部分处于经济增长和环境质量恶化的矛盾阶段。

②EKC模型的设定。考虑发展中国家都处于传统EKC的初始阶段，在

西方经济学的研究方法基础上，修正传统 EKC 曲线至满足需要。修正后的 EKC 曲线将经济增长和碳排放之间的关系划分为 4 个阶段。

GDP 国家和地区经济发展的综合体现，用 y 表示 GDP；c 代表人均碳排放量。通过对 EKC 曲线函数进行一、二阶微分，计算出 $\frac{\partial c}{\partial y}$ 和 $\frac{\partial^2 c}{\partial' y^2}$。其中，$\frac{\partial c}{\partial y}$ 指人均 GDP 的边际碳排放量，$\frac{\partial c}{\partial y}>0$ 指人均 GDP 的边际碳排放量 >0，也就是人均碳排放与人均 GDP 呈正相关关系；$\frac{\partial c}{\partial y}<0$ 指人均 GDP 的边际碳排放量 <0，也就是人均碳排放与人均 GDP 呈负相关关系；$\frac{\partial^2 c}{\partial' y^2}$ 指人均 GDP 的碳排放增长率，$\frac{\partial^2 c}{\partial' y^2}>0$ 指人均碳排放量及 GDP 的增长率呈正相关关系；$\frac{\partial^2 c}{\partial' y^2}<0$ 指人均碳排放量与人均 GDP 呈负相关关系。

修正后的环境库兹涅茨曲线分为 4 个阶段：

第一阶段：$\frac{\partial c}{\partial y}>0,\frac{\partial^2 c}{\partial' y^2}>0$　　(5－2)

第二阶段：$\frac{\partial c}{\partial y}>0,\frac{\partial^2 c}{\partial' y^2}<0$　　(5－3)

第三阶段：$\frac{\partial c}{\partial y}<0,\frac{\partial^2 c}{\partial' y^2}<0$　　(5－4)

第四阶段：$\frac{\partial c}{\partial y}<0,\frac{\partial^2 c}{\partial' y^2}>0$　　(5－5)

(2) 对碳排放应用 EKC 理论分析。通过广泛阅读文献发现，当前应用在低碳经济领域的工具相对丰富，其中，碳排放的 EKC 曲线就是其主要工具之一。从现有的研究成果发现，国内外学者已经证明了碳排放人均值与国民收入人均值存在线性相关关系，包括二元、三元、多元的关系，当然，在一些方面也存在差异性。究其原因，国内外学者普遍认同的是实验过程中选取的时间和经济发展的指标存在差异，具体包括人均 GDP、GNI 等数据。

采用 2000—2020 年中国统计年鉴数据经过统计分析，得出我国人均 GDP 和人均碳排放数据，具体如表 5－9 所示。

表 5-9　2000—2020 年我国人均 GDP 和人均碳排放数据

年份	GDP（亿元）	人口（万人）	碳排放量（万吨）	人均 GDP（元、人）	人均碳排放量（万吨、人）
2005	187318.9	130756	166119.3	14325	1.270452599
2006	219438.5	131448	181959.3	16693	1.384268304
2007	270232.3	132129	197586.6	20452	1.495406762
2008	319515.5	132802	201075.7	24059	1.514101444
2009	349081.4	133450	210638.4	26158	1.578406894
2010	413030.3	134091	222431.1	30802	1.658807079
2011	489300.6	134735	241230	36315	1.790403384
2012	540367.4	135404	246433	39907	1.819983162
2013	595244.4	136072	253246.3	43744	1.861119848
2014	643974.0	136782	254475.7	47080	1.860447281
2015	685505.8	137462	253979.5	49868	1.847634255
2016	746395.1	139232	256798.2	53608	1.844390657
2017	832035.9	140011	261848.0	59426	1.870195913
2018	919281.1	140541	266975.1	65410	1.899624309
2019	986515.2	141008	272244.0	69962	1.930698967
2020	1015986.2	141212	275408.4	71948	1.95031867

数据来源：《中国统计年鉴 2021》。

从表 5-9 可以得出，首先，我国人均碳排放量和 GDP 的关联性与 EKC 曲线相似性较高，尽管所选的时间长度较短，特征性也不是很明显，但是对研究内容不产生影响。其次，$\frac{\partial c}{\partial y}<0$，$\frac{\partial^2 c}{\partial' y^2}<0$，表明人均 GDP 和人均碳排放量呈正相关关系。从分析数据结果发现，我国当前正处于 EKC 曲线的第二个阶段，并且正在接近人均碳排放的拐点。再次，通过分析散点图的二项式发现，令$\frac{\partial c}{\partial y}=0$时，全国人均碳排放和 GDP 等于 57500 时到达拐点位置，然后不断下降。通过分析 EKC 模型发现，全国碳排放目前还处于上升阶段，距离拐点还有一定距离。也就表明我国迫切需要发展低碳经济。最后，$R^2=0.9602$，接近 1，表明趋势线的拟合程度较好。

2. 全国经济增长与碳排放关系的短期波动

（1）脱钩理论。实现环境的可持续发展，根据能量指标综合评价方法，即环境并不随经济的增长而遭到破坏，环境与经济脱离关联，这种形态被称为脱钩。英语中“decoupling”（脱钩）一词是由“coupling”（耦合）演化而来，耦合是指两个不同的个体，在发展过程中，相互影响、相互干预，共同协调发展。可持续发展的研究中国，脱钩的概念最初来源于物理学而非环境学，指消除信号之间相互干扰的影响，即“解耦”。

1966 年第一次将脱钩概念应用至经济领域，当时的主要目的是研究经济与环境发展的问题，用来测量经济发展与碳排放之间的脱离程度。脱钩弹性概念由 Tapio 在 2005 年提出，脱钩弹性用一定时期内碳排放变化量与经济增长的变化量之比表示，反映了碳排放对经济增长变化的敏感度。根据脱钩弹性值的大小，Tapio 将碳排放与经济增长的关系分为脱钩、连接和负脱钩 3 种状态，并在此基础上进一步划分了强脱钩、弱脱钩、强负脱钩、弱负脱钩、扩张连接、衰退连接、扩张负脱钩和衰弱脱钩 8 种状态。

脱钩理论的公式：

$$e = \frac{\Delta C/C}{\Delta Y/Y} \tag{5-6}$$

根据 e 值的不同，划分脱钩类型，具体如表 5-10 所示。

表 5-10　脱钩类型

e 值	碳排放变化	经济增长变化	脱钩类型
$e<0$	<0	>0	强脱钩
$0\leq e\leq 0.8$	>0	>0	弱脱钩
$0.8\leq e\leq 1.2$	>0	>0	扩张连接
$e>1.2$	>0	>0	扩张负脱钩
$e<0$	>0	<0	强负脱钩
$0\leq e\leq 0.8$	<0	<0	弱负脱钩
$0.8\leq e\leq 1.2$	<0	<0	衰弱连接
$e>1.2$	<0	<0	衰弱脱钩

（2）对全国碳排放应用脱钩理论分析。根据中国统计年鉴，获得2005—2020年全国生产总值和碳排放量，根据碳排放脱钩弹性公式计算碳排放脱钩弹性值，具体结果如表5-11所示。从表5-11中可以看出，2005—2020年，仅2006年和2008年碳排放脱钩属于扩张连接，2015年和2016年碳排放脱钩属于强脱钩，其余年份均属于弱脱钩类型。表明2006年和2008年全国碳排放和经济发展增长率同步增长；其中，2008年碳排放脱钩弹性值接近1.2，碳排放增长率高于经济发展增长率；其余大部分年份，碳排放增长率一直低于经济发展增长率。究其原因，我国拥有发展低碳经济的优势，正处于经济转型时期，产业升级致使碳排放增长率降低。

表5-11　　2005—2020年全国碳排放脱钩弹性值

年份	e	碳排放变化	经济增长变化	脱钩类型
2005	0.342515	0.024117	0.100411	弱脱钩
2006	1.016923	0.087052	0.146371	扩张连续
2007	0.196428	0.079090	0.187963	弱脱钩
2008	1.189325	0.017352	0.154243	扩张连续
2009	0.061687	0.045398	0.084696	弱脱钩
2010	0.064846	0.053017	0.154828	弱脱钩
2011	0.328752	0.077929	0.155876	弱脱钩
2012	0.367956	0.021113	0.094503	弱脱钩
2013	0.193607	0.026903	0.092192	弱脱钩
2014	0.667786	0.004831	0.075670	弱脱钩
2015	0.230686	-0.001953	0.060585	强脱钩
2016	-0.0234128	-0.001755	0.074982	强脱钩
2017	0.12890729	0.0139912	0.108537	弱脱钩
2018	0.15627488	0.0157355	0.100691	弱脱钩
2019	0.23508869	0.0163583	0.069584	弱脱钩
2020	0.35799165	0.0101619	0.028386	弱脱钩

5.2　低碳企业创新资金投入渠道分析

5.2.1　政府财政投入渠道

财政是履行和实现政府职能的手段，对政府实现资源优化配置，转型升级和经济高质量发展起到基础性和引领性的作用。财政支持企业创新的方式主要包括财政投资、财政补贴、税收优惠和政府采购。从支持企业创新的环节来看，财政投资属于前期支持，财政补贴和税收优惠属于中期支持，政府采购属于后期支持。政府财政的主要投入渠道可以分为财政投资、财政补贴、税收优惠以及政府采购。

财政投资，即政府出资，设立国有企业和研究所，从事事关国计民生的关键领域和薄弱环节的技术研究，尤其是在基础性、突破性的研发创新方面。如国防军工、航空航天等领域。这些领域在短期甚至中长期都难有明显的经济收益，且具有很高的国家战略性、时间紧迫性和保密性要求，因此需要发挥财政直接投资支持迅速，集中力量办大事的优势。

财政补贴，即政府对从事符合国家要求的相关企业的研发创新行为进行无偿的转移性支出。具体包括价格补贴、财政贴息和亏损补贴。在智能制造、新能源、新材料等政府选定的高新技术领域，中央和地方政府以企业的研发支出、新产品销售或亏损额为基础，对企业提供一定的财政补贴，从而帮助企业缓解收益外溢，降低创新成本和前期持续亏损的经营风险。财政补贴适用于具备高新技术的竞争性行业，虽然短期没有收益但未来新技术只要研制成功投入市场后便能逐渐产生利润的行业，尤其是涉及关键产业的系统性培育，处于孵化新技术的初创期阶段或成长期的早期阶段的创新企业。

税收优惠，即政府对特定的课税对象或纳税人进行税收减征、免征或递延纳税的激励措施，从而帮助创新型企业减少当期的税费负担。税收优惠是一种间接的支持手段，相对于财政投资和补贴，税收优惠更具公平性、透明性和普惠性。总体来看，税收优惠针对的是所有从事研发创新的企业和高新技术企业。税收优惠通过减免税额或降低税率的方式，包括对企业的研发费用采取加计扣除、对高新技术企业采取低税率从而降低所得税，对采购研发设备免征增值税等。税收优惠见效不快，但长期效果较好，适用于采用新技术研制新产品的创新中后期阶段及已经进入成长期的产业。

政府采购，即政府为提供公共产品和服务，在采购过程中优先采购具有自主知识产权的，符合我国创新战略导向的企业的产品或服务。政府采购属于事后激励措施，能够为创新产品研制成功投入市场后，取得可观的销售收入起到支撑和引领作用，从而帮助创新企业能够成功度过从采用新技术、生产新产品到产业化、规模化的阶段，从而获得利润并用于再研发再创新。政府采购适用于创新的后期阶段，即将进入产业化的阶段，帮助企业更好地获得国内外市场的认可。

低碳企业与传统企业发展模式不同，不可能单纯依靠市场机制来实现发展，需要通过法律和法规的形式来规定社会不同主体的行为准则。从各国实际情况看，低碳企业某种意义上说，是政府倡导下在全球开展并不断发展起来的。在低碳企业概念的提出、低碳理念的宣传、低碳行为的倡导，以及低碳活动的推进方面，政府利用其社会管理者的身份，在人力、物力、财力，以及政策配套方面都发挥了重要作用。在我国，随着金融机构开始广泛参与低碳企业活动、碳金融市场建立并不断完善，碳排放权价格非理性波动、市场垄断和非法经营等“市场失灵”现象大量存在。在低碳企业冲过技术创新转型初期、统一的碳金融市场尚未建立、低碳企业巨大的市场前景尚未开发的情况下，政府通过政策性金融和政府管制，推动低碳企业的技术转型发展是合理的，也是必要的。

我国财政投入按投入目的可以分为两类：一类是旨在鼓励低碳企业发展的鼓励性投入；另一类是旨在帮助低碳企业进行减少企业污染的排放活动的补助性投入。其中，第一类财政投入直接影响了企业的投资行为，促进了企业技术创新的发展，加大企业污染自主治理的主动性，并为降低治理成本而进一步开展低碳生产技术。然而，企业减排意愿受宏观经济环境以及自身经营状况约束，政府过度干预的弊端越来越明显。例如，由于各国竞相争夺碳排放国际定价权，目前交易价格仍由各国政府自行决定，而非市场形成，导致全球性碳排放交易市场迟迟难以建立，其巨大的市场价值难以体现，低碳企业转型进展缓慢。因此，政府在低碳金融市场应发挥引导性作用，围绕制度建设、市场管理和监督等方面，做好低碳金融活动的保障工作，避免干预到具体的金融事务中，尊重市场在金融资源配置中的主导作用。

5.2.2　企业自主投入渠道

企业主导型 R&D 资助计划主要针对某些小范围的技术应用型研究，企业研发实力较弱，但具有一定的应用型，其研发成果在一定区域和范围内具有很广的应用，可以推动区域的经济发展。企业的规模一般属于中小型，这类计划主要用于强化企业技术创新主体地位，优化技术创新创业环境，发挥财政资金的引导作用，引导社会资金和创新资源向科技型中小企业倾斜，在这类 R&D 项目支持中，政策没有明显的倾向性，R&D 补贴实行的是普遍适用的原则。

科技型中小企业技术创新基金是经国务院批准设立，用于支持科技型中小企业技术创新的政府专项基金。通过贷款贴息、拨款资助和资本金投入等方式扶持和引导科技型中小企业技术创新活动，促进科技成果的转化，培育一批具有中国特色的科技型中小企业，加快高新技术产业化进程。科技型中小企业技术创新基金作为中央政府的专项基金，按照市场经济的方式进行运作，扶持各种所有制类型的科技型中小企业，并有效地吸引地方政府、企业、风险投资机构和金融机构对科技型中小企业进行投资，推动建立起符合市场经济客观规律的高新技术产业化投资机制，进一步优化科技投资资源，营造有利于科技型中小企业创新和发展的良好环境。

对任何生产活动，资本都是不可或缺的基本要素，知识的生产也不例外。任何行业中的创新研发活动的组织和展开往往是基于利润最大化的考虑，同时希望能尽快将投入在研发活动中的企业自有资金收回并且在短期内看到经济效益。现有的研究技术创新的文献资料中，对企业自主投入方式往往从物力与人力两个角度进行分析，企业的内源融资多源于盈余公积金、未分配利润等，与企业盈利能力密切相关。因此，企业应提升自身现金流创造能力，通过内部积累为企业研发投入提供稳定、持续的资金支持，包括企业将内源资金投入创新研发活动中，还包括企业对新技术人才的培养与引进，企业低碳理念与低碳生产相关的执行投入。对于低碳企业而言，技术创新研发具有较高的专业性和信息壁垒，研发人员与企业内部人员存在一定互动关系，因此，受到市场环境要求的低碳企业更应该重视内部资源的整合与优化，关注各项生产管理活动之间的互动合作关系，实现企业创新能力的提升。

企业的低碳创新离不开企业内部资金投入和资源配置等保障力量，在创新活动中这种保障力量主要体现在研发活动的投入规模和投入强度等方面。近年来，我国规模以上制造企业创新科技投入指标大多处于 D 级或 C 级水平，对企业整体低碳创新态势的反势影响占主导地位，表明总体来说我国企业的创新科技投入水平还较为薄弱。从我国制造企业整体 R&D 投入强度角度分析，R&D 投入强度是体现创新潜力和创新能力的重要指标，是制造企业实施低碳等创新活动的重要保障力量之一。虽然 R&D 投入强度有逐年上升的趋势，但是趋势变化过于平缓，增长速度稍显缓慢，与发达国家相比在科技投入强度方面仍具有较大差距。因此，我国制造企业 R&D 投入强度不够对企业的低碳企业改革产生了一定限制作用。另一方面，尽管我国制造企业的 R&D 人员投入水平从总体上正在逐年上升，但上升态势过于平缓，相对于我国基础数目庞大的制造企业，分摊到每个企业主体的增加值更是微乎其微，不足以支撑制造企业的创新发展，同时，低碳创新相比于常规创新模式在 R&D 资金和人员的投入需求方面更加庞大也更加专业，对夯实科研资金投入和科技资源配置等保障力量的要求也更加迫切。企业的低碳创新具有资金投入巨大，风险极高和见效缓慢的特点，仅仅依靠企业自身的努力和能动性不足以推进和支撑企业低碳创新的进行，有效和有力的外部支持力度也是企业低碳创新成功的重要方面。

5.2.3 银行信贷投入渠道

银行对于低碳企业的创新研发能够起到重要的调控作用。通过银行信贷配给的调控来间接地减少高耗能企业的环保升级，推动低碳经济的发展。一方面，商业银行一般通过信贷配给和资产抵押的方法，降低银行与低碳企业之间的信息不对称问题。银行事先对债务使用者的偿债能力进行甄别，利用贷款合同约束资金使用者的行为，并通过信息共享或关系融资等机制对资金使用者进行事后监督，从而进一步降低信贷过程中的道德风险。另一方面，低碳企业往往是具有政府扶持资质的行业重点企业，其本身的信息可靠性较高，而银行是传统信贷市场上的专业化组织，对于企业资质的要求相对较高，低碳企业可以充分发挥信用优势从银行申请贷款，银行则能够以较低的成本完成监督任务。因此，不论是对于银行或是低碳企业，银行信贷的融资方式都能够提高资金的安全性，最大化地降级风险。但是，当前银行在低碳融资方面还存在一些问题，例如，因为低碳经济的投资比较大、周期比较长、经济效益也比较低，银行的收益获得比较慢，所以银行在对低碳企业进行放贷融资方面还不是很积极。此外，如果设置资产抵押等信贷措施，由于大多数低碳企业资产抵押成本较高，现金流动性和使用限制较高，进而使这一方法在解决这类企业融资问题方面效率大为降低。

我国新能源产业发展的大部分资本来自于银行信贷市场。银行信贷作为常见的外源性间接融资渠道，是新能源产业发展最为重要的融资方式之一。由于新能源产业具有融资数额巨大、投资周期和时间跨度较长、投资密集度高的融资特性，新能源产业对银行信贷的需求通常也是 1 年期以上的中长期贷款，而 1 年期的短期贷款需求较少。对于证券市场本不发达的发展中国家而言，必须依赖以信贷市场为主导的间接融资体系的支持。目前我国银行信贷体系对于新能源产业的支持也是通过以国家开发银行为主的政策性信贷机构和以商业银行为辅的商业性信贷机构两方面共同作用来实现的。以国家开发银行为例，自国家开发银行成立以来，一直在持续支持国家新能源和其他低碳环保事业的发展，积极响应、配合国家关于新能源产业方面的扶持政策，为新能源产业提供高质量、高效率和可靠的资本市场支持。与国家开发银行等政策性信贷机构支持新能源产业发展的出发点不同，中国银行、中国农业银行、中国工商银行、中国建设银行和其他股份制商业银行等商业性信贷机构是以投资行业的资金安全性为基本原则，以投资行业的资金流动性为基本保障和以获取投资行业的利益为主要目标，与此同时，目前各类商业性信贷机构对我国新能源产业发展所提供的各种信贷支持还包含对其社会责任的履行。

所以，当前应当进一步完善银行“金融资源配置”的体系，在面对低碳企业由高耗能转型低碳生产时更好地实现金融资源配置与低碳生产二者的协同发展。为了完善“金融资源配置”体系，应当充分发挥政府和银行两方面的积极性。从政府和银行角度来说，税收减免、政府贴息等政策使银行能够看到其中的经济效益，不会使银行在支持低碳企业而损害自身利益问题中产生犹豫，进而有利于低碳企业的长期融资和发展。对于商业银行而言，低碳经济也是自身发展的一个机遇，当前低碳经济是一种充满生机与活力的项目，一方面在对低碳项目进行初期审查的过程中可以适当放宽对企业贷款规模的限制，适当推出小额信贷项目；另一方面，商业银行在开展绿色信贷业务时，可以借鉴发达国家已经比较成熟的“赤道原则”；同时商业银行应当减少或者停放高耗能企业的贷款，对于特殊高耗能的企业应当停止对其发放贷款。

尽管银行信贷对新能源产业的支撑力度越来越大，不过需要强调的是，当前银行信贷支持体系依然存在非常明显的对象歧视。首先，新能源产业作为高新技术产业比一般产业具有更高的风险性，这种风险信号本身就加大了银行（特别是风险承担能力本身就不高的小银行机构）的授信难度。在企业实际融资过程中，只有那些规模较大，具有国企背景的新能源企业才容易获得信贷机构，特别是商业性信贷机构的青睐，而那些规模尚小，不具有国企背景的新能源企业可能本身就难以达到银行机构的授信要求，想要获得银行中长期信贷支持通常是非常困难的。

5.2.4 风险投资投入渠道

风险投资是由职业金融家投入到新兴的、迅速发展的、具有巨大竞争潜力的企业中的一种权益资本，是把资本投向蕴藏着失败风险的高新技术及其产品的研究开发领域，旨在促使高新技术成果尽快商品化、产业化，以取得高资本收益的一种投资过程。低碳经济的发展具有一定的风险性，所以应该在传统的财政拨款和银行信贷等资金来源的基础上，采取风险投资的方式，来支持这种高科技含量的经济发展方式。因此，政府要采取相关政策，为企业加入风险资本给予相关的规章支持与适度的方针辅助。重中之重需抓紧构筑风险投资的交易模式、治理机制和退出机制，从而保障风险资本融资渠道的畅通。在加强监管的前提下，大力培育碳信托、碳基金等机构投资者，同时酌情放宽公共保障基金的投资范围，同意它参与风险投资平台，从事与低碳经济相关的技术开发融资，从而推动低碳经济技术创新。同时，在企业进行低碳技术创新过程中，由于信息不对称的客观存在，风险投资家在选择低碳经济建设项目进行风险投资时，一些属于企业家的内部信息，如项目风险、道德风险等问题使风险投资家与风险企业家之间产生了信息不对称现象。很明显，风险投资家处于不利地位，那么风险投资家可能会采取反向评级，而风险企业家则可能存在道德风险问题，这样会导致风险投资运作过程不顺利。所以，关键需要风险投资机构建立健全的管理模式，如挑选适当的风险投资机构模式、在风险投资组织与公司内部建立健全的管理模式、风险防范机制、约束机制和激励机制等，这将有利于避免逆向选择和道德风险的产生，进而使资本融资渠道畅通，有助于避免风险投资家的道德危机同原始参与人的反向评级，进一步保证风险投资的顺利进行，切实推进低碳经济快速发展。

风险投资是一种新兴的从事权益融资的金融制度安排，其运作的本质在于它提供了低碳企业创新所需要的融资机制和相应的功能，并较好地解决了低碳企业融资过程中的信息不对称问题，使其在促进企业创新研发活动中发挥了不同于其他融资方式的独特作用。风险资本与股票市场的差异是由参与主体之间的信息不对称程度引起的。从这一意义上讲，风险投资的最根本特征在于在对低碳企业创新研发活动融资过程中，它比银行和股票市场等金融安排面临更严重的信息不对称问题，以及由此产生的更严重的逆向选择和道德风险问题，而风险投资特有的契约安排和激励与约束机制保证了它比其他金融安排能更好地解决这一问题。通过资本市场为低碳企业融资是资金提供者基于信息不对称而产生的分散风险行为，其优势在于资金提供者能根据自己的意愿投入或撤回资金，这种灵活性表明一些具有研发优势的低碳企业有很大可能获得资金支持，同时相较于银行信贷的利息偿还压力，风险投资具有较小的财务压力和财务风险。此外，风险投资能够在与低碳企业创新研发相关的金融资源体系中占有重要地位，关键在于它在解决企业融资过程中的信息不对称以及由此产生的逆向选择和道德风险问题上的比较优势，即它具有特殊的能满足创新融资功能需求的契约安排和激励约束机制。虽然权益融资对于低碳企业的融资活动具有信息处理上的优势，但是对于不同成长阶段的低碳企业来说，应选择跟其信息不对称程度以及规模大小相匹配的具体的权益融资方式。股票市场是一种传统的权益融资方式，适用于企业发展到一定规模，经营较为稳定，风险较小的发展阶段的融资；对于技术创新企业发展的初期，规模非常小，资金需求量也很小，没有资格进入主板市场和创业板市场，这时需要有风险投资这类独特的权益融资方式来给予支持。

综上所述，风险投资在企业低碳自主创新过程中有重要的作用，其提供的资金支持、产权认定机制都为低碳企业技术创新提供了融资渠道，促进了科技创新成果的转化。首先，风险资本对创新价值的实现具有资本支持及带动作用。研发阶段，风险投资的参与和支持可使创新企业现金流相对稳定和提高经营成效，可能带动其他相关资金进入，从而形成一套与低碳自主创新不同阶段相匹配的支持系统，有助于提高创新成果转化率，保障创新预期利润目标的实现。其次，产权认定机制促进企业技术创新和成果转化。产权认定机制是采用交易双方共同承担延时和间接评估所带来的交易成本，使企业技术创新成果转化得到保证，有助于实现企业获取超额利润的动机。最后，风险分担机制为企业低碳自主创新降低风险。风险资金来源广泛，资金供给主体机构化更强。风险投资家可以通过管理多个基金，采取科学的投资组合（包括不同投资项目、不同投资阶段以及不同投资主体的合理组合）或采用联合投资策略或使用混合金融工具（如可转换优先股、可转换债券），使整体投资风险得到分散和降低，形成不同的风险投资家共担风险的局面。

5.3 低碳企业创新体系金融资源配置问题分析

金融市场发展并不成熟一直是我国企业发展过程中获得融资所面临的最主要问题，而对于发展低碳技术的企业融资更是难上加难。目前而言，低碳企业在进行技术创新的过程中所能获得的融资渠道主要依靠银行信贷。而中小型的低碳企业与大型的低碳企业相比，存在着自身经营风险较高，可抵押资产较少，财务制度不健全，财务风险较大等问题，因此商业银行面对科技型中小企业的融资需求时，往往惜贷。中小型低碳企业可以借助于资本市场进行融资，但是鉴于我国当前总体的金融发展现状，短期内通过发行债券或者上市进行直接融资并不现实。我国低碳企业面临着悖论的矛盾：低碳经济要求低碳企业进行持续的低碳技术创新研究，但是，商业银行考虑到低碳企业面临的各种风险又不愿意发放贷款，限制了科技型中小企业的创新活动。

5.3.1 科技投入总量不足

我国低碳企业发展的一个显著特征是过于追求企业规模的扩张，然而随着政府提出的低碳经济倡议与可持续发展的市场需求，低碳企业在针对污染与排放治理方面的投入逐渐增大。但与此同时，高额的治理成本压缩了企业的利润空间，因此导致企业低碳发展的质的变化并不明显。为了实现可持续发展的最终目的，高耗能企业向低碳企业转型需要投入大量经费进行自主研发和自主创新，提升基础技术和核心技术水平。技术创新活动作为一种高投入、高风险的经济活动，需要企业投入大量的研发资金和技术人才，虽然随着企业对技术创新的重要性认识不断加深，研发人员和经费的投入也不断加大，但是从整体来看，低碳企业仍存在创新投入不足的问题，从研发资金和技术人员投入来看，我国低碳企业创新投入不足问题显而易见。创业风险投资的高端人才不仅要懂金融会计的知识，而且熟悉高新技术产业的相关知识，对风险投资进行准确的评估。实际操作过程中，这样的风险投资人才并不多。从政府资金角度而言，在现实情况下，虽然可以发放到中小型低碳企业创新活动过程中的信贷资金规模较大，但是在政府的补偿金引导下，实际发放的科技贷款投放额与规定不符。这说明我国科技创新存在着信贷资金的潜在供给规模巨大，但是现实供给不足的现象，并且也进一步反映了我国储蓄转化为贷款存在渠道阻塞的情况。从银行等金融机构角度而言，金融机构没有专门针对科技企业的担保产品。科技型中小企业不像大型企业一样拥有一定固定资产，科技型中小企业拥有的资产有限，企业的核心竞争力是技术，银行等传统的信贷机构主用经营业务为传统的贷款抵押，没有专业的中介机构对科技型中小企业的专利技术进行准确的估值，对科技型中小企业的技术和知识产权质押的限制较多。在种种限制下，导致这种企业获得的资金支持十分有限，类似的低碳企业进行技术创新时也会遇到相似的融资阻碍最终导致科研投入总量不足。

目前，我国低碳企业的生产技术与处理技术的更新主要依赖国外引进，究其原因，一方面是由于我国传统高耗能企业受计划经济的长期影响，内部体制机制僵化、结构性矛盾突出，这些因素对技术创新起到严重阻碍作用；另一方面，企业对于高层次人才和技术人才的培养不够重视，缺乏自主培养创新人才的机制体制，从而使低碳技术进步缺乏相关技术开发能力的支持。低碳企业在发展上存在的这些问题，不仅制约了其自身的发展，而且也不利于吸纳风险资本，由此导致可持续发展的先天条件存在缺陷。

5.3.2 科技投入渠道单一

“融资难”一直是困扰科技型中小企业创新发展的瓶颈，资本市场进入门槛高。科技型中小企业的科技创新资金，主要通过商业银行或者民间借贷等间接融资方式。虽然已经针对科技型中下企业开展了“创业板”“中小板”“产权交易中心”，但是针对科技型中小企业的上市审批条件仍然非常严格，科技型中小企业很难满足上市融资的条件，不能满足科技型中小企业对资金的需求。创业板致力于为主板之外的具有高成长性的科技型中小企业提供融资服务，但是由于创业板市场刚兴起不久，能够成功上市的企业往往成长性较高、质量较高甚至达到了中小板市场的要求，将大量的有资金需求的科技型中小企业拒之门外。创业板和中小板市场缺乏完善的退市制度，宽进严出，不能起到优胜劣汰的作用，容易造成市场炒作。创业风险投资行业的资金项目在投资角度上偏向于投资成长期和成熟期的企业，而投资于初创阶段、起步期的“种子”项目却很少，资金投入不足，而处于该阶段的低碳企业从事科技创新活动最需要的就是资金。创业风险投资管理资本规模偏小。我国低碳企业技术创新的金融支持体系主要存在的问题是融资体系过于单一，缺乏多元化的融资渠道。当前，我国低碳企业进行技术创新的外部资金来源主要依赖于政府资金和金融机构贷款，资本市场融资占比太少，融资体系过于单一。虽然，近年来我国已经加快了资本市场的多层次建设，但是，整体而言金融体系建设仍旧滞后，金融市场、金融机构、金融工具和金融服务发展过于缓慢，而且我国上市公司大部分是一些传统产业公司，再加上金融创新能力低，金融产品结构相对简单，金融工具难以满足技术创新支持的需要。

综上所述，当前我国的资本市场仍不发达，科学健全的风险投资机制仍没有建立，低碳企业的融资渠道较少，创新研发行为与市场经济体制未能接轨，资金投入缺乏保障。低碳企业的资金来源一般可划分为三种模式：政府主导模式、市场主导模式和社会主导模式。我国低碳企业的发展仍处于一种政府主导模式下，银行在其中发挥着主要作用。然而，银行作为主导技术创新发展的主体，融资体制存在显著的不足。首先，由于银行缺乏专业技术领域的认知，使现行信贷管理体制与低碳企业的贷款需求不适应，贷款审批程序、贷款评估以及贷款发放不能满足低碳企业的需求。其次，风险补偿机制的缺乏，限制了建立专项银行的动力。由于我国利率实行管制，使企业贷款的利率浮动范围小而信贷投入不足。具体表现在：发展低碳经济的政策性金融机构提供的信贷资金较少，而商业性质的金融机构又认识不到低碳经济的价值，对低碳企业提供的信贷资金比较匮乏。同时，低碳经济发展面临金融产品和服务单一的问题，金融相关机构对低碳型产业经济的认识还不到位，没有认清低碳经济的实质，从而导致对低碳型产业的资金投入不足，为其提供的金融产品和服务也比较少。

5.3.3 科研投入面临金融歧视

金融歧视也是中小型低碳企业进行技术创新过程中遇到的融资障碍。金融机构在供给资金的过程中，面对民营及其他中小型企业和国有大型企业有明显的偏好。邵挺（2010）从所有制歧视的角度出发，探讨金融资源在不同性质的企业当中分布是否均匀以及会造成怎样的后果。文章通过实证研究发现，金融资源错配广泛分布于国有企业和非国有企业之间，且这种现象造成的直接后果就是会加大非国有企业创新的难度，进而阻碍经济的增长。谢菲（2012）研究认为，由于我国国情的原因，政府的政策一般向国有企业倾斜，因而国有企业在获取金融资源方面变得较为容易；而那些效率较高的非国有企业没有这种政策的优势，便很难获得大量低成本的金融资源。余婧等（2012）研究发现，在与国有大银行等金融机构谈判时，国有企业明显处于优势，因而较为容易获得低成本资金的支持；而非国有企业则不容易获取资金支持。靳来群（2015）将整个经济体分为国有部门和非国有部门，并在部门内部企业异质性假设的基础上，来研究所有制歧视所致金融资源错配程度。研究发现，如果扭转所有制歧视所导致的金融资源错配，制造业总体全要素生产率将会提高50%左右。文章进一步研究还发现，地区间的金融资源错配差异较为明显，中西部地区相较于东部地区会更为严重。

综上，可以看出金融资源分配是不均匀的，不同所有制企业间所拥有的金融资源差异较大。而且，不同企业属性会导致金融资源出现错误配置。国有企业由于自身规模较大、信誉较好、与政府有着天生的紧密联系等优势，在与大银行谈判时则处于较为有利的位置，再加上地方政府政策天生倾向于国有企业，导致国有企业可以较为容易地获取大量的优质金融资源。而对于民营企业来说则相反，民营企业天生规模小，再加上金融所有制歧视等原因，在与银行的谈判过程中始终处于劣势地位。同时，由于国内资本市场尚未开放，支持小微企业的银行体系尚未形成，因而效率较高的民营企业则很难获得金融资源的支持。周黎安、罗凯（2005）研究发现，规模较大的企业由于资金实力雄厚，因而便有能力去从事创新活动，但是这种效应对于民营企业来说更大。戴静（2013）从不同行业和不同国有属性的企业角度出发，实证探究了金融所有制歧视会导致金融资源在不同行业及不同企业之间出现错误配置。进一步研究发现，这种所有制歧视会导致大量优质金融资源流向国有背景的企业，而对于创新效率较高的民营企业来说支持力度较小。李政、陆寅宏（2014）则从另一个角度探讨国有企业创新效率，根据他的研究发现，国有企业并非像众多学者认为的那样创新效率低下。文章还认为，通过国有化改革和金融市场化改革可以有效地增加国有企业竞争力度，改善自身创新能力，提高创新产出。王昱、成力为、王昊（2014）通过对金融发展和异质企业创新阶段的特征进行描述发现，虽然我国金融市场不断发展，但从事创新决策的企业数量较少。资本错配使创新资金过度投入到创新效率较低的国有企业中，企业创新规模降低了企业家从事创新活动的概率。李冲、钟昌标（2015）在融资成本差异的基础上通过构建金融所有制歧视模型，详细研究了不同所有制企业的创新产出效率问题。研究发现，国有企业的创新产出效率较低但却占据着大量优质金融资源，而效率高的民营企业则获得的金融资源较少。由此可见，不同所有制企业所获得贷款难易程度不同，进而会对不同企业创新的支持力度以及创新动力产生影响，而这种影响主要来自于不同所有权性质的企业所享有的金融资源禀赋。

5.3.4 金融支撑机制缺乏

由于低碳经济项目需要大量的资金投入，然而项目的收益又存在较大的不确定性，所以，在这种情况下，有违金融机构追求利益的目标，产生的直接后果就是市场不能完全发挥其调控作用，从而导致低碳产业的资金链不稳定。另外，由于目前我国专业中介机构的缺乏，风险投资机构和低碳企业之间的信息不对称严重影响了技术创新融资的进程，同时，对新技术研发成果的市场价值难以作出准确的评估，在风险资本进入企业后也难以规范企业经营行为。尽管企业可以选择利用资产进行质押贷款，但由于产权交易市场不规范，对知识产权的认定、评估较难，交易手续繁琐，专业中介机构的缺乏进一步加剧了现实中这些因素对金融体系为低碳企业提供相关服务的不利影响。除此之外，金融资源错配问题始终存在，相当一部分企业虽然不符合获取资金的资格，但依然因金融资源配置存在漏洞使资金流向与需求不相匹配，这对低碳企业融资更是雪上加霜。另外，由于创新研发活动往往具有阶段性，在不同时期其企业运行的模式和管理的方式都有所不同。政府对于低碳企业的认定标准导致了许多达不到认定标准的企业无法获得融资，政府扶持基金、商业银行贷款、科技创业基金等都将主要的目光集中于政府认定的企业上，这就使一些同样在争取低碳技术创新的企业无法实现融资，最终只能停止研究。

并且，低碳企业，尤其是中小型的低碳企业在技术创新的过程中，因为缺乏抵押物，很难融到所需资金，技术是他们所拥有的一种无形资产，但是技术一般很难进行价值评估。银行将资金投向一些风险低的大型企业以保证稳定的高收益，而科技型企业没有可抵押资产。知识产权质押贷款是一项系统性工程，单依靠银行与科技局远远不够，需要多个政府部门的协调合作，各项配套支持体系的跟进。由于知识产权的价值具有不稳定性，估值具有一定的难度，流动性不如动产，其变现的能力较差。关于知识产权质押融资相关政府部门的协作不够，缺乏健全的政策支撑体系，尚未建立针对科技型中小企业的知识产权质押贷款担保业务的风险补偿机制和专项补贴政策，这导致低碳企业面临着更多的融资困境。除此之外，我国与风险投资机构匹配的中介机构发展滞后，风险投资机构的发展需要大量的中介机构与之配套，例如行业协会、知识产权评估机构、完善的信用体系，目前这些机构在全国范围内总体发展并不完善，限制风险投资的发展，进一步限制科技型中小企业的科技创新。

5.4 本章小结

本章主要分析了低碳企业发展现状，低碳企业创新资金投入渠道及低碳企业创新体系金融资源配置问题。在低碳企业发展现状分析方面，从低碳企业规模总量、低碳企业能源状况、低碳企业创新能力及低碳企业盈利能力四个方面进行了全面的阐述；在低碳企业创新资金投入渠道分析方面，从政府财政投入渠道、企业自主投入渠道、银行信贷投入渠道及风险投资投入渠道方面进行了系统研究；在低碳企业创新体系金融资源配置问题方面，研究发现现阶段存在科技投入总量不足、科技投入渠道单一、科研投入面临金融歧视及金融支撑机制缺乏等问题。本章分析涵盖了低碳企业与金融资源配置的内部和外部矛盾，最终结果表明，现阶段，低碳经济的发展已经取得了显著的成就，但是，与发达国家相比较，我国低碳经济的发展仍较为落后。这既有我国金融发展和产业发展制约的现实原因，也有政府层面的制度原因。因此，如何在现有基础上，逐步解除制约我国低碳经济发展的因素，实现低碳企业创新活动与金融资源配置的科学融合，是我国低碳经济未来发展的一个重要问题。

第6章 低碳企业发展的环境与影响因素分析

6.1 低碳企业发展环境分析

6.1.1 国际环境

随着经济全球化不断深入，各国参与市场竞争越来越密切。长期以来，各国为了发展经济忽视了环境污染问题，虽然经济得到了长足发展，但环境污染致使自然灾害频发，全球异常气候严重影响人类生活。随着各界对 CO_2等温室气体排放与气候变化之间相互关系认识的深入，环境问题被公认为当前全球面临的首要问题，要求国际社会采取对策努力限制或减排温室气体的呼声越来越高。为此，各国纷纷加大清洁能源开发力度，制定各种节能减排政策和措施，加强与其他国家在节能减排和低碳环保等领域的交流合作。减少温室气体排放是减缓气候变暖、应对气候变化的最主要措施。国际上，减少温室气体排放正转变为世界行动共识。在技术发展日趋成熟、能源成本和碳成本不断攀升、国际减排呼声日益高涨的情况下，寻求“碳依赖”经济发展模式之外的“去碳化”新型发展道路成为可能。发展低碳经济作为应对全球气候变化的基本途径、协调社会经济发展与保障能源安全的基本途径，逐渐获得越来越多国家的认同。世界主要发达国家已逐步开始迈上低碳经济的发展道路，开始改变过去经济增长、能源消耗和温室气体排放同步增长的情况，经济增长和温室气体排放脱钩。

自 2008 年金融危机以来，全球金融市场虽然有所好转，但依然受到金融市场动荡、政策环境不稳定等风险的影响。面对全球经济环境的不确定性，我国政府开始采取控制过度流动性、抑制经济过热、限制过度投资和实施从紧的货币政策等措施，最终导致政府参与和管控下的市场经济为企业发展造成很大的不确定性。正是因为这些不确定因素给我国低碳企业发展带来了巨大挑战。自我国提出建设创新型国家的战略目标以来，政府部门加大了对科研方面的投资力度，拓宽了低碳企业的融资渠道，同时，农产品和原材料价格上涨致使国际资本向基础产业流动，这些都给我国当前发展低碳企业带来福音。中国作为发展中国家，过去一直以发展经济为主要目标，环境问题日趋严重。国外发达国家在低碳经济发展方面比我们先行一步，有相对成熟的经验供我们借鉴学习。面对当前形势，我国发展低碳经济是必然选择，这也使我国低碳企业面临全球复杂的经济环境、政治环境以及能源环境等问题。同时，我国与多个国家和地区接壤，有许多重要的贸易窗口，必须加强交流与合作，为我国低碳企业参与全球低碳合作提供有利契机。

发展低碳经济是抢占未来发展制高点的战略选择。对人类社会而言，低碳经济是继农业文明、工业文明之后的又一重大突破。在后国际金融危机时期，低碳经济、低碳技术、近零排放日益成为世界关注的焦点，也正成为新世界经济的增长点和关注焦点。低碳经济已成为各国科技和产业发展战略的重要突破口。作为调整经济结构、刺激经济复苏、抢占竞争制高点的基本途径。近年来，西方发达国家如美国调整战略取向，以发展低碳经济作为重振经济的重点，投资 7800 亿美元推动清洁能源技术研发与推广。欧盟通过政策倾斜，鼓励绿色能源技术的开发和应用。日本着力发展太阳能、地热、生物能、风能，实施“绿色新政”。低碳经济成为当今世界的发展趋势。全球应对气候变化行动引发国家间在政治、经济、贸易方面的激烈竞争，成为中国推进技术自主创新的巨大驱动力和重要机遇。发达国家在支持和鼓励低碳经济发展的同时，正试图通过新一轮的国际规则、新一代的领先技术，以节能环保产业为载体，确保其在国际竞争中的优势地位。美国和法国等发达国家推行碳关税的深层目的是寻找下一轮引领世界经济潮流的经济增长点，巩固其在未来以低碳化为核心的绿色经济中的主导地位，以振兴和提高其国际竞争力和全球影响力。

6.1.2　政策环境

政策环境作为低碳企业发展的重要影响因素，对企业的发展前景至关重要。这主要体现在，企业在日常的生产管理过程中，无论是内部自主创新机制及体系的构建，还是外部各种环境的优化，均离不开政策的引导，因此，政府必须积极发挥其因势利导作用，通过国家宏观调控及相应政策扶持推动企业走自主创新道路。政策环境主要包括节能减排、污染治理、财政税收、金融信贷等几个方面，具体内容如下。

1. 节能减排政策

减排政策是政府实现碳减排目标的主要手段。我国已经实施或可能实施的一些主要减排政策包括碳税、碳排放权交易机制、行政管制等。企业在面对不同的减排政策时，减排的关注点可能会不同，可能会采取不同的减排策略，来实现企业利益的最大化。碳税是一种根据企业产生的 CO_2 排放量，按照一定比率征收的税种。它将 CO_2 排放看作一种环境污染，通过将环境污染所造成的损失转化成为环境污染者的内部成本，来达到减少 CO_2 排放、减缓全球变暖的目的。从 2011 年以来，我国逐步建立了多个碳排放交易试点，2017 年 12 月启动了全国统一的碳交易平台，国家发改委规定了八个首先纳入减排的行业以及强制减排企业的标准，同时国家发改委确定我国碳配额的初始分配方式将采取混合分配方法，免费配额和拍卖配额相互补充，并逐步提高拍卖分配的比例行政管制是指政府通过行政命令的方式，来限制企业能源的使用或者 CO_2 的排放，这是目前我国正在实施的主要减排政策。“十二五”规划关于环境和节能减排的规定是加快建设资源节约型、环境友好型社会，提高生态文明水平，要求企业面对日趋强化的资源环境约束，必须增强危机意识，树立绿色、低碳发展理念，以节能减排为重点，健全激励和约束机制，加快构建资源节约、环境友好的生产方式和消费模式，增强可持续发展能力。然而，现有的政策法规没有形成系统高效的法规体系，特别是，关于垃圾回收和利用等方面的专项立法不够完善。与此同时，在开展节能减排工作过程中，缺乏具体操作性的标准和实施方案。部分企业对低碳节能减排工作的重要性认识不到位，缺乏对应的惩治措施。各类企业的权利、责任和义务没有明确的界定，政府作为低碳经济的推动者和监管者，没有完全起到裁判作用，污染受害者也没有相应的补偿机制保护。只有完善相关法律法规，才能确保低碳企业健康发展。

2. 污染治理政策

政府为了解决经济发展与环境保护之间的问题，颁布了一系列政策以改善环境恶化现状，鼓励企业向低碳经济转型，以形成低碳企业且持续健康发展。污染治理政策具体分为空气污染治理政策、水污染治理政策。2010 年，国务院印发了《关于推进大气污染联防联控工作改善区域空气质量的指导意见》。2012 年，国务院批复了《重点区域大气污染防治“十二五”规划》。2013 年，国务院印发的《大气污染防治行动计划》提出了“建立区域协作机制，统筹区域环境治理”的政策措施。2015 年，新修订的《中华人民共和国大气污染防治法》正式将国家建立重点区域联防联控机制写入法律条文。2017 年，环境保护部（现生态环境部）、国家发展和改革委员会、水利部关于印发《重点流域水污染防治规划（2016—2020 年）》的通知。2018 年，国务院发布《船舶水污染防治技术政策》的公告。除此之外，为了解决环境污染，国家还积极出台了《中华人民共和国环境保护法》《中华人民共和国大气污染防治法》《中华人民共和国环境影响评价法》《中华人民共和国水土保持法》《矿山地质环境保护规定》等法律法规，这些法律法规为低碳发展提供了有力保障。

3. 财政税收政策

（1）财政补贴政策。财政补贴是一种政府的无偿财政支出，通过对市场价格结构产生影响，从而对需求结构和供给机构发生影响，并导致资源配置结构发生变化。政府为了实现既定的财政政策目标，以直接或间接的方式补贴生产部门或消费部门，降低两者的成本，增加两者的收益，制定合理的财政补贴政策能够非常有效地调节社会生产和资源配置。财政补贴是非常常见的支持低碳经济发展的财政政策手段。财政补贴政策的长处在于其灵活性。财政补贴既可以面向低碳技术的研发企业、低碳产品的生产企业，也可以面向低碳产品的消费者。直接补贴给生产者可以降低低碳技术的研发成本和低碳产品的生产成本，提高其经济回报、在市场中的竞争优势，使生产者具有积极性，引导生产厂商实现低碳发展方式的转变。直接补贴给消费者可以减少消费者使用低碳技术或低碳产品的消费成本，有效地推广节能减排和低碳产品，引导消费向低碳消费方向转变，并通过低碳消费行为的形成引导生产厂商生产低碳产品，起到良性循环的效果。财政补贴作为财政政策的一种手段，已经成为了许多国家发展低碳经济的政策工具，并对促进低碳经济发展和应对气候变化起到了积极的作用。2020 年 6 月 17 日，财政部发布《2020 年中央本级政府性基金支出预算表》数据显示，风力发电补助 356.85 亿元，太阳能发电补助 428.39 亿元，生物质能发电补助 53.41 亿元。其中 2020 年第二批符合中央财政补助条件的可再生能源发电企业共有 176 个企业，这些企业被纳入财政补贴范围。政府利用财政奖励手段提高能源管理。财政补贴毫无疑问对被补贴企业技术进步起到积极作用，有效推动了碳排放下降，并且有助于实现从煤炭、石油等高污染产业结构向风电、水电、核能、太阳能等清洁能源结构的转变。另外，应该吸引社会资本参与低碳经济可持续发展。

（2）财政投资政策。近几年我国大力发展战略新兴产业，以战略性新兴产业为投资重点，具体来讲，包括提高了技术研发投入，加强了对重大项目的扶持力度，推动了科技成果的产业化进程，加大了向创新驱动型企业的投资力度以及财政引进和分配制度。财政贴息手段是放大财政资金效率的有效工具。通过少量贴息资金的投入政策，能够更多地引导社会资本参与政府鼓励发展的碳减排领域，从最初的财政政策引导手段最终实现促进低碳经济发展的效果，真正发挥财政资金的杠杆作用。财政贴息政策是非常常见的支持低碳经济发展的财政政策手段。2004 年，政府出台《政府节能物品采购清单》，这是我国政府出具的第一个具体的关于节能环保的正规性文件。根据国管节能〔2014〕293 号文件，为了加快环境保护，要求政府机关及公共机构采购新能源汽车。根据政府财库〔2019〕9 号文件，国家正在逐步扩大节能产品和环保标志产品的采购力度，按照产品品目表实行优先采购或者强制采购。同时，政府采购还体现在对可再生能源电力的采购上，比如全额保障性收购政策。根据发改能源〔2016〕625 号文件，对风电和光电的全年利用小时数进行限额收购，其余电量竞价上网。

（3）税收优惠政策。税收优惠政策手段是指通过减少纳税人的税收负担和政府的税收收入达到既定的政策目标的政策手段，实际上是一种特殊的、隐性的财政支出。促进低碳经济发展的税收优惠政策手段可以调动企业生产低碳产品的积极性，降低产品成本。税收优惠可以作用于生产低碳产品过程的所有环节，通常税收优惠政策还可以分为直接税收优惠政策手段和间接税收优惠政策手段。直接税收优惠政策手段包括减低税率、定期减免等形式，具有直接、征收简便的特点。间接税收优惠政策手段包括加计扣除、加速折旧、投资抵免、延期纳税等形式，能够激励纳税人调整生产经营活动方式，对国家财政收入影响较小。具体政策如下：

①税额抵免优惠。该政策主要指企业如果购置并使用法律规定中关于环保的专用设备，政府在征收企业所得税时给予抵免，不足抵免的在未来五年中抵免。②废弃物及资源综合利用产品税税收优惠。对这两项给予增值税免税、全额退税及半退税等政策优惠，从而起到降低企业的废弃物排放量，促进资源的循环使用。③对高新技术减免税扶持。对重点扶持的低碳企业，通过相关机构认定后，只收取原企业所得税的百分之十五；另外，企业投资于新技术和工艺研发的投入费用，按照研发费用加计扣除的优惠政策进行优惠。

政府通过实施税收减免优惠，增加节能减排行业的吸引力。对节能减排产品或低碳产业链有针对性地实施税收减免政策，既可以鼓励生产者生产和使用低碳产品、低碳技术，直接支持低碳产业的发展。对低碳技术开发的企业实施税收优惠政策，可以实现政府和企业共同分担技术研发风险，给了企业自主创新低碳技术极大的鼓励，对技术创新这一发展低碳经济过程中必不可少的要素起到关键的推动作用。此外，如果对从事低碳技术推广或低碳产业相关服务型行业实施一定的税收优惠措施，也将有利于促进低碳技术的推广和使用，使低碳知识能够广泛普及和传播，有效地促进低碳社会文化的形成，使低碳经济发展得到新的支持力量。

4. 金融信贷政策

（1）信贷投入不足。目前，银行对于成长性高、收益好的技术创新型中小企业并不十分重视，造成该现象的原因是现有的金融服务模式不能迎合成长性技术创新型中小企业的金融需求，技术创新型中小企业的无形资产多而有形资产少，这就意味着其可抵押的实物不足。银行依旧热衷于传统的企业和产业，而不是企业未来的潜力。如此一来，诸多具有潜在竞争力的技术创新型中小企业不能得到资金支持，导致其研发创新止步不前，资金缺口依然是技术创新型企业的一大问题。总之，我国当前在发展低碳经济的金融机构和政策方面都比较保守，金融工具和信贷资金都比较缺乏，具体表现在：发展低碳经济的政策性金融机构提供的信贷资金较少。商业性质的金融机构认识不到低碳经济的价值，对低碳企业提供的信贷资金比较匮乏。

（2）低碳经济发展缺乏多样化的金融产品和服务。我国相关金融机构对低碳型产业经济的认识还不到位，没有认清低碳经济的实质，从而导致对低碳型产业的资金投入不足，为其提供的金融产品和服务也比较少。并且低碳企业形成的主要是无形资产且产出具有高度不确定性。这两个属性决定了在企业创新融资过程中，外部投资者要求额外的风险补贴，进而放大了融资成本。在创新投资中，一半甚至更多的开支用于清偿工程师或科学家的工资。专有知识属于创新投资能够形成的重要无形资产。若技术员工变动，这些资产也将随着消失。这使企业创新投资的沉没成本巨大，一旦创新失败，清算成本同样极高，从而放大了投资风险性。进行创新的外部融资时，在市场价格机制基础上，投资者将要求一个风险溢价来实现收益和风险的平衡性。对于创新投资的产出不确定性来说，其随着项目的演变而产生动态变化，因此无法利用风险的调整方式对创新项目收益进行测算，导致无法为其提供所需的金融产品和服务。

（3）金融机构体系不健全。由于低碳技术创新项目需要大量的资金投入，同时项目的收益又存在较大的不确定性，所以，在这种情况下，有违金融机构追求利益的目标，产生的直接后果就是市场不能完全发挥其调控作用，最终导致低碳行业的资金链不稳定。另外，我国为低碳经济服务的金融机构提供的低碳金融业务较少、品种单一、规模不大，一些金融资产管理公司和信用评级公司的金融中介机构甚至没有完善的金融服务规划。再者，完整的金融体系不仅包括商业性金融，还包括平行、互补的政策性金融。政策性金融是国家保障弱势群体和产业的生存、发展享有平等金融权利的一种特殊制度安排。低碳经济是一项涉及整个经济增长方式转变的巨大工程，牵涉面广，需要的资金量巨大，低碳技术的研究、开发及产业化不确定性风险大，在短期内难以产生经济效益，这些特征决定了单纯的商业金融不愿也无力支撑低碳经济发展的金融需求。同时，低碳经济与传统经济最大的区别就是它不是单一地以追求利润为导向，而是将经济目标与环境目标、社会目标结合起来，私人部门不愿独自承担正向外部性成本。因此，政策性金融在低碳经济转型中的作用举足轻重。但是，目前我国政策性金融的发展速度还无法跟上低碳经济发展所需的速度。

（4）难以为低碳经济发展提供良好的融资平台。我国货币市场相对发达国家活跃性不强，从而导致低碳企业在短期融资方面缺乏系统的优惠政策和措施，显然很难满足低碳企业的资金需求。除此之外，我国现有的低碳企业中，相当一部分企业不符合上市融资的资格，这对低碳企业融资更是雪上加霜。另外，我国现有的融资市场规模有限，金融机构现有的低碳融资业务主要集中在新能源和节能减排等低碳产业下游和附加值较低的产业，而民营资本对发展低碳企业认识不够全面，缺乏对低碳企业资金投入的积极性，导致我国低碳企业发展的融资来源比较单一。以新能源企业为例的低碳企业，在它们成长的过程中缺乏较好的融资平台。新能源企业多聚集于我国中西部地区。我国新能源企业水能发电技术较为成熟，其他可再生能源技术不成熟，为了鼓励新能源企业的技术研发，政府的公共金融投入和风险投资相对较多。由于新能源企业多为中小企业，其资金需求量与投资回报成反比关系，而中西部地区金融机构发展缓慢，可获得的金融机构信贷支持较少。

6.1.3 市场环境

对于市场环境与企业创新之间的关系，一直以来也是学术界关注的重点。纪晓丽（2011）通过研究发现，市场化进程与企业研发投资呈现显著正相关关系，并且中央企业最为显著，市场化进程也会推动地方国有企业研发投资，但政府干预对该影响具有削弱作用。周兴和张鹏（2014）同样认为，市场化进程可以促进企业创新。杨风（2016）运用深市 2009—2014 年创业板数据，通过研究发现市场环境的不断改善可以推动企业创新。张云等（2017）从市场化程度的不同维度分析市场化进程对企业创新的影响，总体来说，市场化程度提高，创新资源配置效率优化，从而促进了企业创新。完善的金融发展环境能够对企业创新提供畅通的资金渠道，缓解企业创新活动面临的融资约束，从而促进企业创新活动。大部分学者从金融市场发育角度，发现金融发展与企业创新之间具有显著正向影响（李苗苗等，2015；贾俊生等，2017；张杰和高德步，2017；钟腾和汪昌云，2017；王淑娟等，2018）。此外，解维敏和方红星（2011）发现，地区金融发展水平会正向影响企业研发创新。健全的法律环境有益于资本市场稳定，保护企业创新环境，从而推动企业创新。良好的法律环境一方面可以通过投资者保护渠道，保证企业融资渠道畅通，获得更多资金支持，进而推动企业的创新投资（Brown 等，2013），另一方面可以通过保护企业创新环境及创新成果，增强企业的创新动力，促进企业创新投资（Spulber，2013）。

公司的存在是依赖于市场的，市场化进程在一定程度上体现了企业所处的外部宏观治理环境（杨兴全等，2011），市场化进程越高，其制度环境更加完善，企业所处的宏观环境越好（樊纲，2011）。一方面，市场化进程越高，市场配套的金融、法律体系越好，政府干预较少，可以一定程度降低企业与投资者之间的信息不对称，降低企业外部融资成本，缓解企业融资约束（朱永明和贾明娥，2017）。另一方面，高市场化进程地区金融发展程度较高，能够提供更宽广的融资渠道，进而缓解企业面临的融资约束。而市场化程度较低时，企业会面临较强的融资约束（郑国坚和魏明海，2007；张照南和杨兴全，2009）。在市场化程度高的地方，企业融资渠道相对畅通，面临较小的外部融资约束，对内部资金市场的依赖相对较弱，使内部资金市场支撑企业创新的功能下降。而在市场化程度较低的地方，企业外部融资渠道少，并且外部融资成本高，企业对内部资金依赖度更高，内部资金更能支撑企业创新业务的开展。在金融机构持股上市公司平台情形下，在市场化进程高的地方，外部融资渠道更通畅，市场透明度更高，市场整体对创新风险的容忍度更高，企业可以通过外部资金市场解决创新面临的融资约束，外部融资渠道一定程度上替代了内部资金市场的资金支持效应，从而削弱了产融结合对企业创新投入的促进关系。同时，在市场化程度高的地方，公司法制环境、中介市场及各种治理环境更加优化，金融机构对实体企业的监督治理作用弱化，从而削弱了产融结合对企业创新产出的促进作用。

加入世贸组织（WTO）以来，我国作为世界上最大的潜在市场之一，已经引起了世界各国的广泛关注，我国企业面临更加激烈的全球竞争势态和更加严峻的竞争环境。只有使企业适应复杂多变的市场环境，增强企业的生产运作能力，使企业绿色低碳的清洁生产成为可能，才能提高企业的竞争力；只有产品和服务具有较高的性价比并且是绿色环保的，才能满足顾客的个性化需求及满意度，才能在激烈的市场竞争中求得生存与发展。发展低碳型企业是新经济条件下提升我国制造企业竞争能力的重要途径。限于国内市场的发展现状，诸多制约因素影响着这一行业的发展，各个地区发展水平也不尽一致，市场对产品种类的需求也有很大的差异，各种虚假广告以及劣质商品不断出现在市面上，因此必须加大力度管理好低碳市场的消费。一方面，要建立完善的市场管理体制，比如要建立健全低碳产品认证制度，制定统一的低碳产品认证标志等。低碳认证标志表明产品经过严格环保论证和检测，为消费者在选购时提供有利参考，可以帮助消费者更快地掌握产品的环保性能，让消费者优先选购碳排放量较低的产品，从而维护消费者的低碳消费权益。另一方面，还要成立专门的低碳产品管理部门，规范检验低碳产品的检测程序，出台统一的低碳产品评估标准和指标体系，对扰乱低碳产品正常市场秩序的行为要严加打击，尤其是伪劣产品的清除。另外，要为低碳产品的正常流通做足准备工作，保证合格的低碳产品顺利进入市场。这些虽然只是生产与消费的纽带，但是关系到整个低碳行业的兴衰。因此，对于流通环节中一些繁琐的、不必要的收费和关卡要及时梳理打通。同时，在物流环节也要做足准备工作，防止低碳产品在运输途中被污染或是别的不良情况的出现。流通环节中各个企业的介入对于低碳企业正常生产与销售起着关键作用，所以必须加大流通环节的监管力度，为产品顺利进入市场做好准备，从而实现低碳产品的有效需求。

6.1.4 金融环境

新常态经济下节能减排已然成为国家发展的一项重要任务，从而培育出以低能耗、低碳排放为主要特征的新兴经济增长点。2011 年 10 月，国家发展改革委批准北京、上海等七省市开展碳排放权交易试点工作。2017

年，启动全国性碳排放权交易市场。碳排放权交易市场的完善，会促进新兴产业崛起，例如碳审计、碳管理等服务业。国家不断出台的金融政策旨在倒逼企业节能减排，通过推行绿色金融业务，引导资金流向，促使经济环境协调发展。金融支持企业的低碳技术创新活动可以促使企业提高能源利用效率与开发新能源。低碳经济发展的核心是技术创新，通过技术创新解决能源问题。改善能源结构与开发利用新能源，低碳企业的发展需要低碳技术的创新。技术是企业生产力的一部分，技术创新则是低碳企业竞争力的关键。低碳经济寻求的是发展，而不是衰退，企业发展的根本则在于利润的高低，只有低碳技术创造足够的价值，低碳技术创新才能促进企业的发展。金融通过支持低碳技术创新活动，提高能源效率，以低成本生产高价值商品。企业低碳技术的创新可以增加低碳产品的附加值，抢占低碳市场，使企业发展更为长远。低碳技术的创新可以改善能源结构，降低以煤炭为主的化石燃料的占比，新能源与清洁能源的使用是企业低碳化的重要途径，低碳技术创新会发展新能源与清洁能源。企业在低碳化过程中，通过技术创新减少一次能源的消耗量，有利于减少 CO_2 的排放量，在企业的效益与环境中双赢。

低碳企业进行技术创新离不开资金支持，而资金支持又离不开金融机构的运转。在金融资源配置过程中，信用环境通常会产生信息不对称，造成道德风险和逆向选择等问题，从而影响低碳企业的决策与行为，进而影响配置效率的高低。良好的信用环境可以扩大配置过程中金融产品的规模，提高低碳企业主体与客体的参与度，从而扩大金融资源配置的范围。同时，在金融资源配置过程中，存在市场竞争、信息交汇等行为，而良好的信用环境有利于这些行为的进行，从而使得配置过程更加有效，提高配置效率。此外，金融市场化程度也会对低碳企业的决策和行为产生影响。金融市场化既包括金融结构的变化，又包括金融市场机制的建立和健全。首先，金融市场化程度越高，则说明金融资源配置过程中低碳企业的行为会更具自主性。参与金融资源配置过程的各主体根据自身需求，为了达到利益最大化而做出高效率的配置方案，这会使金融资源配置过程中的配置渠道逐渐被开拓，金融市场的分工不断被细化，从而使金融资源的配置成本下降，更多的金融资源被充分利用，从而使金融资源配置效率得以提高。其次，金融市场化的程度越高，说明进入配置过程的经济主体越多，而竞争者越多则会增强金融市场的活力。活力充足的金融市场会使金融资源的需求量增多，同时也会使区域内分配能力的集中度得以改变，淘汰无效率或者低效率的金融机构，这会使参与资源配置的金融机构不断尝试创新，力图降低服务费用，提高服务品质，从而使自身的运行效率得以提高，最终使金融资源配置效率得以提高。最后，金融市场化程度越高，越有助于激活金融资源供求双方的积极性，创新配置过程中的金融产品，从而增加金融资源在配置过程中的流动性，这有利于让金融资源流向效率较高的低碳企业，而同时降低低碳企业的成本，分散配置过程中的风险，最终提高金融资源的配置效率。

但是，现行的金融环境依然存在一定缺陷，并不能很好地服务低碳企业进行技术创新。从金融机构方面来看，就当前形势而言，金融机构的经营目标是创造利润最大化，但这与企业的社会责任有一定的冲突。提升金融机构的生态效益和社会效益势必会以牺牲经济效益为代价。当金融机构以利润最大化为目标时，金融机构往往会将资金投向许多对环境有较大影响、有较高碳排放的行业，这些企业大多为优秀的地方支柱性产业，有良好的信誉，这对于金融机构是很好的选择。由此，便会使金融机构对坚持“低污染、低排放、低耗能”的企业贷款数量大大降低。当金融机构为了实现企业社会责任将资金大范围投向“低污染、低排放、低耗能”企业和项目，则必然会对增加金融机构的各项经营成本，进而，降低企业利润。如果没有相应的政策扶持、法律保障及奖惩机制，一味让金融机构的经营利润大幅度减少，将不利于金融机构的长远发展。作为国民经济发展的新方向，低碳企业需要大量的资金予以正确扶持，而出于对企业逐利性的补偿，政府应该在其中承担奖励低碳企业和金融机构的双重责任。

6.2 低碳企业发展影响因素分析

6.2.1 体制因素

一国的经济体制决定着低碳企业发展的宏观环境。科技金融是在经济体制改革下科技体制改革与金融体制改革的产物。经济体制的主要核心为政府与市场在资源配置过程中的关系以及如何实现政府与市场的协调配合，即在资源配置过程中，政府发挥主导作用还是市场发挥基础性的作用。当政府在资源配置过程中占主导地位，市场发挥辅助作用时，为计划经济体制；当市场在资源配置过程中发挥主要的基础性作用，政府发挥辅助性作用时，为市场经济体制，即政府在需要提供公共物品或者存在市场失灵或者市场残缺的领域内进行适当的干预，这种体制则为市场经济体制，这种经济体制通过市场的基础性作用在具有竞争性和经营性的领域内实现资源配置，使资源流向最具效率的领域，有助于经济效率的提高。金融体制的形成与转变是与我国不同发展阶段的不同经济体制相对应的，其在改革过程对科技金融的影响主要表现在金融对科技发展的供给能力。

在科技创新过程中，市场是科技资源配置的重要手段。市场需求是科技创新产生的根本动力，市场机制不仅能为企业提供物质、更替技术、融通资金、交流人才、传递信息，而且能使企业增加品种、改革工艺、提高品质、降低成本、增加效益。可见，合理的市场结构、完善的市场体系是科技创新的必要条件。但是目前我国市场发育还不成熟，市场结构还不合理，产品市场、技术市场、资本市场、人才市场、信息市场等市场体系建设还不健全，市场机制刺激科技创新的作用未得到有效发挥。

（1）科技中介服务机构水平低。我国科技中介服务机构数量上相对固定，尤其近年来中介服务结构变化较小，业务水平清晰度不高，专业化水平较低，特色不明显，没有突出优势，仅仅是从事信息咨询与服务的一般性业务，满足不了社会和客户的需要。另外，我国科技服务中介机构大多数为国营性质，民营科技中介机构凤毛麟角，存在着针对科技中介服务机构的法规保障体系不完善，没有完善的综合性指导意见，扶持性政策不规范等问题。现有的科技中介服务机构大部分是政府部门或事业单位的分支机构，自力更生能力较弱，对政府有很强的依赖性，运营机制比较固定，功能和手段不足，服务的内容和方法缺乏创新性，致使我国当前的生产力对科技成果转换、孵化器等中介服务机构的促进作用较小。科技评估、产权交易以及创业投资等均属于中介服务平台的核心单元，当前还处于初级阶段，具体表现为机构规模和数量都比较小，从业人员业务素质缺乏综合性，服务水平较低，不能适应企业技术创新和产业发展的高要求。

科技中介机构是科技服务体系的主要力量，是国家创新体系的重要组成部分，面向社会开展技术扩散、成果转化、科技评估、创新资源配置、创新决策和管理咨询等服务活动，在有效降低科技创新风险、加速科技成果产业化进程中发挥着不可替代的关键作用。目前，我国的科技中介服务机构从总量上虽有较大增长，但从总体上看，我国科技中介服务体系建设严重滞后，适应市场需求、真正能够为科技创新提供支撑性服务的机构还很缺乏，已有的各类机构在发展模式、功能定位、业务专长等方面也大多处于不断探索和创新阶段，难以为科技创新提供周到的服务。

首先，扶持政策缺失，科技中介服务机构难以壮大。长期以来，政府缺少对科技中介服务机构的政策扶持和总体规划，在舆论宣传上，对科技创新、发展高新技术产业等宣传较多，而对在科技创新过程中如何充分发挥科技中介服务机构的作用则提及较少，使科技中介服务机构难以壮大。

其次，技术手段落后，科技中介服务机构发展滞后。目前，大多数科技中介服务机构规模小，缺少必要的硬件设施和技术手段，服务技术落后，服务内容单一，主要业务仍局限于简单的、低层次的技术信息服务。这不仅影响了中介机构的自身形象，而且很难为客户提供高质量的服务。

最后，人员素质偏低，科技中介服务机构信誉不高。科技中介服务人员的素质包括两方面，即道德素养和业务水平。从事科技中介服务工作，不仅需要广博的知识、精湛的技能，还要懂得市场运作规律，掌握市场需求，更要具备良好的思想道德。我国的科技中介人才匾乏，业务素质不高，对技术的先进性、成熟度缺乏了解，这将直接影响服务水准；甚至只顾个人私利，明知是虚假技术，却利用欺诈手段蒙骗客户，使客户利益受到损害，这些行为将大大降低科技中介服务机构的公信度。

（2）产业结构不科学。我国当前的经济增长动力严重依赖第二产业，低碳产业主要集中在第三产业，而第三产业对我国经济增长的贡献度相对较低。依然处于“二、三、一”的产业结构排序。另外，我国第一产业农业没有完全实现机械化，现代化水平相对较低。面临贸易全球化的今天，我国作为新兴创新国家，面对国外创新与科技的冲击，竞争优势不够明显。某些行业仍然存在或依赖传统的粗放型生产方式，对环境和人体健康造成很大的影响。随着气候变暖，虫灾频发，对我国农业产生较大冲击。作为我国部分地区经济发展引擎的第二产业，重工业比重远远超过轻工业比重，这样的产业结构在当前发展低碳经济的形势下已经成为了阻碍该地区经济发展的重要因素。随着经济结构转型的不断深入，传统优势产业的创新能力受到严重影响。

（3）行业标准未出台，机制规范软弱。没有健全的行业标准是我国经济发展的一个主要阻碍因素。正是因为缺乏行业标准对节能减排和发展低碳经济进行规范和约束，导致我国低碳经济发展进展较慢。除此之外，与低碳经济发展的相关政策、法规、体制机制都不完善，对节能减排存在盲目性和缺乏执行力。所以，对企业的约束能力较弱，影响到节能减排的效果。而且，各行业相关协会对低碳经济发展没有起到积极的推动作用，没能起到引导该行业创新发展的作用，本质上还是社会引导机制不够健全。

（4）绩效考核单一，缺乏完善体系。长期以来，我国一直延续用 GDP、税收、投资和净出口等指标评估我国经济发展水平，对节能环保、社会保障、资源节约等与民生密切相关的指标缺乏重视。这种相对单一的评估体系除了对经济发展状况进行初步评估之外，最直接的后果就是容易产生过分追求经济增长，忽略经济发展和生态环境保护之间的关系，具体表现在重复建设和施工过程中偷工减料等后果。近年来，生态环境保护已经成为全球关注的热点问题，在国家的大力倡导下，各行业及个人环保意识都有所增强，但由于激励机制不完善，对企业的刺激力度不够，从而对低碳经济发展造成不利影响。

6.2.2　经济因素

经济发达程度是决定技术研发的因素，同时也是决定技术创新的根本因素。一般来说，随着一国经济能力的不断增强，对于技术创新的投入会不断增加，创新能力不断提升。进入 21 世纪以来，我国技术创新的投入大幅度增长，知识创造和应用能力迅速提升，创新日益活跃，创新的绩效逐步显现。可以说，在我国日益壮大的经济实力背后，是创新环境的不断完善。而伴随创新环境的完善，创新扩散速度的提升，扩散周期会随之缩短，进而推动新一轮创新的到来。

经济结构是影响技术创新扩散的重要因素之一，在技术创新扩散的过程中，由于不同国家和地区经济结构的不同，扩散的速度有明显的不同。

等级扩散规律就是经济结构影响扩散的表现。不同等级的城市，经济发展水平不同，人们观念不同，经济结构不同，对于创新的态度也会不同。一般来说，大城市经济相对发达，尤其是服务业比如金融、保险、教育、信息服务等较其他等级城市更为发达。一般大城市也是科研信息、市场信息集中和传播的中心，能够及时了解市场动态、消费者消费需求的变化，又可以及时了解世界各地科技发展的现状及发展趋势。所以，创新扩散的初期一般都在大城市进行，但由于大城市的资源的稀缺和使用的成本的高昂，创新会逐步由大城市向低级别的城市扩散。而根据等级扩散的规律，不同等级的城市，排除距离因素影响之外，经济对于技术扩散的影响是重要的因素，因为不同等级的城市市场结构、产业结构、就业结构、资源结构等有很大差别。

（1）建设资金投入不足。我国政府对低碳技术高度重视，从各种渠道支持低碳技术发展，“十一五”期间我国用于节能减排方面的技术开发的科研经费就超过亿元。但是我国的低碳技术创新投入和发达国家相比还有比较大的差距，以能源方面低碳技术创新投入为例，我国的科研经费投入量仅为日本的1.8%。创新投入的薄弱严重影响我国低碳技术的开发创新。影响中国低碳科技发展的另一个重要因素是企业的科技研发投入不足，尤其在低碳技术创新迫切需要的企业中显得资金更为不足，资料显示中国只有的大型企业存在科技研发活动，而具有研发机构的企业只有25%。中国企业的科技研发总投入只占国民收入的0.8%，发达国家这一比例则是2%。

中国的企业并没有像发达国家的企业一样，成为低碳科技研发的主体，中国企业中只有万分之三的企业拥有自主知识产权。在中国大多数的低碳技术创新是由科研院校完成的，企业一般只是作为辅助角色参与研发，并不能得到本质的技术交流和技术共享。国家发改委发布的《2050年中国能源和碳排放报告》显示，到2020年，能源和环境保护等低碳行业资金缺口将达到2万亿元左右。依据当前的投资增速，每年将产生2000亿左右的资金缺口。我国面临巨大的经济压力，低碳行业的投资不足是我们要面对的重要阻碍。为此，只有通过政策手段加大融资力度，探索出适应低碳经济发展的信贷体系，才能快速实现对低碳企业建设的资金支持。

（2）经济发展粗放，对能源依赖过高。经济水平的快速发展导致国家对能源需求量持续增长，持续依靠能源发展经济的模式已经不能适应当前倡导发展低碳经济的主题。部分省份依然依赖能源产业拉动经济增长。以黑龙江省为例，2008 年黑龙江省能源产业融资达 672.3 亿元，能源工业资产总值为 3467.3 亿元，占黑龙江省 GDP 的很大比重。这种粗放式的经济发展方式，对黑龙江省经济健康发展、走低碳经济发展道路可谓困难重重。

我国自 2006 年起陆续出台能源政策措施，以及 2008 年施行的《中华人民共和国节约能源法》都给装备制造企业的传统生产成本埋下了成本增加的隐患。市场经济体制决定了让消费者自掏腰包为低碳买单在我国现有的低碳意识环境下是很难实现的。在低碳技术无法达到规模化生产的市场前提下，装备制造企业的生产始终处于较为尴尬和为难的处境之中，生产中如果都用低碳的原材料，成本定价就很难和其他厂商竞争，高速经济增长时期给企业成本带来的惯性和延滞性在经济下行的形势下压缩了企业的生存空间。能源消耗有一个终端放大效应，但是不同的消费行为对 CO_2 的排放量也有决定性的影响。为促进能源消费结构的改变，不排除我国效仿国外实行碳足迹的产品标识等措施，届时国家政府的低碳措施对制造企业的影响结果直接体现在终端消费市场上，同样的成本生产不同的产品，其绩效结果就不一样。生产过程中能源使用效率低下是企业普遍存在的问题，生产过程剩余的废料很大一部分是可以回收利用再生产的，但由于对进口设备的使用远远达不到效率最大化，本来可以为企业带来更好效益却被生产过程的能源浪费所替代。

6.2.3　技术因素

技术因素主要是指技术引进、技术购买、技术改造等，是制造业企业低碳技术创新主要的影响因素，技术因素所表现出来的外在形式为制造业企业的持续创新能力，企业持续创新能力的本质要求是对企业内部独有的资源、技能、知识进行不断地积累。“十二五”规划纲要将低碳发展作为重点工作之一，要求要“坚持减缓和适应气候变化并重，充分发挥技术进步的作用”。大力发展低碳技术，不仅是推动经济发展的关键所在，也是实现低碳发展战略的关键。对企业来讲，科学技术是第一生产力，具体来讲，企业的技术环境包括以下几个方面：

第一是能源技术。即减碳技术，指高排放、高能耗领域的节能减排技术，油气资源、煤的清洁高效利用和煤层气的勘探开发技术以及节能 LED 技术等；无碳技术，如太阳能、核能、生物质能、风能等可再生能源技术。

第二是新材料技术。为了适应发展低碳经济，两大材料领域最受关注：一是新能源材料的研发与产业化，包括了直接用于生产能源或者转化的材料以及其他相关配套材料，还有除了天然碳汇之外能够实现 CO_2 捕获及固化技术所需要的新材料等。二是生态环境材料的研发与产业化，其中的生态建筑材料是实现低碳经济所需的重点材料之一，新型材料的迅速发展，对企业保持可持续发展能力是至关重要的。

第三是信息技术。在知识经济时代，信息技术已经渗透到产品和生产过程、企业及产业，社会生产的各个行业和社会生活的方方面面，信息与原材料、机器设备、能源、劳动力一样成为主要生产资源之一。创新信息技术与其他行业的技术结合并带动其创新，促使高碳行业低碳化，最终实现低碳经济。

（1）技术开发能力。作为发展中国家，中国经济由“高碳”向“低碳”转型的最大制约，是整体科技水平落后，技术研发能力有限。技术创新能否成功很大程度上取决于研发能力的强弱。我国低碳技术研发能力由于受到诸多因素的限制而始终处于低水平状况。技术创新需要以人为本，注重具有创新能力和创新意识的人才，才能通过创新将理论转变为现实的生产力成果。因此，技术创新的关键要充分开发利用人才资源。当前的经济发展模式与技术之间形成了低效率均衡，如果要发展低碳经济，首先要打破原有产业利益链，投入充足的资金进行研发，购买配套的设施，改变原有营销理念和盈利模式等。这一系列的变化必然会产生巨大的额外成本，对于短期盈利目标的企业而言，难以实现投入巨大成本到技术创新中。

低碳经济下低碳企业技术研发的主要对象是低碳产品、低碳设备与工具、生产工艺、能源与原材料以及环境改善技术等。低碳企业只有不断地进行技术创新和新产品研发，才能维护企业在市场中的竞争水平。任何产品都有引入期、成长期、成熟期和衰退期，然而不同企业、不同产品的生命周期存在很大差异，这主要取决于企业的科研水平，科研水平是企业技术创新和可持续发展的核心动力源。技术创新能力是低碳企业健康持续发展的引擎，据权威机构报告指出，新产品和服务项目的开发是大部分低碳企业发展的主要推动力。从公司成长幅度来看，销售收入主要是由新产品创造出来的，而新产品开发直接影响着低碳企业的成长。

（2）技术创新不够，总体技术水平落后。我国技术发展时间短，创新能力和创新质量与发达国家相比不足，具体表现在研发基础薄弱、创新产出率低和优秀的创新型企业较少。创新型国家的实践表明，企业研发投入强度 R&D 经费与销售收入之比只有达到 5% 以上才有较强的竞争力，比例为 2% 的企业只能维持生存，低于 1% 的将生存艰难。目前，虽然我国企业研发投入经费规模已居世界第三，但受科研机制、多数行业集中度低、企业的规模较小等诸多因素的影响，我国企业研发强度一直在较低水平上徘徊不前。企业层面主要表现在：一是多数企业没有掌握自主核心技术和品牌。数据显示，我国拥有核心技术自主产权的企业仅占 0.03%，近 99% 的企业甚至没有专利；二是技术水平落后，我国大中型企业的技术水平比国际水平落后 5—10 年。过去 30 多年，我国经济发展取得了举世瞩目的成绩，但像华为、中兴等能够与国外大型跨国公司一决高下的世界级公司还很少。在世界一流的专业情报信息提供商——汤森路透（Thomson Reuters）公布的“2020 年全球百强创新企业”榜上，上榜的多数为欧、美、日、韩企业，中国企业仅有三家在榜上。这是我们自主创新的硬伤，因为一大批具有创新核心竞争力的企业是一个国家经济的脊梁，是建设创新型国家的决定力量。

与发达国家相比，我们依然存在量和质的双重差距，特别是在低碳核心技术方面差距明显，比如在风电领域，我国风电装机量居于全球第二名，企业和申请专利数量也比较多，但是主要集中于某一个技术方面的改进，对核心技术方面的风电机组控制系统、叶片设计等只能进口。太阳能产业在我国已经形成了一定的规模，但是我国在这方面的专利也是主要集中于太阳能构件、零部件等方面，真正涉及太阳能整体系统和太阳能综合利用的专利则很少。而风能和太阳能的研究在我国低碳技术领域属于比较成熟的领域，由此可见我国低碳的核心技术创新方面存在比较大的问题。

6.2.4 法规因素

低碳经济的发展，不是只有技术创新才能实现，而是要有法规体系进行保障。我国当前的政策法规体系，主要以GDP增长为主，引导技术创新活动的相关政策不足。在个别地区，为了短期的经济收益，甚至把所有的资源和资金都投入扩展生产规模中，抑制了技术创新的引进和研发，有违当前发展思路。目前，部分地区技术创新存在政策体系不完善、政策制定缺乏适应形势变化的调整机制、支持技术创新的政策导向不明确等问题。另外，政策法规创新不够，而且执行效果不明显。

我国在有关低碳经济的开发利用领域已先后制定了《中华人民共和国煤炭法》《中华人民共和国电力法》《中华人民共和国节约能源法》《中华人民共和国可再生能源法》《中华人民共和国清洁生产促进法》《中华人民共和国循环经济促进法》等法律，虽然对碳排放的调控产生了一定的约束力，但是这些法律规范存在体系颇为紊乱，适用上难以一致，操作性不强，在能源立法领域仍有诸多缺漏等问题。由于政府对装备制造企业的排放标准以及碳税制度不够明晰，惩罚尺度没有统一标准，现有的对于违规企业的惩罚也不过是蜻蜓点水，不能够造成足够的威慑力。很多企业仍然进行粗放式的生产，只顾企业收益，不顾对环境的破坏。这就导致部分已经开始向低碳制造转型的企业在我国终端低碳消费意识还比较薄弱的市场经济中失去了价格竞争力，导致企业绩效与市场预期相差甚远。

美国和日本的消费者在购买商品时已经开始将“低碳商品”作为购物时首先选择的标准。相比较之下，我国的低碳消费意识并未深入人心。政府在对低碳文化的传播与宣传方面仍显得心有余而力不足，政府对消费市场的低碳政策实施情况也常常是虎头蛇尾，政策指令下达初期市场往往有着积极的反响，但随着时间的推移，政府对于市场的监管出现松懈甚至忽视，会造成消费者对低碳消费意识的不坚定。市场对企业的反馈往往令企业失去信心，不仅仅反映在企业绩效的差异上，更严重影响了装备制造业的发展。

1. 相关法律法规

目前，我国碳排放总量呈现逐年上升趋势，因此，如何减少单位GDP

能耗、降低能源碳排放强度、提高能源利用率，已经成为全社会亟待解决的问题。国家近年新颁布了大量的法律法规，如《中华人民共和国节约能源法》《中华人民共和国循环经济促进法》以及《中华人民共和国环境影响评价法》等，健全法律法规，为发展低碳经济保驾护航。这些法规基本都体现着政府干预的作用，忽略了市场主体的能动作用，而低碳经济属于动态的发展过程，简单的权力过于集中的立法模式不足以应对不断变化的市场经济，反而阻碍了充满着灵活性与自主性的市场经济的发展。

政府的专利保护方面的一系列法律法规，比如《中华人民共和国专利保护法》《中华人民共和国技术合同法》，维护了专利发明人的利益，同时也使技术的采纳者有法可循，形成法制化的环境，按照规则取得新技术的使用权。形成规范化优良的技术扩散环境，有利于新技术的进一步推广应用。同时，关于专利审批程序规范化、审批手续的简化、便利化，进一步保护了专利持有人的创新积极性，有利于新技术的发明和推广应用。除此之外，政府的其他方面的一些政策措施，比如人才培养机制的完善、政府采购支持技术创新、鼓励中小企业加快信息化建设、对于研发机构的建立给予政策上的支持等，也在不同程度上促进了新技术的扩散。

2. 法规政策存在的问题

（1）基本法缺失。通过对以往的研究进行分析可以发现，产权明确是一项经济有效且作用时间持久的激励手段，它使资产所有人与资产之间存在最直接的经济关系，资产增值使产权主体可以获得最直接的收益，产权的法律性、持久性使产权主体具有一定的安全感。对于企业进行技术创新活动来说，明确的产权是基本条件之一，因为只有这样才能保证技术创新过程中的权责分明，保证创新成果利益归属，使企业的研发人员劳有所得，激励其积极主动地参与技术创新活动。在知识经济的今天，知识产权保护制度不仅为技术创新研发人员提供了动力，还为其营造了一个公平的外部竞争环境，保证了知识成果的有效保护，对促进企业的技术创新活动具有十分重要的作用，受到了世界各国的广泛关注和重视。

从我国目前的立法现状来看，不难发现我国有关低碳经济的法律、法规大多散布于不同的法律文件之中，缺乏体系性、系统性。我国并没有一部系统的法律对低碳经济立法中涉及的基本原则、立法依据、内容设计等原则性的问题加以规定。同时，散见于不同的法律条款中的低碳经济法规，也需要一部法律，能够对其加以协调与统筹。因此，我国目前缺少这样一部能够统领低碳经济法规的基本法。低碳经济基本法应当是各项低碳经济法律、法规制定的依据。各项低碳经济法律、法规在制定过程中，都应当在低碳经济基本法的指导下运行，从而确保低碳经济法律制度的完整性与统一性。

（2）法律体系尚不完备。我国低碳经济立法的法律制度体系尚不够健全。纵观我国目前的低碳经济立法状况，很多领域的立法尚未涉及。低碳经济作为一种新型的经济模式，具有涉及面广、综合性、复杂性的特点，影响低碳经济的因素涉及经济资源、自然环境以及低碳技术等各个方面，因而，法律的篇幅是有限的，依据现行的条件制定的低碳经济法律制度仍然存在着很多的空白。低碳技术的创新以及发展需要政府完善的制度及政策支持，我国对于企业高碳技术的制裁措施不够严厉，对其低碳技术创新监管措施也不够完善，没有能够形成促进企业进行低碳技术创新的外部动力，这也在很大程度上影响了我国企业低碳技术的创新以及发展。同时，低碳经济又是在不断动态发展着的，在其发展过程中不可避免地会出现新的情况，涉及新的研究事物，这便要求低碳经济立法应当不断地回应新的经济发展状况，法律应当伴随着社会的改变而作出相应的改变。目前已经制定的涉及环境保护、水污染以及自然资源能源利用等方面的法律，还应当在现实经济条件变化的基础上，不断地进行自我改进。我国低碳经济立法中还存在有些规定的内容比较宏观空泛的问题，因而对实践缺乏指导意义，这便需要填补法律的空缺，增强法律的可操作性，最终发挥法律对实践的指导作用。

（3）立法中现代化信息技术手段利用不足。随着科学技术的发展，我们的社会俨然已经成为信息化的时代。在这个随处充斥着信息化的社会，我们应当顺应时代的发展，巧妙地利用现有的社会资源，制定具有现代化特色的低碳经济立法。在我国现有的低碳经济立法中，在丰富低碳经济法规涉及对象的内涵的同时，还应当进一步注重对信息化手段的利用。立法信息化是提高立法质量的有效措施，可以更好地为经济服务，更好地实现对处于动态中的、变化的新型低碳经济环境进行监管，这是我们转变立法观念、创新法治管理模式的表现。当然，低碳经济立法信息化是一个新的事物，仍然需要学者们的不断探讨与研究，最终实现对现代信息化手段的合理利用。

6.3　本章小结

本章主要对低碳企业发展的外部环境及低碳企业发展的影响因素进行分析。从国际环境、政策环境、市场环境和金融环境等四个方面系统分析了低碳企业所处的外部环境，其中政策环境又具体细分为节能减排政策、污染治理政策、财政税收政策、金融信贷政策等。低碳企业发展的影响因素具体包括体制因素、经济因素、技术因素和法规因素等，详细阐述了各个影响因素的缺点与不足以及对低碳企业发展的不利影响。通过详尽的发展环境及影响因素的分析，可以得到我国低碳企业发展的宏观背景，为低碳企业发展路径的选择与创新体系的构建奠定良好的基础，为实证研究提供现实背景，也为分析低碳企业创新的金融配置系统的结构与模式等提供研究边界。

第 7 章　低碳企业发展路径选择

目前，全球经济体系已经由传统的重经济发展轻环境保护向经济发展与环境保护协同发展转变。改革开放以来，我国经济持续快速增长，创新体系也逐渐完善，经济发展格局发生了很大的变化，逐步由内陆发展向东部沿海转移。面对环境的约束与资源的制约，创新主体逐渐向低碳化转型是必然的。这就使我国自身的要素禀赋、经济结构、发展环境等要素面临经济下行、人才流失、资源枯竭、内生动力不足、外部环境不确定性等问题。这些问题的解决迫切需要优化产业结构、扩大内需、加大技术投入、改善外部环境、深化开放，从而推动国家经济崛起，为我国低碳企业发展扫清障碍。本章主要探讨了低碳企业发展的内生型自然演进路径、外生型变迁路径和混合型发展路径，通过系统分析低碳企业的内部资源、发展能力、知识结构、环境因素、技术创新、相关制度以及管理等方面深入挖掘我国低碳企业的发展路径。

7.1　低碳企业内生型自然演进路径

7.1.1　内生型自然演进路径内涵

从制度经济学的角度来看，内生型自然演进路径是一种诱致性制度变迁。诱致性制度变迁指的是现行制度安排的变更或替代，或者是新制度安排的创造，它由个人或企业，在响应获利机会时自发倡导、组织和实行。

（1）内生发展理论的渊源。企业内生发展理论起源于英国著名女性经济学家彭罗斯（Penrose）于 1959 年出版的《企业发展理论》，该书可以看作是对企业内生发展理论的正式提出。企业内生发展理论强调从企业内部的资源、能力等方面着手研究企业的发展，不再将企业看作投入—产出的"黑匣子"，尤其是注重强调人力资源、管理等因素对企业发展的决定性作用。

在借鉴 Penrose（1959）的基础上，有学者开始从企业这个"黑匣子"内部寻找促进企业发展的真正竞争优势。由于不同企业所具有的资源存在"位势差异"，使拥有较强竞争优势的资源转换为企业的成本优势，这最终促进了企业的持续发展（Wernerfelt，1984）。Wernerfelt 提出了与彭罗斯类似的观点，即企业的发展是要打破新旧资源间的平衡。企业的发展主要取决于其对自身资源的利用程度（Penrose，1997），从演进经济学视角来看，企业内部资源、知识和能力之间的协调十分重要（Nelson & Winter，1982）。他们认为这些资源具有"惯性"作用，它们成为企业组织决策的首要因素，是推动企业不断演化发展的真正原因。Collis & Montgomery（1995）的研究结论是，如果一个企业能够拥有其他企业不具备的价值资源，那么这个企业就能够比竞争对手更快、成本更低地发展。

Adam Smith 在《国富论》中首次从规模经济利益视角分析企业发展问题，并提出企业内生发展的根源就是劳动分工。后来，马歇尔又从企业内部职能部门差异化的视角提出了企业内部技能与知识资源对企业发展的作用理论。马歇尔认为，企业的所有职能都可以划分为很多个子职能，并且各子职能的知识背景和技能要求也具有差异性。正是通过这种专业化分工模式要求企业整合原有的资源，促进生产和其他职能部门协调发展，从而提高企业可持续发展能力。

（2）企业制度变迁理论与内生发展理论。新制度经济学认为企业的行为和绩效是由其初始条件、成本、技术、市场情况和机会等外部环境因素所决定的，认为在初始条件一样的情况下，企业会作出相同的选择（张焕勇，2007）。Coase（1937）依据交易费用理论来解释企业发展动力机制，将企业功能扩展作为除企业经营规模扩大的另外一种发展形式。O. E. Williamson（1975）提出了通过纵向一体化实现企业发展的观点，他认为，企业经营过程中向前或向后一体化都会把原来属于市场交易的某些阶段扩展到企业内部，这就通过企业纵向边界的扩展实现了企业发展（Oliver E. Williamson，1985）。此后，Grossmand Hart（1986）在此基础上对企业纵向一体化的概念和意义作了详细阐述。

基于制度变迁的企业发展理论是对制度经济学的新发展，认为企业要想实现利润最大化，必须考虑制度因素的影响，特别是制度变迁过程的影响（冯宗宪，2011）。Chandler从历史和宏观角度探讨了企业制度变迁理论，他认为现代工业企业扩张途径主要有主动扩张和横向合并，其中，前者能促进生产性企业快速进入产品采购和营销领域，对企业实现前向和后向一体化有积极作用；后者主要是通过合并多个中小型企业，首先实现规模生产，然后再往前向和后向一体化过渡。Chandler认为，企业通过集中生产有助于企业制度的变迁，相反，企业制度变迁又是企业集中生产的必要条件。他认为，扩张包括两个方面：大规模分配和生产发展，其中，前者指随着运输和通信技术的发展出现大批量经销商和商业企业；后者是在前者的基础上，通过纵向和横向方式将二者结合，实现海量市场交易的内部化。

（3）演化经济学对企业内生发展理论的贡献。演化经济学的兴起是从质疑新古典经济学的企业最大化行为假设开始的。阿尔钦（Alchain，1950）认为，由于缺乏完全认知，人们对未来的预期是不确定的，而在不确定性条件下，利润最大化等最优化分析只是一种理论的抽象，没有任何显示指导意义。纳尔逊和温特在继承阿尔钦思想的基础上，构建了一个完整的经济变迁的演化理论，是现代演化经济学的奠基之作。他们试图解释变化的市场环境中企业行为是如何变革的，关注的是企业作为一个经济组织，采取什么样搜寻路径去改变产品样式和产品结构，以适应市场环境的变化，满足顾客消费的欲望，以及配置稀缺资源，增加其目标利润，实现企业资本存量的积累，彰显企业本身变化发展历程，推动经济社会财富的运动，从而使演化经济学不仅能更好地解释企业经营运作和企业发展过程，而且可以解释社会经济的运行和经济增长过程。

Nelson和Winter认为，企业在市场活动中的变动规律能回答经济如何变迁的问题。他们还提出，利润是企业向前发展的驱动力，企业在生产性知识的积累过程中不断制定未来发展规划，实现企业发展。庄亚明从生态视角探讨企业发展的内生性因素，他认为关键种因子、优势种因子和冗余种因子是企业发展的载体。刘巨钦认为，集群化发展是企业内生性的自我发展过程，而集群化发展的首要因素是企业间要密切合作，企业间通过密切合作，形成具有网络特性的自组织，自组织的形成不仅提升了企业内聚力，而且有助于企业向横向和纵向产业链拓展。

7.1.2　内生型自然演进路径特征

1. 企业内生型自然演进路径特征

企业具有的“资源”的定义是“一个企业所具有的资产、组织、能力、知识、信息等可以被企业拥有和控制，并能够制定和执行的，它具体可分为物质资源、人力资源和组织资源三类”（Barney，1991）。Dierick-sand & Cool（1989）则强调“资产存量积累”对于企业发展的重要性。只有通过不断的“内部化”投资才使企业拥有的能够促进企业发展的资源不断积累起来，而并不能通过外部市场公开交易来积累具有可持续竞争优势的资源。因此，能够为企业带来可持续竞争优势而且不能进行公开交易的资源并不是某一时间点上的流量（Flows）概念，而是企业所积累的存量（Stocks）概念。

（1）低碳企业内部资源的积累具有异质性。每个企业的能力都具有不可模仿、独特性以及不可复制等特征，企业是“一系列能力的集合而非资源的集合”（Prahalad & Hamel，1990）。影响企业的核心能力应该是“企业中长期积累的知识，尤其是具有协调性和互补性的生产技能和知识”。他们认为，正是因为企业拥有不可复制、稀缺、独特的能力，才使企业能够拥有相对其他企业的竞争优势，从而实现可持续发展。当然，他们还特别指出，灵活、具有适应性的协调和整合能力对企业的发展也很重要。

随后，出现的技术观（Patel & Pavit，1997）、文化观（Durand，1997）等都是强调企业独有的能力是其优于竞争对手，促进自身可持续增长的不竭动力。此外，知识在企业可持续发展中也具有重要作用（Barton，1992）。知识和能力积累对于低碳企业发展有很大价值，并且低碳企业积累核心知识及能力具有异质性，可模仿性和替代性较低，其他企业很难复制。

（2）低碳企业内部资源的积累具有路径依赖性。企业内“资源”和“服务”是有区别的，资源可以看成是一种可能的服务流（Penrose，1959），而如何将可能的服务流转换成真实的服务流则需要依赖于企业能力（G. B. Richardson，1972），“我们把产业想象为进行大量的活动，包括与发现和估计未来需求有关的活动，与研究、开发和设计有关的活动，并且，我们必须意识到，这些活动必须由有合适能力，换句话说，有合适的知识、经验和技能的组织进行。”由此可见，企业的能力关系到企业的研究、开发等一系列大量活动，对未来企业的发展至关重要。

理查德森的研究扩展了彭罗斯的企业发展理论，将“资源”和“能力”在企业中发展的作用有机地结合起来，这对丰富以资源为基础的企业内生发展理论具有重要的意义。企业内部资源是低碳企业组织成员长期作用的结果。低碳企业积累的核心知识和能力是专用性的，由于成本因素约束了其他企业的模仿行为，所以外界获取路径很少，某种程度上保护了低碳企业的核心竞争力。

（3）低碳企业内部资源的积累具有动态特征。Brian Loasby（1991）和 Teece（1997）等学者研究如何能够解决核心能力观不足，最终提出了企业发展的动态能力理论。动态能力理论旨在解决核心能力理论放弃外界环境作用的问题。“动态”强调与外界环境的变化相一致，而“能力”强调企业自身整合内外部资源的能力。动态能力是企业自身内外资源的整合、建立和重构，以便适应外界快速变化的环境的能力（Teece，1997）。正是演化过程产生了管理服务的发展，或者降低了治理成本（Brian Loasby，1991）。

企业在市场中要注重自身整合、获取、转让资源的能力，以适应市场环境的变化（Eisenhardt & Martin，2000）。应该说，动态能力理论充分借鉴了奥地利学派代表人物熊彼特（Schumpeter）的“创造性毁灭”思想和以 Nelson & Winter（1997）等学者为代表的演化经济学的观点。创造性毁灭是不断地从内部革新经济结构，不断地破坏旧的经济结构，不断地创造新的经济结构。引进新产品、借鉴新方法、开拓新市场、发现新供给和建立新企业是企业革新的五种类型（Schumpeter，1942）。

知识和能力的积累是一个集体学习的过程，不仅是企业内部资源的不间断积累，而且是已积累知识的不断更新，表现出动态性特征。低碳企业是一个特征明显的群体，长期积累的知识和能力资源是存在差异的，具有异质性，难以模仿，构成了低碳企业长期的竞争优势，具体表现于低碳企业的发展是内生性的。

2. 企业内生型自然演进路径关键要素

内生要素是低碳企业发展的引擎，企业发展的内生论打开了企业黑箱，从内部分析企业发展的决定因素，它关注企业家素质、技术创新、人力资源、融资能力以及产品与市场。

（1）企业家素质。企业家素质是指企业家本来的品质、特征、知识素养及在创新活动中表现出来的作风和能力的综合。企业家的素质直接关系到企业的生死兴衰。据统计，世界上 1000 家破产倒闭的大企业中，有 850 家与企业家决策失误有关。美国研究企业倒闭的学者阿乐德·曼曾指出，20 世纪 30 年代到 80 年代，日本企业倒闭的原因在管理者方面的占 90%。可见，建设一支高素质的企业家队伍是保证民营经济快速健康发展的前提。具体而言，企业家的素质包括诚信；对环境的认知、洞察与适应；创新的思维、敢于冒险的精神与务实的作风；良好的个人品质与杰出的管理才能；企业家的社会责任感。

企业家作为企业发展的掌门人，其综合素质关乎企业的命运，学术界和实践界普遍认同企业家的战略思维、创新意识、决策水平、专业素质及个人魅力对企业发展至关重要。贺小刚通过大量的实证研究认为，企业发展最重要的因素就是企业家的才能。在此基础上，又提出企业家的综合素质与企业的盈利、发展和规模等呈正相关关系。

（2）技术创新。低碳行业对于技术创新的需求远远高于传统行业，低碳产业创新生态系统也是围绕创新展开，创新个体和创新种群为了实现技术领先和突破，积极调动创新种群内部资源，通过产业链协作分工，完成新技术的创新或者现有工程工艺的改进。这种技术创新的需求引发低碳企业创新生态系统在运动过程中进化内生动力。

技术创新是一个系统过程，不仅仅是单纯的技术发明或者是新技术创造，而是一个集企业各要素相互作用产生的创新过程。毫无疑问，技术创新对企业的生存发展是至关重要的。Dosi 认为，内生型经济增长模式主要依靠技术创新，为此，他提出企业技术创新与企业发展潜力、生存状态等呈正相关关系。

(3) 人力资源。人力资源一词最初是由约翰·R. 康芒斯在《产业荣誉》和《产业政府》两本著作中提出，但与21世纪我们所理解的人力资源在含义上相差很多。管理大师彼得·德鲁克1954年在《管理实践》中明确了人力资源的定义，他认为人力资源拥有当前其他资源所没有的素质，即"协调能力、融合能力、判断力和想象力"；它是一种特殊的资源，必须经过有效的激励机制才能开发利用，并给企业带来可见的经济价值。在此之后，美国经济学家西奥多·W. 舒尔茨和加里·贝克尔提出了现代的人力资本理论，他们认为人力资本是体现在人身上的资本，即对生产者进行教育、职业培训等支出及在接受教育时的机会成本等的总和，它是通过投资形成的，该理论的提出加深了人们对人力资源的认知。

人力资源是知识资源和技术能力外在反映的有效载体。经济全球化的今天，人才是企业参与市场竞争的核心要素，大家普遍认为科技、人才结构和员工素质关乎企业生存发展。Youndt 等学者认为人力资源管理与企业发展和盈利水平等要素呈正相关关系。

(4) 融资能力。融资能力是指一个企业可能融通资金的水平，是持续获取长期优质资本的能力，也是企业快速发展的关键因素。所谓融资能力就是企业在日常经营中为了自身发展需要能够筹得资金的能力。低碳企业在起步阶段所需资金主要依赖于个人存款或者亲朋好友借款等方式筹资。伴随企业发展，企业规模越来越大，原有的筹资模式显然不能满足企业庞大的资金需求，因此，企业能否从其他渠道筹资关乎企业发展命运。为此，融资能力与企业生存和运营等要素呈正相关关系。

(5) 产品及市场。低碳产业的创新成果能否产生实际效益就是要看能否达到市场和用户的要求，对于适应市场和用户的创新成果，市场会通过资金、资源等一系列回报给予高技术企业反馈。市场能够促进产业迅速集聚，客观促进产业链和创新网络的形成，优化资源配置。特别是当市场的技术和制度发生变革时，高技术企业必须第一时间跟进，否则就会直接被市场和用户淘汰。低碳企业创新系统进化的市场动力主要通过市场来调配资源和技术配置，体现出自发效应和自协调效应。

低碳企业能否在市场竞争中占有一席之地，传统的同质化产品显然不能适应企业的发展需要，企业只有通过产品创新或者提供多元化服务才能占据市场。同时，生产出的产品不仅要迎合顾客的需要，而且要有正确的营销渠道，方能获得期望的利润，促进企业不断发展。因此，产品及市场与企业盈利和发展等因素呈正相关关系。

7.1.3　内生型自然演进路径效率分析

低碳企业内生型自然演进模型需要在一系列假设的基础上构建：①假设低碳企业规模报酬是常量，也就是说企业在专业化生产过程中资源投入与产量、成本呈严格正相关关系。②假设低碳企业专业化仅仅生产一种或多种产品，但产品生产的关键资源还是人、财和技术，并且关键资源的累积成本等于零。③假设低碳企业多元化生产产品时，一般资源是固定的，人、财和技术资源的增加累积成本也等于零。

基于以上假设，企业每生产一种产品 Q，就需要财力、人力和技术资源 K、L 和 T，生产函数为 $Q=Q(K,L,T)$。Q^0：初始企业产量，Q^S：专业化企业产量，Q^D：多元化企业产量，Q^{SI}：专业化企业国际化产量，Q^{DI}：多元化企业国际化产量，其生产函数分别为 $Q^0=Q^0(K,L,T)$、$Q^S=Q^S(K,L,T)$、$Q^D=Q^D(K,L,T)$、$Q^{SI}=Q^{SI}(K,L,T)$ 和 $Q^{DI}=Q^{DI}(K,L,T)$。C：企业的生产成本，则五种类型企业的生产成本函数分别为 $C^0=C^0(Q^0)$、$C^S=C^S(Q^S)$、$C^D=C^D(Q^D)$、$C^{SI}=C^{SI}(Q^{SI})$、$C^{DI}=C^{DI}(Q^{DI})$。我们将 $K-D$ 函数作为低碳企业的生产函数。为了方便计量，首先，假设低碳企业只包含一种关键资源 T，并且其产出弹性为 1/3。其次，假设专业化企业生产量为初始企业生产量的 t 倍，专业化企业和多元化企业在国外设立企业数为 m 和 n，并且每个国内外企业的生产规模和专业化水平相同。

基于以上假设得出：$C^S=tC^0$，$C^D=C^S=tC^0$，$C^{SI}=mC^S=mtC^0$，$C^{DI}=nC^D=ntC^0$。据此，企业发展过程中五种类型的生产函数可以分别表示为：

$$Q^0=K^{1/3}L^{1/3}T^{1/3} \tag{7-1}$$

$$Q^S=(tK)^{1/3}(tL)^{1/3}[(1+\Phi)T]^{1/3} \tag{7-2}$$

$$Q^D=(\beta tK)^{1/3}(\beta tL)^{1/3}[\beta(1+\Phi)^2T]^{1/3}+[(1-\beta)tK]^{1/3}[(1-\beta)tL]^{1/3}[(1-\beta)(1+\Phi)^2T]^{1/3} \tag{7-3}$$

$$Q^{SI}=(mtK)^{1/3}(mtL)^{1/3}[(1+\Phi)^2T]^{1/3} \tag{7-4}$$

$$Q^{DI}=(\beta ntK)^{1/3}(\beta ntL)^{1/3}[\beta(1+\Phi)^2T]^{1/3}+[(1-\beta)ntK]^{1/3}[(1-\beta)$$

$ntL]^{1/3}[(1-\beta)(1+\Phi)^3T]^{1/3}$ (7-5)

其中，Φ代表T的积累率，β代表低碳企业多元化生产另一种产品所占资源的比率。五种类型的合作剩余函数分别为：

$$MaxX_o = K^{1/3}L^{1/3}T^{1/3}P1 - C^0(Q^0) \quad (7-6)$$

$$MaxX_s = (tK)^{1/3}(tL)^{1/3}[(1+\Phi)T]^{1/3}P1 - tC^0(Q^0) \quad (7-7)$$

$$MaxX_D = (\beta tK)^{1/3}(\beta tL)^{1/3}[\beta(1+\Phi)^2T]^{1/3}P2 + [(1-\beta)tK]^{1/3}[(1-\beta)tL]^{1/3}[(1-\beta)(1+\Phi)^2T]^{1/3}P1 - tC^0(Q^0) \quad (7-8)$$

$$MaxX_{SI} = (mtK)^{1/3}(mtL)^{1/3}[(1+\Phi)^2T]^{1/3}P1 - mtC^0(Q^0) \quad (7-9)$$

$$MaxX_{DI} = (\beta ntK)^{1/3}(\beta ntL)^{1/3}[\beta(1+\Phi)^3T]^{1/3}P2 + [(1-\beta)ntL]^{1/3}[(1-\beta)(1+\Phi)^3T]^{1/3}P1 - ntC^0(Q^0) \quad (7-10)$$

其中，$P1$代表产品价格，$P2$代表另一种产品的价格。

当$\Phi \geqslant t-1$时，初始企业将发展为专业化企业，满足以下条件：

$$(tK)^{1/3}(tL)^{1/3}[(1+\Phi)T]^{1/3}P1 - tC^0(Q^0) \geqslant tK^{1/3}L^{1/3}T^{1/3}P1 - tC^0(Q^0) \quad (7-11)$$

当$\Phi \geqslant (P1/P')^3-1$时，专业化企业将发展为多元化企业，满足以下条件：

$$(\beta tK)^{1/3}(\beta tL)^{1/3}[\beta(1+\Phi)^2T]^{1/3}P2 + [(1-\beta)tK]^{1/3}[(1-\beta)tL]^{1/3}[(1-\beta(1+\Phi)^2T)]^{1/3}P1 - tC^0(Q^0) \geqslant (tK)^{1/3}(tL)^{1/3}[(1+\Phi)T]^{1/3}P1 - tC^0(Q^0) \quad (7-12)$$

以上公式表明，低碳企业技术资源积累率必须大于或等于专业化企业产品价格和多元化企业产品价格的立方与1的差，此时，企业才能由专业化向多元化发展。专业化企业只有不断积累剩余核心资源，才能获取更多的合作剩余资源，从而发展为多元化企业。

当$\Phi \geqslant m-1$时，专业化企业将发展为国际化企业，满足以下条件：

$$(mtK)^{1/3}(mtL)^{1/3}[(1+\Phi)^2T]^{1/3}P1 - mtC^0(Q^0) \geqslant (tK)^{1/3}(tL)^{1/3}[(1+\Phi)T]^{1/3}P1 - tC^0(Q^0) \quad (7-13)$$

以上公式表明：专业化企业的国际化生产类似于国外企业将类似产品向国内市场拓展。专业化企业国际化进程中，当剩余核心资源积累到一定量时，企业才能获得比专业化生产方式更多的合作剩余资源，企业才能发展为国际化企业。

当$\Phi \geqslant n-1$时，多元化企业将发展为国际化企业，满足以下条件：

$$(\beta ntK)^{1/3}(\beta ntL)^{1/3}[\beta(1+\Phi)^3T]^{1/3}P2+[(1-\beta)ntK]^{1/3}[(1-\beta)ntL]^{1/3}[(1-\beta)(1+\Phi)^3T]^{1/3}P1-ntC^0(Q^0)\geqslant(\beta tK)^{1/3}(\beta tL)^{1/3}[\beta(1+\Phi)^2T]^{1/3}P2+[(1-\beta)tK]^{1/3}[(1-\beta)tL]^{1/3}[(1-\beta)(1+\Phi)^2T]^{1/3}P1-tC^0(Q^0) \quad (7-14)$$

以上公式表明：低碳企业核心技术资源积累率大于或等于国际化企业的个数 n 与 1 之差时，企业由多元化向国际化发展。发展过程中当剩余合作资源积累到一定数量时，多元化企业才能发展为国际化企业。

7.2　低碳企业外生型变迁路径

7.2.1　外生型变迁路径内涵

所谓外生型变迁，是指由一个主体设计出来并强加于共同体之上的，这种主体凌驾于共体之上，具有政治意志和实施强制的权力。外生性制度总是隐含着某种自上而下的等级制，而内生制度则是被横向地运用于平等的主体之间，对于违反外生制度的待业所施加的惩罚永远是正式的，且要借助于暴力手段。

（1）新古典经济学的企业成长论。新古典经济理论将企业看成是生产函数，将其作为一般均衡理论的一个组成部分。复杂的企业内部网络被抽象掉了，样本企业排除了与实际企业的各种差异。企业的成长取决于外生要素，是通过产量控制达到最优生产规模的过程，而且该过程是在利润最大化的前提下、其他约束条件明确的基础上开展的。另外，该过程是在最优化规则下进行的被动选择，企业没有主动权。亚当·斯密（1776）把技术进步和社会分工作为企业成长的主要内在因素，认为企业成长问题可以用社会分工产生的规模经济效益来解释。亚当·斯密认为，企业是分工的典型产物，即作为分工的组织，其存在的原因是获得规模经济，分工使以较低的成本获得较高的产出。因此，单个企业的成长与分工程度紧密相关。分工是由市场化程度决定的，也就是说，只要市场能够扩大，直观的任务就可以分成越来越细的简单操作，成本就可以进一步降低。马歇尔

(1890) 继承了规模经济决定企业成长的经典观点，认为专用机械的使用和改进、专用技术和企业管理的进一步分工是规模经济得以实现的基础。同时，通过引入国内经济、企业家的最大生命、垄断竞争关系等因素，将均衡条件与经典的企业成长理论统一在一个分析框架内。他提出，企业规模的扩大会导致活力和灵活性的下降，这将导致企业竞争力的下降，从而使企业失去增长的动力；全新的企业和更年轻的企业家进入竞争，他们将挑战原有企业的垄断地位，从而对行业垄断的出现进行抑制。斯蒂格勒(1975) 则从产业生命周期的角度分析了企业成长的规律，从另一个角度解释了基于规模经济效益和竞争平衡条件下的企业成长是如何实现的。在他的理论之中，产业形成之初由于市场规模较小、产品容量有限，该阶段企业的成长主要是通过企业内部的分工、生产效率提升来实现的，所以大多数企业都是“全能”企业；随着产业和市场的扩张、专业化水平的提高，行业之内的社会分工也会进一步扩大，从而带动企业数量的增加。

(2) 新制度经济学的企业成长论。Coase (1937) 提出，企业是参与市场竞争的替代物，企业的边界由市场交易产生的费用和企业运营过程中内部产生的协调费用两部分组成，因此，减少以上费用有助于企业成长。他认为，在市场价格机制的支配下，如签订合同、监督合同履行、追偿违约的成本均属于市场交易成本，而通过组建组织（企业）、由企业家来主导资源，可以节约市场的交易成本，企业的成长和扩张可以看作是市场摩擦导致交易成本提升的结果。Grossman & Hart (1986) 也用交易成本来解释企业向产业上下游发展延伸的纵向一体化行为。他们认为，纵向一体化一方面可以节约市场交易成本，但另一方面由于被整合的企业失去了原有的剩余索取权，可能因为效用目标的改变而造成一定的效率损失，即整合过程中引起的并购成本。纵向一体化取决于所节约的市场交易成本与一体化所带来的并购成本的权衡，只有该行为的收益大于行为带来的额外成本时企业才有动力选择进行纵向一体化发展。杨小凯和黄有光提出，企业参与市场竞争应该要考虑市场的交易流畅度、交易范围、交易效率以及费用等问题，效率尤其重要，企业只有在交易效率产生的收益大于其交易成本时，企业才能成长起来。

(3) 以竞争优势理论为核心的企业成长论。在市场经济条件下，企业创新应该是自觉行为，如果一个企业不能站在为了企业持续发展的角度进行战略创新、技术创新和管理创新，那么这个企业就会失去生存和发展的基本动力和使财富增长的基本途径。此外，企业的运行机制决定着企业的实力能否自存于外部的竞争环境，只有建立与市场经济相适应、有利于充分发挥各个环节和全体员工积极性，而且具有行业特色的企业创新运行机制和运行体系，才能使企业各部门协调高效地运转。一方面，企业要切实采取措施解决好企业部门与部门之间强调分工而忽视横向协调、强调相互制约而忽视服务与配合的问题，以便建立起企业内部横向协调、同步互动的企业创新运行机制和运行体系；另一方面，在企业创新运行机制和运行体系建设方面，企业必须建立起一套能够有效进行决策和指挥、控制和信息反馈的组织、制度和各种人才的合理结构比例，形成不但能够调动创新所需的各种资源，而且可以协调管理和实施创新过程中诸多环节的有机运行的组织系统，从而促进企业创新顺利进行，提高企业整体创新能力。Poter（1980）认为，成本、战略和集聚三种要素决定了企业的竞争优势，并提出了竞争优势理论。随后，他又提出企业的竞争优势取决于价值链的优化，并提出了价值链理论。Poter 为企业成长理论做出了突出的贡献，他提出的产业结构规范分析法，核心观点是产业结构决定了企业的竞争优势，企业高层管理者应该着眼于竞争对手、客户、供应商、替代产品以及潜在进入者五种要素，在此基础上制定企业竞争战略。当然，该战略对上述五种要素产生相互作用力，对优化产业结构、改变竞争规则以及增进企业优势有重要推动作用。

7.2.2　外生型变迁路径特征

相对于内生型发展路径，外生型变迁发展具有政府强制性变迁的特征，更有效、更为直接地表现为政府的意图，具体的路径特征包括以下几个方面：

（1）政策法律环境特征。法律法规对低碳企业创新发展起到举足轻重的作用，是低碳企业外生型变迁路径的重要特征。尤其涉及企业创新相关的法律法规，不仅为企业创新提供保障，而且有助于保护企业知识产权等关乎企业发展的要素。另外，完善的创新政策及相关的法律规章制度，可以为企业创造公平交易和获取及使用内外部资源的良好环境，对企业参与市场竞争和市场拓展大有裨益。除此之外，健全的政策及法规能够规范市场行为、营造公平、高效的市场氛围。因此，健全的政策法律环境与低碳企业的成长和生存呈正相关关系。

政府在协同创新中起到的作用是不言而喻的，尤其是在国家创新体系的研究当中更为明显。在企业成长过程中，对不同资源的追逐已被证实，而政府拥有的资源对企业来说都非常重要，例如资金、物理空间、人力资源等，尤其是产业政策，这些都是企业技术创新不可或缺的。在经济全球化的今天，各国都强化了政府在创新中的作用，加强了政府与企业之间的联系，尤其是在国外发达国家。例如，加拿大政府出台了一系列产学研合作的优惠政策来激励企业进行创新活动，美国、英国也出台了相应的创新措施来鼓励企业进行根本性创新解除企业后顾之忧。通过这些成功的举措，可以看出政府在创新过程中所发挥的重要作用。从学术的观点，Biggs & Shah（2006）研究发现，政府机构对中小企业创新绩效产生重要的影响。当然，也有学者指出，在现实环境中，政府对企业创新的促进作用并非想象得那么大（Cooke，2000；Doloreux，2004），这给我们进一步的研究提供了方向。总的来说，政府作为公共部门，其“有形的手”的作用对企业创新发展来说不可忽视的。政府制定的发展战略、专项计划决定了创新方向，而激励保障措施则促进了企业与其他创新主体的协同联结，这都影响着创新网络的运转以及企业的创新。在创新环境中，政府处于辅助圈层，无法自行进行创新活动，但政府对于企业创新的作用却不可忽视。政府对人力资源、资金资源、物理空间等的支持以及政策制定、知识产权保护等都会促进企业创新，解除后顾之忧（解学梅，2010）。吕静（2011）运用博弈论中经典的“智猪博弈”模型进行研究，结果证明政府的宏观作用对于大企业或者中小企业都有着显著的作用，同时还对企业创新过程中可能面对的潜在风险进行合理规避。综上，在协同创新过程中，政府引导是必不可少的助推剂，起到十分重要的作用，这对于资源整合和协同创新来说都十分重要，同时也能对整个合作创新、技术交易和协同研发等流程进行协调，促进形成良好的协同创新网络。

（2）企业集群特征。企业集群是低碳企业创新变迁过程中必须经历的一个阶段性特征，具体指的是多个相互关联且具有互补性的企业在某一确定区域集聚，形成一个企业集群。之所以产生这种现象，是因为低碳企业目前还属于初级阶段，整体实力相对较弱，抵御风险的能力也不强。企业为了获得更强的抗风险能力以及提升整体竞争力，通过广泛协调内外部资源、企业集群信息共享以及创新互动，从而提升企业柔性和参与市场的竞争水平。因此，企业集群与低碳企业的经营和盈利等要素呈正相关关系。

企业进行创新的过程中会呈现企业集群的特征，各类合作伙伴如供应商、竞争企业、客户企业，不同类型企业之间展开的合作有利于提升各个企业的创新绩效。当企业与供应商和客户企业进行协同创新时，供应商在为焦点企业提供原材料、零部件的同时，基于自身专业的角度，提出更好的建议以促进焦点企业产品性能提升，相互之间促进技术的创新，加快产品研发，降低经营风险。相对于大企业来说，中小企业更依赖协同创新网络，更应该与供应商和客户之间形成协同创新网络（Wang，2017）。而对下游客户企业来说，用户对产品的体验最为重要，只有在使用过程中，才会对产品有更高的要求，从而促使企业对现有产品更新完善，有针对性地解决现有问题（Amara & Landry，2005）。而在与竞争企业的协同过程中，后发企业一般选择拥有核心技术资源的领先企业进行协同创新，一方面，可以从领先企业中获取优势资源，另一方面，领先企业也为后发企业带来竞争压力，从而促进后发企业内生创新动力，从而更能提高协同创新网络的整体效应。Benerjee & Lin（2001）对此进行了总结，认为企业和供应商、竞争企业、客户企业等合作伙伴开展协同创新是有助于核心技术资源的交流。企业之间的协同基本是建立在创新能力和技术资源的基础上，有利于价值的创新，从而获得非线性叠加的协同效应。总体来说，中小企业与客户、供应商、竞争企业在协同的过程中形成创新链，可以有效地进行资源调配，优化产品开发流程并提升创新能力。

（3）区域创新网络特征。区域创新网络是低碳企业发展过程中的外在表现形式，主要指通过政产学研协同发展，共同构筑区域创新网络的过程。该网络有助于加强低碳企业与政府、科研院所、行业协会等机构进行资源共享，形成联动机制，从而推动科研院所的成果转化，推动政府的资源整合，推动企业对知识资源的积累，推动产业走向更加合理的轨道。区域创新网络的形成与发展提高了低碳企业信息共享和资源的充分利用，大大降低了企业运营的成本和投资风险，并且改善了整个产业的经营环境。因此，区域创新网络与企业成长和发展潜力呈正相关关系。

现有研究普遍认为，企业与高校及科研机构所组成的“产学研”创新网络是企业提升创新能力的有效方式，这可以快速获取知识资源，降低交易成本和创新风险。高校及研究机构是协同创新的核心要素，是三重螺旋结构的重要组成部分，二者与企业之间的知识流动，可以提高创新资源及要素的运用效率。大学是知识的源泉，不仅为企业的创新提供知识和技术方面的支持，同时大量的高技术人才也为企业解决了人力资源匮乏的问题。Mansfield & Lee（1996）研究发现，企业要加快技术创新离不开大学的帮助。企业在与大学的合作中实现知识的双向流动，大学中密集的技术和资源能在有效促进企业创新的同时，企业也将知识进行产业化，实现双赢（Gulbrandsen & Smeby，2005）。除了大学，研究机构的效用也不容忽视。企业要实现创新，就离不开研发，而科研机构主要的优势则在于研发，二者的合作能够很好地提升企业创新能力，加速专利的产出（Fritsch & Franke，2004）；Nieto & Santamaría（2007）也证实企业同科研机构的合作能够显著地提升企业的创新绩效。吴钊阳（2018）以电子科技大学“一校一带”的协同创新模式为研究基础，发现科学技术对于协同创新网络的演化和创新绩效的提升都产生积极影响。总的来说，大学、研究机构与企业的协同过程中，能够促进知识的流动，促进创新产出。从资源的角度来看，学研机构的优势在于具有高精尖的仪器设备、高技术的科研人才等，而企业则在资源、产业孵化、市场信息等方面具有较大优势。因此，这种资源的优势造成不同创新主体在网络中的不同位置，只有加强创新主体的协同合作，形成优势互补，才能提高整体的创新能力。换言之，学研机构在专业领域的知识、技术具有较大优势，但在产业化、市场化等方面则较为缺乏，对于企业来说则刚好相反，正所谓“术业有专攻”，这使协同成为了资源互补的最有效方式。综上，在协同创新网络中，大学及科研机构提供了大量优秀人才、知识和技术，从而帮助企业增加创新行为，以此促进企业技术创新绩效的提升。

7.2.3 外生型变迁路径效率分析

（1）企业外生型变迁路径影响因素分析。通过广泛阅读文献，学术界现有的理论认为，企业外生型变迁路径受企业内生决定因素的影响，与此同时还受到产业和环境两种外生因素的影响。其中，产业影响因素指标包括：低碳企业规模、低碳企业集中度、低碳企业所有制、低碳企业技术以及低碳企业创新意愿等指标。环境影响因素指标包括：政府的资金投入、金融机构的资金支持、科技机构的技术支持以及科技中介服务水平等要素组成。

综上所述，外生型低碳企业变迁路径的外生影响因素具体如表 7－1 所示，对我国低碳企业外生型变迁路径影响因素的影响方向也作出了相应的假设，以待进一步分析和检验。

表 7－1　　企业外生型变迁路径影响因素

目标层	准则层	预期影响	目标层	准则层	预期影响
I 产业因素	I_1 企业规模	+	E 环境因素	E_1 政府部门资金支持	+
	I_2 市场结构	－		E_2 政府部门政策支持	+
	I_3 产权结构	－		E_3 金融机构资金支持	+
	I_4 技术—产品转化渠道	+		E_4 科技机构技术支持	+
	I_5 企业创新意愿	+		E_5 科技中介服务支持	+

注：＋为正向影响，－为负向影响。

（2）企业外生型变迁路径效率评价模型。现有的效率评价方法中，SFA 和 DEA 是学术界和实践界普遍应用的方法之一。由于 DEA 方法无法将决定我国低碳企业外生型变迁路径效率的影响因素放进模型中进行考察，这些文献大都是算出技术效率后，或者分解为规模效率、纯技术效率、技术进步效率后，将技术效率作为因变量建立一般的 OLS 回归研究影响技术效率的影响因素。相对 DEA 方法，SFA 的优点主要集中在能够有效区分随机误差项和技术非效率项，所以，本书选择 SFA 方法作为我国低碳企业外生型变迁路径效率的评价方法。因为 Cobb－Douglas 生产函数存在直观的经济含义以及与其他成果差异较小的优点，所以选择 Cobb－Douglas 生产函数作为研究主体，构建我国低碳企业外生型变迁路径效率评价模型。

首先，在不考虑外生影响因素的基础上，构建我国低碳企业外生型变迁路径效率模型，具体如式（7－15）所示。

$$\mathrm{Ln}(Out_{\cdot ij}) = \lambda_0 + \lambda_1 \mathrm{Ln}(Hu_{\cdot ij}) + \lambda_2 \mathrm{Ln}(Hq_{\cdot ij}) + \lambda_3 \mathrm{Ln}(Fu_{\cdot ij}) + \lambda_4 \mathrm{Ln}$$

$(Rd_{\cdot ij}) + \lambda_5 \mathrm{Ln}(Wi_{\cdot ij}) + \nu_{ij} - \mu$ (7-15)

式中，$Out_{\cdot ij}$：低碳企业的 i 产品第 j 年的创新产出；$Hu_{\cdot ij}$：同期创新人员投入；$Hq_{\cdot ij}$：同期企业人员投入质量；$Fu_{\cdot ij}$：同期创新经费投入量；$Rd_{\cdot ij}$：同期创新机构数量；$Wi_{\cdot ij}$：同期创新投入意愿。

在此基础上，构建考虑外生影响因素的我国低碳企业外生型变迁路径效率评价模型，具体如式（7-16）所示。

$$E_{ij} = \beta_0 + \beta_1 Sc_{\cdot ij} + \beta_2 Fi_{\cdot ij} + \beta_3 St_{\cdot ij} + \beta_4 Te_{\cdot ij} + \beta_5 Go_{1\cdot ij} + \beta_6 Go_{12\cdot ij} + \beta_7 Ba_{\cdot ij} + \beta_8 Ag_{\cdot ij} + \beta_9 In_{\cdot ij} + \beta_{10} T \quad (7-16)$$

式中，$Sc_{\cdot ij}$：低碳企业的 i 产品第 j 年的企业规模；$Fi_{\cdot ij}$：同期市场结构；$St_{\cdot ij}$：同期企业所有制状况；$Te_{\cdot ij}$：同期从技术到产品转化渠道的顺畅程度；$Go_{1\cdot ij}$：同期政府对低碳企业创新活动的资金支持力度；$Go_{2\cdot ij}$：同期政府对低碳企业创新活动的政策支持力度；$Ba_{\cdot ij}$：同期金融机构对低碳企业创新支持力度；$Ag_{\cdot ij}$：同期科技机构对低碳企业创新支持力度；$In_{\cdot ij}$：同期科技中介机构对低碳企业创新支持力度；T 为技术无效项的时变趋势；β_0 到 β_{10} 为常量及相应系数。

为了验证所构建实证模型的有效性，以极大似然估计法对构建的模型进行有效性检验，如果得到的似然比检验在百分之一，则证明显著性较高。另外，γ 值均高度显著，从而确保了构建模型的有效性。

企业外生因素与我国低碳企业外生型变迁路径效率呈正相关关系。其中，外生影响因素中，创新意愿、政府和科技机构对企业的资金投入以及企业的所有制形式对企业变迁路径效率影响最明显，特别提出的是，政府研发投入中国有成分对低碳企业外生型变迁路径效率呈负相关关系。此外，金融机构资金支持力度的影响和时序变量 T 对低碳企业外生型变迁路径效率的影响也较大，且为正值。市场结构、企业规模和技术引进消化吸收费用等因素对低碳企业外生型变迁路径效率的影响较小，且为负值，如表 7-2 所示。根据实证研究结果得到我国低碳企业外生型变迁路径各影响因素的实际影响系数和影响方向具体如表 7-2、表 7-3 所示。

依据以上分析结果可以看出，低碳企业创新外生影响因素中市场结构和产权结构对外生型变迁路径效率影响较小。企业规模对低碳企业外生型变迁路径效率涉及积极和消极两个方面的影响。由于负面影响相对高于正面影响，所以企业规模对其影响水平相对较低。产生这种现象的原因与科技中介结构的不断增加密切相关，尤其科技成果囤积等原因导致企业间产生恶性竞争，对企业外生型变迁路径造成不利影响。

表 7－2　外生影响因素对低碳企业外生型变迁路径的影响系数

变量	不考虑外生影响因素模型	考虑外生影响因素模型	变量	不考虑外生影响因素模型	考虑外生影响因素模型
$X1$	0.41198	0.38565	$E1$		－0.60045
$X2$	0.46545	0.21297	$E2$		0.73966
$X3$	0.58131	0.39410	$E3$		0.38931
$X4$	0.47293	0.26932	$E4$		0.76556
$I1$		0.15368	$E5$		－0.21297
$I2$		0.19532	T		0.40947
$I3$		－0.71340	δ^2	0.54401	0.38930
$I4$		0.09824	γ	0.42358	0.30493
$I5$		0.55211			

表 7－3　外生影响因素对低碳企业外生型变迁路径的影响方向

影响因素	$I1$	$I2$	$I3$	$I4$	$I5$	$E1$	$E2$	$E3$	$E4$	$E5$	T
影响方向	+(+)	+(−)	−(−)	+(+)	+(+)	−(+)	+(+)	+(+)	+(+)	−(+)	+(+)

注：+为正向影响，−为负向影响，括号内外分为预期影响方向和实际影响方向。

7.3 低碳企业混合型发展路径

7.3.1 混合型发展路径内涵

所谓混合型发展路径，是指低碳企业创新体系在发展中既有内生的动力，又有政府的引导与扶持，两种路径相互交错、共生共存。这种路径可能是低碳企业创新发展历程中，最初内生自然演进，之后政策扶持引导，再脱离政府独立发展，或者是整个低碳企业创新体系中，某些低碳企业内生式发展，而另外一些低碳企业则在政府的支持和引导下外生发展，或者进行强制性变迁。

混合型发展路径的优势是低碳企业创新内生不足或有先天缺陷的情况下，政府会适时介入，有利于低碳企业健康发展。但欠缺是，有些国家干预过度，则向外生性强制变迁靠拢，影响了低碳企业自身优势的发挥。

(1) 成长的混合理论。所谓混合理论，就是在量与质两方面都起作用的理论。该理论主要从企业的质和量来讨论产品的生命周期，因为产品在不同的阶段两要素表现截然不同，如表7-4所示。其中，企业在成长期时重点关注企业规模的扩张，企业处于衰退期时重点关注新产品的研发或者企业转型升级。而在一体化理论中，横向一体化主要是为了扩大现有企业的产业规模，纵向一体化则主要是为了扩大现有企业的经营范围。如果企业想要做大做强，就必须将量与质有机地结合起来，在适时的期间量变，在适当的时机质变，这样才能使企业走得更好、更远。企业的成长性应该包含“量”的增长和“质”的跨越。“量”的增长指企业规模由小变大、竞争力由弱变强，各种增长率指标如收入增长率、销售收入增长率等能够较好地反映企业成长性。“质”的跨越是指企业顺应时代与经济发展，不断突破与创新现有经营模式，可以是描述企业的一种积极开拓进取的精神面貌与成长状态，也可以是企业产品及服务质量等的提升，企业的发展潜力、创新能力等，“质”的提高蕴含了企业成长更本质的含义。企业量的增长与质的提升是相互促进的关系，因为任何质的提升都是量的积累到达一定程度发生的质变，而质的提高则能够促进量的增长。最显见的例子如企业的技术创新，企业的创新离不开大量的生产要素的投入，若能发明出新的技术，则能够提高企业的生产效率，使企业别的生产要素得以节约，以最为经济的生产要素投入获得最大的产出，提高企业经营绩效，实现企业的成长性。

(2) 混合创新型成长模式。企业混合创新型成长道路的选择并不是那么明显地以技术特征、产权特征或者管理特征的变更为出发点，而是以这三方面特征中的两者或三者的某种程度的混合为起点，如首先变革技术特征和产权特征，或产权特征和管理特征，或技术特征和管理特征，或三方面特征同时改变。这在我国的家族式企业中比较常见。家族式企业要真正将家族制和现代企业制度有机融合在一起，走可持续发展的道路，就必须全面变革企业的经济特征和文化特征，而经济特征和文化特征，以及经济

表 7－4　　　　成长的混合理论

企业成长理论	企业成长理论的主要内容	企业成长理论对企业成长的指导作用
产品生命周期理论	产品的生命周期是一种新产品从开始进入市场到被市场淘汰的整个过程，可分为投入期、成长期、成熟期和衰退期四个阶段。处于不同阶段的产品具有不同的市场特征。	①企业要发展产品组合，防止企业因一种产品的生命周期问题而使企业业绩大幅变动； ②企业对不同的产品要区别对待，在成长过程中，不仅需要开发新产品，还要淘汰过时的产品； ③企业根据自身的比较优势来发展产品。
企业一体化理论	由于行业前景的美好且竞争对手的不景气与交易成本的存在，企业通过横向或纵向一体化来实现企业的不断发展壮大。	①横向一体化的选择：当前企业处在一个有着成长前景的行业中，而竞争者由于经营不善而停滞不前； ②前向一体化的选择：在行业快速发展阶段，由于销售商的不理想； ③后向一体化的选择：在行业快速发展阶段，由于供应商的不理想。

特征的技术、产权和管理三方面是相互联结、不可分割的，它们在企业成长变革过程中是联动的关系，改革其中一方面，另一方面也会随之发生改变，企业的技术、制度和管理创新具有组合联动的效应。混合型成长模式的特点在于，企业同时投资于技术、制度和管理的某两个或三个的组合，从而有效推进现代企业制度建设，使企业迅速步入成长的快车道。采用混合型发展模式取得成功的企业很多，比较具有代表性的包括太太药业、希望集团以及万向集团等，其均采用该模式取得了巨大成功。

7.3.2　混合型发展路径特征

企业混合型发展是企业内生型和外生型的组合。企业混合型发展路径包括以下几个特征：

（1）资金来源多元化特征。企业进行低碳创新单纯地依赖政府资金的资助或者金融机构的资金支持，都是不能解决企业融资问题的，所以，混合型发展路径通过多元化的资金来源解决了这一问题。以政府资金为引导，鼓励企业自主创新，是能够借助资本市场促进企业发展的。要进一步加大政府创新专项资金的投入力度，强化政府资金的引导作用。更重要的是，建立多元化、多层次的金融资本市场体系，引导和激励社会资源对企业创新活动的投入。充分发挥市场机制作用，加快风险投资市场建设，引导各类基金投资企业，支持重大技术创新项目，帮助解决企业创新融资难的问题。混合型企业的产生主要表现在四个方面：①通过政府收购私人股份融资，或者国有企业在政府的支持下采用直接或者间接手段收购私有企业股权，实现融资。②国有企业通过出售自己的股权或者通过引进外资进行融资。③公司成立初期采用公私合营模式，政府和企业各占一半的股权。④私人企业根据内部员工的贡献率将企业股份分给员工所有，采用这种模式的企业实现了产权多元化，共同收益，共同承担风险。

（2）长期稳定性特征。混合型企业最大的优势就是摆脱了单纯内生型企业和单纯外生型企业的明显弊端，通过结合内生型和外生型的优势形成新的优势。混合型企业可以通过多方位调动资金使企业有相对稳固的资金来源，从而使企业有更多的发展机会，并且企业在内生性和外生性的共同作用下在整个市场环境下保持竞争活力，从而保有持续发展的能力。与此同时，混合型企业能减轻政府负担，发挥民间财力与政府权力相结合的作用，有效进行产业结构调整，减少失业。

（3）发展战略系统性特征。混合型企业发展战略混搭的特点尤为突出。低碳企业中不同产品参与市场竞争获得的市场占有率具有差异性特点，所以，企业发展水平是企业市场占有率、营业额、产品创新率等多个内部指标共同作用的结果。由于在企业日常管理中，成本分析以及企业的经济增长点等要素都是在分析不同类别产品情况的基础上得出的结果，为企业制定发展战略提供了真实的数据信息，确保企业高层管理者制定的决策更加科学和精准。

7.3.3 混合型发展路径效率分析

通过分析不同类型企业的成长模式得出，企业成长是在内生要素、外生要素及混合要素之间相互作用的基础上，形成企业成长的复杂系统工程。

1. 低碳企业混合型发展路径分析

低碳企业的成长是在内生要素和外生要素共同作用下形成的复杂过程，具体表现为非线性特征。本书利用内生要素和外生要素之间的非线性关系构造了低碳企业混合型发展路径的函数关系，一般形式如式（7－17）所示。

$$G(X,Y) \propto K \cdot f(\alpha \cdot X_m, \beta \cdot Y_n) \tag{7-17}$$

其中，X、Y 分别代表内生、外生成长机制，K 代表综合变动量，α、β 为 X、Y 的系数，m、n 为内生、外生机制的要素个数，G（X，Y）表示内生、外生机制的耦合作用参量。在式（7－15）的基础上，通过引入企业成长性向量 Z，方可构建 $G-Z$ 平面坐标系，其演进轨迹特征如图 7－1 所示。

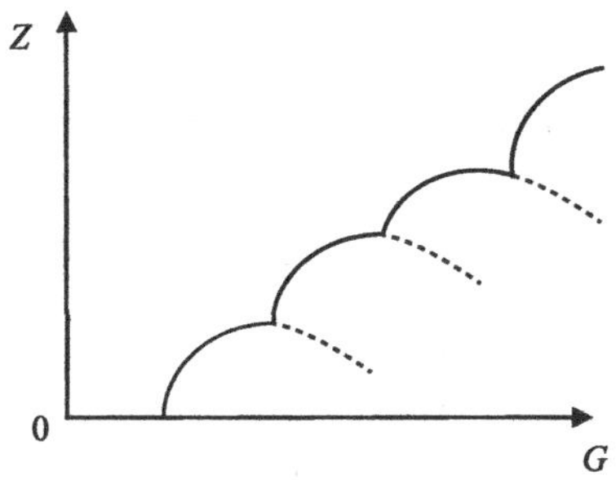

图 7－1　低碳企业发展路径图

从图 7－1 的形状来看，随着 G 的不断增加，虽然局部有波动性特征，但整体呈上升趋势。同时，图 7－1 的虚线反映出企业在发展过程中存在快速衰退的可能性。

2. 低碳企业混合型发展路径三维模型构建

（1）三维模型内涵。为剖析低碳企业混合型发展路径的机理，建立了低碳企业混合型发展路径的三维模型，从而展现企业混合型发展路径的立体形态。选择内生、外生成长机制作为平面坐标的 X、Y 轴，将动力—成长性作为坐标系的 Z 轴，S 代表成长空间，立体形态图中箭头指向的方向便为该向量增强的方向。三维模型不仅可以反映出低碳企业混合型发展路径的内生、外生成长机制的变化情况，而且还可以反映出企业成长性的规模变化情况。

（2）三维模型描述。首先，把 X 与 Y 结合起来，构成 X—Y 平面。此时，无论是 $X=0$ 或 $Y=0$，均代表低碳企业混合型发展路径内部紊乱或外部环境恶劣的状态，该状态对企业生产不存在积极促进作用。只有当 $X>0$ 且 $Y>0$ 时，才有助于企业成长，所以，在 X—Y 平面上，企业沿着 X 轴逐渐延伸的过程中，呈曲线状态演进，达到一定程度后呈直线发展。这意味着企业在具备一定能力之后，适应了外部环境的影响，生存能力得到可持续提高。其次，在 X—Z 平面，低碳企业混合型发展路径也是有规律的，例如，在 $X=0$ 且 $Y>0$ 时，表明企业内部条件无法满足企业的成长需要。因此，企业成长过程中先沿着 X 轴方向曲线延伸，到一定临界点之后开始直线发展，如果企业成长沿着 Z 轴发展，表明企业可以较快发展。最后，在 Y—Z 平面，低碳企业混合型发展路径先由 Y 轴曲线延伸，然后沿着 Y、Z 按照某一视角直线变动，表明低碳企业在强有力的企业成长动力机制推动下，会逐渐走向有序的运营模式。综合以上分析，我们构建了如图 7－2 所示的三维结构图。

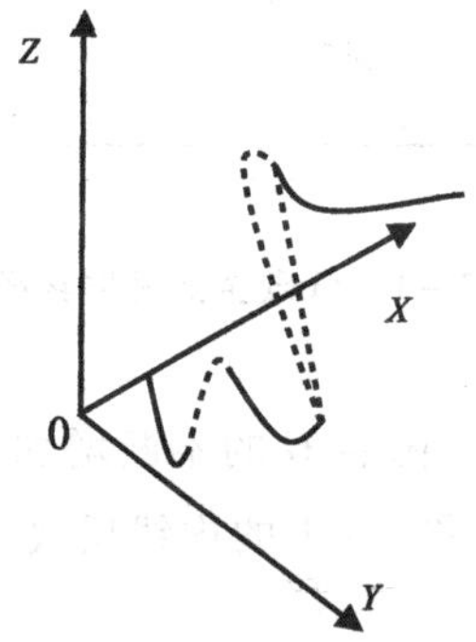

图 7－2　低碳企业混合型发展路径的三维空间结构

从图 7－2 可以得出，低碳企业在内生成长要素和外生成长要素的作用下，企业不断地适应内、外部环境，由低级形态逐渐向高级形态演进。其中，内生成长机制是企业成长的核心动力，外生成长机制则主要是在外部要素对企业内部要素的影响下于企业运营的不同阶段发挥重要作用。外部环境为企业成长创造了多种必要条件，内生要素和外生要素通过复杂的作用机制，对企业成长产生积极影响作用。

（3）完善成长机制下企业成长的空间结构（如图 7－3 所示）。低碳企业通过构建健全的成长机制，实现企业可持续发展。其中，低碳企业随着外部环境变化对企业内部运营要素进行动态调整，促进内生要素和外生要素相互作用，在自组织等方法的作用下，形成一个有序的企业成长结构。另外，从低碳企业成长轨迹来看，企业成长过程随时都有衰退的风险，为了降低这种风险，低碳企业要加强对内生要素的优化和完善。从三维模型视角分析，该模型底部是由内外生机制和空间维度构成，三维空间模型底部厚实，纵向延伸较大。所以，三维空间模型的任何维度缺失都不能实现企业成长，或者说成长会出现不稳定性。

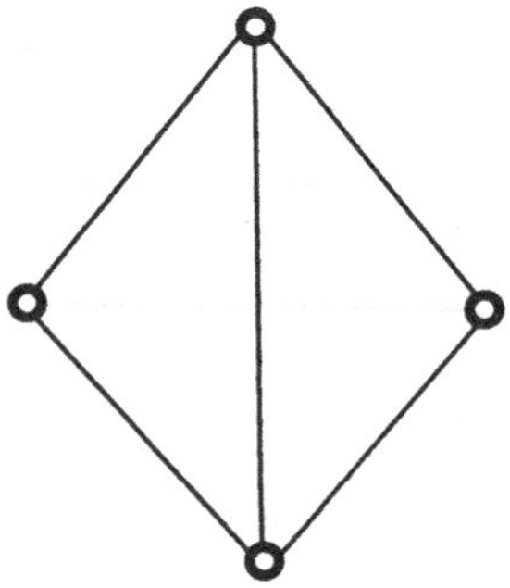

图 7－3　完善成长机制下的企业成长空间结构

7.4　三种发展路径的比较分析

企业发展动力机制是企业发展理论的核心。尽管企业发展理论的研究和发展经历了不同的时期，但其焦点始终聚焦于“什么决定企业的发展?”。基于企业发展驱动力出发，可以划分出观点不同的企业发展理论。其中，企业外生发展理论认为，企业发展主要依靠来自于企业外部的动力因素，而企业很难改变这些外部因素，只能通过适应和利用它们，从而实现企业成长。企业内生发展理论认为，企业拥有的资源、能力及其异质性是决定企业发展的主要因素。在此之后，又出现了同时从内生性和外生性两个角度研究企业资源和能力的复合基础观（Luo & Child，2015）。本书认为，企业发展的内生型演进发展、外生型变迁和混合型发展是根据企业的发展动力机制来源，对不同学者观点的一种归纳方式，并不特指某一具体观点。因此，根据前面三节的具体阐述，对低碳企业的内生型演进和外生型变迁进行了对比分析，具体区别如表7－5所示。

表7－5　低碳企业的内生型演进和外生型变迁的差异

	内生型演进	外生型变迁
理论支撑	内生成长理论 企业制度变迁理论 演化经济学	新古典经济学 新制度经济学 竞争优势理论
路径特征	异质性 路径依赖 动态特征	政策法律环境特征 企业集群特征 区域创新网络特征
关键推动因素	企业家素质、技术创新 人力资源、融资能力 产品设计	环境因素、产业因素 低碳企业生存和发展因素

内生型自然演进路径是在企业不断扩大规模和深化开放的基础上，以内需拉动为驱动力、以企业内部要素为依托、通过内生链条实现低碳企业向内涵型和内聚型发展。这种路径将企业拥有的资源、能力和知识等归结为企业成长的根本原因，主要从这些因素入手考察，具有较强的针对性和可操作性。现有的企业内生型发展路径研究成果主要从企业分工的管理水平和资源、企业内部的核心知识和能力以及企业发展战略等方面开展深入研究。但这种发展路径的局限在于由于企业不是一个封闭的个体，企业时时刻刻与外界环境发生信息、物质的交换，仅从内部寻求企业的发展，完全忽略外部环境的影响也是十分片面的。

外生型变迁路径是企业通过对环境因素、产业因素等涉及企业生存和发展的因素研究，提出外部环境是低碳企业发展的充要条件。外生型变迁路径认为企业发展的核心要素取决于企业外部性资源，特别指出的是，市场结构对低碳企业发展起到至关重要的作用。但这种路径的局限性是忽略了包括技术、知识在内的企业内部资源对企业发展的促进作用。

企业混合型发展路径是企业内生型和外生型的组合，企业发展是一个综合作用的过程，是内生因素与外生因素综合作用的结果。外部因素如有序的市场环境、相关产业扶持的政策法规、消费者偏好的转变等因素都是有效的外生因素为企业发展提供强大的助推力。同时，高效的内部管理、优秀人才的储备、创新能力的提升、技术水平的革新等内部资源则是企业发展的内部动力，只有不断积累内部资源，提升企业自身竞争能力，才能够在快速变化发展的时代立足。相对内生型自然演进路径和外生型变迁路径，混合型发展路径结合了两者的优点。资金来源方面不仅可以依赖民间资本进行融资，还能得到政府的资金扶持。另外，混合型发展路径可以通过多方位调动资金从而使企业有更多的发展机会，保持竞争活力，保有持续发展能力。

7.5　本章小结

本章核心贡献是提出了我国低碳企业发展的三种不同路径，其分为低碳企业内生型自然演进路径、低碳企业外生型变迁路径以及低碳企业混合型发展路径。对低碳企业每一种发展路径的内涵、特征和效率进行深入研究，以揭示不同路径的不同特性与适用条件。用定量模型对三种发展路径的效率进行计算，以得到企业内生能力的适用性及不同影响因素对路径选择的影响。对低碳企业三种不同发展路径进行比较分析，更为明确地指出三种路径的差异与关联，为低碳企业发展路径的选择提供了理论依据，优化了低碳企业发展路径，同时丰富了低碳经济背景下企业发展模式相关理论研究。

第8章　低碳企业创新体系构建

低碳经济发展模式是经济发展与环境保护共同作用的结果。低碳经济不是单纯的经济问题，而是与政治、社会、生态等多种要素密切相关的综合问题。实现低碳经济稳定快速发展需要全世界各个国家和地区共同努力。电力行业在任何国家都是涉及国家安全的核心行业，当然也是节能减排的关键部门之一。特别提出的是，我国传统的电力行业以火力发电为主，需要耗费大量的煤炭资源，火力发电产生的碳排放量远高于其他各国。另外，电力行业所用的发电机组有很长的生命周期，所以一旦安装机组开始发电，短期内很难改变电源结构。在这样的背景下，探讨我国低碳企业如何稳定持续发展、降低碳排放量，显得尤为重要。

选择华电能源股份有限公司为实证研究的对象，是因为该公司是中国最早的国有大型电力上市公司，也是黑龙江省最大的发电、供热企业，过去的发展模式主要以火电为主，存在能源利用率较低、污染严重、企业体制机制僵化、相关制度不健全等问题，最近几年，为了适应变幻莫测的国内外经济形势，考虑企业的长远发展，以及有效提高企业参与市场竞争、抵御风险以及盈利的能力，华电能源股份有限公司必须寻找符合企业自身发展的路径及创新体系。

8.1　低碳企业创新体系结构分析

华电能源股份有限公司是中国华电集团在中国第一个控股的国有大型电力公司。目前，该公司总资产大约两百多亿元人民币，全资控股15家公司，涉及电热、煤炭及专门公司。其火力发电总装机容量达六百余万千瓦，占黑龙江省总装机容量的五分之二，年发电量大约三百亿千瓦时，占省内发电量的五分之二之多。总供热面积为六千余万平方米。华电能源公司主要向哈尔滨、齐齐哈尔和牡丹江等市县供热，是黑龙江电力、热电和电表的龙头企业。

最近几年，华电能源股份有限公司为了适应低碳经济发展需要以及提高企业市场竞争力、抵御风险的能力以及盈利能力等，提出了重点发展热电、继续火力和研发发电技术以及产业协同的战略。目前，华电公司在多年结构优化的基础上，已经形成了发电、供热、煤炭和工程技术四大重点产业协同发展的产业布局，并且初见成效，企业效益和管理均取得较大飞跃。

8.1.1　低碳企业创新体系界定

在国内外低碳企业创新体系研究成果的基础之上，基于广义视角从观念、技术、制度和管理四个方面介绍低碳企业创新体系。在推行企业创新体系实施的过程中，要以观念创新为先导，以技术创新为战略发展目标，以制度创新为基石，以管理创新为发展的根本动力，使这四个方面整合为一个有机创新互动网络，形成一个一体化的创新过程。具体界定如下：

（1）观念创新。观念是行动的先导，观念决定思路，思路决定出路，观念创新的程度决定着企业发展的速度。在科学技术快速发展和日益激烈的市场竞争中，石油企业要取得生存和发展，必须让每位石油职工树立创新观念，在自己的岗位上敢于积极创新，从“要我干”转变为“我要干”，化被动为主动，牢牢树立市场意识、生存意识和危机意识，从自身做起。通过观念创新，推动低碳企业的不断向前发展。

从以下三个角度理解观念创新：①认识角度，观念创新是认识的深化，浅层次的认知观念转向深层次的认知观念就是观念创新。②动态角度，观念创新就是动态的“破旧”和“立新”的过程，“破旧”与“立新”是一个问题的两方面，在交替运行中构成观念创新的整个过程。③主客观相互关系的角度，观念创新在本质上就是主客观的再统一。观念创新的突出标志是具有新颖而又独特的社会价值，“新颖”即善于发现新情况，打破常规。

(2) 技术创新。20 世纪 80 年代，缪尔塞对前人的各种技术创新概念和观点进行了系统的比较和分析，他通过大约篇论文的资料整理，发现有四分之三的定义接近如下描述：技术创新是新思想和非连续的技术活动通过一定时间的发展，形成的实际应用程序。因此，缪尔塞作出如下的定义：技术创新即是以具有构思新颖性和能成功实现为特征的有意义的非连续事件。这个定义包含两个方面的含义：一是活动具有非常规性，主要表现为新颖性和非连续性；二是活动最终必须得能够实现。这一定义比较简练地反映了技术创新的本质和特征。

技术创新受到多种因素的影响，目前尚且没有一致的权威性界定。管理学家熊彼特提出技术创新是生产函数的再建立；中华人民共和国科技部界定技术创新为企业运用新的科技及各种创新性的工艺手法进行企业的日常管理，继而研发出新产品，实现新知识。简言之，企业的技术创新就是将科技转化为市场价值的过程。技术创新的本质就是在产品的生产及商业环节中融入新的科学技术，从而提升人们的生活品质。

(3) 制度创新。僵化的制度无法使企业管理实现真正意义上的创新。实际上，现在的改革已到了深化制度创新的阶段，企业必须构建以产权制度为核心的现代企业制度，清晰界定企业与政府、投资者、员工、社会的关系，使企业进行市场化运作。

制度创新的概念来自于熊彼特。他提出制度创新就是更高效益的制度对于另一种制度的替代过程。基于熊彼特的观点，Lance Davis 和 Douglass C. North 认为，制度创新是“制度变迁”的近义词，即使创新者获得潜在效益的现有制度的一种变革。制度变迁可以分为诱致性制度变迁和强制性制度变迁，前者是一群人或者一个人追求获利机会的自发性变迁；后者是政府法令导致的强制性变迁。

(4) 管理创新。管理是企业永恒的主题，创新则是管理所追求的真谛。面对市场和技术的快速变化，管理创新是企业所作出的相应调整和改进，是一种新型的优化资源配置的模式。在低碳经济视域下，电力企业面临着众多的突出问题，如优化资源配置问题、推行高效管理问题、经济效益提高的问题等。而要很好地解决这些问题，关键在于推行石油企业管理创新的开展。所谓企业管理创新，是指管理者为了提高管理系统的综合效能，运用新思想、新观念、新方法、新技术、新流程对企业管理系统组合的重新设计与选择。

1989 年，Ray 首次提出管理创新。随后，Abrahamson 认为，管理创新是组织实行的组织结构和文化的变革，其目的是协调组织的输入和输出。Gopalakrishnan 和 Damanpour 则认为，管理创新主要是变革管理过程、组织结构及人力资源。芮明杰提出，管理创新是企业进行资源整合的一种更加有效的范式，一方面是整合新资源以求达到企业目标的全过程式管理，另一方面是目标制定和新的具体资源的整合等层面的细节化管理，有五种形式：一是提出新思路和实施策略；二是设计高效的组织结构；三是提出新的管理方法；四是进行一项制度的创新；五是设计一种新的管理模式。

同时，还可以从这几个方面来加深对管理创新的理解：第一，管理创新有确定的活动目标，要按步骤循序渐进地推进。进行创新型管理是其首要目的，获取盈利最大化是其最终目的，提高企业整体效益，追求经济利润最大化；第二，管理创新具有很强的能动性。企业需对内、外部环境的变化作出快速反应，它是管理创新活动积极主动适应环境变化的过程。在此种情形下，企业的创新包括主动创新和被动创新两种；第三，管理创新引入了一种新的管理要素及其要素组合方式。它涉及新的经营思想、新的组织结构、新的管理制度、新的管理模式等方面；第四，管理创新包括主动创新和模仿创新两种创新方式。

此外，管理创新的作用表现在以下几个方面：第一，提高资源利用效率。实质上，管理创新通过创设一种高效的资源整合范式，以达到优化配置企业资源的目的；第二，推动企业永续健康稳定发展。管理创新通过创设高效的资源整合范式，使企业的资源产生出更大的合力，为企业的永续健康稳定发展奠定坚实的基础；第三，增强企业核心竞争力。管理创新具有很强的整合能力，并且难以模仿，它有助于企业管理创新能力的提升，是形成企业核心竞争力的基石。

8.1.2　低碳企业创新体系功能

创新是一个企业生存发展的灵魂，资金作为企业运转的血液，是企业进行有效创新的保障，企业自主创新在其发展过程中经历了功能各异的不同发展阶段。

1. 低碳企业自主创新的发展阶段

在大量阅读前人关于创新阶段研究的基础上，将企业的低碳自主创新分为四个阶段，即低碳创新项目决策阶段、研究与发展阶段、试点推广阶段和产业化应用阶段，具体如图 8－1 所示。

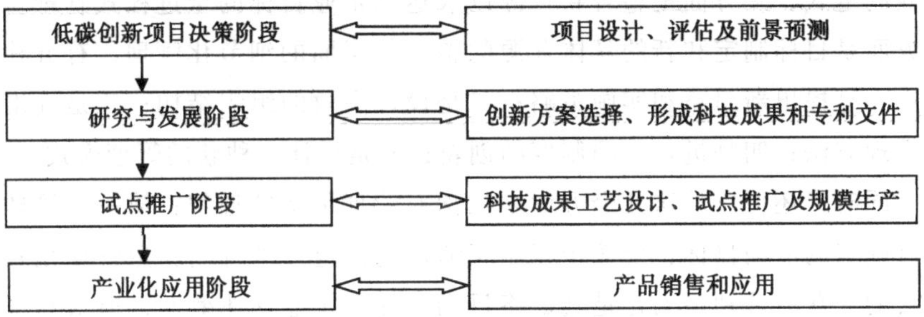

图 8－1　企业低碳自主创新过程

2. 低碳企业自主创新的阶段特征

（1）低碳创新项目决策阶段。低碳创新项目决策阶段又叫做低碳创新项目的引入阶段，主要是指在政府宏观政策的引导下，企业提出创新性构思并对该构思的可行性和市场前景等方面进行预测。企业要进行低碳自主创新，首先要在企业内部营造低碳创新的氛围，鼓励员工发挥自身的聪明才智，树立低碳创新的意识；其次，企业必须进行市场需求调查，评价创新项目的市场价值；最后，企业必须切实考虑自身的研发能力，考察企业是否具备进行低碳自主创新的能力。

（2）研究与发展阶段 R&D。常常被用来衡量国家与地区的创新能力，这一阶段是企业的创新成果能否实现其市场价值的关键阶段。创新项目的研发工作人员必须选择最具开发前景的项目，付出大量心血与努力进行项目开发。在研究与发展阶段，企业必须能够准确选择能够最好实现低碳目标的项目，并采用最优化的创新路线，以论文、总结报告等形式呈现出创新研究成果，最后将最佳创新成果以专利的形式呈现出来。

（3）试点推广阶段。在试点推广阶段，企业将上阶段的创新研究成果通过工艺设计后进行产品试制，并继续根据需要进行必要的改进投资，此来会减少技术风险，增加投资风险；同时将试制的产品发放给少数人使用，然后根据市场试用反馈决定是否要进行量产，即该低碳自主创新项目是否进入产业化应用阶段。

（4）产业化应用阶段。产业化应用阶段是创新周期中的成熟阶段。在技术革新如此迅速的今天，任何一种创新技术都不可能保持绝对的领先优势，随着时间推移，新技术层出不穷，消费者会降低对于该创新产品的粘性，企业基于此低碳自主创新项目的高速发展阶段随之消散，继而会造成企业经营效益减缓乃至下降。因而，这个阶段，企业必须不断加强对低碳自主创新项目的管理并持续进行技术更新以维持自身的竞争优势。

3. 低碳企业创新的功能

（1）管理知识。创新就是将现有知识进行不断重新组合而使产生新知识的过程（Grant，1996）。知识理论阐明了两个基本问题，一是创新需要大量的知识，这些知识往往分布在不同主体之间并对创新过程亦有重大贡献（Cassiman & Veugelers，2006）。二是知识分为两种，一种是可以清晰表述的显性知识，即以书面文字、图表和数学公式加以表述的；另一种是难以表述和转移的隐性知识，比如在人做某事的行动中所拥有的知识，主要体现在人身上（Rodan，2002；Cavusgil，et al.，2003）。

知识管理过程是对现有的内外知识资源进行获取、重新组合、传播和应用的过程，其中重新组合也就是知识创造的过程。然而，知识组合必须克服个体对知识的认知距离，当个体分享类似知识库时，认知距离会缩小，进而有助于知识组合（Nooteboom，2000；Frenken et al.，2007）。而且，低认知距离增加了在相似领域或相关多元化领域中进行渐进式创新的机会。同时，跨行业和技术的远距离结合产生全新的知识组合对突破性创新也非常重要（Castaldi et al.，2015）。企业最大的资源就是其知识库，当中与众不同的知识就是其竞争优势的来源（Curado & Bontis，2006）。知识认知距离也对企业的知识组合产生影响，由于认知距离强调的是不同技术和知识之间的相似性，低认知距离的企业可能更倾向于在已有的技术轨道内进行渐进性创新，高认知距离企业则需要获取更多的异质性知识，有利于企业进行探索式创新（Granstrand，1998；Nooteboom et al.，2007；Enkel & Gassmann, 2010)。

低碳企业创新体系的功能可以定位在知识管理上，原因主要是在知识管理中，知识创造对创新具有决定性作用。知识创造具有累积性，需要一定的“耐心资本”，而低碳企业可以享受政策福利，低碳企业可以利用和政府的联系以及自身的平台优势，拥有更多的知识获取渠道从而强化知识的获取和创造（Castelnovo & Florio, 2020）。和传统高碳企业相比，低碳企业更有利于知识的传播。有实证研究表明低碳企业的知识外溢效应要大于高碳企业，并且，低碳企业的知识溢出能促进其他相关企业的创新产出。

（2）技术预见。技术预见（Technology Foresight）由技术预测（Technology Forecasting）发展而来，起源于第二次世界大战期间，美军为制定科技政策提供依据，首次采用技术预测方法，随后日本、德国、法国、荷兰、瑞典、澳大利亚等国家利用技术预见制定科技政策，使其作用于经济和社会发展。现今，技术预见已经受到越来越多国家的重视，成为科技战略管理工具。科学预见是对科学技术、社会和经济在未来的发展情形进行合理的预测，从而得以定位具有长远战略意义领域，以及能为经济和社会带来最大利益的通用新技术（Martin, 1995）。一些研究把技术预见看作一个包含了预期、预测、系统性展望、前瞻性战略计划、技术路线预测活动的集合（Miles, 2010; Phaal et al, 2004）。日本早在 20 世纪 70 年代就开始了国家科技规划“预测活动”，就未来 15—30 年各个领域的发展方向进行技术预测，为未来科技发展确立目标和方向，慢慢又加入了社会主题，将科学技术与社会联系起来，将原本的“技术预测”转变为“技术预见”（Miles, 2010）。

技术预测和技术预见两者具有较大区别，一方面，技术预测通常是由专家小组封闭式进行的，根据事物的史料，通过科学方法和逻辑推理，对事物未来趋势作出判断，结果具有特定性和单一性。而技术预见则具有广阔的视野，往往与政策战略协同整合，制定前瞻性的科技政策，通过多元利益相关者相互交流学习共同“创造”未来而非“预测”未来（Miles, 2010）。由此可见，和传统推测未来技术发展动向的技术预测不同，“技术预见”旨在探索科学、技术、经济和社会在未来的发展趋势，然后选择具有战略意义的研究领域、关键技术或通用技术，通过市场配置实现其经济和社会利益最大化（高卉杰等，2018）。

技术的预见有利于国家占据技术先导优势，特别是对于中国作为后发国家来说，准确识别未来战略性新兴领域是实现弯道取直、后发赶超的“助推器”。对于企业来说，技术预见能力是一种能及时改变企业组织和文化以应对社会迫切需求的动态能力（Rohrbeck，2010）。比如新冠肺炎疫情暴发以来，新一代信息技术广泛地融入经济社会发展的各个领域，对网络化、智能化、数字化的迫切需求带动了相关新兴产业的加速发展。企业若能及时捕捉和应对这些需求，在战略决策制定过程中鼓励进行相关研究，将会大力提升企业的创新竞争力（Von Der Gracht et al.，2010；Battistella，2014）。

（3）开放式创新组织者。在过去几十年中，创新管理的范式从“封闭式创新”逐渐向“开放式创新”（OI）转变（Lin et al.，2019；Fu，2012）。“开放式创新”指的是组织有意识地让内部和外部的技术、创意等资源等自由流动，增加组织内部创新扩展到组织外部市场的机会（Chesbrough，2003），通过开放式创新，企业在组织内外和其他创新参与者互动协助共同创造价值（Gassmann et al.，2010；West，2014）。近年来，从最初软件开发到汽车制造、生物制药等行业，其中不少企业正尝试通过开放式创新提升创新水平。当技术渗透到企业的各个角落，持续快速的创新成为保持企业核心竞争力的动力引擎。根据埃森哲对中国、印度和美国的200 家大企业和 200 家高新技术小企业的调查显示，超过 90% 的受访企业认为开放式创新有助于企业加快研发速度、提升供应链效率并且增加了消费者信任度（纳萨雷等，2015）。开放式创新的优势在于能够加快创新产品上市速度以及提升创新效率，因此许多后发企业利用开放式创新快速地追赶科技发展的脚步（陈芬和陈劲，2009；Rigby & Zook，2002；Wang，et al，2012）。

但是，开放式创新需要企业不断保持和外部组织的协作关系，因此有可能影响到企业的边际收益（Letaifa & Rabeau，2013；Duysters & Lokshin，2011）。尽管开放式创新已经受到广泛关注，但是对于低碳企业的开放式创新还较少涉及。在国家创新系统中，低碳企业发挥着重要作用，业务范围涉及多个关键行业和领域，也聚集了丰富的创新资源，因此适合牵头搭建开放式创新平台，承担关键核心技术创新重任。对于低碳企业而言，其进行开放式创新的方式、目的、所起的作用可能不同于传统的高碳企业。

但是，对于低碳企业如何建设开放式创新平台及其作用机制还没有得到深入广泛的研究，原因可能是与传统“高碳”企业相比，低碳企业难以接近从而给深入案例调研造成困难。

8.1.3 低碳企业创新体系特征

1. 层次性特征

事物的发展从长期来看都呈现出一种螺旋式上升的过程，企业的发展也是如此。从本质上来看，企业发展的动力就是创新，通过创新，企业引入新的要素或者将内部条件进行重新组合，从而打破常规，企业进入非均衡状态，随后经过创新发展恢复均衡状态的同时实现企业自身的成长。企业创新具有三大特征，即内容层次性、层次模糊性和主体核心差异性。

(1) 内容层次性。企业发展是一个循环链，包括技术、市场、管理制度和事业结构四个要素。企业的创新活动从技术开始，依次为技术—市场—事业结构—管理制度，不断用高层次的创新活动替代低层次的创新活动作为企业发展的主导力；一轮创新活动接着一轮创新活动，循环往复，以此来推动企业的发展。

(2) 层次模糊性。企业创新具有内容层次性的特征，但是各个层次之间界限模糊，当低层次的创新活动对企业发展的推动力降低时，高层次创新活动会接替成为企业发展的主导力。伴随企业的发展，新一轮的创新会随着上一轮创新的结束而继续发展，在新一轮的创新中，创新的内容层次之间依然有层次模糊的特性。

(3) 主体核心差异性。每一层次创新活动的主体核心都有其差异性，差异化的主体和核心对于企业的发展有着差异化的影响。在创新开始层面，技术是产品创新的核心，基层技术人员是主体人员，进行产品开发；市场是市场创新的核心，销售人员是主体人员，进行市场开拓；变革是事业结构创新的核心，高层管理人员是主体人员，负责组织结构的变革；管理制度创新调整权益之间的关系，为企业成长不断注入新的活力。

2. 耗散结构特征

普利高津提出耗散结构理论，他提出低碳企业内部存在微观的差异性和分化性特征，因为低碳企业技术创新过程本身是一个复杂的系统工程，其具有非线性、开放性、涨落特征和远离平衡态的特征。

（1）非线性耦合。非线性主要是指低碳企业内部各要素之间呈非线性关系。①低碳企业内部子要素之间关联性较高，存在复杂的相互作用关系。其中，研发部门属于企业技术创新系统的核心，企业运营以管理、市场和销售几个部门为研究基础。通过信息整合进行工艺设计或者产品研发。②研发人员是企业技术创新中的“活水”，其通过创新精神相互连接，研发人员的创新精神集合构成了企业的创新精神，创新精神之间存在着微妙而又复杂的相互作用，一般是不可能由一个简单的线性方程就能表现的。

（2）远离平衡态。企业技术创新系统内部的各个子系统之间相互作用而又有各自不同的特点，主要是因为各个子系统的构成元素具有差异性，一是研发人员的地域性差异，个体之间的受教育水平、价值理念、气质类型、宗教信仰、性格特点、理想抱负、生活信念等方面存在差异性；二是各子系统运行特征具有差异性，通过调整系统内部的势能差，推动低碳企业复杂系统由平衡状态向非平衡状态发展。

（3）随机涨落。随机涨落在系统处于远离平衡的非线性区域时会因为连锁效应和非线性的相关作用而被放大，产生“巨涨落”，引起系统突变，继而形成耗散结构。在我国的大中型企业中，“官本位”思维突出，领导对低碳技术创新有着重要的影响，一旦系统处于远离平衡态的非线性区域内，高层管理者的思想观念涨落通过非线性的相互作用，将效应放大，形成巨大的思维涨落，使系统发生突变，进入一种耗散结构分支。

3. 开放型特征

进行低碳企业创新，企业的开放水平和能力毫无疑问是企业长足发展的基础。如果企业不具备开放的条件，该企业不可能与其他企业或者部门开展有效的技术、知识、产品、人才等多种要素的有效沟通，企业只有张开臂膀，呈现开放型特质，才能促进企业信息流、资金流和产品流等要素顺畅流通，从而实现企业组织结构优化，促进企业负熵值呈上升趋势，将企业发展成为远离平衡状态的开放型系统。

低碳企业技术创新系统是开放性系统。①低碳企业技术创新系统不断地和外界环境进行物质的交换。第一，员工变动所造成的企业人员总数变动；第二，外部资金投入；第三，研发与产品化过程中，从环境中获取资源。②企业技术创新系统与外界持续进行能量交换。技术创新项目的顺利进行，需要将项目中的人与物有效地结合起来，那么，为了实现相关要素的有机结合，需要管理能的引入。此外，在创新科技成品化的阶段，资源的加工需要稳定可靠的能量支持才能够完成。③企业技术创新系统与外界进行信息交换。当今是信息化的时代，创新项目的顺利进行，必须依靠信息的持续输入输出，研发人员通过互联网等多种传媒方式获得外部环境相关信息的输入，从而了解关于产品研发的最新消息；同时，研究与开发工作人员选择合适的媒体渠道发布。

4. 涨落特征

前面已经说明随机涨落对于系统更新的作用，低碳企业系统通过随机涨落和连锁效应推进低碳企业系统向前发展，随机涨落是低碳企业系统演进的充要条件。在开放型系统中，随机涨落对低碳企业系统有明显的推动作用，随机涨落也是低碳企业系统有序规范演化的原因。通过仔细研究发现，低碳企业的创新过程是很复杂的，这个过程会遇见很多随机涨落因素，主要分为两种，即内涨落和外涨落。众多外部和内部的微小涨落通过非线性的相关作用和连锁效应，产生巨涨落，引起系统突变，推动低碳企业自主创新的发展。

（1）诱导低碳企业创新的内涨落因素。企业家和员工诱导低碳企业内涨落的核心因素：①企业家。每一位企业家都具有其自身的创新偏好，其偏好往往对于创新的发展具有特殊的作用；②企业员工。人才是创新的活水与源泉，企业员工的创新思维所产生的创新性的点子和建议都具有一定的适用性，尤其是进行技术改造的过程中，企业员工的创新点子可以推动企业创新效益的提高。

（2）诱导低碳企业创新的外涨落因素。诱导低碳企业创新的外部涨落因素主要体现在以下三个方面：①市场需求和竞争。企业自主创新系统应对市场需求、消费者预期、用户创新思维、竞争对手变动等随机涨落因素要做到特别重视，实时监控低碳企业创新系统的运作过程和方向；②科技发展。科技发展对企业生产方式、管理方式等产生翻天覆地的影响，高层管理者作为企业发展的掌舵人，必须时时关注企业内外前瞻性技术的最新动态，掌握其涨落情况，并对其发展前景及市场前景进行科学的预期；③政府政策变动。企业家应当关注国家的政策走向，审时度势，把准企业自主创新系统的演化方向。

8.2　低碳企业创新体系要素解析

8.2.1　低碳企业创新体系要素构成

1. 观念创新

观念创新是企业创新的先导。超前的科学思维和经营战略可以使一个默默无闻的企业迅速壮大，甚至突飞猛进，成为业界黑马；反之，落后的科学思维和经营战略也会使经营状况良好的企业不断衰退甚至倒闭。当今世界信息量激增与变更速度加快的现状迫切要求低碳企业在运营的过程中，跟随飞速发展的时代脚步，不断汲取新知识、新思想和新理念，从而推动低碳企业的生产经营与国内外经济发展相适应。

(1) 知识资本观念。知识是一种无形资产，其融合在科技文献及产品、科技人员的大脑之中，一旦被开发就会产生巨大的威力。高新技术相关知识是推动社会进步的重要助推器。企业必须要树立知识资本的观念，用高科技知识为企业发展注入活力，使企业内形成“尊重知识，尊重人才”的氛围，从而使企业能够在激烈的市场竞争中保持良好的竞争力。

所谓知识资本是指能够转换为市场价值的知识，是企业所能够带来利润的知识和技能。知识资本实质上是企业全部资本的总和。知识资本概念是对传统资本概念的有效扩充，这一概念可以将企业的基本活动整合在知识资本的运动中。在知识资本理论中，企业的目标是知识资本的积累、增值和实现，是知识资本的营运，知识资本是知识经济时代企业赖以生存和发展的根本动力。

(2) 智力资本观念。智力资本是指一个企业两种无形资产的经济价值：组织资本和人力资本。在知识经济中，人力资源的地位日益重要，实际上，知识经济是智力资源消耗型经济，它主要依赖于知识、智力的投入。可以说，知识经济是以智力资本的投入为主的经济，智力资本尚未提出正是人力资本理论深化和知识经济发展的结果。

经济发展与社会进步要依靠高技术人才，现今社会的竞争就是人才的竞争、智力的竞争、知识的竞争。人才竞争已经成为世界关注的焦点，优秀的人才已经不仅是本土企业竞争的对象，也是国际企业的重点发掘对象。企业要想保持长久的竞争力，必须要重视人才，加大智力资本投入，通过不断挖掘低碳企业员工的技术、观念等方面的创新思维，尽最大可能地通过激励措施调动员工的积极性，开发员工的工作潜能，做到人尽其用。

(3) 全球竞争观。电子、信息、网络技术的发展与普及化应用，加快了全球经济一体化的发展进程，大大缩短了 B2B、B2C 之间的距离。随着生产、市场和消费的国际化，企业的发展必须开拓国外市场并引用先进的科学技术。因此，每个企业都必须树立全球意识的国际化经营观与全球化的竞争观，否则，止步于本行业和本地区的单一化经营，会逐渐失去企业的竞争力。

(4) 持续发展观念。企业的持续发展应是企业生存发展的必然要求。企业的发展不仅要立足于眼前，还应该高瞻远瞩，为企业的未来发展做好准备。因而，企业不仅要有长远的眼光和长期的打算，寻找能够促进企业成长的消费群体，按照消费群体的产品需求进行企业的经营管理，与他们建立长久的粘性关系，为客户提供更加人性化的服务，从而获取更多的收益报酬；同时，企业要有公益心，既然企业所必需的资源都取之于社会，那么企业也应该尽已所能回报于社会，多做益于民族振兴和国家富强的公益事业，如此企业才可能有长久的生命力。

(5) 企业文化观念。企业文化是企业的“软”财富和潜能源。企业的发展必须树立正确的企业文化观念。第一，塑造企业价值观。企业价值观是企业主体从事各种与企业有关活动中所具有的信念、规范和信条，是企业文化的基础和核心。第二，凸显企业的气质个性。随着国内外市场竞争的日益激烈，如若企业的经营没有自身的特色、产品没有自身的特性、管理没有独特的气质，就不能使企业区别于众多的企业群，也就很难长久地自立于国内外市场之林。

2. 技术创新

根据技术创新要素的性质和作用，从技术和非技术要素视角将低碳企业技术创新要素划分为以下五类：

（1）思想因素。思想因素是低碳企业创新要素中对企业参与市场竞争最强有力的影响因素之一，由使命、愿景、创新战略核心、价值观和创新文化组成。企业的创新观念，主要通过高层管理者在了解现有市场的基础上，提出满足广大客户精神和物质需求的产品概念。低碳企业要想在变幻莫测的市场中占据一席之地，企业不仅要考虑自身发展需要，而且要根据市场和客户的价值观不断进行战略调整，适应企业的发展需求，这就是所谓的战略创新。在企业的文化创新过程中，企业应当主动破除脱离实际、背离大环境的企业文化，进行匹配环境的文化创新。

（2）技术因素。技术因素是企业在技术创新过程中的技术开发活动总称，主要包括基础性的技术发明和技术革新以及技术引进、消化、吸收和技术的再创新。技术因素是企业进行技术创新的原动力，企业通过技术的发展、进步生产和改进产品，创造新的市场需求，实现技术价值的市场化。国际间的低碳技术转让很重要，从发达国家引进先进的技术是发展低碳技术并最终向低碳经济发展的捷径。国际间的技术转让能够一定程度上地解决我国低碳技术缺乏的问题，促进关键低碳技术的不断突破与改进。当然，我国企业实现低碳经济的根本出路还在于提升低碳技术的自主创新能力。

（3）产品因素。产品因素是低碳企业在创新活动中面向客户最直接的表现形式，内容包括产品构思、产品设计、产品工艺等因素。其中，产品有新产品和二次开发后的产品两种。产品工艺的创新对企业降低成本和提高市场竞争力、推动产品创新等至关重要。低碳企业的成败与产品要素能否在市场中占据一席之地密切相关，市场对产品的接受度越高，企业在产品创新方面的投入就会越多。

（4）市场因素。市场因素是低碳企业开展市场拓展和产品推广活动的总称，具体包括产品研发、市场拓展、新商业模式运营和市场营销几个部分。我们知道，优秀的企业运营模式会大大降低运营成本，从而为企业带来巨大经济收益，决定着一个企业在整条价值链或者价值网中的位置。产品商业化为低碳企业开辟新市场，获取更多的市场份额指明了方向。市场因素作用发挥是否充分决定了企业能否成功回收技术创新成本并获得预期利润。

（5）组织因素。组织因素是在低碳企业技术创新、产品研发和市场拓展等过程中，为其提供资源和人力保障以及管理支持。企业进行技术创新离不开人力、物力和财力的协同。其中，进行技术创新的行为主体是“人”，包括技术创新项目的负责人、科研人员和其他相关的组织成员。企业在技术创新活动中依靠“财”来支配企业的内外资源进行技术创新。企业进行技术创新活动中的“物”主要指原材料、场地等物质资源。在强化技术创新管理的过程中，要提高基层领导的思想素质、业务素质和管理能力，并采取行之有效的措施，保障基层管理、专业管理、综合管理作为一个整体的效能最大化。

3. 制度创新

制度创新就是变革企业原有的制度，重新制定顺应社会生产力发展的市场经济体制，重新建立适应现代化大生产要求的微观基础，从而优化构建科学的产权清晰、权责明确、管理科学、政企分开的企业制度。

（1）创新激励约束机制。现代企业大多将激励视为管理创新的一种主要手段，其重要性愈来愈突出。人的管理是企业管理的核心问题，低碳企业必须牢牢树立以人为本的理念，采用多种激励手段促进员工价值的实现，最终实现石油企业的经营目标。激励理论认为，需要可以引起动机，动机进一步转化为目标行为。因此，激励应从人的需要出发，积极构建诱导因素的组合，通过物质激励和精神激励促成目标行为的实现，其终极目标是满足人的需要。

对于企业来说，激励制度就是激励企业员工努力工作，实现员工个人价值与企业目标的规则。系统创新管理的关键在于激发全员的创新潜力和热情，努力实现创新目标。而这需要企业运用物质、情感等多种激励方式来鼓励企业员工进行个人创新与合作创新并能够最大程度上地容忍员工的创新失败。激励机制对于企业能否留住人才、人尽其用起着关键性的作用，激励主要包括环境、物质、精神和个人成长激励四种激励方式。

企业内部的创新激励政策对企业制度创新起着重要作用。企业人力资源开发与管理有两方面的主要内容：一是正确运用激励理论；二是如何充分调动职工的积极性。因此，企业要以职位设计分析为基础，建立健全职工绩效考评体系，合理设计奖励、惩罚制度，探索多样化的职工激励方法，综合运用各种激励因素，建立员工岗位业绩卡，以科学合理的刺激量，使职工的主动性和创造性作用发挥到极致。

（2）基础规章制度。基础规章制度是指企业进行内部资源管理的原则和程序，主要包括基本的规章制度、考核、评估、内务管理、培训和规范等，它是其他制度的基础。规章制度是各单位在职能履行过程中，以界定管理职责、规范管理程序、明确管理要求、落实检查考核为主要内容而制定的具有普遍约束力的制度规范，它是企业经营目标、管理理念的现实载体，是履行管理职能、实现管理目标的程序、方法和途径选择。成功的企业在规章制度实施方面具有共同的特点，那就是规范的规章制度编制或创新以及规范性规章制度实施的效果等因素较其他企业更为成功，而且在不断地、稳定地创新优化过程中，循环性升级式地提高规范性规章制度的实施质量，保持和增强科学高效的企业规章制度管理体系的高效运转功能。

4. 管理创新

管理创新指在一定环境下，企业把新的管理要素及其组合引入企业管理系统的创新活动，其主要通过对企业的生产要素与职能进行变化和组合，从而创造出一种更有效的企业资源整合范式。推动企业管理创新的要素主要有外部要素和内部要素两种。

（1）推动企业管理创新的外部要素。推动企业管理创新的外部要素包括市场变化引起的需求变化和市场竞争。

①市场变化引起的需求变化。企业是通过满足顾客的需求而发展的，通过创新，企业可以创造市场需求，即满足潜在的市场需求。为准确定位市场需求、推行低碳营销策略，就要让市场营销的一线人员全面收集信息，进行市场问卷调查；与此同时，扩大信息来源，建立健全市场信息系统，随时追踪市场需求变化，进行市场研究与预测，分析存在的市场机会和承担的风险；开展绿色营销，即低碳企业在市场调查、产品研制、产品

定价、促销活动等整个营销过程中，都以重视环保的“绿色理念”为指导。再结合低碳企业自身的情况，选准目标市场和企业发展的主攻方向。

②市场竞争。我国的发电行业目前属于寡头垄断市场，五大发电集团与其他非国家电力之外的公司，如以华润电力、长江电力等为代表的发电公司共同组成了中国的发电产业，目前发电市场是一个可大力引入竞争的市场，只有通过激烈的市场竞争才能使企业产生强烈的危机感和紧迫感，促使企业进行竞争性的研发活动，提高发电系统的技术创新效率。激烈的竞争可以引导使企业进行适应市场需求的创新。要想取得竞争优势，低碳企业只有树立勇于创新的思想，采取措施努力适应市场需求的变化，推行低碳营销策略。在实施低碳营销策略过程中，低碳企业要改变原有模式中缺乏对市场分级制度和代理商销售商发觉欠缺的问题，有意识地培养不同方面的代理商，开拓其他市场，为产品的销售开拓市场渠道。

（2）推动企业管理创新的内部要素。

①资本与成本。资本是企业进行管理创新的助推器，其在企业内部表现为成本，在企业外部表现为投资。成本控制创新是低碳企业管理系统必不可少的组成部分。为达到石油企业成本管理的目标，各成本控制主体必须有效控制企业的成本费用。低碳企业生产现场成本控制的施控主体是现场生产管理人员，在实际管理中，既要有统一的现场组织领导机构，又要按控制对象划分方式，组成相对独立的成本项目小组。按照可控性原则和能级原理，明确各个成本责任中心的责、权、利和信息传递路线，以利于明确责任，便于考核，堵塞漏洞，提高工作效率。

②劳动者素质。劳动的实质是劳动者的问题，是人的问题。在相同条件下，劳动者投入的劳动量越多，质量越高，效益就越高。劳动投入的增加可以是劳动时间和劳动强度绝对值的增加，也可以是有效劳动量的增加，即创造性劳动量的增加。为更好地提高综合管理的效能，低碳企业可以在员工中普及企业管理的基本原理，如要素有用性原理、动力原理、能级原理、系统整体性原理、反馈控制原理等，使管理者从一个更宏观的层面来把握低碳企业的管理，进而更好地指导专业管理，形成系统管理的理念。

③科学技术发展。管理创新依托科学技术的发展：管理就是在管理科学的理论研究和管理实践的发展过程中，吸收社会学、经济学等科学的最

新成果，从而影响管理创新。低碳企业通过应用创新知识，采用新技术、新工艺、先进的经营管理模式和新的生产方式，来不断提高产品质量，研发生产新产品和服务，以占据市场、实现企业价值。而企业的技术进步主要有三方面的来源：自行研制、引进技术、自行研制与引进技术相结合。现今，低碳技术创新决定着低碳企业管理创新的水平，是先进低碳企业发展的根本源泉，它日益成为管理创新的重要形态。在低碳技术创新实施的整个过程中（研究开发—形成产业化—市场推广应用），都蕴含着管理机理和方法。

④创新观念。在科学技术创新领域，资本运营实质上是观念在主导，创新观念虽然无形，却是企业进行管理创新的重要因素之一。奈斯比特曾指出："当今的社会不只是一场技术革命或计算机革命，更是一场思想观念上的革命"。管理理念的创新是低碳企业开展管理创新的前提条件，是低碳企业生产经营活动的指导思想和行动指南。在日益激烈的市场竞争和低碳发展进程中，低碳企业要想取得生存和发展，首先要在低碳方面进行管理观念创新，冲破传统、粗放式的管理模式的束缚，综合运用现有的管理知识和管理技术，逐步推行观念创新。

8.2.2　低碳企业创新体系要素结构模型

前一小节简单分析了低碳企业创新体系要素，这一节阐述一下低碳企业创新体系的功能要素，功能要素也就是行为主体之间的联系与运行机制，其主要包括管理创新、观念创新、技术创新和制度创新的机制和能力。低碳创新体系各要素结构如图 8－2 所示。

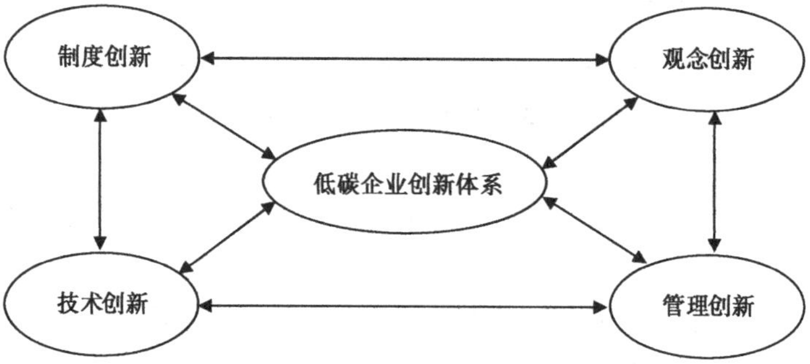

图 8－2　低碳企业创新体系要素结构图

技术创新不是单纯的成果转化过程，还是对资源的重新配置，也是企业为了未来发展的投资行为。观念创新是低碳企业基础创新的前提，制度创新为低碳企业技术和管理创新提供了保障。技术创新为制度创新和管理创新提供了物质条件。管理创新为技术和制度创新提供了管理保障。企业各创新要素的结构模型包括以下内容：

(1) 技术创新要素结构模型。企业技术创新是企业多种行为共同作用之后的结果，主要包括技术研发、产品设计、市场调研、组织结构以及思想观念等要素，以上要素之间关联性非常密切，通过相互作用共同构成企业技术创新活动。以上提出的五个要素之间的关系可以用“先导、联动、支撑、制约”来描述。其中，思想因素肯定是技术创新产生的前提，该要素为技术创新起到了引导和精神支持作用。技术、产品及市场三种要素具有联动性，彼此牵引和推动，是企业技术创新的核心要素。组织因素对技术创新来讲可以说是一种特殊要素，组织作为企业正常运营的一个“框架”，对技术创新涉及的方方面面的要素进行管理、支持和保障。思想因素为组织因素开展技术创新指明了方向，组织因素又为思想要素顺利执行提供了支持，思想、技术、产品、市场和组织这五种要素间的相互关系具体如图 8-3 所示。

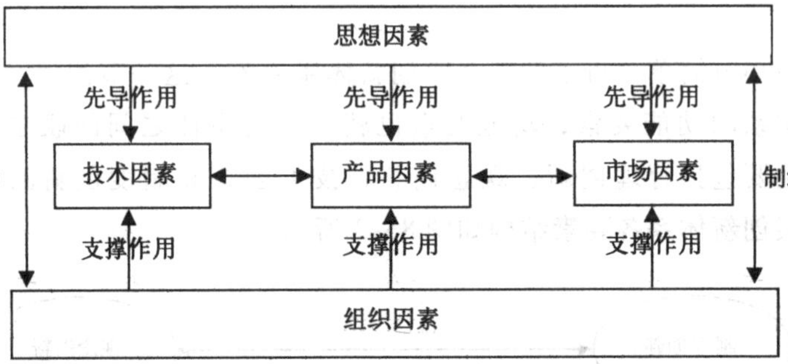

图 8-3　技术创新要素结构模型图

(2) 观念创新要素结构模型。当前是知识经济时代，企业的发展不能单纯地追求经济利润，也应该树立企业专属的企业文化观念。观念创新要素结构模型如图 8-4 所示。首先，塑造企业专属价值观。企业价值观是企业参与市场活动过程中形成的信仰。形成的信仰对维护企业经营宗旨、规范员工日常行为以及向企业外部展示自身形象起到重要作用。其次，努力打造企业专属的特质。我们知道，同质化的市场竞争对于企业发展来讲异常艰难，想要在市场的夹缝中脱颖而出，企业必须创造出其他企业没有的东西，那就是企业的特色产品，让消费者有更多的选择和更好的体验，对企业命运至关重要。观念创新要素结构模型如图 8－4 所示。

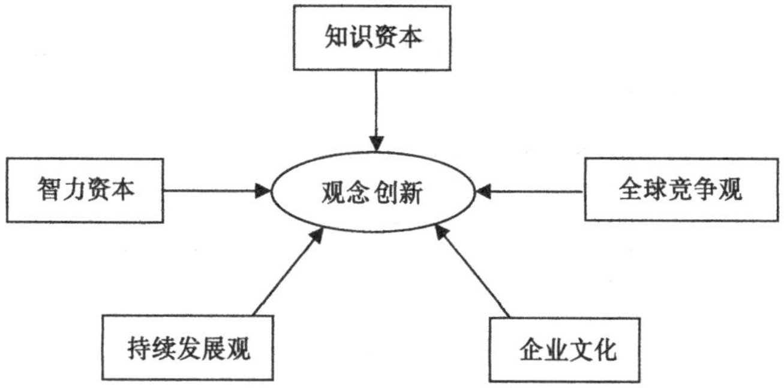

图 8－4　观念创新要素结构模型图

（3）制度创新要素结构模型。制度创新主要涉及产权制度创新和公司治理结构创新两部分。制度创新的本质是对权利和利益的重新调整与分配。具体要素结构模型如图 8－5 所示。

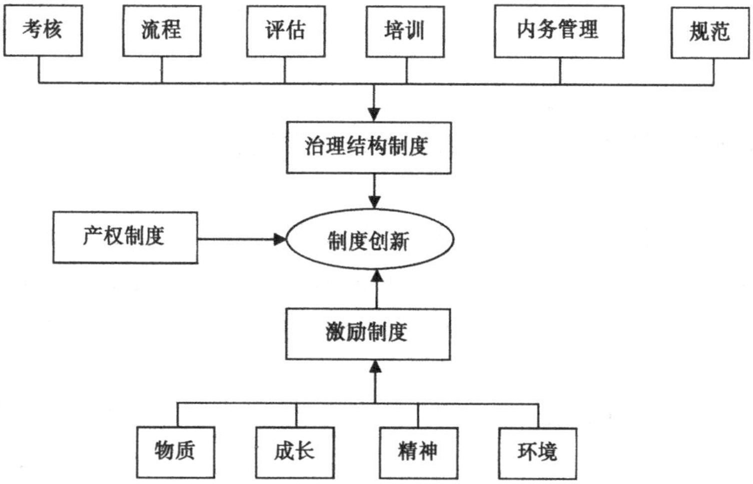

图 8－5　制度创新要素结构模型图

(4) 管理创新要素结构模型。随着全球气候变暖的加剧，推行低碳发展、实施节能减排已成为全球性的共识。2009 年年末闭幕的哥本哈根气候会议更是把低碳经济推向了高潮，未来的国家竞争很可能是低碳经济的竞争。在此背景下，企业要满足低碳发展要求、实施节能减排，就要进行管理创新。

管理创新要素结构模型主要由外部因素和内部因素两部分构成，其中，外部因素主要包括市场需求和市场竞争。内部因素主要包括资本和成本、劳动者的素质水平、科学技术的发展以及员工和管理人员的创新观念。具体结构模型如图 8－6 所示。

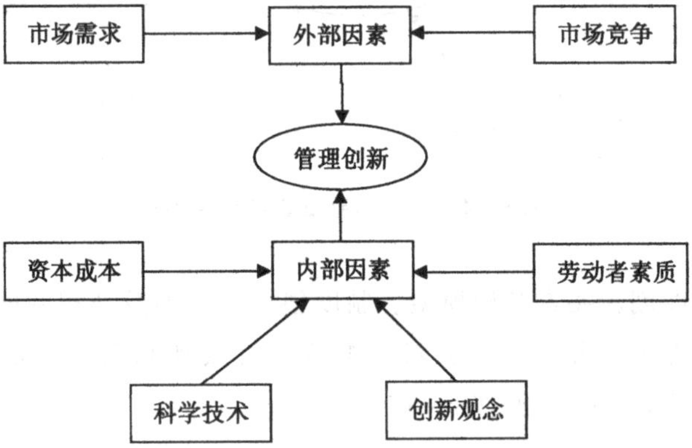

图 8－6　管理创新要素结构模型图

8.2.3　低碳企业创新体系要素作用关系

低碳企业创新体系要素之间的关系可谓错综复杂，企业具有系统性特征，各创新体系要素之间都是有机联系的，对任何要素的不重视或者关注度不够，都可能让企业产生不必要的损失。各要素具体作用关系如下：

首先，观念创新是企业创新体系的引领者，观念创新对企业创新来讲起到引路人的作用，与技术创新、制度创新和管理创新密切联系，共同形成了企业创新体系的有机整体。任何管理都是由人来实施的，而人的行为受思想支配，所以，应以观念创新为先导，只有用新思想才能更好地推动低碳企业创新的开展。在科学技术快速发展和日益激烈的市场竞争中，低碳企业要取得生存和发展，必须让每位职工树立创新观念，在自己的岗位上敢于积极创新，从“要我干”转变为“我要干”，化被动为主动，牢牢树立市场意识、生存意识和危机意识，从自身做起。通过观念创新，推动低碳企业的不断向前发展。

其次，技术创新是企业创新发展的中坚力量，技术创新与制度创新存在不可分割、相辅相成的关系。技术创新是管理创新的物质条件和保障，管理创新为技术创新提供适宜性管理措施，通过优化人才、资源以及资本的配置，变革与更新原有的体制机制、管理制度等，让企业达到一个较佳的状态，尽可能地让企业充满积极因素，从而增强企业向心力。技术创新的成果对企业、产业甚至区域经济来讲都可能起到重要促进作用，这也是无论是国家层面还是企业层面均注重技术创新的原因。不管是管理创新或技术创新都需大量的资金投入，技术创新与管理创新二者要相互促进，管理创新为技术创新的进步提供强有力的保障。一方面，技术创新为管理创新提供强有力的支撑条件和内在驱动力。技术创新能发现管理创新的不足之处，将需改善的信息反馈到管理体系之中，使管理制度日臻完善；另一方面，管理创新有助于提升技术创新水平。

再次，制度创新是企业创新发展的重要保障，制度创新为技术创新提供了制度保障，具体来讲，可以对技术创新员工提供精神层面或者物质从层面的激励，提高员工的积极性和主观能动性。实际上，制度创新具体体现为现代企业制度，其中管理科学化是现代企业制度的一个极其重要的特征，可以进一步理解为制度创新的基本内容之一便是管理创新。而事实证明也是如此。因此，这两种创新是密不可分的，具有一体的两面性。制度创新与管理创新相互促进，共同作用为企业运营保驾护航。制度创新是管理创新的动力源，管理创新是制度创新的加速器。

最后，管理创新是企业创新发展的重要支撑。在低碳企业中，若在进行制度创新的同时，管理创新未同步进行（即未建立起与之相适应的内部管理方法、管理手段、管理机制），仅有完善的市场环境和清晰的产权组织架构，并不能真正体现现代企业制度的内涵，也不会有效地提高生产效率和经济效益，现代企业制度并未真正建立起来。在管理创新过程中，除运用创新的技术成果推进管理创新不断发展外，更为重要的是如何利用管理创新来促进技术创新潜力的充分发挥。管理创新从组织、运行方式、体制、资源配置效率等方面为技术创新提供内在保障，使企业获得永续的发展优势。

8.3 低碳企业创新体系运行模式

8.3.1 竞争式模式

(1) 技术竞争情报服务模式。技术竞争情报是一个集信息获取、企业运营监控、数据分析以及企业风险预警的综合过程，此处提到的信息主要指对企业发展产生影响的信息。该模式的主要作用通过技术手段检测和分析同行业竞争对手的相关信息，当然也广泛应用到检测自身企业运营的方方面面，旨在通过检测和分析，为企业技术创新、管理创新、制度创新和观念创新等提供客观的参考依据，尤其为企业进行战略制定和创新管理提供支撑。在开放式创新环境下，技术竞争情报服务模式可以通过检测外部市场创新动向，做到知己知彼，方能为企业自身创新体系完善提供指导，如果检测到对企业创新有重要价值的潜在技术，可以引进吸收提高企业市场竞争力。

想要实现技术创新，必须要搜集到必要的信息，中介机构的存在为技术竞争提供了必要的情报服务。中介机构提供的信息主要包括技术供求信息、人才供求信息、政策环境信息、投资环境信息、产品供求信息等，是信息的集会中心，是信息体系建设的重点，是技术创新体系发挥作用的基础。信息化促进工业化、现代化，对于企业发展有着十分重要的意义。技术创新是构建企业创新体系的核心。在 IT 技术迅速发展和全面渗透到各行各业的今天，企业信息化是技术创新的必然途径，只有以信息化促进工业化、现代化，才能在企业群龙齐舞的区域特色经济中，培育和发展一批领航企业，打造先进的制造业基地，提高产品的技术含量和市场竞争力。

(2) 技术竞争情报服务与开放式技术创新的关系。技术创新体系是一个开放性体系，技术创新体系中的流动因素不仅仅来自于城市区域内部，还包括很多区域外甚至国际因素，如进口原材料、国外先进技术等，对技术创新有影响的外部信息应当建立专门的收集机构。科技企业由于缺乏必要的和正规的信息来源渠道，获得信息的能力较弱，导致了企业在创新问题上的片面性。不少企业在技术创新活动上既缺乏对外部环境的认识又缺乏对自身条件的正确估计，对技术创新项目，盲目贪大求全，而不顾自身配套投资能力和技术条件，结果导致开发周期过长，创新时间效应和联动效应降低。对于面向市场的企业自选项目，又突出“短平快”，缺乏长远眼光，使创新项目后劲不足。低碳企业技术创新是一个为满足用户需求不断寻求解决方案的过程。解决方案的关键就是如何获取并利用创新资源的问题。在开放式创新模式下，企业外部拥有相当部分的知识技术资源，如何高效地将企业外部资源与企业内部资源有机结合，对低碳企业取得突破性创新成果具有重要意义。由于低碳企业开放式创新牵扯多个领域，不同领域需要多元情报内容和方法支撑。并且低碳企业竞争的核心要素是在内外部评估的基础上产生有价值的要素。技术竞争情报在开放式创新中的作用流程如图 8 -7 所示。

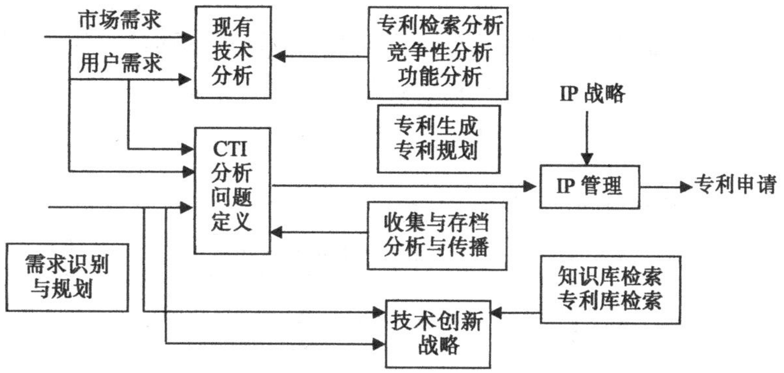

图 8 -7　技术竞争情报在开放式创新中的作用流程

（3）面向开放式创新的技术竞争情报服务模式。获得全面的创新信息固然重要，但是要获得这些信息背后真正有价值的信息则更为重要。诚如美国宾夕法尼亚大学的一位教授所言：“我们看重的不是信息本身，而是通过筛选，得到确实需要的信息。”为此，企业有必要建立竞争情报系统，加强信息的集成管理，利用情报信息缩小和消除技术创新的风险和不确定性，为企业在项目选择方面的可行性研究和企业发展战略研究提供有效的辅助决策。首先，应进一步强化竞争情报意识，完善竞争情报工作制度；其次，应加快人才培训，优化竞争情报服务。目前，企业都有自己的信息部门，该部门员工的职能就是搜集、筛选、组织和编排各种信息，帮助企业其他部门获取各种信息。这种本领也正是创新工作者最需要的，因为随着网络信息交流在技术创新活动中地位的提高，获得信息和知识的能力已成为创新工作者的核心能力。因此，企业的信息服务部门在提供信息服务的同时，应承担起创新工作者的网络信息技能培训任务，向他们传播获取网络信息的最新技术以及通报网络专业信息源的动态变化，帮助他们提高利用网络搜索信息的能力，掌握网络导航的本领和创新信息源的分布等知识技能。这样，企业科技创新人员就能在个体化信息服务和自我信息服务相结合的条件下满足对科技创新的信息需求；最后，应促进企业信息的集成管理。企业各科研部门的信息，存在被各自为政的利益群体或极少数的个人所掌握的现象，处于分散式、分片式管理状态，不仅不利于信息的共享，而且很容易造成信息的流失，因此有必要建立一个统一的操作平台，将这些信息集中起来管理。通过剖析技术竞争情报模式和开放式技术创新的关系，针对低碳企业提出了面向开放式创新的技术创新竞争情报服务模式，旨在为低碳企业提供第一手信息，涉及企业内外部环境、创新发展的目标及任务等。因此，要确定目标实现的条件以及实现目标的路径，从而为低碳企业决策提供依据，具体模式如图 8－8 所示。

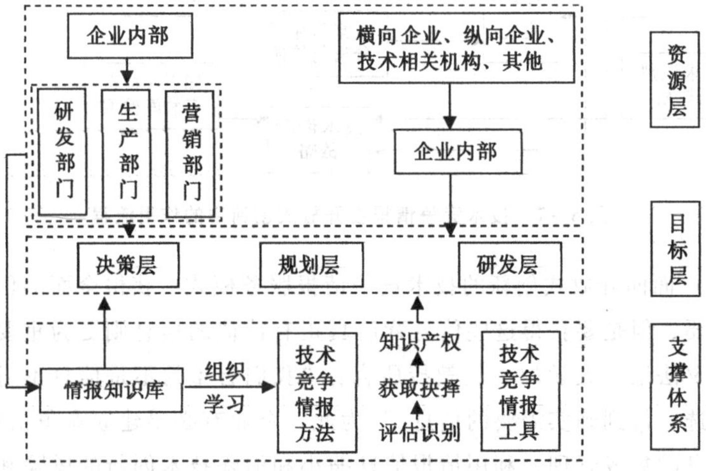

图 8－8　面向开放式创新的技术竞争情报服务模式

8.3.2　融合式模式

所谓融合创新，指低碳企业在参与市场竞争过程中，通过对信息、技术等资源的重新分配，促进多个技术间的相互辐射和融合，从而产生新技术、新产品的过程。融合式模式包括复制式、改良式和嫁接式三种。

（1）复制式融合。企业产品设计、生产及所用零部件均来自于外部资源，该模式通过引进外部技术生产产品。这种模式最大的优点就是避免企业在研发过程中产生大量的沉没成本，另外，对企业创新能力要求相对不高。初创型企业一般采用复制式融合模式进行企业经营。

以向国外学习新技术为例，企业通过对外直接投资在国外进行多样性嵌入，企业利用获得的知识、技术和市场（Wan & Hoskisson，2003），以进一步获取竞争优势，增强其整体国际竞争力（Kim et al.，2010）。企业可以嵌入具有多种技术和管理实践的环境中，环境中的知识多样性为学习提供了更强大的基础，提高了国内公司学习和利用这些要素进行重新组合以提升企业技术、管理能力的可能性，同时海外子公司的增加可以帮助企业通过更多渠道获取东道国的知识要素或合作机会，更有利于企业“学习效应”的发挥。尤其当企业投资到市场制度发展更好的发达经济体时，海外子公司可以帮助国内公司获取先进的治理经验，改善其组织学习，并从知识溢出中获益，主要源于这些国家集中了中国企业所需的高附加值的经济功能和技能（荣大聂和提洛·赫恩曼，2013），如当地技术、管理的先进性、客户的复杂性和快速变化的需求促使他们不断改进和创新（Rabbiosi et al.，2012），而这些都有助于中国企业在技术（毛其淋和许家云，2014；赵宸宇和李雪松，2017；姚惠泽和张梅，2018；韩先锋，2019；蒋冠宏和蒋殿春，2014；袁东等，2015；戴翔，2016）、公司治理（赵海龙等，2016）等方面的提升。

（2）改良式融合。企业在该模式下主要是通过将引进的外部技术进行优化改良，研发出与原产品具有差异性特点的新产品。该模式对企业的二次开发技术水平及财务投资能力有较高的要求，但是相对技术创新来讲，改良式融合创新可以降低企业的研发成本，形成的差异化产品在市场上也有一席之地，为企业生存积累资本和经验有重要意义。发展初期的企业一般采用改良式融合模式，尤其在产品技术形态还不够完善的时候，大量的企业为了抢占先机会，涌入市场争取获得具有自主知识产权的技术标准。

技术引进消化吸收再创新通常是指先引进国内外的先进技术，然后以此为基础，充分学习、消化、分析和研究国外先进技术，能够为己所用，充分整合并调动企业内部各种资源，进行技术创新，从而实现从技术引进到消化吸收最终实现二次创新的一个过程。这种方式实际上是企业提高自主创新能力和增强竞争实力的主要形式，也是相对比较容易实现的方式。部分原因是技术具有溢出性、可转让性等特点，使引进技术并在此基础上重新消化吸收同时实现二次创新成为可能。同时，技术引进消化吸收再创新可以弥补企业技术的不足，大大节省经费投入以及缩短创新周期，降低创新不确定性所引发的风险。纪宝成和赵彦云在研究中国走向创新型国家的要素时，指出以市场换技术、大型工程项目中的仪器设备或技术引进消化吸收再创新、关键部件或技术引入再创新三类创新方式值得重视。

(3) 嫁接式融合。企业在该模式下通过将各领域涉及的资源进行选择改进，形成科学、合理的结构形式，然后将新的结构嫁接到低碳企业原有的技术母本上，从而实现各单元的高度融合。把企业原有的核心能力，与从外部引进的技术项目中所蕴含的技术和知识相融合，构筑和培育企业的技术核心能力。其中企业原有的核心能力是企业长期自主研究开发的结果，而从外部获取的技术知识则可以通过技术项目的引进、技术合作项目开发等途径得以实现。采用这一模式的企业必须具备以下条件：一是外部项目所蕴含的技术知识与企业自身研究开发项目所蕴含的技术知识具有较强的相关性；二是企业具有对外部项目所蕴含技术知识的消化吸收能力；三是通过消化吸收学习得到的知识必须与企业原有积累的知识进行融合，创造新的内外知识的连接方式和知识结构，使外部知识内生化，使之具有本企业的特性。只有实现外部技术和内生技术能力的结合，产生新的整合技术，才能实现技术跨越。而技术跨越是后发企业获取和实现技术核心能力的必要途径。该模式对具有市场竞争力的新产品开发具有积极促进作用，可以利用先机优势迅速占领市场，获取高额利润。当然，该模式对企业财力和研发水平要求较高，一般适用于实力雄厚的大型企业或者高科技企业。三种融合模式对比如表 8 - 1 所示。

表 8-1　三种融合模式对比表

	复制式融合	改良式融合	嫁接式融合
自主技术/外源技术	较低 外部技术占据核心地位，企业自主创新水平较低，核心技术依赖外部引进	相对较高 自主创新部分核心部件技术或对产品架构进行部分重组，其余外部技术引进	较高 关键技术依靠企业自主创新，外部引进的仅仅是外围技术
实施基础条件	对自主创新能力要求较低；与外部技术网络存在联络能力	存在一定的技术潜力和财务实力	对技术和财务实力有较高的要求
适用对象	初创企业或产品处于生命周期成熟期后期，外部技术相对成熟	成长期的企业或产品市场处于发展前期	大企业或高科技企业，产品处于萌芽期
优势	研发成本较低，反应迅速并满足市场需求，规模经济，后发优势	研发支出较少，能积极响应部分市场潜在需求，进行差异化或标准化战略	拥有核心自主技术研发能力，市场优势明显
劣势	技术依赖	核心技术依赖外部	高昂的研发沉没成本，路径依赖，研发速度慢
战略转折举措	降低运营成本，学习并积累技术基础，培养自主研发能力	增大自主研发投入，掌握核心技术的自主知识产权	追踪外部技术前沿，积累技术基础，培养核心技术及转换能力，提高市场反应速度
案例	戴尔及我国大部分制造企业	联想、海尔等	华为、苹果、谷歌等

8.3.3　垂直分工式模式

垂直专业化生产体系内，产权结构最重要的特征是知识产权的联营和裂变。完整的产权结构包括所有权、占有权、支配权和使用权四项权能；所有权的持有主体是产权客体的合法主人，有权决定其他权能如何配置每项权能都可以在权能交易中，给其持有主体带来收益垂直专业化生产体系内将企业的资产分为可通过市场重新购置的一般性资产和构成企业核心竞争力的关键技术。其中，与知识产权相关的关键技术必须按照生产要求整合到最终产品中，以保证最终产品的技术完整性、功能特异性和不可或缺性，维持垄断或垄断竞争的产品市场结构。因此知识产权是垂直专业化生产体系超额利润的主要来源也是创新的核心资源和主要内容。在垂直专业化生产体系的分工格局下知识产权发生了联营和裂变：一是由于分工已经细化到了工序环节和生产模块，多个知识产权分属于不同生产进程的企业主体，所有权和支配权又因知识产权极低的扩散成本紧密地结合在一起，因此知识产权应通过所有权主体的决策实现“联营”。二是为了降低制造成本，提高体系内的经济租金总量，制造环节会由专业化制造商完成，但完成制造必须被授予知识产权的使用权，因此联营知识产权需要在产权结构内进一步实现使用权的“裂变”。所谓垂直分工，指通过研究企业在运营过程中的半成品进口、加工以及外包对低碳企业技术突破产生的重要影响。利用垂直分工模式的变量和模型揭示该模式的实质。

（1）变量说明。首先，VSI 代表垂直专业化比率，用出口的垂直专业化值除以出口值表示，是重点的解释变量。VS 代表出口的垂直专业化值，用某行业中间投入品与行业总产值的比率乘以该行业出口值表示。具体影响因素涉及企业规模 SCALE，该指标通过企业年平均收入来计算，属于模型的解释变量。INVESTMENT 代表行业投资规模，用基本投资与新投资之和表示，属于模型的解释变量。为了更加有效地反映企业创新能力，通过广泛阅读文献，归纳总结出采用专利数量、科技人员比例、研发支出占收入的比重三个指标反映。

（2）模型设定。采用面板数据模型分析方法，构建如下数学模型：

$$\mathrm{Ln}(patent_{it}) = a_0 + a_1\mathrm{Ln}(scale_{it}) + a_2\mathrm{Ln}(investment) + a_3VSI_{it} + \mu_{it} \quad (8-1)$$

$$\mathrm{Ln}(scientist_{it}) = a_0 + a_1\mathrm{Ln}(scale_{it}) + a_2\mathrm{Ln}(investment) + a_3VSI_{it} + \mu_{it} \quad (8-2)$$

$$\mathrm{Ln}(fee_{it}) = a_0 + a_1\mathrm{Ln}(scale_{it}) + a_2\mathrm{Ln}(investment) + a_3VSI_{it} + \mu_{it} \quad (8-3)$$

其中，i 代表具体行业，t 代表具体年份；*patent* 代表具体行业专利申请数量；*scale* 代表本土企业规模；*investment* 代表具体行业投资规模；*VSI* 代表具体行业垂直专业化比率。一般来讲，面板数据模型构建首先要进行模型类型判定，即判定选择混合数据、变截距还是变系数模型。普遍采用 F 假设检验方法，包括两个基本假设：

假设 1：不同横截面样本点的斜率相同，但截距不同，所以模型属于截距模型。

假设 2：不同横截面样本点斜率相同，所以模型属于混合数据模型。

构建 F 统计量，主要采用 OLS 估计变系数、变截距和混合数据模型，测算出残差平方和 $S1$、$S2$、$S3$。

$$F_1 = \frac{(S_3 - S_1)/[(n-1)(K+1)]}{S_1/[nT - n(K+1)]} \sim F[(n-1)(K+1), n(T-K-1)] \tag{8-4}$$

其中，n 为横截面数，K 为解释变量个数；T 为时期数。

$$F_2 = \frac{(S_2 - S_1)/[(n-1)K]}{S_1/[nT - n(K+1)]} \sim F[(n-1)K, n(T-K-1)] \tag{8-5}$$

若 F_2 低于某一置信水平下的零界值，则接受假设 2，即采用混合数据模型；反之，则拒绝假设 2，此时继续检验假设 1。

若 F_1 低于某一置信水平下的零界值，则接受假设 1，即采用变截距模型，反之，则采用变系数模型。

8.3.4　互补式模式

很多组织之所以缺乏活力和创新能力，许多创新努力的失败，都可归因于僵化组织各行其是的职能行为。任何一个单独的职能都无法使组织充满活力，各职能之间必须具有良好的协作和互动关系，才能保证创新过程的效率和产生持续的创新流。这种职能协作与互动不仅指一个企业内的各职能之间，而且还包括国际范围不同企业的职能之间，甚至不同企业之间以及企业与政府和研究机构之间。生产制造、市场营销和研究开发是企业的主要活动，也是企业创新（技术创新）所涉及的主要活动，对应的是三大职能部门。在完整的企业技术创新过程，三大职能部门都必须共同参与，它们之间的协作和互动程度将决定着企业技术创新的效率和水平。在企业中，职能互动、协作机制建立包括：团队作业、战略联结、R&D—营销界面等。

低碳企业通过充分利用互补性资产从技术创新中获得利润。由于互补性资产很难被其他企业模仿，通过将该资产与特定产品、技术及运营方式有机结合起来就会创造出有价值的产品或服务，为企业增加收益。尤其在低碳型企业中，技术创新是影响互补性资产协同的关键变量。除此之外，互补性资产有助于推动技术创新的商业化进程，可以调节技术资产与低碳企业绩效间的关系。

1. 互补资产与企业绩效

（1）理论分析与研究假设。技术创新包括技术研发和商业化。后者是为了获取高额的利润，因此，企业的技术资产只有与互补性资产协同配合，才能发挥出效用。产学研合作的过程就是一种集技术研发和商业化于一体的过程。它既是一种学术性的产业活动过程，又是产业性的学术活动过程。在合作技术创新活动中，企业作为创新主体对技术的有效需求和高校、科研机构的相应技术供给是合作技术创新赖以形成的基础和前提。也就是说，企业在自身技术力量缺乏的情况下，以资金作为吸引，向高校和科研机构发出技术需求信息，高校和科研机构在产学研创新活动中的作用主要是以自身所拥有的较高技术实力向企业提供技术支持和充分发挥它们的技术优势及人才优势，将高校和科研机构的智慧充分运用到产业中来，为企业的发展提供智力支持，从而形成企业、高校和科研机构的资金与技术的逆向流动和合作。本书认为市场互补资产、生产制造互补资产和人力互补资产都能正向促进企业绩效的提升，并提出以下假设：

H1：建设企业互补资产有助于提升企业绩效水平提高。

H2：建设企业互补资产有助于提升企业绩效水平提高。

H3：建设企业互补资产有助于提升企业绩效水平提高。

（2）实证分析。

① 构建模型。

$$ROA/ROE = \alpha + \beta_1 MKA_i + Controls + \varepsilon_i \tag{8-6}$$

$$ROA/ROE = \alpha + \beta_1 MFA_i + Controls + \varepsilon_i \tag{8-7}$$

$$ROA/ROE = \alpha + \beta_1 HA_i + Controls + \varepsilon_i \tag{8-8}$$

其中，MKA_i 代表具体企业的生产资产；MFA_i 代表具体企业的市场资产；HA_i 代表具体企业的人力资产。

2. 互补资产协同、技术关联和企业绩效

（1）理论分析与研究假设。

①互补资产协同。互补性资产概念由 Teece 在 PFI 模型中提出，是指

与企业战略、技术、创新密切相关的能够帮助企业获取利益的资源和能力。因此，绿色创新的互补性资产可被定义为企业通过绿色创新提升绩效所必需的资源和能力。生产制造、市场和人力资源在企业中均属于互补性资产，三者协同产生的价值远远超过单一要素产生的价值。企业技术创新与互补性资产协调发展共同促进企业商业化。不同的互补性资产间协同对企业绩效水平起到重要影响作用。互补资产是创新主体彼此协同合作提升创新绩效的有效途径，通常具有独特的路径依赖性，其在体现价值的同时往往难以模仿，企业对互补资产的培育有利于形成竞争优势。Colombo 认为，互补资产可用性增加会导致企业研发投入的增加进而提升创新绩效。Tripsas 认为，现有企业与新企业商业绩效受技术能力和互补资产专用性两种因素的平衡和相互作用影响。创新主体根据这种作用影响，通过整合互补资产的资源优势与选择核心技术共同作用于自身技术创新能力形成与演进之中。因此，提出以下假设：

H4：企业生产资源与市场资源协同对企业绩效有正向作用。

H5：企业生产资源与人力资源协同对企业绩效提升有正向作用。

H6：企业人力资源与市场资源协同对企业绩效提升有正向作用。

H7：企业生产制造、市场与人力资源协同对企业绩效有正向作用。

②技术关联的调节效应。大量研究表明，技术关联有助于区域和产业的技术升级和发展。首先，从区域的角度来看，区域间保持紧密的技术关联能促进知识溢出，提高区域创新水平。邬滋（2017）通过测算中国各地区高新技术产业专利份额与专利申请数，证明高新技术产业创新产出与技术关联区域的创新溢出密切相关。随后，初大智等（2020）也实证表明，区域间技术关联程度提升到一定程度有利于知识溢出本地化，并建议执政区域从知识溢出中受益的地方政府高度重视区域间技术关联程度。其次，从产业角度来看，技术关联对产业创新发展具有促进作用，但促进程度在不同产业中有所差异。陈颂、卢晨（2019）重点研究 23 个传统工业行业，发现在行业内或行业间技术联系紧密的情况下，外企技术具有显著外溢效应，有利于促进本土企业技术创新。相对于传统产业，高技术产业之间存在大量基础技术知识的重叠与关联，技术溢出表现更为明显。如，郝均等（2020）研究发现技术密集型产业的技术关联能显著促进产业创新水平的增长。企业技术关联性较高时对企业发展有积极促进作用。尤其有助于充

分利用企业互补性资产，涉及公用设备、公用科研人员等。然而，技术关联度和互补资产协同发展呈正向关系时，企业绩效反而会下降。因此，提出以下假设：

H8：技术关联对企业生产、资源协同与企业绩效有逆向作用。

H9：技术关联对企业生产、人资协同与企业绩效关系有正向作用。

H10：技术关联对企业生产、人力资源协同与企业绩效有正向作用。

H11：技术关联对企业生产、市场与人力资源协同与企业绩效有正向作用。

为了更好地理解互补资产协同变量之间的关系，得出假设的模型图，如图 8－9 所示。

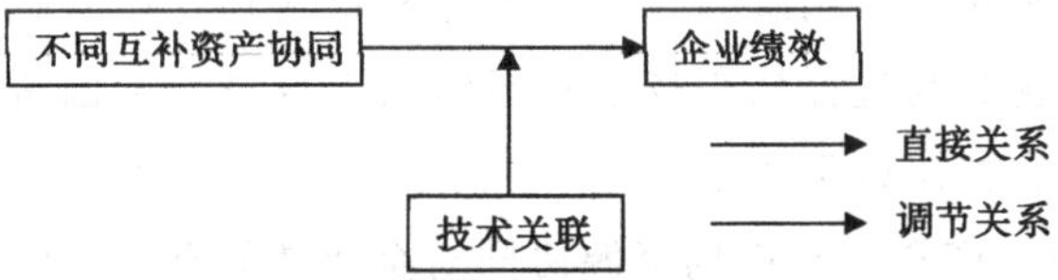

图 8－9　互补资产协同相关假设框架图

（2）实证分析。

① 模型构建。构造多元回归分析模型检验变量间相互关系。模型如下：

$$ROA/ROE = \alpha + \beta_1 MKA_i MFA_i + \beta_2 TR_i + \beta_3 MKA_i MFA_i TR_i + Controls + \varepsilon_i \quad (8-9)$$

$$ROA/ROE = \alpha + \beta_1 MKA_i HA_i + \beta_2 TR_i + \beta_3 MKA_i HA_i TR_i + Controls + \varepsilon_i \quad (8-10)$$

$$ROA/ROE = \alpha + \beta_1 MKA_i MFA_i HA_i + \beta_2 TR_i + \beta_3 MKA_i MFA_i HA_i TR_i + Controls + \varepsilon_i \quad (8-11)$$

其中，TR_i 代表具体企业的技术关联度；MKA_i 代表具体企业的生产资产；MFA_i 代表具体企业的市场资产；HA_i 代表具体企业的人力资产；MKA_iMFA_i 代表具体企业的生产与市场资产协同程度；MKA_iHA_i 代表具体企业的市场与人力资产协同程度；MFA_iHA_i 代表具体企业的生产资产与人力资产协同程度；$MKA_iMFA_iHA_i$ 代表具体业的生产资产、市场资产与人力资产协同程度。

3. 互补资产对技术多元化与企业绩效关系的调节作用

（1）理论分析与研究假设。

①技术多元化。技术的发展，往往促进企业的变革。在经济新常态的环境中，影响企业发展的不仅仅是环境变化的本身，技术的落后、设备的陈旧、技术人才的缺乏、流动资金的短缺等都影响施工企业的发展。在巨大的基础设施建设市场中，企业需要面对技术的突飞猛进和固定资产的更新换代，以适应新的环境。毫无疑问，技术是企业参与市场竞争获得长久竞争力的关键内容，在知识爆炸的今天，技术的多样化是企业创新的基本条件。为此，可以通过技术的相互关联以及协同效应促进技术创新的发展进程，从而提高企业收益。另外，多样化的技术对企业财务绩效管理以及市场监管有积极作用。根据上述分析，提出以下假设：

H12：技术多元化与企业绩效呈正相关关系。

H13：生产制造互补资产对技术多元化与绩效两者关系有积极促进作用。

H14：市场互补资产对技术多元化与绩效两者关系有积正向作用。

H15：人力互补资产对技术多元化与绩效两者关系有正向作用。

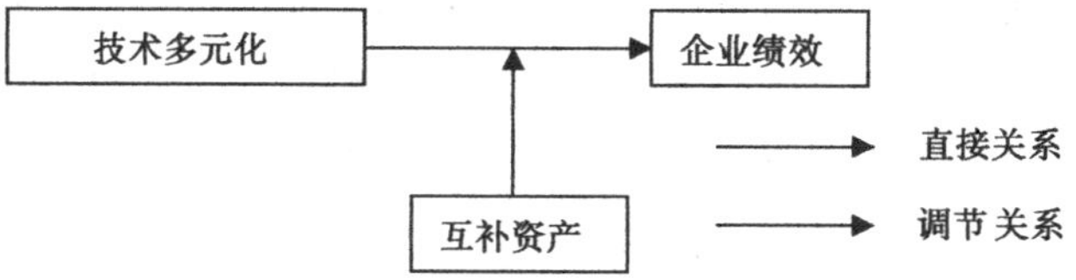

图 8－10　互补资产调节效应假设框架图

（2）实证分析。

① 模型构建。根据以上分析，采用多元回归模型检验变量间的相互关系。模型建立如下：

$$ROA/ROE = \alpha + \beta_1 TD_i + Controls + \varepsilon_i \quad (8-12)$$

$$ROA/ROE = \alpha + \beta_1 TD_i + \beta_2 MFA_i + \beta_3 MFA_i TD_i + Controls + \varepsilon_i \quad (8-13)$$

$$ROA/ROE = \alpha + \beta_1 TD_i + \beta_2 MKA_i + \beta_3 MKA_i TD_i + Controls + \varepsilon_i \quad (8-14)$$

$$ROA/ROE = \alpha + \beta_1 TD_i + \beta_2 HA_i + \beta_3 HA_i TD_i + Controls + \varepsilon_i \quad (8-15)$$

其中，TD_i 代表具体企业的技术多元化程度；MFA_i 代表具体企业的生产互补资产；MFA_iTD_i 代表具体企业的技术多元化与生产互补资产的乘积；MKA_i 代表具体企业的市场互补资产；MKA_iTD_i 代表具体企业的技术多元化与市场互补资产的乘积；HA_i 代表具体企业的人力互补资产；HA_iTD_i 代表具体企业的技术多元化与人力互补资产的乘积。

8.4 低碳企业创新体系运行机制

8.4.1 调控机制

为了确保我国低碳企业创新行动有条不紊地顺利进行，最终达到预定创新目标，国家必须对低碳创新行动制定调控机制，为了确保调控机制的有效性，具体应从以下几个方面确保低碳企业创新行为的顺利实施。

(1) 创新进度控制。通过对现有人力、物力、财力等资源的重新整合与分配实现低碳企业创新资源的充分利用，在发挥整合资源的作用基础上，严格把控低碳企业创新进度。这就需要相关部门按照预先制定好的低碳企业创新计划对未来发生的创新活动进行实时监控，从而实现对企业创新进度的全方位控制。重点关注创新活动是否按照原计划进行以及是否最大限度地利用创新资源，是否按照预定计划保质保量、按时地完成制定的阶段性目标。

(2) 财务成本控制。低碳企业通过控制财务管理对企业创新活动和项目进行管控，旨在通过成本控制提升企业收益。企业通过资金投入数量对各创新活动中的科研、决策、激烈等多个方面产生影响。目前，全球位居前列的企业在低碳企业创新这方面特别重视资金流的管控，尤其关注成本的管控。

(3) 风险控制。企业的创新过程中充满着风险与不确定性，为此，在创新体系构建过程中需要重视风险的识别与控制，而该体系的风险因素也将更为复杂和繁多，为此，有必要研究对应的风险控制体系。按照风险的来源不同，可以将创新体系中的风险划分为内源风险和外源风险，其中，内源风险主要来自创新体系内部，如成果转化风险、控制风险等，外源风险则主要来源于创新体系外部，如市场风险、联盟风险。而高新技术企业的双元创新是建立在创新积累基础上的创新突破，因此，对于风险的承受能力更为脆弱，为此，创新体系中的风险的识别与控制显得尤为重要，而风险控制过程可以进一步划分为风险识别、风险诊断、风险跟踪和风险应对四个方面。内部控制作为企业全面风险管理的重要手段，其风险管控水平的高低关系到企业研发风险应对是否得当：一方面，对由于信息不对称引发的研究项目论证不科学、不充分的研发风险，有效的内部控制可以通过提高企业内外部信息识别与整合能力，帮助企业明确市场需求、把握创新时机，通过建立高效的沟通机制，促使企业各级管理层、各个业务环节及时交换意见、提高创新项目立项效率；另一方面，对由于代理问题引发的如因管理层或大股东自利行为错失创新发展机会，因研发过程管理不到位等导致的研发成本过高，甚至因个别研发人员道德水平低下导致舞弊等研发风险，有效的内部控制可以通过授权审批制度、岗位责任制度和跟踪检查活动适当缓解。可见，有效的内部控制有利于降低研发风险，促进企业创新投入。

由于低碳企业创新过程存在很多不确定性和复杂性，并且企业受到本身现有的创新水平和企业综合实力的影响，都有可能导致企业开展的创新活动不能达到预期效果。特别提出的是，企业在创新过程中，面临决策、技术、财务、市场等多种风险，为此，只有通过建立科学合理的企业风险预警机制，完善企业相关制度、加强企业财务管理、提高企业决策水平以及完善企业技术创新机制，才能有效降低风险。

（4）信息反馈控制。创新离不开信息，信息是创新的基础和源泉。许多企业先后建起办公自动化系统，采用诸如传真机、文字处理机、计算机等一系列的现代化办公设备，并利用现代通信手段，把各地的设备连接起来，用于文字处理、资料查询和经济、神经模拟等、并在企业内外建立起各种网络（供应商网络、用户网络、专家网络、信息网络、合作网络、政府部门网络），以便能更全面、广泛、迅速地搜集、加工、处理信息，为企业创新提供丰富的信息储备。低碳企业创新是一项复杂的系统性工程，对企业综合能力要求很高，企业为了加强企业创新管理，必须对整个创新过程进行监控，这就牵扯到监控系统能否对收集到的信息进行准确评估的问题，为此，企业必须构建信息反馈机制。在反馈机制的作用下，企业可以实时了解企业创新的状况，并针对存在的问题进行实时调节，保障创新活动按照预期计划顺利完成。

8.4.2 动力机制

（1）低碳企业创新体系动力机制的功能。低碳企业创新体系的动力是由多种因素组合而成的对低碳企业创新有积极作用的要素。我国低碳企业在低碳经济背景下能否顺利开展创新活动并且保持可持续发展，动力机制是根本。动力机制是否有效和健全决定着低碳创新企业开展创新活动的效率和成败。因此，首要功能就是确保低碳企业创新活动顺利开展，然后就是确保创新效率和成功进行。

（2）低碳企业创新动力机制的构建。低碳企业构建创新动力机制，首先要构建政府动力，政府应该率先制定好低碳企业创新相关的科技、产业、财税、法规等相关政策体系，为低碳企业创新活动顺利开展扫清障碍。其次，从满足市场竞争和市场需求视角构建低碳企业创新动力机制。这主要通过技术创新提升产品质量以及拓宽产品功能，从而满足客户多元化个性化需求。再次，通过科技成果转化加快低碳企业创新发展，为低碳企业创新提供科技支持。另外，完善人才引进和分配以及激励制度等，要做到引得进人才和留得住人才，并且让人才全身心地投入到低碳企业创新进程中去。最后，通过增加科研投入为企业解决融资难、资金短缺的问题，通过建立我国科技投入增长机制以及根据市场动态和企业发展实际动态调整低碳企业科研投入结构，从而实现为低碳企业提供源源不断的资金源。

8.4.3 组织机制

我国低碳企业创新组织机制主要包括物质激励、精神激励两个方面，具体内容如下：

1. 物质激励

（1）薪酬体系设计。低碳企业薪酬体系构成要素主要包括基本薪酬、特殊加薪以及奖金三个部分。首先，基本薪酬是企业根据市场工资结合自身企业性质和综合实力给员工设置的薪酬，当然，基本薪酬也是随市场工资的变化不断调整的。其次，特殊加薪。主要是企业为了长远发展，通过特殊加薪留住企业所需的人才，另外，随着员工的工作经验及能力的提升，对于为企业发展做出贡献的员工，企业会对其进行特殊加薪。最后就是奖金，奖金主要是奖励那些为企业做出突出贡献或者带来很大收益的员工，企业一般情况下会对这类员工给予奖金奖励。

（2）股权激励模式。低碳企业创新物质激励层面除了薪酬激励，还有股权激励，这种模式是当前例如华为等巨头企业普遍施行的一种政策。具体包括实股激励和期权激励。前者主要是企业高层管理者或者核心岗位的员工才能持这类股份，主要是对其工作积极性的激励。后者是面向所有员工的一种股份，内部员工可以在一定时间内以某一内部价格购买一定数量的股份，这种做法有助于培养员工的忠诚度，为企业长期发展贡献自己的力量。

劳动者应该拥有产权，只有这种产权得到社会的承认和尊重，工人才能长期专注于自己的工作，并且不断深入地钻研和摸索，最终形成其特殊的工匠才能。技术工人劳动力产权在制度安排上的缺失，会不可避免地导致技术工人不珍惜现有工作，并使一个国家长期难以出现工匠精神。而且，由于技术工人和企业缺乏一致的利益，在劳资关系上经常会处于冲突的状态，在企业绩效没有提升的前提下增加薪酬，会使企业成本大幅度提高，经营难以为继。另外，即使未来我国科技人才的价值充分施展，产生了一流的研发和设计，还需要在生产一线形成训练有素的技术工人，使科技创新的成果能够体现在终端的制造业产品上，这就使在企业里不仅技术骨干应该持有企业股份，而且广大的一线工人也应该持有企业股份，使更多的一线工人成为训练有素的富有工匠精神的技术工人。

2. 精神激励

（1）制定合适的职业生涯规划。低碳企业作为目前企业的一种新的趋势，员工在短时间内可能不能完全适应新的企业运营模式，为此，企业要从多方面了解员工的实际情况，为其量身定制符合其发展需要的职业规划，在适当情况下可以给予员工具有挑战性的工作，促进员工快速成长。

另外，适当地给予普通员工建议权、发言权等管理决策权，让员工切身感觉到自身存在的价值，以及未来发展的潜力，有助于为企业发展注入动力。

对企业员工的创新活动给予足够的空间和支持；推行以业绩为评判依据的多种分配形式；明确企业奋斗目标，激励广大员工的劳动、创造热情；造就人尽其才的环境，激励员工事业心；创建温馨、融洽的人际关系、激励员工的奉献精神。同时，在企业应实行双梯阶激励模式，使人才各尽所能、各展所长。双梯阶方法一般形成平等的层级结构：一个是提供管理生涯道路；另一个是专业或研究人员的发展道路。双梯阶机制允许对两个层级中相同级别的人员给予同样的地位和同样的报酬与奖励。要让双梯阶方法得以体现，必须提高研发人员的职位级别，让研发人员有奔头，安心进行研发，而不去挤管理独木桥。

(2) 创建优秀的企业文化。低碳企业能否在市场竞争中占据制高点，除了技术创新、管理创新以及观念创新助力企业发展，企业文化因素也是企业可持续发展必不可少的元素。企业文化是以非理性的情感因素为动机来影响人的行为，虽然看不见摸不着，但是时时刻刻影响着企业的每一个员工。优秀的企业文化，不仅可以激发员工的主观能动性，而且能够促进员工和谐相处，实现团队协作，对企业长远发展起到精神引领作用。

公司应形成一种优秀的企业文化，激励全公司为企业创新发光发热。企业应该承诺任何一项技术平台都可以在全公司范围内共享，公司每年将销售收入的部分投入相关技术和产品的研发，从而使每一项合理的创意或尝试都能得到公司的资金支持，保障了创新活动的不断推进。公司还应设立许多荣誉称号用于奖励创新的员工和项目。如“金色步伐奖”“卡尔顿奖”“发明家奖”以及“金靴奖”等。员工的创新发明一旦成功，公司都会给予隆重的表彰。另外，还有时间激励和职位激励等。公司还有一个独特的“时间”法则，即每个员工都有的工作时间可以用在自己感兴趣的项目或计划上。借鉴国外企业的经验和做法，当前国有企业应把建立健全创新活动交流机制、激励表彰机制以及平等竞争环境作为重点。

(3) 授权式管理。低碳企业创新在某种意义上是一种改革，难免涉及权限问题。因此，在具体的创新活动中，应该为创新团队给予特殊权限，尽可能地减少中间不必要的繁琐手续，给创新团队更大的自主权，这样一方面能提高其工作积极性，在企业管理框架下，自主设计、研发、生产等流程，让员工感觉到自己的主人翁角色。另一方面可以加强团队之间的沟通，有助于降低管理幅度，减少信息传送周期，从而提高了创新效率。

MOTOROLA 认为，责任和权力是一对孪生兄弟，要使职工对工作负责任，就必须尊重人、信任人，并给予实际的自主权。公司则秉持了尊重个人的尊严、个性和价值的理念。在公司，员工随时可以以任何方式向管理人员反映问题，提出自己的想法甚至是批评意见，管理人员也总是能够给予积极的回应。正是这种对人性的尊重，极大地调动了员工参与创新的热情和积极性。其次是鼓励创新，宽容失败。在美国，企业崇尚创新，鼓励冒险和尝试，同时也宽容失败，不以成败论英雄。如英特尔公司以“鼓励尝试风险”作为公司文化的六条基本原则之一，公司创始人诺伊斯最常用的一句话就是“别担心，只管去做”。硅谷流行的信条是“除了失败本身，再没有对失败的其他惩罚”。因为硅谷人深知，没有冒险，就不可能赢得新的发展机会。公司深知，“如果你不犯错，你可能不在做任何事情”。此外，创新还有赖于不同思想、意见的相互交流和撞击。惠普的“走动式管理”，宝洁的内部“创新网”等，都是激发企业创新思维、培养创新精神的重要途径。国有企业要成为自主创新的真正主体，就必须坚决抛弃僵化守旧的观念，尊重个体的创新思维，推崇民主、和谐、生动、活泼的管理方式，努力形成一种鼓励成功、宽容失败、尊重创新愿望、发挥创新才能、肯定创新成果的良好企业文化和氛围。

（4）营造良好的信任和价值体现的氛围。员工在企业中工作，良好的信任和共同的价值观念对企业发展至关重要。如何让企业员工之间存在良好的信任关系，涉及工作满意的激励因素例如领导信任、工作业绩、个人发展、工作成就、同事间关系、工作环境、工作压力等共同构成企业信任关系和工作氛围。另外，要让员工在日常工作中，感受到尊重、责任和工作乐趣，尤其针对低碳企业，不仅要实现企业运营低碳化，也要努力提高员工间的“低碳化”，构建一个健康和谐的工作氛围。

实践表明，构建浓厚的创新文化氛围，激发科技人才的创新意愿是建立创新型企业的一项重要基础性工作。在这方面，美国企业给我们提供了重要借鉴。首先是尊重个性，知识共享。创新有赖于人的主动性和创造性的发挥，因为人是创新的主体。所以，创新文化必然是以人为本的文化。

IBM 把“尊重个人”作为公司的核心价值观。

8.4.4 扩散机制

低碳企业创新扩散主要包括“企业内技术创新扩散”和“企业间技术创新扩散”两部分。企业创新扩散不仅可以利用技术溢出效应促进企业质量改进以及结构改革，而且，通过企业创新扩散机制可以有效加强企业内和企业间的运营效率。扩散系统是企业创新成果最终转化成获利的系统，没有扩散系统，企业的创新都失去了意义，企业的创新成果通过企业的营销、培训等方式进行扩散，而扩散系统则通过影响企业创新成果的扩散结果对创新体系的积极性产生影响。此外，创新企业营销、培训等系统的积极性也会影响创新成果的扩散结果，从而影响整个创新体系。创新成果的转化与推广是双元创新的最终归宿，当前，整个行业的成果转化率偏低，究其原因，一是由于所开发的产品或服务创新度不够，不能带来理想的经济利益。二是资金匮乏，不能满足产品继续开发过程中所需要大量资金，最终导致成果转化半途终止。而在相对成熟的产品推广过程中也遇到了一些问题，比如，产品要素零落分散，缺乏优化组合，产品性能改善有限等，这些问题的存在导致成果推广效果也较一般。成果转化推广效率的低下严重影响了企业的创新热情，为此，引起了政府及理论界等的广泛关注。而通过文献搜集与总结，我们发现发达国家在企业技术成果转化与推广过程中一般需要首先建立配套的成果转化推广体系，这一体系的主体包括企业、高校、科研院所、政府及市场等，主体间的复杂协同与融合共同促进了研究成果的投入、转化、产出与推广等。

(1) 低碳企业内技术创新扩散机制。所谓低碳企业内技术扩散机制，指的是企业将某创新技术从使用初期一直到创新技术运用到成熟的整个时间过程。某种创新技术应用初期，该技术特别适合于低碳企业的发展。当 α_t 为时间 t 时，低碳企业通过内技术扩散机制致使产量增加，增量占总生产量的比值。此时，α_t 伴随时间的流逝也会随之发生变动。当 α_t 在内技术创新扩散机制完成时水平达到 α_t^* 时，建设低碳企业通过均值方差测算企业技术创新的收益风险。创新技术 (n) 和原有技术 (o) 两者共同为低碳企业发展带来巨大收益，它们的分布方式为正态分布方式，其中，

$N(\mu_{nt},\sigma_{nt}^2)$；旧技术，$N(\mu_{ot},\sigma_{ot}^2)$。

低碳企业通过固定比例建立新技术和旧技术的配置结构，这时低碳企业的收益叠加分布为 $H(\mu_{nt},\sigma_{nt}^2)$，且具有式（8-16）和式（8-17）给出的均值和方差为：

$$\mu_t = \alpha_t\mu_{nt} + (1-\alpha_t)\mu_{ot} \tag{8-16}$$

$$\sigma_t^2 = \alpha_t^2\sigma_{nt}^2 = (1-\alpha_t)^2\sigma_{ot}^2 + 2\alpha_t(1-\alpha_t)\sigma_{not} \tag{8-17}$$

将 $H(\mu_t,\sigma_t^2)$ 简化为：

$$H(\mu_t,\sigma_t^2) = \alpha\mu_t - \frac{1}{2}b\sigma_t^2 \tag{8-18}$$

假设 U 为新技术使用后产生的效用，当 α_t 产生变化时，成本 C 的动态变化使低碳企业运营得不经济。则：

$$U = H(\mu,\sigma^2) - C \tag{8-19}$$

$$\{\frac{\partial U}{\partial u} > 0, \frac{\partial U}{\partial \sigma^2} < 0\} \tag{8-20}$$

当公式（8-20）表示的低碳企业技术使用后效用函数达到最大化时，α_t 的值为固定值。该值就是新技术在低碳企业内技术创新扩散机制完成时的最终应用水平 α_t^*；当调整成本 C 等于零时，将公式（8-21）取最大值，得：

$$\alpha_t^* = \frac{\mu_{nt} - \mu_{ot} + b(\sigma_{ot}^2 - \sigma_{not})}{b(\sigma_{nt}^2 + \sigma_{nt}^2 - 2\sigma_{not})} \tag{8-21}$$

当调整成本不为零时将式（8-21）取最大化值，得：

$$\frac{\partial C}{\partial \sigma_t} = \{\mu_{nt} - \mu_{ot} + b(\sigma_{nt}^2 - \sigma_{not})\}\left\{\frac{\alpha_t^* - \alpha_t}{\alpha_t^*}\right\} \tag{8-22}$$

其中，$C_t = \frac{\theta}{2}\ \frac{(\alpha_t - \alpha_{t-1})^2}{\alpha_{t-1}}$为调整成本。

以上内容研究了低碳企业在技术实践过程中如何调整期成本和实践能力。然后，研究了单个低碳企业的技术创新学习机制的现状及存在的问题。目前，已经明确了旧技术的收益状况，假设旧技术的收益为一个常数，并且呈 $N(\mu_{nt},\sigma_{nt}^2)$ 分布。当企业对旧技术进行更新替换时，旧技术的边际收益呈下降趋势，因此，新旧技术的收益关系机制为：

$$\sigma_{no} = \rho\sigma_n\sigma_o \tag{8-23}$$

$$\frac{d\sigma_{no}}{dt}=\rho\sigma_{o}\frac{d\sigma_{n}}{dt} \tag{8-24}$$

式（8－24）表明：随着时间的推移企业根据内外部环境以及市场情况动态调整对新技术的使用水平。假设企业初期的技术构成比例为 $\alpha_t(1-\alpha_t)$，在时间的作用下，企业会增加新技术的利用水平和规模。这个变化的过程对企业来讲就是一个学习的过程。该过程中，企业技术创新学习预期收益为：

$$\alpha_t^{*}=\frac{\mu_n-\mu_o+b(\sigma_n^2-\rho\sigma_n\sigma_0)}{b(\sigma_n^2+\sigma_o^2-2\rho\sigma_n\sigma_o)} \tag{8-25}$$

（2）低碳企业间技术创新扩散机制。所谓低碳企业间技术扩散，指的是通过自主创新形成的技术创新成果向其他企业成果转化，通过技术创新推动技术优化和结构调整。其根本是企业的技术创新选择和学习过程。

假设 x 为技术创新的激励变量，$f(x)$ 为概率密度函数，当时间 t 的临界激励变量取值为 x 时，那么此时运用创新技术扩散机制的低碳企业个数与全部潜在运用技术扩散机制的企业比例为 D_t。假设低碳企业应用技术创新扩散机制的固定成本为 C，可变成本为 c，低碳企业应急租金率为 $[R=t(1-e^{-td})^{-1}]$，该公式中，r 代表利率；d 代表低碳企业技术设备的期望寿命。并提出可变成本 $c=CR$。为了更加简单明了地解决问题，假设即将被代替的旧技术节约的每单位产量所投入的劳动力数量为 L_x，假设劳动的工资率为 ϖ，并假设低碳企业创新技术选择的临界变量为 x，且 $x\varpi L_x=CR$，则企业采用创新技术的临界需求为：

$$x=\frac{1}{L_x}\cdot\frac{CR}{\omega}\equiv\frac{1}{L_x\cdot W} \tag{8-26}$$

$$D_t=\int_x^{\infty}f(x)dx \tag{8-27}$$

当 $f(x)$ 为对数分布函数时，通过对时间 t 进行微分处理，将 $f(x)$ 函数变化成准累积型正态函数。此时，函数代表，在确定产业内，在不同的时间节点，低碳企业的均衡需求水平是动态变化的。低碳企业在具体时间节点的技术扩展方面，市场需求决定了创新技术价格，两者呈反比例关系。

8.5　本章小结

本章主要构建了低碳企业创新体系。首先，从低碳企业创新体系的含义界定、功能和特征角度分析低碳企业创新体系结构，其中特征具体分析了层次性特征、耗散结构特征、开放型特征和涨落特征。其次，从观念、技术、制度和管理创新等方面分析了低碳企业创新体系要素构成，并构建低碳企业创新要素的结构以及各要素之间的关系解析创新体系要素，并对创新体系要素作用关系进行详尽的分析。再次，提出低碳企业创新体系的运行模式，包括：竞争式模式、融合式模式、垂直分工模式和互补式模式。最后，提出低碳企业创新体系运行机制，包括调控机制、动力机制、组织机制和扩散机制四个方面的运行机制。以华电能源股份有限公司为实证研究的研究对象，寻找符合企业自身发展的路径及创新体系，以为其他企业提供借鉴与指导。

第9章　低碳企业创新体系有效性评价

9.1　低碳企业创新体系的有效性及管理评审

从20世纪60年代起，随着全球工业化的脚步逐渐加快，世界经济也飞速增长，随之而来的则是一系列对于环境的负面影响，例如河川污染、空气污染、土壤污染等威胁人类生存的问题。发达国家首先搭建了自己的环境管理体系，以做到减少污染、树立公共形象。此后，英国也在其管理体系的基础上制定并颁布了BS7500《环境管理体系规定》，阐述了人类将面临的环境问题与可持续发展问题的方案，并提出环境问题需要做到国际间各国的紧密合作，这也标志着环境问题与可持续发展问题成为了人类下一个高度关注的领域。国际标准化组织在1993年成立了ISO/TC3207环境管理技术委员会，把环境管理体系的制定标准化，其方法是规范企业和其他组织的生产环境、服务环境、活动环境等，来配合全球环境管理的脚步。环境管理体系的实施使各国企业和领导意识到了企业对于环境的影响，以及应建立科学的环境治理及保护措施的重要性，减少工业污染的排放并加强监管治理行动，企业需通过自身努力，做到自我发现、自我治理、自我监管，使环境管理体系建设成为企业日常管理的常态。

在继ISO9000标准之后又推出了一个新的标准：ISO14000环境管理系列标准。该系列包括ISO14001—ISO14009环境管理体系（EMC）、ISO14010—ISO14019环境审核（EA）、ISO14020—ISO14029环境标志

（EL）、ISO14030—ISO14039 环境行为评价（EPE）、ISO14040—ISO14049 生命周期评估（LCA）、ISO14050—ISO14059 术语和定义（T&D）、ISO14060 产品标准中的环境指标（WGI）七个系列。其中，ISO14001 是环境管理体系标准的基本。

管理评审指的是企业高层管理者对评价管理体系进行的适宜、充分及有效的行为活动。主要内容是企业高层管理者对企业管理体系的目标、方针、政策落实情况及方案有效性等多个方面进行综合评估，主要目的就是利用综合评估查找企业管理体系存在的问题、取得成绩及寻找出产生问题的原因，最终提出建设性的改进意见。另外，通过评估了解完自身企业的现状之后，对市场上同类型的竞争对手相关指标进行评估，旨在寻找差距和不足，为企业长远发展保持竞争力提出发展方向。特别指出的是，管理评审是一项专门的、具有周期性的企业活动，对于低碳型企业，高层管理者必须通过全面的企业评估，结合市场环境及内部问题，制定出适应低碳经济发展的低碳企业发展道路，严格遵守低碳经济的要求和标准，确保企业在低碳模式下运营，只有这样，企业才能取得长期的有效竞争力。

9.1.1　低碳企业创新体系的有效性

1. 低碳企业创新体系有效性的含义

对于有效性，不同领域的学者有不同的理解。在法学领域，对法的有效性（Validity）的理解要和对法的实效（Effectiveness）或效力（Efficacy）的理解结合起来，在对比中区分开来法的有效性，法学领域有效性的内涵主要是指法律制度的合法性与合理性；在公共管理领域，学者们研究的有效性主要是指公共政策的绩效，即政策的运行结果。他们把制度作为一个循环的系统加以研究，从制度产出标准、输入标准和改进标准三个方面衡量制度的有效性；在政治学领域，对制度有效性的研究多集中在国际政治领域，但是不管研究国际政治制度还是国内政治制度，都主要通过制度的实际实施效果来判断制度的有效性。

对于有效性的具体定义，ISO9000：2015 标准对有效性做出了如下定义："有效性是指完成策划的活动并得到策划结果的程度"；ISO14001：2015 标准也对有效性做出了如下定义："有效性是指实现策划的活动和取得策划的结果的程度。"同时该标准还规定："组织的最高管理者应按其计划的时间间隔对组织的环境管理体系进行评审，以确保其持续的适宜性、充分性和有效性。"

由上述两项国际标准所述可以看出，创新体系的有效性实质上指的就是建立和实施创新体系为公司带来的预期或超预期的效果。因此，可以从两个方面评价企业创新体系的有效性：一是评价体系自身的有效性，即是对体系文件、组织机构和管理流程的合规性、合理性进行评价；二是评价体系实施的有效性，即对策划阶段、执行阶段、检查阶段和改进阶段的适应性、高效性、完整性进行评价。体系自身有效性和体系实施有效性是相关联的，自身有效性是实施有效性的基础。为实施有效性提供了必要条件；体系实施有效性是体系自身有效性的直观体现。

所谓低碳企业创新体系的有效性，指的是低碳企业完成预定方案以及达到预期效果的程度。从有效性定义角度分析，企业的任何行为，事先都要进行方案策划，具体内容涉及前期调研、方案设想、规划和安排。策划是一个系统性工程，首先要设定一个企业要达到的管理目标，核心思想就是在"低碳"框架下制定出实现方案目标的详细步骤和措施，最终目的就是达到目标，方案的实施结果与前期方案的匹配程度就是有效性的反映。有效的低碳企业创新体系最终以产品和服务管理的有效性、适宜性及充分性为基本目标。

2. 有效性的特点

系统有效性的特点主要包括符合性、适宜性和充分性这三大特点，本书主要从这三方面分析低碳企业创新体系的有效性。

(1) 符合性。符合性是低碳企业创新体系的基本条件，主要包含产品的低碳符合性和低碳创新体系的符合性两种。其中，前者首先是为了保证企业提供的产品或服务符合企业标准、行业标准、国家标准和国际标准以及顾客的需要；其次是顺应时代需求，满足行业和国内外标准的需要。低碳创新体系的符合性是指满足组织程序、作业文件及低碳记录等的需要，低碳企业创新体系是否按照前期制定的规划顺利进行是该体系的核心。

（2）适宜性。适宜性表现为低碳创新体系的动态性，是指评价企业的创新体系实施后，是否符合公司的实际情况，是否具备适宜于内外环境变化的能力。如市场变化、顾客变化、法律法规的更新、新技术新设备的引进、组织机构的变化等。适宜性的特点表现在低碳创新体系在相关标准的约束下规定适宜的、可行的控制措施，其目标、方针等均与企业产品实物密切相关，因此，制定的创新体系应该秉持适宜、可度量以及具有可操作性。伴随着低碳企业内外部环境具有动态性变化特性，应能够适宜地调整其创新的目标和具体的创新方针，以此来适应企业的不断发展。所以，企业为了实现其目标应该不断地进行修正，保障企业目标顺利实现。

（3）充分性。充分性表现为低碳企业创新体系的执行能力，是指评价企业的创新体系是否满足市场、顾客、相关方、员工、社会当前和潜在的需求和期望，评价创新体系各个过程展开的充分性、资源利用的有效性、众多相互关联的过程的顺序是否明晰，职责是否能够有效落实，过程的输入输出和转化活动是否得到有效控制。充分性的特点重点关注低碳企业创新体系能否识别出创新过程的关键部分；该特点还表现在关注企业员工的责任和义务、企业过程控制方法、企业相关制度的执行情况、企业预警机制、内部审核机制、管理评审的范围等多个方面，并且对各个方面进行评估，实现对企业低碳创新体系的多角度评价。另外，管理评审制度作为高层管理人员的重要职责，是企业必须进行的周期性运作制度，旨在评估企业低碳创新体系的充分有效性。

9.1.2　低碳企业创新体系的管理评审过程

低碳企业创新体系的符合性、适宜性、充分性除了符合上述的要求之外，还应符合绿色经济的要求，可以以 ISO14000 为基本标准，企业可以在此基础上结合自身特点设立自身的衡量准则。此外，企业还必须通过管理评审的定期运作，以审视低碳企业的创新体系是否适宜有效。管理评审是职业经理人的职责之一，应按计划的时间间隔进行，并亲自主持。管理评审就是最高管理者为评价体系的适宜性、充分性和有效性所进行的活动。

管理评审的主要内容是组织的最高管理者就管理体系的现状、适宜性、充分性和有效性以及方针和目标的贯彻落实及实现情况组织进行的综合评价活动，其目的就是通过这种评价活动来总结管理体系的业绩，并从当前业绩上考虑找出与预期目标的差距，同时还应考虑任何可能改进的机会，并在研究分析的基础上，对组织在市场中所处地位及竞争对手的业绩予以评价，从而找出自身的改进方向。

一般来说，管理评审的类型至少有二种：一种是体系保持需要进行的例行、定期评审，这种评审通常每年至少一次；另一种是体系运行过程中出现了问题或内外部环境发生变化导致质量方针、目标不相适应等具体情况时的评审，这种评审是一种特殊评审，评审内容根据实际情况确定。例行管理评审的时机和时间，也是要据实际情况确定，通常年中、年末、认证机构外审之前都是进行管理评审的适宜时机，一般在内部审核后开展管理评审。

低碳企业创新体系的管理评审过程是在领导者的主持下，针对企业发展的目标和方针，评价低碳企业创新体系的充分性、适宜性和符合性。评审依据主要来源于企业内部评估、第三方机构审核评估报告以及客户的投诉意见。最高管理者通过开展创新体系的管理评审，以审视创新体系能否与绿色发展方针、目标保持持续的适宜性、充分性和有效性，包括评价低碳企业创新体系改进机会和变更的需要。整个评审过程首先由高层管理者提出评审请求，涉及的部门和机构在接到上级指令后，对已提交的管理评审报告进行详细的探讨，针对报告内容和讨论结果评估低碳企业创新体系的运行状况，分析现状是否满足前期制定的方针和目标需要。从管理评审的输入和输出论述管理评审过程。具体内容包括以下内容：

（1）管理评审的输入。管理评审的输入包括：①审核的结果。该结果在第一、二、三方审核及企业内部审核的结果中产生。②客户的反馈。主要包括客户对企业的满意度、不满意度及投诉测评。③管理过程的成就。指企业投入经过一系列企业活动之后输出的产品增值过程，以及实现预期效果的程度。包括材料的回收利用率、污染物的排放量等指标，如果某低碳企业创新体系的绿色过程完全实现了价值的增值并达到了预期的环保结果，这一过程的业绩便是令人满意的。④产品的符合性、企业预警机制及优化方案、前期制定方案的实施情况。⑤低碳企业创新体系的影响因素，包括内外部环境的变化，涉及新技术的研发、相关法律规章制度的变化、企业内部结构的调整以及企业执行力的测评等。

上述各种输入应从当前的业绩上考虑，找出与预期目标的差距，同时考虑各种可能的改进机会。除以上必须输入的项目外，低碳企业也可对其在市场中所处地位及对其竞争对手的业绩的评价中找出自身的改进方向。

（2）管理评审的输出。管理评审的输出包括：①低碳企业创新体系的管理过程及优化措施。通过对管理评审输入的各种要素的综合评估，企业高层管理者根据评审结果必然会针对性地提出优化方案，优化内容涉及满足客户对产品生产、设计、检测、监测、防护及产品交付后的优化意见，并提出相应的保障措施。②满足客户需求的产品优化方案。主要涉及产品的低碳性，产品的营销及市场推广能力等多个方面的优化措施。③满足资源的需要。这一点对企业来讲是至关重要的，企业必须在明确企业内外部环境的基础上，考虑自身的资源禀赋结构。企业营运过程中，在满足当前资源需求的基础上，也要综合考虑企业未来发展的资源需求。

（3）纠正措施和预防措施。纠正和预防措施，顾名思义，就是指对企业存在的潜在问题制定预警机制，并进行修正，目的就是避免同样的问题再次发生，对企业利益产生影响。企业为了在市场竞争中占据重要地位，必须通过不断地管理评审，对低碳企业体系中存在的问题进行优化，构建符合企业发展的预警机制和执行方案，尽最大可能地提高产品管理，满足客户多元化、个性化的需求。其中，纠正和预防措施的制定，一方面表明了企业发展过程中追求管理和客户至上的决心，通过多方位的评审对存在问题的产品及企业自身存在的问题进行处理，寻找出问题产生的原因，从根本上消除故障源。另一方面，为企业未来发展明确了方向，纠正与预防措施毫无疑问对低碳企业创新活动顺利进行起到了监管作用，因为，任何企业行为都涉及内外部资源的重组，资源的投入量与风险呈正相关关系。企业通过管理评审，旨在实现以最低的资源投入生产出最多的合格产品。

通过管理评审，低碳企业不仅实现了企业内部的评估，而且实现了企业对客户的高度责任感，低碳企业走的是满足客户需求及向客户展示低碳创新成果的保证模式，通过纠正和预防措施对低碳企业运营过程中存在的问题进行改进，正是因为管理评审的这种优越性特征，造就了低碳企业不断进步和完善的动力源。

9.1.3 低碳企业创新体系的管理评审改进

管理评审旨在识别管理体系及管理方针和管理目标有无变更的需要，以进一步改进，满足相关方的需要。如果说内审是检查是否按“要求”办事，管理评审就是检查这些“要求”是否适宜，是否有改进的需要，以及如何实施改进。管理评审应主要围绕管理体系的适宜性、充分性、有效性，重点围绕“管理方针”“管理目标”等顶层要素开展活动。但有些组织的管理评审仅仅停留在汇报、分析标准要素和程序文件的执行等低层次问题上，而对组织的管理方针、管理目标、管理组织结构、管理方式等是否适应组织内部、外部的环境变化，对在市场中所处的水平是否适合本组织的实际情况不作分析和评价，从而无法对组织的管理方针、管理目标和管理体系运行是否持续适宜、充分和有效作出结论，也很难针对评审的目的提出需要改进的问题。因此，最高管理者和参加管理评审的所有人员都必须明确管理评审的目的，围绕目的进行评审。

管理评审是一项复杂的企业评估方式，评审过程和方法均存在多样性，理论界和实践界普遍采用的评审方法包括表格、会议、项目、问题及比率评审法等定性分析方法。特别说明的是，低碳企业创新体系框架下，管理评审涉及低碳企业创新的方针、目标、体系、人资、市场以及客户等多种要素，这些要素相互关联，互相影响，低碳理念贯穿管理评审的整个过程。所以，由于企业运营是人、财、物等多种要素的系统工程，如何精明能干的高层管理者无论采取什么方法都不能消除人的因素，即使解决了定性问题的定量化，也无法实现完全的理性与客观。基于此，要充分考虑对管理评审的输入因素的周期性和阶段性检查，通过不断地评估和改进，方能保证企业健康发展。

（1）输入信息阶段化、定量化。管理评审前最重要的工作就是策划好要输入的信息，如果输入不充分、不到位，评审的依据就先天不足，必然导致输出不足，甚至失效，从而失去了评审的意义。为保证管理评审的全面性和对组织持续发展的有效贡献，在突出企业创新管理的各过程环节的逻辑关系的同时，应努力把组织决策、企业文化、管理信息系统、部门协调和合作、顾客服务等深刻影响组织经营和未来发展潜力的重要因素的相关资料作为管理评审的输入依据。

低碳企业管理评审需要的信息主要包括周期性评估和阶段性报告两部分。对管理评审报告的定性因素通过定量化和规范化，在量化模型的支持下，得出评估结论。该结论将作为管理评审的评估结果。究其原因，低碳企业创新活动由企业制定的方针、发展目标及管理管理体系多个因素体现，周期性和阶段性的评估能真实反映企业各要素之间的一致性和有效性程度。

（2）低碳企业创新体系模型化。评价模型化管理评审的方法为：在进行管理评审时，对周期性的评审输入及输出信息构建量化模型，对管理评审的阶段性报告输入信息也进行量化处理，管理评审评估组通过头脑风暴或者其他方法确定输入信息涉及因素、周期检查结果和不同阶段的评估报告的权重，在此基础上评出等级。随后将取得的信息进行模型化处理，生成结论信息。关于低碳创新体系评价指标的选择问题，普遍采用模糊评价分析方法。之所以选择该方法主要是因为低碳企业创新体系指标中定量指标居多，测量难度很大，所以只能通过专家经验进行评价。在模糊评价的基础上，提出优化后的网络分析方法。

9.2　低碳企业创新体系评价指标体系结构

9.2.1　低碳企业创新指标体系制定原则

低碳企业创新指标体系的选取必须考虑低碳企业发展实际，各指标之间密切关联、相互依赖，创新指标的选择事关低碳企业创新水平的优劣。现如今，在低碳经济快速发展的背景下，国家迫切需要建立一个科学合理的低碳企业创新体制机制，遵循科学性、系统性、目标一致性、动态性及易操作性原则，具体内容如下：

(1) 科学性原则。评价指标的内容和含义应建立在创新理论基础上，科学地选取评价指标，采用科学合理的评价方法，确保评价结果的客观、公正、准确及合理，保证其科学性和权威性。应能准确地反映企业创新能力的真实情况和发展变化趋势，突出创新对企业的先导作用。因此，低碳企业创新体系的建立首先要保证科学性，评价指标作为评审结果的核心影响因素，必须要保证客观、实事求是的原则，通过对管理评审指标的定性因素定量化，确定管理评审评价客体的数字化特征，从而提出低碳企业创新体系的内涵特征。所构建的创新体系指标要具备有效和可操作性特征。

(2) 系统性原则。企业技术创新能力评价是一项多层次、多结构、复杂性的系统工程，评价指标体系必须能够全面地反映企业技术创新能力所涉及的研发、生产、市场营销等完整过程，具有层次高、涵盖广、系统性强的特点。企业技术创新能力是企业技术创新活动开展的整体体现，应在不同层次上设计不同的指标，指标之间相互关联，每一个指标的变化都会引起企业整个创新体系的变化，从而有利于企业管理者从不同的角度上来对企业的创新活动进行实施，以保证对企业的内部资源和外部资源进行有效地分配，尽可能地实现最优化。低碳企业创新体系的评价过程是一个复杂的系统性工程，为了确保评价结果的有效性，在构造创新体系时，要不折不扣地做到创新体系层次结构的完整性。为了更直接和有效地反映低碳企业创新体系的实施效果，所涉及的创新体系指标必须与管理评审过程中涉及的要素信息保持统一，从而保证创新体系评价指标协调统一。

(3) 目标一致性原则。企业创新能力的体现是多样化的，不仅包含经济方面的可计量的定量指标，应该还有反映其特性和经验性的定性指标。在构建指标时，应做到定性与定量指标相结合，能定量化的尽可能量化，不能量化的以定性表现，使整个体系更真实可靠。低碳企业创新体系的有效性及管理评审，通过定性方法与定量方法相结合的方法进行评估，采用改进后的模糊评价方法对低碳企业管理评审的有效性进行量化分析结果与定性评价结果具有一致性特征。管理评审的定性分析是定量分析的前提和条件，定量分析可以解决定性分析的非客观性因素，定性和定量分析相结合的最终目的就是实现对低碳企业创新体系的评估更加科学合理，只有客观的评估结果才能为下一步提出改进方案提供依据。

（4）动态性原则。企业技术创新常常是一个系统性工程，对内往往涉及战略、研发、生产、销售、财务、法务、人力资源等多个职能部门，对外涉及上游供应商、下游用户、提供技术合作的大学、科研院所以及提供资讯和分析的服务机构和政府部门等，涉及主体较多，且不确定性因素和风险因子较多，在进行技术创新绩效评价指标体系设计和选择时，需要考虑适用性、实际可操作性和指标数据的可获得性等，并能根据实际情况不断迭代优化。低碳企业创新过程从根本上来讲，一直处于不断变化的状态，并且低碳创新体系指标的标准也具有动态变化特征。在固定的一个时间段，低碳企业创新体系的评价指标及其标准具有稳定性，短期内不会发生变化。然而，伴随着企业的不断发展，企业内外部环境相应地也会发生一些变化，在这样的情况下，低碳企业创新体系的评价指标及其权重等应该随着内外部环境的变化而改变。这种动态调整的评价结果才更能真实地反映低碳企业创新体系的有效性，有效的结果才能为企业长足发展提供建设性的参考价值。

9.2.2　指标体系结构设计和指标的含义

1. 构建方法的选择

对于多指标问题的评价，按照权重选取方法的不同，可以分为两类：一类是主观赋权法，如德尔菲法、层次分析法等，是根据主观经验或专家评判，事先设定综合评价指标体系中各项指标的权重，是一种定性评价方法；另一类是客观赋权法，即根据综合评价指标体系中各项指标的内在联系，运用多元统计分析方法，确定各项指标权重的一种定量评价方法，如主成分分析、多指标可拓分析等。科技创新评价是一种多目标多指标的综合评价。目前世界上关于此综合评价的方法主要有聚类分析、多级模糊评价、多层次灰色评价、主成分分析等。由于科技创新指标体系具有以下特点：变量数量多，数据采集量大，并且各变量之间往往存在着一定程度或很高的相关性。通过广泛阅读相关文献，经过归纳总结发现，低碳企业创新体系的常用评价方法主要有 FCE、PCFA 及灰色关联度等方法。研究对象为我国低碳企业，考虑到现有的低碳企业大部分没有上市，这就导致无法获取完整的数据信息，所以选择以 PCFA 和灰色关联度方法为研究工具。之所以选择这两个方法，究其原因，灰色系统理论的 FCE 方法相对 PCFA 来讲，主要缺陷是缺乏客观性，然而，该工具相对其他方法更加完整，对评价体系的真实性和可靠度有积极作用。在对低碳企业充分分析的前提下，以低碳企业创新水平为突破口，通过构建符合企业发展实际的评价体系，采用适当方法为评价指标设置相应的权重，然后对低碳企业创新体系的评价结果进行加权平均得出最终结果，以此为标准对我国低碳企业创新体系进行评估。

2. 评价指标体系的选取

低碳企业创新体系的评价指标选取必须保证其客观性、科学性、有效性、一致性及系统性等原则。在归纳总结国内外学者关于低碳企业创新评价的指标进行系统分析之后，结合企业发展实际，从多维度选取了我国低碳企业创新体系的评价体系。该体系涉及 3 个一级指标、6 个二级指标以及 30 个原始数据指标。主要从创新基础指标、具体指标以及辅助指标三个方面进行测量。其中，创新基础指标包括创新投入和管理两种要素。具体指标包括创新产出和实现两种要素，辅助指标包括营销手段和活动能力两种要素。这种分层式要素构成符合低碳企业发展实际。具体的指标体系内容如表 9-1 所示。

表 9-1　　低碳企业创新能力评价指标体系

一级指标及权重	二级指标及权重	原始数据指标及权重
基础指标 A_1 （α）	创新投入 F_1 （定量指标）（W_1）	X_1：$R\&D$ 人数（W_{11}）
		X_2：$R\&D$ 人数占企业人数的比例（W_{12}）
		X_3：年度 $R\&D$ 经费总额（W_{13}）
		X_4：年度 $R\&D$ 经费总额占年度支出的比例（W_{14}）
		X_5：年度 $R\&D$ 经费总额占年度收入的比例（W_{15}）
	创新管理 F_2 （定性指标）（W_2）	X_6：研发机构的设立（W_{21}）
		X_7：高水平科研机构的合作程度（W_{22}）
		X_8：产学研整合程度（W_{23}）
		X_9：管理者偏好（W_{24}）
		X_{10}：企业创新规划能力（W_{25}）
		X_{11}：企业创新风险控制能力（W_{26}）

续表

一级指标及权重	二级指标及权重	原始数据指标及权重
具体指标 A_2 (β)	创新产出 F_3（定量指标）(W_3)	X_{12}：专利项目数（W_{31}）
		X_{13}：年度科技创新项目数（W_{32}）
		X_{14}：投入产出比（W_{33}）
		X_{15}：年度新产品销量与销售总额之比（W_{34}）
		X_{16}：新产品研发生产周期（W_{35}）
	创新实现 F_4（定量定性相结合指标）(W_4)	X_{17}：创新频率和成功率（W_{41}）
		X_{18}：创新激励机制（W_{42}）
		X_{19}：信息收集能力（W_{43}）
		X_{20}：生产设备水平（W_{44}）
		X_{21}：生产人员水平（W_{45}）
		X_{22}：劳动生产率（W_{46}）
辅助指标 A_3 (θ)	营销能力 F_5（定量定性相结合指标）(W_5)	X_{23}：营销人员水平（W_{51}）
		X_{24}：营销费用投入强度（W_{52}）
		X_{25}：销售组织结构（W_{53}）
		X_{26}：客户满意度（W_{54}）
	活动能力 F_6（定量指标）(W_6)	X_{27}：政府扶持力度（W_{61}）
		X_{28}：银行支持力度（W_{62}）
		X_{29}：非银行类金融机构扶持力度（W_{63}）
		X_{30}：外资化程度（W_{64}）

由于各指标对应的原始数值不统一，以及指标体系中正相关指标与负相关指标同时存在，因此，在前人的理论基础上将原始数值进行标准化，从而消除数据存在的不一致和差异性大的现象，与此同时，对负相关指标的数据进行正向化处理。处理方法如下：

（1）对低碳企业创新能力正相关指标的处理方式：

$$F_i = X_i / \mathrm{Max}(X_j) \times 100\% \ (i,j = 1,\cdots,6)$$

（2）对低碳企业创新能力负相关指标的处理方式：

$$F_i = \mathrm{Min}(X_j) / V_i \times 100\% \ (i,j = 1,\cdots,6)$$

3. 评价模型的建立

（1）权数的确定。W 为各个层次的权重，一般 $0 < W < 1$。权重 W 的确定是重要问题，可以在确定评价因素的权重时，应用层次分析法建立评价

指标权重集合 $W=\{\alpha,\beta,\theta\}$，$\alpha=\{W_1,W_2\}$，$\beta=\{W_3,W_4\}$，$\theta=\{W_5,W_6\}$，$W_1=\{W_{11},W_{12},W_{13},W_{14},W_{15}\}$，$W_2,W_3,\cdots,W_6$ 同该形式，不做赘述。选择专家打分法确定评价指标的权重，为了降低误差，专家组成员不得少于五人，专家组将低碳企业创新体系能力划分为五个等级，具体内容如表 9－2 所示。

表 9－2　定性指标度量表

度量强度	强（好）	较强（较好）	一般	较弱（较差）	弱（差）
权重 W	1	0.8	0.5	0.2	0.1

注：强、弱针对技术指标，好、差针对人员和水平指标。

（2）数学处理。利用专家打分法，参照专家评语，对原始数据指标进行评价，得到矩阵：

$$F_1=\begin{bmatrix}X_{11}&X_{12}&X_{13}&X_{14}&X_{15}\\X_{21}&X_{22}&X_{23}&X_{24}&X_{25}\\X_{31}&X_{32}&X_{33}&X_{34}&X_{35}\\X_{41}&X_{42}&X_{43}&X_{44}&X_{45}\\X_{51}&X_{52}&X_{53}&X_{54}&X_{55}\end{bmatrix} \tag{9-1}$$

根据二级指标子系统的创新投入的权重集 $W_1=\{W_{11},W_{12},W_{13},W_{14},W_{15}\}$，可以得到低碳企业创新能力综合评价：

$$A_1=WF_1=(W_{11},W_{12},W_{13},W_{14},W_{15})\begin{bmatrix}X_{11}&X_{12}&X_{13}&X_{14}&X_{15}\\X_{21}&X_{22}&X_{23}&X_{24}&X_{25}\\X_{31}&X_{32}&X_{33}&X_{34}&X_{35}\\X_{41}&X_{42}&X_{43}&X_{44}&X_{45}\\X_{51}&X_{52}&X_{53}&X_{54}&X_{55}\end{bmatrix} \tag{9-2}$$

同理可得其他二级指标子系统的综合评价：$A_i=W_iF_i(i=2,3,\cdots,6)$

由以上对二级指标影响因素的评价分析，得出低碳企业创新能力最终评价结果：

$$A=WA_i=(\alpha,\beta,\theta)\begin{bmatrix}A_1\\A_2\\A_3\end{bmatrix} \tag{9-3}$$

9.3 低碳企业创新体系的网络分析评价

9.3.1 网络分析评价的基本原理

层次分析法（AHP）是美国学者 T. L. Saaty 于 1970 年提出的，AHP 是用于多准则评价的一种比较简单而又实用的方法，自 AHP 方法提出以来，在各行各业都得到了广泛的应用，并取得了一些成果。但是 AHP 有个缺点，其核心是只考虑准则或目标层对方案或准则层的支配作用，并且在准则层或方案层的元素之间，它们是相互独立的。而在有些时候各层元素之间并不真的是相互独立的，比如在复杂系统分析及决策中，各个层不是相互独立的，而是互相影响、相互交织的，同理，同层元素内部也不是独立存在的。不同层之间也有一定的支配关系，互相影响，系统此时的结构是网状的。而网络分析法（Analytic Network Process，ANP）正是适应这种需要而诞生的，它是由 T. L. Saaty 教授于 1996 年提出的复杂系统评价和决策方法，是 T. L. Saaty 教授提出的反馈 AHP 系统的深化和发展。该方法只强调上层元素对下层元素的单项支配作用。然而，现实生活中，低碳企业创新体系是一个复杂的系统性工程，各要素之间密切联系，互相影响，原有的 FCE 方法不能适应低碳企业创新体系如此复杂的非线性问题，而网络分析法可以解决这个问题。

ANP 包括两部分元素：第一部分是控制层元素，ANP 方法划分的控制层主要内容包括研究问题、预定目标和决策准则，它包括解决问题时要达到的目标及作决策时必须要遵守的规则，默认为所有决策时要遵守的规则是相互独立的，不存在任何联系，只受上层元素即目标元素层的影响，对其他各层元素无任何影响，也不受其他各层元素的支配，控制层可以没有目标层即上层元素，但必须有一个下层元素，即方案层元素，只有这样目标才能实现，同时，控制层中的各元素的权重都可以用层次分析法获得；第二部分为网络层元素，网络层涉及各内部要素。网络层元素由所有方案层元素组成，各方案层内部相互影响，相互联系，关系连接成网状结构。该方法的评价步骤包括三个部分。首先就是构建评价体系。其次，根据已经建成的体系构造 ANP 结构模型。最后，构建 ANP 超矩阵并计算出各指标的权重。ANP 来源于 AHP，由于决策准则不受其他因素影响，所以采用 AHP 方法明确指标权重。ANP 方法的基本结构图如图 9－1 所示。

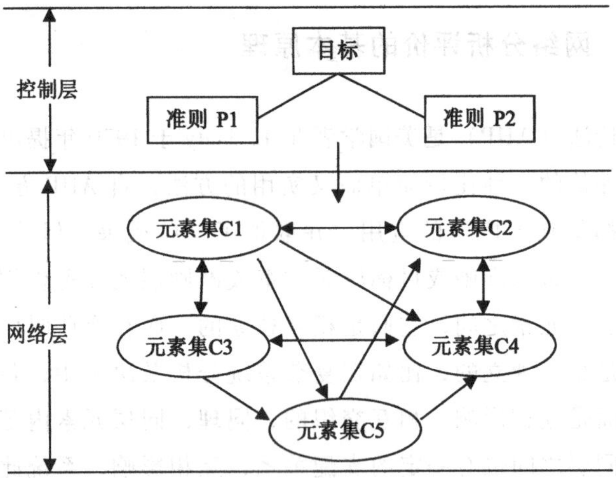

图 9－1　ANP 基本结构图

9.3.2　低碳企业创新体系的网络分析评价法

1. ANP 网络评价法

该方法是在 ANP 理论的基础上结合信息管理系统决策功能评估低碳企业创新体系是否有效，通过指标选择和确定，求解评价矩阵，经过多次迭代，最终获得科学的评价结论。ANP 理论应用的分解步骤包括以下几点：

（1）构建决策指标的网络结构。ANP 网络结构前文提到涉及控制层和网络层。因为控制层要素是网络层的主要构成，所以各要素之间通过复杂的作用，最终形成决策指标的网络结构。如图 9－1 所示，C_i 代表元素组，每一个单位的元素组共有 n 个元素 e_i，网络结构中的连线代表连线元素之间存在某种关系。

（2）构建无权超矩阵。假设创新体系网络评价的总目标为 g，其中，

网络层元素包括 C_1，C_2，…，C_n，C_i 中的涉及子元素 e_{ij}，依据 e_{ij}对元素集 C_i 元素的影响程度，构造判断矩阵如9－4。

$$
\begin{array}{lllll}
e_{j1} & e_{i1} & e_{i2} & \cdots & e_{ini} \quad \text{归一化特征向量} \\
e_{i1} & & & & w_{i1}^{j1} \\
e_{i2} & & & & w_{i2}^{j1} \\
\cdots & & & & \cdots \\
e_{in_j} & & & & w_{in_i}^{j1}
\end{array}
\tag{9-4}
$$

根据一致性结果发现，已测算的特征向量符合相容性条件。同理得出，相对于其他元素的排序向量，得到矩阵9－5。

$$
W_{ij} = \begin{bmatrix}
w_{i1}^{j1} & w_{i1}^{j2} & \cdots & w_{i1}^{jn_j} \\
w_{i2}^{j1} & w_{i2}^{j2} & \cdots & w_{i2}^{jn_j} \\
\cdots & \cdots & \cdots & \cdots \\
w_{in_i}^{j1} & w_{in_i}^{j2} & \cdots & w_{in_i}^{jn_j}
\end{bmatrix}
\tag{9-5}
$$

矩阵的列向量代表元素 $e_{i1} \cdots e_{in}$的重要度排序向量，产生具体目标 g 下的未加权超矩阵。

$$
W = \begin{array}{c|ccccc}
 & e_{21}e_{22}\cdots e_{2n_2} & e_{21}e_{22}\cdots e_{2n_2} & \cdots & e_{N1}e_{N2}\cdots e_{Nn_N} \\
e_{11}e_{12}\cdots e_{1n_i} & w_{11} & w_{12} & \cdots & w_{1N} \\
e_{21}e_{22}\cdots & w_{21} & w_{22} & \cdots & w_{2N} \\
\cdots & \cdots & \cdots & \cdots & \cdots \\
e_{N1}e_{N2} & w_{N1} & w_{N2} & \cdots & w_{NN}
\end{array}
\tag{9-6}
$$

（3）构建加权超矩阵。未加权超矩阵 W 的子块 W_{ij}是列归一化的，但 W 却不是列归一化的，为此，以总目标 g 为主准则，产生归一化的元素集排序向量，其中与 C_j无关的元素集对应的排序向量分量等于0。

$$
\begin{array}{lllll}
c_j & c_1 & c_2 & \cdots & c_N \quad \text{归一化特征向量} \\
c_1 & & & & a_{1j} \\
c_2 & & & & a_{2j} \\
\cdots & & & & \cdots \\
c_N & & & & a_{Nj}
\end{array}
\tag{9-7}
$$

将全部元素集排序向量组合起来，产生元素集权重为：

$$A=\begin{bmatrix} a_{11} & \cdots & a_{1N} \\ \cdots & \cdots & \cdots \\ a_{N1} & \cdots & a_{NN} \end{bmatrix} \tag{9-8}$$

把矩阵 A 与 W 相乘得到加权的矩阵为：

$$\varpi=(a_{ij}w_{ij}), i=1,\cdots,N; j=1,\cdots,N \tag{9-9}$$

2. FANP 创新型企业评价模型（如表 9－3 所示）

（1）三角模糊数。表示为 $M=(l/m,m/u)$ 或者 $M=(l,m,u)$，式中 $-\infty<l\leqslant m\leqslant u<+\infty$，参数 l、m 和 u。

表 9－3　　FANP 创新型企业评价模型指标

目标层	一级指标	二级指标
创新企业评价指标体系 H	创新倾向 A	每千人创新方案或合理化建议数量 A_1
		R&D 投入强度与行业平均水平比值 A_2
		人员培训费用强度与行业平均水平比值 A_3
	创新能力 B	近三年研发人员发明专利拥有数年均增长率 B_1
		近三年除发明专利以外知识产权与科研获奖拥有量 B_2
		全员劳动生产率与行业劳动生产率的比值 B_3
	创新管理 C	创新战略的指导性与实施效果 C_1
		关键研发人员股权激励强度 C_2
		员工合理化建议激励机制 C_3
		研发机构建设情况 C_4
	创新产出 D	新产品销售收入占全部收入比重 D_1
		每千人研发人员发明专利拥有数 D_2

分别表示最小的可能值（下界）、中间值和最大的可能值（上界），用来描述一个模糊事件。(l, m, u) 通过以下形式表示：

$$\mu(x/M)=\begin{cases} 0, x<l \\ (x-l)/(m-l), l\leqslant x\leqslant m \\ (\mu-x)/(\mu-m), m\leqslant x\leqslant \mu \\ 0, x>\mu \end{cases} \tag{9-10}$$

使用三角模糊数的基本运算如下：

有两个三角模糊数 $M_1=(l_1,m_1,u_1)$ 和 $M_2=(l_2,m_2,u_2)$　　(9-11)

①乘法：

$$(l_1,m_1,u_1)\times(l_2,m_2,u_2)\approx(l_1l_2,m_1m_2,u_1u_2) \tag{9-12}$$

②倒数：

$$(l_1,m_1,u_1)^{-1}\approx\left(\frac{1}{u_1},\frac{1}{m_1},\frac{1}{l_1}\right) \tag{9-13}$$

（2）FANP 方法。该方法基于 ANP 理论，通过引进三角模糊数，从而解决模糊评价问题。在系统评价方法中，分析问题时没有考虑到同一层次因素直接可以相互影响，而 ANP 有效解决了 AHP 的不足，考虑了同层元素及元素组间的相互影响作用，但没有考虑到不同层次因素之间的相互影响。随着研究的深入，很多学者认为，在分析问题中，由于信息具有不对称，运用三角模糊数来确定隶属度，将模糊评价量化，可以对系统作出更精确的定性评判。因此，Chang 提出了基于 ANP 的模糊网络分析方法（FANP）的计算方法，FANP 模型是对不确定性和模糊性的深入，把模糊问题定量化，从而使得到的结论有更好的说服力，利用 FANP 方法不仅展现了指标间的作用关系，而且降低了指标的模糊性。FANP 方法的优点包括：模型更加科学合理，适用于有歧义和不准确指标的比较。对使用者的技术性要求较低，最大限度地反映管理者对风险的态度。最重要的是，该方法摆脱了权重确定过程中的风险，使分析结果更加准确。具体的评估集合模糊区间值如表 9-4 所示。

表 9-4　　语义变量评估集合的模糊区间值

定义	正三角模糊数	正倒三角模糊数
同等重要	(1, 1, 1)	(1, 1, 1)
普通重要	(1/2, 1, 2/3)	(2/3, 1, 2)
稍微重要	(1, 3/2, 2)	(1/2, 2/3, 1)
很重要	(3/2, 2, 5/2)	(2/5, 1/2, 2/3)
非常重要	(2, 5/2, 3)	(1/3, 2/5, 1/2)
绝对重要	(5/2, 3, 7/2)	(2/7, 1/3, 2/5)

（3）创新型企业评价模型。

①相对权重值的算法。首先对创新型企业评价指标通过模糊评价方法进行比较计算，得出相对权重。相对权重值算法的变量如下所示：

$X=(X_1,X_2,\cdots,X_n)$ 为对象集，$U=(U_1,U_2,\cdots,U_m)$ 为目标集，对象集中的每个对象必须对目标集中的目标进行范围分析，并得出 g_i 和 M，M 代表每个对象集中单一对象的程度分析值，并通过以下符号表示：

$$M_{gi}^1,M_{gi}^2,\cdots,M_{gj}^n,i=1,2,\cdots,n \tag{9-14}$$

式中，全部的 $M_{gi}(j=1,2,\cdots,m)$ 均属于三角模糊数。计算相对权重值步骤包括：

步骤 1：将第 i 个对象的模糊综合程度值定义为：

$$S_i=\sum_{j=1}^{m}M_{gi}^j\times\left(\sum_{i=1}^{n}\sum_{j=1}^{m}M_{g_i}^j\right)^{-1} \tag{9-15}$$

得到 $\sum_{j=1}^{m}M_{gi}^j$，需要通过模糊加法运算 M 的程度分析值，得到算式如下所示：

$$\sum_{j=1}^{m}M_{gi}^j=\left(\sum_{j=1}^{m}l_j,\sum_{j=1}^{m}m_j,\sum_{j=1}^{m}u_j\right) \tag{9-16}$$

要得到 $\left(\sum_{i=1}^{n}\sum_{j=1}^{m}M_{g_i}^j\right)^{-1}$，可以先对 $M_{g_i}^j(j=1,2,\cdots,m)$ 的值进行模糊加法操作。

$$\left(\sum_{i=1}^{n}\sum_{j=1}^{m}M_{g_i}^j\right)=\left(\sum_{j=1}^{m}l_j,\sum_{j=1}^{m}m_j,\sum_{j=1}^{m}u_j\right) \tag{9-17}$$

然后计算方程（9－17）的倒数：

$$\left(\sum_{i=1}^{n}\sum_{j=1}^{m}M_{g_i}^j\right)^{-1}=\left(\sum_{j=1}^{m}l_j,\sum_{j=1}^{m}m_j,\sum_{j=1}^{m}u_j\right)^{-1} \tag{9-18}$$

步骤 2：$M_2=(l_2,m_2,u_2)\geqslant M_1=(l_1,m_1,u_1)$ 的可能性的程度定义为：

$$V(M_2\geqslant M_1)=\sup\{\min[\mu_{M1}(x),\mu_{M2}(y)]\} \tag{9-19}$$

也相当于如下所示：

$$V(M_2\geqslant M_1)=hgt(M_2\cap M_1) \tag{9-20}$$

$$V(M_2\geqslant M_1)=hgt(M_2\cap M_1)=\mu_{M2}(q)=\begin{cases}1,m_2\geqslant m_1\\0,l_1\geqslant \mu_2\\\dfrac{l_1-\mu_2}{(m_2-\mu_2)-(m_1-l_1)}\end{cases} \tag{9-21}$$

式中：q 是 μ_{M_1} 和 μ_{M_2} 交点的最高点 Q 的纵坐标，如图，比较 M_1 和 M_2，

需要设定

$$V(M_2 \geqslant M_1) \text{ 和 } V(M_1 \geqslant M_2) \tag{9-22}$$

步骤 3：一个模糊数 $M_i(i = 1,2,\cdots,k)$ 大于 k 个模糊数的可能性程度被定义为 $V(M \geqslant M_1, M_2, \cdots, M_K) = \min(M \geqslant M_i), (i = 1,2,\cdots,k)$

(9-23)

假设：

$$d(A_i) = \min V(S_i \geqslant S_k), k = 1,2,\cdots,n; k \neq i \tag{9-24}$$

权重式为式（9-25），$A_i(i = 1,2,\cdots,n)$ 有 n 个 元素。

$$W = [d^{\backslash}(A_1), d^{\backslash}(A_2), \cdots, d^{\backslash}(A_n)]^T \tag{9-25}$$

步骤 4：通过归一化、规范化的权重，其中 W 是非模糊数。

$$W = [d(A_1), d(A_2), \cdots, d(A_n)]^T \tag{9-26}$$

② FANP 构造创新型企业评价模糊型的步骤包括以下内容。

第一步：甄选核心要素以及其相互关系。在总结国内外学者设计的低碳企业创新评价指标体系的基础上，结合专家访谈等方法，建立了 ANP 网络结构，具体如图 9-2 所示。

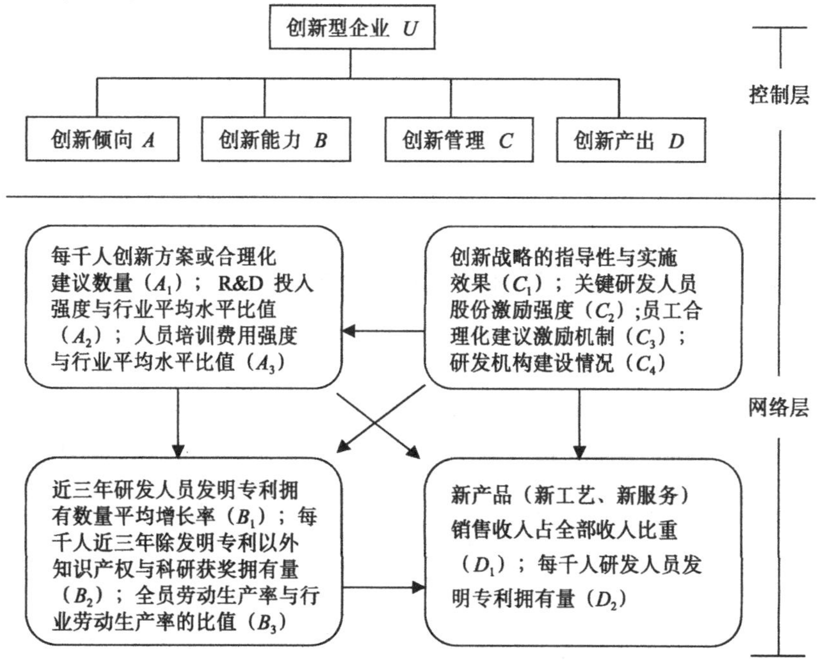

图 9-2 创新型企业评价的网络结构

第二步：采用专家打分法对各要素进行比较判断，并建立模糊成对比较矩阵。然后利用相对权重值计算 FANP 矩阵，从而确定了归一化的相对权重 W。

第三步：将归一化的相对权重 W 输入 SD 软件。然后生成超矩阵、加权超矩阵和极限矩阵，具体如表 9-5、表 9-6 所示。

表 9-5　　控制层三角模糊对比矩阵

以创新型企业评价 U 为准则	A	B	C	D
创新倾向 A	(1, 1, 1)	(0.5, 0.67, 1)	(1, 1.5, 2)	(0.5, 1, 1.5)
创新能力 B	(1, 1.5, 2)	(1, 1, 1)	(1.5, 2, 2.5)	(1.5, 2, 2.5)
创新管理 C	(0.5, 0.67, 1)	(0.4, 0.5, 0.67)	(1, 1, 1)	(1, 1.5, 2)
创新产出 D	(0.67, 1, 2)	(0.4, 0.5, 0.67)	(0.5, 0.67, 1)	(1, 1, 1)

表 9-6　　控制层对网络层三角模糊对比矩阵

以创新倾向 A 为准则	A_1	A_2	A_3
每千人创新方案或合理化建议数量 A_1	(1, 1, 1)	(1/2, 2/3, 1)	(1/2, 1, 3/2)
R&D 投入强度与行业平均水平比值 A_2	(1, 3/2, 2)	(1, 1, 1)	(1, 3/2, 2)
人员培训费用强度与行业平均水平比值 A_3	(2/3, 1, 2)	(2/3, 1, 2)	(1, 1, 1)

9.4　本章小结

本章主要介绍低碳企业创新体系的有效性评价。首先，从低碳企业创新体系的有效性、管理评审过程和管理评审改进方面对低碳企业创新体系的有效性及管理评审进行论述。具体地，在低碳企业创新体系的有效性方面研究了低碳企业创新体系有效性的含义及有效性特点；在低碳企业创新体系的管理评审过程方面研究了管理评审的输入、输出、纠正措施和预防措施。其次，介绍了低碳企业创新指标体系制定的原则和指标体系结构设计和体系制定原则两个方面描述低碳企业创新体系的指标体系结构，其中原则包括科学性、系统性、目标一致性及动态性；体系结构方面包括构建方法的选择、评价指标体系的选取、评价模型的建立。最后，运用网络分析评价法对低碳企业创新体系进行评价，从网络分析评价的基本原理及低碳企业创新体系的网络分析评价法的运作方式等方面进行诠释。

第10章 低碳企业发展路径及创新体系实证研究

低碳经济发展模式是经济发展与环境保护共同作用的结果。首先，低碳经济不是单纯的经济问题，而是与政治、社会、生态等多种要素密切相关的综合问题。实现低碳经济稳定快速发展需要全世界各个国家和地区共同努力，才能实现预期的结果。电力行业在任何国家都是涉及国家安全的核心行业，当然也是节能减排的关键部门之一。特别提出的是，我国传统的电力行业以火力发电为主，需要耗费大量的煤炭资源，中国的火力发电产生的碳排放量远高于其他各国。另外，电力行业所用的发电机组有很长的生命周期，所以一旦安装机组开始发电，短期内很难改变电源结构。正是在这样的背景下，探讨低碳企业如何稳定持续发展，降低碳排放量。

目前，我国已经是全球 CO_2 总量排放最多的国家，而电力行业则是贡献的主体部分。电力的低碳发展对于电力行业提升节能减排效果，以及我国和世界应对气候变化都具有很重要的现实意义。考虑到我国资源禀赋、经济的持续发展和城市化水平的不断提高，电力行业在短期之内仍会以化石燃料发电为主，相当比例的发电能源仍是高碳资源，对环境的压力不容乐观。我国政府充分意识到这点，并在电力行业推进节能减排工作，采取一系列积极举措，同时有效衔接电力行业低碳发展与国家低碳经济发展，努力为减缓全球温室气体排放做出努力。本书选择华电能源股份有限公司为研究对象，该公司是中国最早的国有大型电力上市公司，也是最大的发电、供热企业，过去的发展模式主要以火电为主，存在能源利用率较低、污染严重，企业体制机制僵化、相关制度不健全等问题，最近几年，为了适应变幻莫测的国内外经济形势和企业长远发展考虑，以及有效提高企业参与市场竞争、抵御风险以及盈利的能力，华电能源股份有限公司必须寻找符合企业自身发展的路径及创新体系。

10.1　华电能源股份有限公司概况

华电能源公司全称华电能源股份有限公司，是坐落于黑龙江省哈尔滨市的大型电力国有企业，前身是经原黑龙江省经济体制改革委员会批准同意由原黑龙江省电力工业局等四家单位在 1993 年 2 月 2 日出资 1800 万元发起成立的黑龙江电力股份有限公司，并于 1996 年于上交所上市。应国家电力体制改革发电资产重组方案要求，2004 年时该公司的实际控制人变更为华电集团，同年 7 月公司名称正式更改为目前所使用的华电能源股份有限公司，简称华电能源公司，股票名称华电能源（代码：600726）、华电 B 股（代码：900937）。截至 2018 年，华电集团对华电能源公司持股 44.8%，成为第一大持股股东，国资委持有华电集团 100% 的股份，为公司的实际控制人。

华电能源公司的业务范围包括火力发电及供热业务的生产与销售、电厂维护检修、工程承包、电表仪器的生产销售、煤矿的开采销售等，主营收入来源也以省内发电、供热资产所在地区为主，是黑龙江省的哈尔滨市、齐齐哈尔市、佳木斯市、牡丹江市等主要几大城市地区最大的发电供热主体。作为黑龙江省内最大的电力上市企业，华电能源公司截至 2018 年年末共有资产约合人民币 230 亿元，股本总计 19.7 亿元，全资及控股发电供热企业 9 家、煤炭企业 2 家、专业公司 4 家。装机总容量（发电设备的额定功率之和）为 670 万千瓦，占全省全口径装机容量 21.4%，火电部分所占全省比率为 30.29%，供热总面积 1.14 亿平方米。

华电能源股份有限公司是中国华电集团在中国第一个控股的国有大型电力公司。目前，该公司总资产大约两百多亿元人民币，全资控股 15 家公司，涉及电热、煤炭及专门公司。其火力发电总装机容量达六百余万千瓦，占黑龙江省总装机容量的五分之二，年发电量大约三百亿千瓦时，占全省发电量的五分之二之多。总供热面积六千余万平方米。华电能源公司主要向哈尔滨、齐齐哈尔和牡丹江等市县供热，是黑龙江电力、热电和电表的龙头企业。

最近几年，华电能源股份有限公司为了适应低碳经济发展需要，提高企业市场竞争力、抵御风险的能力以及盈利能力等，提出了重点发展热电、继续火力和研发发电技术以及产业协同的战略。经过多年的调整改进，华电公司在多年结构优化的基础上，已经形成了发电、供热、煤炭和工程技术四大重点产业协同发展的产业布局，并且初见成效，企业效益和管理均取得较大飞跃。

华电能源公司是黑龙江地区最大的电力生产供应公司，截至2018年年底，据华电能源公司经营情况公告，2018年华电能源公司及其控股公司共完成发电量253.5亿千瓦时，同比增长6.43%，上网电量完成228.6亿千瓦时，同比增长6.26%，参与黑龙江省内大用户直接交易电量35亿千瓦时，同比增长32.54%。

10.2 华电公司发展路径选择

10.2.1 华电公司发展的环境支持与障碍

1. 环境支持

（1）新能源发展规划不断完善。美国总统奥巴马上任后出台了一系列堪称历史之最的清洁能源刺激计划，早在2008年竞选总统时，奥巴马便主张重点投资清洁能源技术，并试图引领一场“绿色工业革命”，实现“安全、绿色、经济”的能源。对中国来说，实行可持续的能源发展战略是中国走可持续发展道路的保障，作为和美国经济总量相当的超级大国，发展清洁能源，对中国环境保护和人民的长远利益影响重大。国家《“十三五”节能减排综合工作方案》鼓励因地制宜发展海岛太阳能、海上风能、潮汐能、波浪能等可再生能源。

2020 年 11 月 2 日，国务院办公厅印发《新能源汽车产业发展规划（2021—2035 年）》（以下简称《规划》），《规划》提出，到 2025 年，纯电动乘用车新车平均电耗降至 12.0 千瓦时/百公里，新能源汽车新车销售量达到汽车新车销售总量的 20% 左右，高度自动驾驶汽车实现限定区域和特定场景商业化应用。到 2035 年，纯电动汽车成为新销售车辆的主流，公共领域用车全面电动化，燃料电池汽车实现商业化应用，高度自动驾驶汽车实现规模化应用，有效促进节能减排水平和社会运行效率的提升。《规划》要求，要充分发挥市场机制作用，促进优胜劣汰，支持优势企业兼并重组、做大做强，进一步提高产业集中度。落实新能源汽车相关税收优惠政策，优化分类交通管理及金融服务等措施，对作为公共设施的充电桩建设给予财政支持，给予新能源汽车停车、充电等优惠政策。2021 年起，国家生态文明试验区、大气污染防治重点区域的公共领域新增或更新公交、出租、物流配送等车辆中新能源汽车比例不低于 80%。

（2）龙头企业带动作用显著。龙头企业一般指的是在某个行业中，对同行业的其他企业具有很深影响力、号召力和一定示范、引导作用的，并对该地区、该行业或者国家做出突出贡献的企业。近年来，由于生态环境恶化以及电力产业资源约束等方面的影响，电力产业发展受到阻碍，不少国家开始围绕更加生态环保、更加绿色循环的主题发展经济，这已成为电力产业持续健康发展的必由之路，也是世界各国的共同认知。在这种大势面前，一方面我们需要通过政府加强规制推动电力产业健康发展，另一方面电力企业也要加强主动调整，推动企业加大生态环保力度，完善环保标准建设，构建绿色生产标志。具体可以从以下几个方面入手，比如，通过技术创新降低生产成本，将电力产品更多运送到最终消费者的手中，参考政府出台的相关标准和依据，对电力公司的各个环节进行认真检查，针对火力发电加快进行产业结构性调整，积极向下延伸电力产业链条，实现绿色高效环保运营。在其他方面电力供应面前，特别是新能源产业方面，需要加强相关生态环境保护，吸收以往火电发展造成的严重恶劣影响，促进电力企业与生态环境协同运行。同时，认真执行国家关于电力企业规制的标准程序，发挥好电力产业龙头企业的优势职能，打通全产业链条，从全环节之中实现电力产业的重新运营。

自中华人民共和国成立以来，几十年的发展造就了一些能源龙头企业，哈电气集团、海格科技、703 所等新能源龙头企业表现尤为突出，近几年在新能源领域取得了可喜的成绩。其中，703 所与清华大学签订了“10MW 高温气冷实验堆”二期工程氦气透平压气机组研制合同，此项目是中国 863 能源领域重点项目，该项目的研发对黑龙江省新能源发展起到了积极的推动作用。九洲电气公司通过自主研发，在“高压大功率电机调速成套装置”领域取得重大科研突破，改变传统的完全依靠国外进口的困境，目前，该技术已经进入了批量生产的成熟发展阶段，该技术可以广泛应用至水厂、电厂、钢厂、石油输出和石油矿井等各种能源行业，为中国新能源企业树立了一个丰碑。

(3) 新能源产业科技含量较高。全球气候变暖趋势下，技术创新被视为实现低碳经济发展的核心和驱动力。周五七和聂鸣（2011）将低碳技术归纳为三大类：能源替代技术、节能技术和碳隔离技术，并指出，能源技术（能源替代技术和节能技术）是低碳技术的核心。自工业革命以来，能源技术变迁经历了三种范式：科技驱动的技术替代范式、市场诱发的能源替代范式和公共政策驱动的低碳技术范式。低碳技术创新面临很多不确定因素和风险，其技术外溢和环境收益由全社会共享，使低碳技术创新的私人收益小于社会收益，抑制了企业低碳技术创新的意愿，因此，完全由市场机制决定的低碳技术创新水平必然小于社会最优水平，不利于低碳经济发展。

我国每年投入大量资金发展可再生能源，但收效甚微。新奥数能科技有限公司副总裁马晓旭在《中国能源发展报告 2017》论坛上指出，中国每年在可再生能源的投入达 1000 亿元，超过美国的两倍，也超过了美国和欧盟的总和，然而一次能源中，7.48% 的可替代能源和核能供给比重，具体如图 10－1 所示，低于发达国家水平，可替代能源的供给份额虽有上升，但改善并不明显，化石能源属于不可再生能源，过高的化石能源供给份额，对制造业部门来说，不但增加了供应风险，而且降低了低碳贸易壁垒下制造产品的国际市场竞争力。

近年来，在新能源产业的资金投入和政策扶持方面取得了显著的成效。其中，新能源发展科技取得较大进步。具体表现在企业通过自主创新，产生的研究成果填补了国内空白，彻底打破了我国在某些领域完全依赖进口的困境。例如，黑龙江的龙能燃气投资有限公司与碧普有限公司在

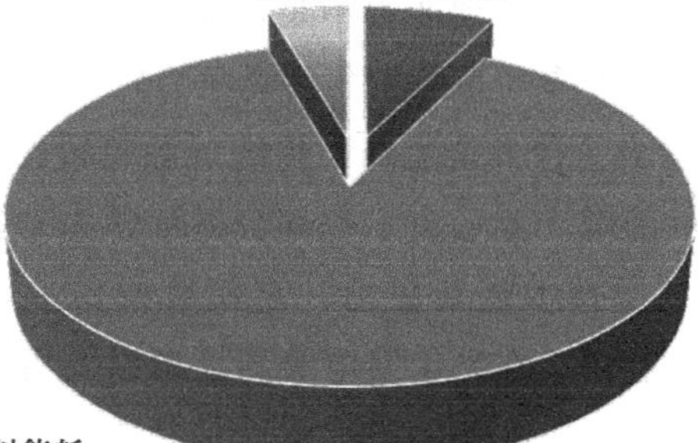

图 10－1　2015 年中国能源生产供给结构

宾县西经济开发区共同研发的农村秸秆生物沼气集中供气示范项目，有效解决了黑龙江省秸秆燃烧产生的污染问题，大大提高了沼气生产和运营水平，实现了智能生产和现代化管理。

2. 发展障碍

（1）尚未形成完整的产业体系。我国虽然是能源大国，但是在新能源发展领域相对发达国家和地区显然要落后一些。目前，国内在火力发电、风力发电和风能发电以及太阳能发电领域取得了较大成就，但依然存在能源之间关联性较弱，没能形成完整的产业体系等问题。另外，传统的能源企业对新能源发展的认识深度不够，阻碍了新能源产业链的形成。目前，我国分布式电源项目还不多，也是一个新鲜事物，生产建设的基本用途集中于西部少数民族地区、革命老区等地，很多还是光能、风能等新能源发电，电力来源比较稳定，电力供应不够稳定，这些都是分布式能源发展中需要解决的突出问题。

（2）缺乏拉动性强的龙头企业和品牌效应。企业低碳竞争力是企业在整合低碳能源、低碳设备、低碳管理制度和低碳技术的基础上，培育的优于竞争对手的生产能力或营运能力。其中，该能力包括两方面的内涵：一方面是比传统企业具有更绿色低碳的经营理念、更环保的生产过程、更低廉的生产成本和更高效的产出水平等；另一方面是比竞争对手具有更先进的产品研发潜能、更高效低碳的生产流程、更环保的企业形象以及更具有感染力的品牌文化等。我国能源企业中虽然出现了一些巨头企业，但整体上市场开放程度不够，辐射带动能力不足，品牌意识相对比较淡化，以上因素导致了我国能源企业参与市场竞争的竞争力较低。

（3）新能源产业自主研发能力弱。传统能源领域曾经一度占据我国能源产业半壁江山，在能源产业形成了一部分国际领先的技术，随着近年来经济的严重下滑，能源技术创新能力一定幅度减弱。以往过于依赖传统水、煤等产业的开发利用，在光伏发电等新能源以及可再生能源的开发利用方面面临着诸多问题，一些新能源发电设备制造的产能与市场需求不适应，没有形成新能源产业研发、生产、消费互促互进的良好机制。同时，可再生能源发电问题还需要进一步推进。目前，大部分高精尖技术均来源于国内外技术引进，二次技术研发能力也表现乏力。另外，新能源产业长期受制于研发能力不足，目前该产业发展在一定程度上属于混乱阶段，即使通过技术创新形成了具有竞争力的研究成果，但是由于资金、政策等方面的影响，成果转化率较低，市场拓展能力不足。

（4）低碳经济下的新能源产业发展所需的制度环境不健全。低碳经济的转变首先体现在意识和观念上，它是一种有意识的变革，其内在驱动因素源自政府的规划。所以，要想发展低碳经济，首先必须界定政府和市场的角色以及在变革的不同阶段两者所处的地位。政府在发展低碳经济的时候，应该坚持市场可以做的，政府绝不干预的原则，这样才能真正实现低碳经济的市场化。地方电网企业虽然已经进行了公司化改造，有的已成为上市公司，但真正建立起比较完善的现代企业制度仍需很长的努力，它是企业长远发展最根本的保证。黑龙江省自2013年起虽然制定了部分与新能源相关的制度及发展规划，但是整体上缺乏与新制定的政策和制度相匹配的法律法规，导致制定的政策和发展规划无法合法高效地贯彻实施，所以，得不到相关法律法规的支持，对黑龙江省能源发展起到严重过的阻碍作用。尤其在煤炭、石油、天然气、水电、新能源等领域影响较为突出。

10.2.2 华电公司的混合型发展路径

根据电力改革的研究成果和取得实践经验发现，电力改革必须结合国内外标准，循序渐进地、遵循市场化规律地进行。结合华电能源发展实际从新能源体系、龙头企业、树立品牌效应、完善相关政策体系角度分析华电公司的混合型发展路径。

（1）建立层次结构先进合理的新能源产业体系。当前我国电力产业规制改革的基本思路主要是：通过推进电力产业规制改革，逐步建立起一个相对有效的市场，一个不断完善发展的电力产业体系，一个紧张有序的电力产品运营方式，在此基础之上，进一步破除垄断性环节的电力产业的发展制约，通过引入市场准入，加快各个电力市场主体参与进来，构建多元式的电力市场参与竞争的主体，提升电力市场主体的竞争能力，同时也优化电力市场竞争主体格局，为的就是可以适度降低电力产品的综合成本，减少电力产品终端价格，控制电力产业的经营管理，进一步达到循环经济的任务和趋向。电力产业的供应链条从一定意义上讲，具有不相关性，不同的部分相辅相成、相互联系，彼此之间构成了相关、全面、完善的电力产业体系，这些不同的部分之间彼此关联、环环相扣，发生意外情况或者发生突发问题导致出现障碍，则整个电力行业的健康稳定运行都会受到比较严重的危害。因此，整个电力产业的各个环节都是高度相关联的一个有机整体。

首先，华电能源股份有限公司要在传统火力发电的基础上，重点研发水电、风电、太阳能和核电等新能源产业，借助黑龙江省丰富的风力、水力资源，通过研发投入和技术创新，不断地增加水电和风电在黑龙江省能源结构中的比率。其次，建立专门的第二代生物质能源产业，主要表现形式就是通过在农村建立沼气池，通过沼气技术解决农村用电和供暖问题。再次，在发展风电、水电和生物质能源的基础上，研发核电技术。最后，加强太阳能发电产业的支持力度，太阳能是取之不尽用之不竭的，因此，发展太阳能产业对黑龙江省新能源发展领域肯定是浓墨重彩的一笔。

（2）培育拉动性强的龙头企业，树立品牌效应。在如今社会理念日益绿色化的背景下，企业在社会中的形象更加需要绿色元素的融入，企业的绿色低碳行为有助于企业塑造与绿色社会理念相符合的企业形象，更大程度上获得社会的认可，形成品牌竞争优势。在成长前景方面，企业技术能力强，品牌知名度高，产品技术领先，而且重视知识产权管理工作，产品或服务就形成了核心竞争力，在市场上容易获得用户青睐，占据较大市场份额，附加值还较高，企业可以实现超常速度的成长。

首先，发展新能源产业，不能走传统老路，必须引导企业在发展过程中树立属于自己的品牌，这就需要新能源企业在发展过程中，通过技术创新，研发出具有很强竞争力的产品，让客户满意的质量和服务才能为企业树立品牌打下坚实基础。其次，通过体制机制创新，提高龙头企业的带动作用。最后，加大对新能源企业，尤其新能源龙头企业的资金支持力度，通过各项扶持政策优先扶持发展前景好、综合实力强、对本地经济有明显带动作用的龙头企业，形成“大企业带动大基地、大产业”的发展格局。

(3) 完善新能源产业政策、制度、环境保障。政府制定相应法规、设置专门机构，加大环境法规制定和执行，限制废气排放和高公害车辆上路，按排放量收取排污费。各级组织部门将生态低碳环境建设效率作为干部考核评价重要指标，建立健全生态环境指标体系、监测体系和考核体系。纪检部门加强督查低碳环保重大建设项目实施效果，健全绿色环保责任制度，问责工作不力行为。

目前黑龙江省在新能源领域虽然取得了一些成就，但相对发达地区的发展成果，黑龙江省新能源产业发展相对落后一些。一方面是由于自然禀赋导致，黑龙江省长期处于传统能源发展的重要省份，新能源开发起步较晚。另一方面，黑龙江省目前没有完善的新能源产业政策、制度和相应的内外部环境支持。为此，黑龙江省首先要加强能源产业相关的法律法规建设，通过法律法规引导新能源企业快速发展。其次，制定专门针对新能源产业发展的政策，例如优惠政策、价格政策等。再次，加强对人才引进以及人才安置、培训等方面的支持性政策，黑龙江省发展新能源，在处于劣势的情况下，必须通过更优越的政策和环境才能留住人才，从而为黑龙江省新能源产业发展贡献自己的力量。

10.2.3 促进低碳企业发展的对策建议

(1) 完善法律政策环境。在低碳经济转型初期，企业的低碳创新投入意愿不高，政策的引导在这一阶段的促进作用非常关键，政府对待科学技术活动的态度、技术创新的政策、技术创新的扶持力度都会影响低碳技术创新的成败。政府通过经济政策、法律政策、环境政策等方面的支持，提高对低碳技术创新企业的补贴，大力支持清洁能源项目的发展，在项目合作、技术开发和资金支持多方面予以扶持，企业通过低碳技术创新由高碳能源消费机构向清洁能源消费转变的愿望会越发强烈，从而更愿意投入更多的研发人员和研发资金，增强低碳创新的产出。

首先，国家应该制定相关政策向低碳创新企业倾斜，在国家政策框架下各地结合自身发展实际制定低碳企业发展的相关政策。目前，我国在低碳企业集群方面存在创新条件和外部环境不够完善的问题，相当一部分企业为了追求利润最大化，在企业初期，基本上不注重提高产品的创新层次。然而，由于黑龙江省市场机制不健全，没有科学合理的市场投资体系，致使部分企业缺乏对创新投资和生产投资的投入。其次，黑龙江省政府制定的优惠扶持政策向低碳企业倾斜，需要黑龙江省在对高新开发区增加投入时，专门针对低碳企业制定相应的优惠政策；尤其要制定低碳企业集群创新有积极作用的资金引进政策。

（2）加强创新人才管理。企业的绿色低碳发展对人才提出了更高的要求，要使高层次人才发挥出作用，借助高层次人才引进相关鼓励政策，加大高级管理人才、高级专业技术人才的引进力度，提升高层次人才占比，形成企业人才竞争力，拓宽人才引进渠道，创造高层次人才发展成长环境，与高等院校建立校企合作机制，实现人才的交流与互培；基于原有发展基础，进行产业多元化布局，积极寻求与金融等相关领域中的合作机会，借助合作方的资源发展多元产业，降低对于传统能源资源的依赖程度。同时，企业要提供创新型人力施展才能的平台。企业应重视、引进和培养专业技术人才，并放到适合的岗位中去，加强绩效管理和薪酬管理，同时积极组织人才培训和开展再学习活动，充分发挥专业技术人员的科技创新能力。

首先，黑龙江省近几年人才流失严重，这对黑龙江省经济发展的潜力造成了一定程度的影响。为此，黑龙江省对现有人才的选拔问题上，要严格把关。因为，低碳企业发展的水准高低与创新团队的整体素质呈正相关关系。其次，黑龙江省要加强人才分配力度，构建新时期的人才资源配置机制，实现人才流通灵活化和渠道化。最后，黑龙江省有必要建立高层次人才评估体系，只有对引进的高层次人才进行客观公正的评价，人力资源部门才能根据黑龙江省实际情况以及企业发展实际，为人才创造更科学合理的发展机制。

（3）加大 R&D 经费投入。创新是经济发展的长久驱动力，进入新世纪以来这种作用更为突出。已有研究表明，增加创新投资可以提升经济发展质量，促进制造业企业由生产型企业逐步向创新型企业转变。

首先，黑龙江省针对低碳企业发展，必须加强对 R&D 经费投入的深层次认知，通过多元化、多角度的宣传，让低碳企业明确科技投入对发展低碳企业的积极作用，并且要积极开展 R&D 活动。其次，大力推进低碳企业研发机构和科技平台建设。黑龙江省政府要通过多种手段充分提高企业家的创新意识，尽最大努力强力推动低碳企业研发机构建设。再次，黑龙江省政府要加大低碳企业和高科技企业的人才引进力度。因为，低碳企业发展的好坏程度直接影响黑龙江省科研经费的投入力度和投入方向。因此，黑龙江省要尽最大努力做好国内外先进低碳企业的引进力度，争取吸引到大量的成熟低碳企业来黑龙江发展。最后，政府要增加对科技研发的投入。通过加大政府科学技术支出比例，为低碳企业技术改造和新产品研发提供资金支持。

（4）加强生产环境建设。政府应该制定相应法规，设置专门机构，加大环境法规制定和执行，限制废气排放和高公害车辆上路，按排放量收取排污费。各级组织部门将生态低碳环境建设效率作为低碳企业创新评价的重要指标，建立健全生态环境指标体系、监测体系和考核体系。纪检部门加强督查低碳环保重大建设项目实施效果，健全绿色环保责任制，问责工作不力行为。

首先，生产环境是企业发展所考虑的重要因素，黑龙江省目前已经发展起了高新产业园，但是水准还是有所欠缺。这主要是因为缺乏完善的高新产业园区体系，为此首先要完善相关体系，促进附近相关机构向民营化发展。当前，黑龙江省高新产业技术园区基本由国企主导，民营企业比例相当小。虽然，国家对黑龙江省低碳企业发展给予了重要的支持和帮助，但是从长远考虑，只有国家的支持对于黑龙江省低碳企业的长远发展是远远不够的。所以，黑龙江省只有通过政策引进民营资本参与高新技术创新中去，才能盘活黑龙江省科技创新这盘大棋。其次，通过建立相互依存的产业生产链从而加强产业间密切联系，形成一种“低碳链”。对于黑龙江省高新技术园区现存的产业，应该为其构建高技术产业网络体系，这有助于高技术企业之间协同发展。最后，加强黑龙江省特色产业集群建设，从而充分发挥集群创新优势，带动全省低碳企业创新的整体发展。

10.3　华电公司创新体系构建

10.3.1　华电公司观念创新

华电能源公司从品牌、技术、投资、用人、管理五个方面论述华电公司观念创新，具体内容如下：

（1）品牌观念。品牌对企业产品和形象具有里程碑的意义，是顾客对产品和企业的认可，也是企业参与市场竞争的优势。一方面，企业树立品牌观念，有利于企业在发展过程中注重品牌投资和树立品牌形象。另一方面，品牌是企业综合实力的具体体现，也是驱动企业向前发展的动力。

在建设低碳文化的基础上，还要重视打造企业的低碳品牌。企业的低碳品牌是其低碳文化的实质性象征，是企业在市场竞争中的形象标识，也是企业在低碳市场竞争中获取更大优势的重要力量。企业在树立低碳品牌和形象时要以节能减排和环境保护为主要内容，以消费者的低碳需求为出发点，突出企业低碳产品的个性和优势，并使低碳品牌观念成为企业所有成员的行动指南。

（2）技术观念。技术是企业生存发展的最重要的因素，对企业来讲，推出新产品是技术创新最直接的反映。企业参与市场竞争，技术创新以技术突破为基础，以市场接受为准绳。为此，华电能源股份有限公司为了适应多层次、多区域的市场需求，通过不断调整企业经营策略，根据市场情况对产品样式、品种和市场定位进行优化。

低碳经济的实质是在政府低碳经济发展政策的保障下以低碳技术为核心，通过低碳技术改变过去传统的生产、管理模式，构建企业、社会的低碳文化，以低碳产业发展为基础实现整个社会低碳经济的发展，进而促使社会经济活动过程中的节能减排，从而实现在生态环境得到保护的前提下发展社会经济的目的。

（3）投资观念。投资对企业来讲毫无疑问是技术创新、产品创新、产品生产等多个方面的基础条件，投资行为不仅能够解决企业正常运营的问题，而且有助于企业产业转移或者产品引进等。投资主要取决于高层管理者的事业心、个人偏好、企业发展需求、同行业竞争行为、市场驱动等因素，投资行为主要偏向具有密切关联系的企业或者同行业中不同类型的产品，因为对单一企业或单一产品投资的风险系数要大很多。政府投资是绿色技术创新资金投入的一个重要来源。但是政府在对技术创新的资助过程中，必然会看好有市场前景，同时偏好近期利益，而绿色技术创新的风险大，不确定性因素多，无法保证在短期内带来显著政绩的效益，这使政府对这类投资并没有太多的积极性。

（4）用人观念。人才是企业可持续发展的关键，优质的人力资源及人力资源管理体系对企业来讲既是其参与市场竞争的策划者和执行者，也是其不断走向成熟的资本。用人观念主要取决于企业高层管理者对人力资本的认知，也取决于市场需求结构的变化，当前的人力资本市场已经发生了很大的变化，对员工的专业化技能要求越来越高。人力资源管理体系也更加健全和正规化。

低碳企业的创新发展需要大量的人才，包括具有长远眼光和良好素质的企业家，核心的技术研发人员以及优秀的技术操作人员。低碳创新需要以人为本，注重具有创新能力和创新意识的人才，才能通过创新将理论转变为现实的生产力成果。因此，低碳创新的关键要充分开发利用人才资源。

（5）管理观念。管理是企业老生常谈的问题，如何管理，才能保证物尽其用，人尽其才，非常考验管理者的水平。众所周知，管理的实质是处理人与人、人与物以及机构与机构之间错综复杂的关系。管理是资源重组，是激发员工主观能动性的手段，也是企业实现可持续发展的核心。高层管理者的管理观念与企业未来发展的规模、走向等不可分割。

管理理念的创新是低碳企业开展管理创新的前提条件，是低碳企业生产经营活动的指导思想和行动指南。在日益激烈的市场竞争和低碳发展进程中，低碳企业要想取得生存和发展，首先要在低碳方面进行管理观念创新，冲破传统、粗放式的管理模式的束缚，综合运用现有的管理知识和管理技术，逐步推行观念创新。

10.3.2　华电公司技术创新

1. 企业技术创新能力评价体系的建立

通过广泛地阅读相关文献，本书结合华电能源股份公司实际情况，基于技术创新理论制定了符合华电公司实际的创新能力评价指标体系。结合体系评价的指导思想和基本原则，考虑指标体系的科学性、系统性、可行性以及数据可获得性，该部分具体涉及创新管理、创新投入、研究开发及创新产出 4 个方面。其中，创新管理涉及创新的战略和相关机制；科研投入涉及经费和人员；研究开发包括企业技术研发水平、专利拥有量等；创新产出包括环保能力、发电能力以及技术效率等指标。所以，通过设定定量化指标和定性化指标，得到该公司的技术创新能力评价指标体系。具体的评价指标如表 10 – 1 所示。

根据表 10 – 1 我们可知，企业技术创新能力指标体系共包括四个部分，其中，创新投入、创新管理以及研究开发三个指标的设计，主要是基于现有文献经过归纳总结得到的，显然国内外学者对企业技术创新能力指标体系的研究成果相对比较成熟了。根据华电能源股份公司实际情况，引进了创新产出能力指标。究其原因，华电企业技术创新指标涉及很多内容，具体包括安全、可靠性、电能质量、效益、环境等指标，由于这些指标的数据无法通过资料查阅获得，以上指标不适用于目前的研究。为此，将以上指标体系设计成问卷，将问卷通过邮件、现场咨询以及邮寄的方式咨询了电力行业的专业，数据回收之后，通过数据分析得出华电能源公司创新产出能力的指标。

2. 企业技术创新评价指标体系的分析与测度

上一小节内容已经设计了华电能源公司技术创新评价指标体系，接下来讨论指标设置的原因及计算问题。

表 10－1　　　华电公司技术创新能力评价指标体系

	一级指标	二级指标	三级指标
华电公司技术创新能力评价指标体系	创新投入能力 A_1	*R&D* 人员投入 B_1	*R&D* 人员强度 C_1
			科学家及工程师比率 C_2
		R&D 经费投入 B_2	*R&D* 经费投入强度 C_3
			非研发投入强度 C_4
	创新管理能力 A_2	创新战略 B_3	有无创新战略 C_5
			发展机制指标 C_6
		创新机制 B_4	激励机制指标 C_7
	研究开发能力 A_3	技术先进水平程度 B_5	等级法（国际领先水平、国际先进水平、国内或行业领先水平、国内或行业先进水平）C_8
		R&D 成功率 B_6	研发成功率/研发项目总数 C_9
		专有技术率 B_7	（企业授权专利数＋非专利技术成果数）/*R&D* 人员总数 C_{10}
	创新产出能力 A_4	电能服务质量 B_8	供电可靠性 C_{11}
			电能质量 C_{12}
			安全性 C_{13}
		技术效率 B_9	供电煤耗率 C_{14}
			线损率 C_{15}
			设备利用率 C_{16}
			供电热效率 C_{17}
		环保能力 B_{10}	特高压输电线路比率 C_{18}
			西电东送装机容量 C_{19}
			电网负荷率 C_{20}
			备用机组容量比率 C_{21}

（1）创新投入能力。创新投入能力主要反映的是低碳企业创新时在资金投入以及人员投入方面的支持力度，将企业创新投入能力划分为人员和经费投入。前者主要包括人员招聘、强度及构成、研发投入和非研发投入等指标。共同构成华电能源股份公司创新投入能力。从指标性质视角，华电能源股份公司创新投入评价指标如表 10－2 所示。

表 10 – 2 华电公司创新投入能力评价指标

指标名称	指标性质
R&D 人员投入强度	定量指标
科学家及工程师比率	定量指标
R&D 经费投入强度	定量指标
非研发投入强度	定量指标

（2）创新管理能力。企业以增强创新效益为直接目标，力求实现创新管理目的，将人、财、物、知识、技术、信息等资源重组与重置，采用新的管理方法和组织结构形式，调整优化管理要素资源的配置，促进管理要素效能进一步提高，使企业创新发挥更大效益。

从创新战略、创新发展机制以及创新激励机制三个方面描述企业创新管理能力。其中，创新战略指企业在运营过程中高层管理者对企业创新发展方向及市场预判作出的符合企业自身发展实际的总体部署。创新发展机制指融合人员、生产、销售、管理以及科研于一身形成技术创新的集约发展模式。创新激励机制指激励机制设计、员工考核和奖励等内容，主要目的就是通过精神或者物质激励提高员工主观能动性，使其为企业创造更多的价值。

（3）研究开发能力。低碳企业应有效整合各种要素资源，致力于研究开发更多符合市场需求、富有竞争力的产品和技术成果，培养大批创新型人才，建立一整套较为成熟的创新机制，形成一种经常鼓励、敢于冒险、执着推进的创新型文化。企业依靠自身的技术实力，瞄准特定细分产品市场，研究开发相对优势技术，进而创造有利于市场竞争的新优势。科研能力是提高技术创新效率的重中之重，同时也是评估低碳企业技术创新水平的核心评价指标之一，事关企业参与市场竞争的综合能力。具体内容涉及技术先进水平程度、研发成功率、专有技术率等指标。其中，技术先进水平程度通过技术产生速率及技术应用收益评估。研发成功率主要由研发质量确定。专有技术率是技术创新不可或缺元素，企业授权专利数和非专利成果数和人总数的比例表示。华电能源股份公司研发能力技术评价如表 10 – 3 所示。

表 10－3　　华电公司创新管理能力评价指标

指标名称	指标性质
创新战略指标	定性指标
发展机制指标	定性指标
激励机制指标	定量指标

（4）创新产出能力。创新产出能力是评估技术创新的最终效果，是企业综合能力的体现。但研究的输配电企业技术创新的产出能力有其特殊性。因此技术创新产出能力主要反映的是输配电企业技术进步。具体包括：①供电可靠性；②电能质量；③安全性；④供电耗煤量；⑤线损率；⑥设备利用率；⑦供电热效率；⑧特高压输电线路比率；⑨西电东送装机容量；⑩电网负荷率。综上所述，华电公司创新产出能力评价指标如表 10－4 所示。

表 10－4　　华电公司创新产出能力评价指标

指标名称	指标性质
供电可靠性	定量指标
电能质量	定量指标
安全性	定性指标
供电煤耗率	定量指标
线损率	定量指标
设备利用率	定量指标
热效率	定量指标
特高压输电线路比率	定量指标
西电东送装机容量	定量指标
电网负荷率	定量指标
备用机组容量比率	定量指标

10.3.3　华电公司制度创新

企业制度创新是指对企业现存制度进行革新，使企业的发展更加可预见并促进企业的发展。其最大的特点在于循序渐进，人们由于惯性一般不希望改变现有的制度，既得利益者也会阻碍其改变，所以最有可能从矛盾最突出，最不可调和的地方开始创新变革。生产力的发展是推动企业进行制度创新的根本力量，此外，国家政策的引导以及意识形态的改变也会推动企业进行制度创新。企业制度是企业正常运营的保证，企业制度是降低成本、提高经营管理活动有效性的依据。本书将从制度创新的内容、内涵和流程三个方面论述华电能源股份公司制度创新内容。

（1）制度创新的内容。华电能源股份有限公司制度创新体系以现有的华电公司规章制度为主题，以下属各公司辅助性制度为补充，公司整体创新体系框架由公司总部制定、调整和公布，涉及通用和非通用制度。其中，通用制度由华电能源股份公司总部统一制定并适应用其下属的所有公司。非通用制度指下属单位在华电公司制定制度框架下，结合各自发展实际制定实施细则和完善企业制度创新体系。华电能源股份公司是整个制度创新体系的制定者、执行者和管理者，所以，公司总部要充分做好指挥协调作用，保障制度创新顺利进行。

（2）制度创新的内涵。关于制度创新，存在很多论述。科斯认为，制度创新只有在预期的边际收益大于变革本身所需耗费的边际成本时才有可能，他指出，“只有得大于失的行为才是人们所追求的。但是，当在各自为改进决策的前提下，对各种社会格局进行选择时，必须注意到导致某些决策改善的现行制度的变化也会导致其他决策的失误。而且，也必须考虑各种社会格局的运行成本（不论它是市场机制还是政府管理机制），以及转成一种新制度的成本。在设计和选择社会格局时，应考虑总的效果。”除此之外，对于制度创新的内涵的研究还包括以下几个主要方面：制度创新是指能使创新者获得追加利益而对现行制度进行变革的种种措施与对策；制度创新是在既定的宪法秩序和规范性行为准则下制度供给主体解决制度供给不足，从而扩大制度供给获取潜在收益的行为；制度创新是由产权制度创新、组织制度创新、管理制度创新和约束制度创新四方面组成的；制度创新既包括根本制度的变革，也包括在根本制度不变的前提下具体运行的体制模式的转换；制度创新是一个演进的过程，包括制度的替代、转化和交易过程。

华电能源股份有限公司制度创新主要以规章制度、操作规范为创新基础，构建自上而下通用的制度创新体系，通过完善相关制度，有助于提高华电公司管理和产品质量、精简不必要制度、加强对公司运营的监管制度等，通过构建闭环的制度创新管理机制，大大解决了制度创新执行难的问题，通过华电公司不断根据市场环境和企业自身实际进行制度创新，持续性改进优化，最终实现“一流企业、一流制度、一流执行”的三个一流工作目标。

（3）制度创新的流程。诺思认为，制度创新是一个制度不均衡时追求潜在获利机会的自发交替过程。林毅夫认为，制度变迁是人们在制度不均衡时追求潜在获利机会的自发变迁诱致性变迁与国家在追求租金最大化和产出最大化目标下，通过政策法令实施强制型变迁的过程，即从主体上可分为诱致性制度变迁和强制型制度变迁，这两种制度变迁应结合中国国情，既依靠市场，又依靠政府，也可以从规模上分为整体制度变迁和局部制度变迁，或从速度上分为激进式和渐进式的制度变迁。卢现祥认为，制度变迁是制度的替代、转换与交易过程，制度变迁的实质是一种效率更高的制度对另一种制度的替代过程。制度变迁从周期上来看可分为三个阶段，即起点、发展和结束，制度变迁的起点是指制度的僵滞阶段，发展是指制度的创新阶段，结束是指制度重新达到均衡阶段。

华电能源股份有限公司从建立和完善考核制度以及规范考核流程两个方面进行制度创新。华电公司为制度创新前些年做了大量的工作，其中，2013 年，华电公司就从基础数据准确性、制度标准的穿透性、管理机制系统性、指标管理科学性以及工作管理有效性 5 个方面明确了制度创新的评价维度，将评价指标体系细分为 31 各评价要素和 72 个评分点。从发展成果来看，前期的制度创新效果明显。在此基础上，提出华电公司制度创新评价体系应该建立“岗位职责、制度标准和管控责任人”三位一体的管控体系，该体系主要是保障华电公司的日常运营中有据可依和有章可循，施行员工责任制。另外，规范考核流程。华电公司如果想确保制度创新有效执行，必须通过建立制度创新评价委员会、构建科学合理完善的制度创新评价机制，从而保障制度创新工作顺利开展。具体来说，制度创新评价委员会下设多个工作小组，分别负责制度创新评价的方案编制、评价培训、评价检查等多个内容。

10.3.4 华电公司管理创新

管理创新是一种创造新的资源整合范式的动态性活动，通过这一活动，可以形成有效、科学的管理，它同技术一起构成现代企业中不可缺少的投入组合。但作为一种与生产技术知识有着本质不同的知识体系，管理是一种“知识的知识”，具有“整合”和“优化”生产要素（包括技术）的特征，也即管理对技术有着一定的驾驭性。可以说，一方面管理创新可以使企业内部的权力机构、决策机构、执行机构形成所有者、经营者及生产者之间明确的相互激励和相互制衡关系，形成科学的领导体制和决策程序，从而确立技术创新的决策与激励机制，为技术创新从在独立于企业外的研究机构、实验室中进行逐渐变为企业内进行，即为促进技术创新内在化——R&D 体系的建立与开展提供动力机制。另一方面，技术创新是一个“研究开发→市场成功→创新扩散”的完整过程，具有很强的不确定性，即除了进行技术创新 R&D 领域的特性因素外，还受到技术创新主体能力、行为方式、技术创新过程的管理效率等因素的影响，因而技术创新过程不仅是一个技术问题，还是一个管理问题。通过技术创新过程的细节管理创新，可以降低技术创新过程中资源配置的不确定性，提高现有技术效率与资源配置效率，有利于技术创新的成功。因此可以说管理创新实际上是技术创新的组织保障。

（1）华电公司管理体系创新的总体思路。华电公司管理创新从认识、方向、机制、保障和实践五个角度论述管理创新的思路。其中，认识上，华电能源公司必须将管理创新工作视为企业可持续发展的核心部分，通过整合优势资源、促进公司管理创新工作取得新进展。方向上，华电能源公司管理创新的方向主要集中在信息技术、科学研究、资源状况及规章制度体系上，推动重点领域的快速发展。机制上，华电能源公司通过构建完善的工作、监管、激励及推广机制，保障公司管理创新工作顺利开展。保障上，华电能源公司必须构建创新管理保障机制，促进公司上下各部门管理创新协同发展。实践上，公司只有加强先进管理方法的市场推广力度，促进管理创新体系尽早完成搭建，早日应用到公司运营过程中。

（2）华电公司管理体系创新的主要内容。管理创新是公司经营的最重要的部分之一，因为管理涉及计划、组织、领导、控制等多个职能，所以管理本身就有系统性特征，而管理创新是在管理的基础上，对原有的管理内容进行再创造，同样是一项复杂的系统工程。主要内容包括：①思想观念创新。现代化企业必须树立符合时代发展的管理理念，首先从思想上注重管理创新。②经营战略创新。构建符合华电能源公司发展实际的发展战略，从而实现公司产业发展。③管理制度创新。公司除了对原有管理制度进行优化改进，还可以引进外部先进管理制度。④财务管理创新。公司通过加强财务管理，对公司收益提升有很明显的效果。⑤人才管理创新。公司发展离不开人才，加强对人才的培养力度，制定完善的人力资源发展规划。⑥管理手段创新。传统的管理主要依赖人治，现代管理必须引进信息技术，通过构建符合公司实际的信息管理系统，提高管理效率，简化管理步骤。⑦市场营销创新。根据电力市场发展的内外部环境和市场情况，制定科学的市场营销策略。

（3）华电公司管理体系创新的重点领域。华电公司管理创新主要围绕核心业务、资源体系、科研体系、基础管理规范、信息系统平台、民主管理以及公司文化7个重点领域展开。其中，华电公司通过集中管理核心业务中的所有要素提高管理业务效率；完善资源体系，尽可能以最少的资源投入获取最大的公司收益；加大对科研的投入力度，包括资金、人才、激励政策等手段，旨在提高公司技术创新水平；制定严格的企业管理制度，尤其重视管理规范化工作；通过信息化建设，促进各部门之间的信息沟通。华电公司要构建以人为本的企业文化，尊重员工劳动成果、建立和谐的工作环境，从而提高员工对公司的归属感。另外，公司要树立符合公司专有的核心价值观，促进公司管理创新。

10.4 华电公司创新体系有效性评价

10.4.1 华电公司创新体系的管理评审

（1）为评价企业的有效性，对该企业将采用定量和定性相结合的评价方式，即采用百分制评价体系来评价企业的运行情况，具体如表10－5所示。

表 10－5　　低碳创新体系评价等级

目标比较	超越目标	符合目标	基本符合目标	不符合目标
评语	非常有效	比较有效	基本有效	无效
分值范围	80—100	60—80	40—60	40 以下

企业按照策划目标以及相应的标准，对低碳创新体系的有效性作出了评价。绿色质量方针、目标及体系策划能达到基本有效的状况，资源管理能够达到有效，产品实现达到有效，测量分析和改进达到有效。低碳创新体系的实施是有效的。

（2）企业的最高管理者、经理、低碳创新部门相关人员以及生产部门的人员每年都要根据实际情况，对该企业低碳创新体系的各项因素进行管理评审，正常每年有一次外审，企业根据自身的特点，至少每年都要进行一次内审，有的企业可能要进行两次的内审，而企业的客户也根据自身的要求随时提出对企业进行第二方的审核。企业根据管理评审的输出，分析企业目前的弱点或体系策划还有进一步改进的地方，如企业人力资源管理这部分做得还不够好，测量分析的部分有欠缺，持续改进的手段需进一步研发等，寻找影响问题产生的原因，按照质量管理的 PDCA 循环思想，采取相应的纠正或预防措施。

10.4.2　华电公司创新体系的网络分析评价

构建的该公司评价指标包括定量指标和定性指标，其中，前者进行量化处理。专家首先在搞清楚企业定性指标的基本情况的基础上，然后再根据定性指标的判断标准对该公司创新体系进行打分。在评价过程中得到的网络层的三角模糊对比矩阵、Excel 计算出的控制层元素权重、创新型企业评价指标的权重、专家进行打分得到定性指标的隶属度矩阵以及最终得到的定量指标数值及得分，具体如表 10－6、表 10－7、表 10－8、表 10－9、表 10－10 所示。

表 10－6　　网络层的三角模糊对比矩阵

以每千人创新方案或合理化建议数量 A_1 为准则	A_2	A_3
R&D 投入强度与行业平均水平比值 A_2	(1, 1, 1)	(0.5, 0.812, 1)
人员培训费用强度与行业平均水平比值 A_3	(1, 1.231, 2)	(1, 1, 1)

表 10-7　　Excel 计算出的控制层元素权重

元素	l	m	u	$S_i \geq S_k$ ($i \neq k$)			W'	W
S_A (S_1)	3	4.167	5.5	$S_1 \geq S_2$	$S_1 \geq S_3$	$S_1 \geq S_4$	0.587	0.242
	$l1$	$m1$	$u1$					
	0.131	0.238	0.408	0.5869	1	1		
S_B (S_2)	5	6.5	8	$S_2 \geq S_1$	$S_2 \geq S_3$	$S_2 \geq S_4$	1	0.412
	$l2$	$m2$	$u2$					
	0.219	0.371	0.594	1	1	1		
S_C (S_3)	2.9	3.667	4.667	$S_3 \geq S_1$	$S_3 \geq S_2$	$S_3 \geq S_4$	0.441	0.181
	$l3$	$m3$	$u3$					
	0.127	0.21	0.347	0.8828	0.4407	1		
S_D (S_4)	2.567	3.167	4.667	$S_4 \geq S_1$	$S_4 \geq S_2$	$S_4 \geq S_3$	0.401	0.165
	$l4$	$m4$	$u4$					
	0.112	0.181	0.347	0.7901	0.4011	0.8848		
Total	13.467	17.5	22.83					

表 10-8　　创新型企业评价指标的权重

目标层	一级指标	二级指标	权重 (w_j)					
			制造业		基础产业		服务业	
创新型企业评价指标体系 U	创新倾向 A	每千人创新方案或合理化建议数量 A_1	0.056	0.214	0.072	0.231	0.092	0.261
		R&D 投入强度与行业平均水平比值 A_2	0.087		0.075		0.064	
		人员培训费用强度与行业平均水平比值 A_3	0.071		0.084		0.105	
	创新能力 B	近三年研发人员发明专利拥有量平均增长率 B_1	0.132	0.367	0.121	0.338	0.089	0.280
		每千人近三年知识产权与科研获奖拥有量 B_2	0.110		0.102		0.075	
		全员劳动生产率与行业劳动生产率的比值 B_3	0.125		0.115		0.116	
	创新管理 C	创新战略的指导性与实施效果 C_1	0.063	0.192	0.063	0.180	0.072	0.227
		关键研发人员股权激励强度 C_2	0.053		0.041		0.050	
		员工合理化建议激励机制 C_3	0.033		0.036		0.064	
		研发机构建设情况 C_4	0.043		0.040		0.041	
	创新产出 D	新产品、新工艺销售收入占全部收入比重 D_1	0.163	0.227	0.192	0.251	0.158	0.232
		每千人研发人员发明专利拥有量 D_2	0.064		0.059		0.074	

根据专家打分得到定性指标隶属度矩阵，对其进行定量化处理，步骤

如下：

第一步，取定性指标的评语向量 $Z = [Z_1, Z_2, Z_3, Z_4, Z_5] =$ [优秀，良好，中等，较差，差]。

第二步，确定模糊关系向量 $V = [V_1, V_2, V_3, V_4, V_5]^T$，其中 $V_k(k = 1, 2, 3, 4, 5)$ 是定性指标 G_{ij} 的隶属度。

$$v_1 = \frac{H_1}{\sum_{K=1}^{5} H_k}, v_2 = \frac{H_2}{\sum_{K=1}^{5} H_k}, \cdots, v_5 = \frac{H_5}{\sum_{K=1}^{5} H_k} \tag{10-1}$$

$$V = \begin{bmatrix} 0.4 & 0.4 & 0.2 & 0 & 0 \\ 0.6 & 0.6 & 0 & 0 & 0 \\ 0.6 & 0.4 & 0 & 0 & 0 \end{bmatrix} \tag{10-2}$$

第三步，设 $D =$ [5，4，3，2，1]，根据公式 $r_j = D \times V$，求得各定性指标的量化值。

$$r_j = [5, 4, 3, 2, 1] \times \begin{bmatrix} 0.4 & 0.4 & 0.2 & 0 & 0 \\ 0.6 & 0.6 & 0 & 0 & 0 \\ 0.6 & 0.4 & 0 & 0 & 0 \end{bmatrix}^T = [4.2, 4.4, 4.6] \tag{10-3}$$

定量指标和定性指标的得分相结合，构成了该企业的得分向量，与制造业创新型企业的权重向量相乘，得到该企业的综合得分：

$$Z = \sum_{j=1}^{12} \omega_j r_j = 4.566 \tag{10-4}$$

式中：ω_j为第 j 个指标的全局权重；r_j为第 j 个指标的得分。

按照创新型企业的评价总分结果进行分类，将综合评价总分在标准值以上的企业认定为创新型企业。该制造业企业的综合得分为 4.566（满分为 5 分），高于制造业创新型企业的标准值 4，因此该企业为制造业创新型企业。

在确定创新型企业时，应分产业进行评价。对不同企业进行比较时遵循的原则：同一产业的企业可以通过综合得分直接进行比较，不同产业的企业不可以直接通过综合得分进行比较。对创新型企业进行认定需要按照产业类型的划分（制造业、基础产业、服务业），分别设定创新型企业认定标准值，而标准值是根据各个产业每次申报创新型企业的数量和将要评选的数量进行调整而确定的。

表 10-9　　专家打分得到的定性指标隶属度矩阵

定性指标	Z_1	Z_2	Z_3	Z_4	Z_5
创新战略的指导性与实践效果	0.4	0.4	0.2	0	0
员工合理化建议激励机制	0.4	0.6	0	0	0
研发机构建设情况	0.6	0.4	0	0	0

表 10-10　　定量指标数值及得分

定量指标	数值	得分
每千人创新方案或合理化建议数量（A_1）	200	3
R&D 投入强度与行业平均水平比值（A_2）	3	5
人员培训费用强度与行业平均水平比值（A_3）	2.5	4
近三年研发人员发明专利拥有数年均增长率（B_1）	45%	5
每千人近三年除发明专利以外知识产权与科研获奖拥有量（B_2）	17	4
全员劳动生产率与行业劳动生产率的比值（B_3）	3	5
关键研发人员股权激励强度（C_2）	9000	4
新产品（新工艺、新服务）销售收入占全部收入比重（D_1）	22%	5
每千人研发人员发明专利拥有数（D_2）	170	5

10.4.3　提高低碳企业创新体系有效性的对策建议

1. 金融政策方面

（1）增强金融机构对低碳企业创新体系发展的信贷支持力度。金融机构对节能环保产业的支持主要体现在各大商业银行加大推行“绿色信贷”力度。金融机构如此大力度推行“绿色信贷”业务支持节能环保产业发展，原因在于国家政策引导和节能环保产业的日益壮大。2016 年 8 月 31 日，中国人民银行联合财政部、发改委等七部委发布《关于构建绿色金融体系的指导意见》，在此政策引领下，各银行业金融机构开始积极创新绿色金融产品与服务，针对节能环保产业的发展实际制定了一系列的信贷支持政策和提供多样化的金融服务，加大对绿色产业的信贷支持力度。由此可见，为推进低碳企业进行技术创新，必须要增强金融机构对其的信贷支持力度。首先，加大对低碳企业政策性金融机构的信贷支持力度，尤其大力支持新能源、节能减排相关的低碳企业的资金需求。其次，放宽以排污许可证作为抵押品的绿色信贷规模，旨在降低低碳企业的信贷风险。最后，金融机构加大对低碳企业整个供应链的信贷支持，尤其大力支持供应链中附加值较高环节的信贷支持力度。

（2）建立健全支持低碳企业创新体系发展的合理的金融机构体系。金融行业是金融资源相对比较密集的行业，其通过产品创新、制度创新等方式为弥补绿色发展的资金缺口做出了重要贡献。以绿色发展理念为指引，以服务实体经济为使命，绿色金融体系的构建为金融行业推进金融绿色发展提供了基本框架。首先，引进国有控股、股份制及外资金融机构，针对低碳企业专门组建低碳发展银行，该银行的资金来源于各地政府专项基金以及吸引私营企业和民间资本投资，该银行所有资金专门服务于低碳企业发展。利用股份制商业银行中国有成分的功能，加强发展理念的宣传与渗透，助推股份制商业银行加强能力建设，推进绿色信贷业务的快速发展。其次，不断完善地方金融机构体系，具体表现在如哈尔滨银行、龙江银行等地方性银行为黑龙江省低碳企业设立专门的窗口，对低碳企业发展提供资金支持。最后，建立低碳企业发展的资产管理公司，以及信用评级、金融信息服务、法律服务和第三方独立认证机构等，从而更好地为低碳企业发展提供保障。

（3）积极拓宽支持低碳企业创新体系发展的商业融资渠道。企业融资的高门槛往往是让企业家望而却步最终半途而废的重要原因，因为，融资意味着需要各种形式的担保，但低碳创新企业特别是设立之初的低碳创新企业很难向银行提供合格的担保。融资难成为阻碍企业发展的重要因素，只有转变思路拓宽融资渠道，积极为低碳企业融资创造有利条件，才能让低碳企业从根本上得到发展，可以从以下几点展开试点：第一，政府通过多边基金和组织专门为清洁发展机制项目制定融资渠道和政策。第二，引进国外金融风险防控资本，将引进资本应用到低碳企业的发展中去。第三，有效管理和运用各种融资方式，综合利用内部金融机构的支持以及外部金融机构的投资，重点应用于发展新能源、节能减排等低碳企业的技术改造和科研投入支持。

2. 电源结构方面

（1）优化发展煤电。煤炭企业的战略决策受到企业管理者价值观和理念的影响，要在管理者中树立企业绿色低碳发展战略性价值观，让企业的决策集团意识到绿色低碳行为的必要性，才能真正将企业的绿色低碳行为视为是一种机遇，而非增加成本的负担，从而将绿色理念真正融入到企业战略当中，形成绿色低碳价值取向，并在各个管理环节践行绿色低碳理念，使绿色低碳行为获得员工的共同认可和支持。在整个价值链环节形成企业绿色文化，是成功实施绿色低碳发展战略的基础和保障，特别是前瞻性绿色低碳发展战略和合作性绿色低碳发展战略的实施，需要足够的绿色理念作为支撑，才能够产生良好效果，形成绿色竞争优势，实现企业的绿色低碳发展。坚持“高效率、低成本、有效益、煤源可靠”的基本开发前提，遵循高效、绿色、清洁、低碳的煤电发展方式，尽量在煤炭资源富集区建设大型煤电基地，积极推行煤电一体化。依靠科学技术的发展和创新，提高能源的效率和清洁度，积极推进煤电绿色开发，大力扶持百万千瓦超超临界机组项目，从而为火电发展增加新的亮点。

（2）电力开发水电、积极发展风电、创新开发核电。低碳电力是低碳经济的重要组成部分。因此，在低碳经济发展模式下，深入探讨当前高碳电力的问题，大力发展低碳电力，促进电力工业可持续发展显得尤为重要。对比当前的高碳电力模式，所谓的低碳电力，是指以低碳经济为理念，以社会经济可持续发展为目的，以低碳技术（清洁生产技术、新能源技术、CO_2捕捉、封存等）为支撑，推进资源的优化配置，积极构建低碳能源结构，发展高效低耗清洁火电，促进电力产业结构的升级，大力发展水能、风能、核能、地热能、光能、生物质发电等低碳能源，建设损耗低、稳定性高的智能电网，满足当前中国经济和社会可持续发展的需求。电力部门需要对当前的能源供给结构进行优化，吸收国外发展低碳电力的成功经验和技术，加大制度和技术方面的创新力度等（蒋虹等，2010）。

华电能源公司长期以火力发电为主，在全球发展低碳经济的今天，水电、风电以及核电毫无疑问是华电能源股份公司在新的历史阶段抓住机遇的重要着力点。首先，华电能源公司可以借助松花江丰富的水力资源，大力发展水力发电，有助于华电企业优化点源结构，而且水电项目是低碳项目，有助于华电公司可持续发展。其次，风能是一种可再生能源，取之不尽，用之不竭，风电的发展对低碳经济有重大作用。华电公司作为传统的火力发电公司，应该加强风力发电的研发投入，通过自主创新和技术引进，尽早地实现风力发电技术的突破。最后，在时机成熟时发展核电，我国核电起步相对较晚，所以，华电能源公司主动与国外核电先进企业进行合作，加大核电的战略性投资水平，实现由单纯的火力发电方式向水电、风电和核电低碳发电模式发展。

（3）因地制宜发展生物质及其他能源。根据IEA Bioenergy公布的各国生物能源报告显示，生物质能源主要利用于电力、供热和运输三大领域。近年开始发展的分布式生物质能源技术具有规模适应性强、资金门槛低、易于商业化等优势，可用于社区发电、供暖和生活燃料，是实现生物质能“因地制宜”开发利用的有效途径，具有广阔的发展前景。华电企业应依据资源条件的不同因地制宜，在实现效益最大化目标的前提下，合理利用生物质发电。此外，应合理采用地源热泵、地热发电等新兴能源发电技术。

3. 营销策略方面

（1）提升优质服务，树立企业品牌。品牌创新是提升企业自主创新能力的主要途径，而塑造卓越的品牌文化则是品牌创新的最高境界。“品牌文化，是指有利于识别某个销售者或某群销售者的产品或服务，并使之同竞争者的产品或服务区别开来的名称、名词、标记、符号和设计，或是这些要素的组合；是指文化特质在品牌中的沉淀和品牌经营活动中的一切文化现象，以及他们所代表的利益认知、情感属性、文化传统和个性形象等价值观念的总和”。品牌文化的核心是文化内涵，是品牌所凝练的价值观念、生活态度、审美情趣、个性修养、时尚品位、情感诉求等精神象征，说到底其实就是一种价值观、一种生活方式和生活习惯。它的魅力就在于它不仅仅给消费者提供产品或服务，而且能够帮助消费者去实现他们梦想的生活方式。对于企业来说，让一个商标成为品牌并不难，难的是让品牌成为一种精神信仰，成为一种文化自觉，成为生活中不可或缺的内容。品牌一旦积淀成一种文化，它的传播力、影响力和销售力是异常惊人的。电能是一种看不见、摸不着的特殊商品。所以，华电能源股份有限公司只能从服务水平、电能稳定性和电价等方面努力，争取让华电品牌响彻大江南北。优质的电力服务对华电能源股份公司的可持续发展起到重要推动作用。不过优质的电力服务在优质的电能质量基础上才更有意义。如果电能本身的质量存在问题，也不会得到消费者的认可。因此，优质的华电产品和稳定的电力供应是实现优质服务的前提条件。

（2）在服务上追求更好。随着知识经济时代中信息化程度的不断深入，消费者的需求也出现了多样化发展的趋势。企业如果长期不能满足市场的需要，将会严重影响企业的市场形象，由于非马太效应和网络外部性效应的双重影响，企业的生产经营活动将会受到一定的破坏。在市场经济条件下，企业通过市场调研，可以准确地了解和掌握消费者的潜在需求，开辟出全新的市场，获得更多的利益。为了赢得更多的市场占有率，企业应该在提高产品质量的同时提高服务质量。在竞争日益激烈的今天，电力市场的竞争已从产品竞争拓展到服务竞争。对于华电公司来讲，其服务价值体现在供、产、销一体化的过程中。这就要求华电公司在提供服务的过程中，不断创新和拓展为客户服务的功能，快速响应并满足客户的用电要求。华电公司应尽快建立健全供、产、销一体化的管理机制，简化手续的办理流程，为客户提供全天候、全过程的快捷服务，一旦出现故障报修，能风雨无阻地提供紧急服务，快速为顾客排忧解难。

（3）以市场需求为导向。对于科技资源的配置，应该依靠市场需求和市场竞争的刺激，发挥市场配置科技资源的基础作用，使企业在追逐经济利益的过程中进行自主创新，从而使企业自觉地成为科技资源配置的主体。另外，要对科技资源产权进行适度的改革，明确科技资源的投资主体和产权归属。执行主体明确了排他性的所有权和处置权，才能真正拥有对科技资源的使用权与让渡权，从而保证把资源配置到使用效率最高的地方，提高整个社会的科技资源使用效率。因此，华电公司应尽快适应市场化的进程，大力拓展电力市场，充分挖掘电力市场的潜力，积极提高电力产品的利润率，努力配合政府部门的相关政策，科学系统化论证、研究和拓展农村电力市场。农村电力市场具有很大的发展潜力，要加强农村电力基础设施的建设，刺激农村经济发展，充分抓住城镇化的契机。电力工程管理是提高电力营销水平的有效保证，所有用户都希望得到优质的服务和电源，加强电力工程管理，能确保及时兑现对客户的承诺。

4. 职工培训方面

企业的创新能力很大程度上是积累和凝聚在人才队伍中的，人才不仅仅是利用问题，对人才和人力资本的增值也需要投入。人力资本增值的途径主要有三种：招聘、培训和对企业员工的福利投资。其中，培训作为现代人力资源管理与开发的一个重要组成部分，在改变员工的思维方式和行为习惯、提高组织绩效、增强企业竞争优势方面都起着极大的作用。大量的研究数据表明，企业绩效的实现与培训费用的投入有着正相关性。然而，根据调查显示，我国中小企业的培训力度还比较薄弱，并且对管理者的培训和对员工的培训重视程度存在明显差别，中小企业的经营管理者接受的培训比员工所接受的培训比例要高。关于内部员工的培训，存在定期对员工提供培训的中型企业占比较少，对员工提供简单的岗前培训的中型企业占比更少，并且存在完全没有对员工提供培训的中型企业等现象。尽管有一半的中小企业认为提高经营者素质和员工素质是提高中小企业管理水平的重要措施，但是总体上说中小企业对员工提供培训的力度太过薄弱。中小企业要提高管理水平不但要加强基础管理，建立约束机制，同时还要不断加强对企业经营者和员工的培训力度，从而提高人员素质用以建立更加科学合理的决策，为企业的发展做出正确的方向。

（1）企业职工培训方面的架构变革。随着电力行业技术的发展和创新，新工艺的推广和应用，绿色、低碳、循环电力生产指标的提高，以及现代智能电网安全、经济、高效、环境友好趋势明显，由此对一线工作人员的素质、专业知识、技能等方面的要求也越来越高。据资料显示，目前华电公司技能岗位工作人员缺口严重，其中，中高级技师所占比例不高，因此，大型发电企业应尽快建立健全中高级技师的培养机制，将其作为企业未来职业培训的重点。应制定人员培训计划，根据政策、市场及其他外部情况的变化和企业发展的需要，定期对人员进行业务培训、知识培训、道德培训、制度培训、岗位培训等各种类型的总体或专题培训，以提高员工的业务、道德等综合素质。

（2）培训形式与内容的灵活多样化。为了加强人才培训，很多跨国公司不惜花费巨资构建自己的培训体系，如美国通用电气开展了“爱迪生工程师”“领导力创新增长”等员工培训项目。日本电器公司专门开设了国际培训中心，形成了以国际企业人、驻外人员、当地雇员为对象的国际培训体系。德国西门子在国内外拥有多个培训中心，有多名专职教师和近3000名兼职教师从事新员工第一职业培训、大学生精英培训和领导后备人选的精英培训等。近年来，随着互联网的发展，跨国公司为促进内部沟通，还导入了网上学习系统。西门子成立了“西门子虚拟大学”。思科投入巨资开发网上学习系统，用“思科学习网”取代传统的培训方式，应用网上学习系统为世界各地的经理人开设管理培训课程等。可见，在人才培训上，跨国公司都花费了相当高昂的资金和技术成本，也积累了相当丰富的实践经验，其中很多方面值得我国国有企业学习借鉴。

在提升企业创新能力工作中，要加强对企业管理层和技术骨干的培训，聘请知名专家作为智囊，将企业培训对象分为创新领导者、产品经理、项目经理和流程经理等不同角色和层次，通过集中培训、信息导入、专家诊断、现场辅导等形式，帮助企业导入研发创新管理新方法，培养跨部门的创新团队，建立研发创新工作体系，解决研发管理实际问题。在具体的培训方式方面，在这个知识化和信息化的时代，知识传播的速度是前人无法想象的。人们获取知识的渠道不再局限于过去的电视、报纸和广播，计算机的普及大大拓宽了人们的知识渠道。也就是说，对职工的培训通过互联网的教学方式也是一个很不错的选择。再造员工培训机制，一方面，细分培训市场，合理设置培训内容，充分利用网络资源，以此为依托，建立网络培训体系，实现员工远程网上培训；另一方面，建立并强化激励约束机制，把教育培训同收入分配、人事管理和劳动用工结合起来。通过定期和不定期地举办专题讲座、专题培训班和高研班，将有助于创造企业的学习氛围，激发员工的创新思维、新见解，从而从整体上提升员工的综合素质和帮助员工实现自我价值。

（3）提升企业教育培训地位和加大管理力度。劳动者受教育的程度与劳动生产率具有明显的指数曲线关系。通用电气总裁韦尔奇认为，一个企业真正的核心实力是学习能力，而不是生产制造或售后服务。为此，他要求每个雇员都要学习新知识、新技能，不仅内部要相互学习，同时还要向外部公司学习，并且能够把学到的新知识、新经验运用到实践中去。例如，他们从本田公司学来的资产管理的科学方法；从沃尔玛公司学来的了解市场情报的做法等，并且在实践中还有新的发展。也就是说，国外一些大企业进行培训的目的已经不仅仅是为了增强企业竞争力、创造利润，而是把教育培训看作是实现终身教育，建立学习型组织的有力手段。我国国有企业需要学习借鉴他们的先进经验，确立全员学习、崇尚学习的观念，营造重视技能的良好氛围，使培训工作制度化、规范化，切实提高员工的整体素质。目前全球跨国公司为保持和提升竞争力，不仅重视内部职工的培训和继续教育投入，而且积极通过各种方式引进、培养和使用高端人才。国有企业要在激烈的国际竞争中取得主动，赢得优势，发展成为具有国际竞争力的大公司大企业集团，必须把培养高层次人才摆到更加突出的位置，特别要加大对创新型、科研型、新领域等对企业发展具有战略意义的重点人才的投资力度，逐步改善企业人力资源配置结构。另外，国有企业还要积极“走出去”。通过技术、人才的引进和本土化使用，以及国际研发合作和技术并购，吸纳更多的海外优秀创新资源，开阔企业研发的国际视野。

想要提升企业的创新能力，不仅要提高劳动者的受教育程度，还应对劳动者进行合理的管理，因此，应该建立一套适合企业的奖惩机制，为员工成长营造了一种行为导向。对于表现出色、业绩考核靠前的员工，华电公司应该采取一套积分规则形成适当的奖励机制，明确加、减分的规则和依据，而对于不认同企业文化、业绩不佳的员工，企业应该跟踪监控，并采取适当的措施加以引导。需要特别强调的是，培训的重点应该放在一线员工上，提高这部分员工的素质和技能将有效地提高企业的经济效益。最后，在培训结束后，要加强对培训的总结和评估，并对培训的员工进行后续跟踪。

10.5　本章小结

本章是在前面理论研究的基础上，以华电能源股份有限公司为实证研究对象，研究低碳企业发展路径及创新体系。首先在介绍了华电公司的基本概况和华电公司的环境支持与发展障碍的基础上，对华电公司发展路径选择进行研究，提出建立层次结构先进合理的新能源产业体系、培育拉动性强的龙头企业，树立品牌效应及完善新能源产业政策、制度、环境保障的混合型发展路径。其次，从观念创新、技术创新、制度创新和管理创新角度构建华电公司创新体系，其中观念创新包含品牌观念、技术观念、投资观念、用人观念及管理观念；技术创新包含创新投入、创新管理、研究开发及创新产出；制度创新包含制度创新的内容、内涵和流程；管理创新包含总体思路、主要内容及重点领域。最后，通过对华电公司创新体系的管理评审，利用网络评价方法对华电公司创新体系进行评价，然后针对创新体系提出对策建议。

第11章　低碳企业创新的金融资源配置系统的结构分析

11.1　低碳企业创新的金融资源配置系统的整体结构

11.1.1　低碳企业创新的金融资源配置系统框架

对于金融资源的内涵而言，理论界认为金融是一种资源，是社会资源，金融的本质特征鲜明地表现在资源的属性方面。金融资源的一般属性应具备以下两个方面的内涵：

第一，金融活动量的累积与功能累积的结果具有价值形态的“贮藏”特征，具体表现在金融资源的有用性和贮藏性方面。金融资源的有用性随着开发主体的不同而表现出鲜明的差异性，随着使用群体的不同亦表现出迥然有别的使用价值。如央行、银监会以及各种类型的银行、非银行金融机构均在各自所属的范围和权限内开发金融资源，这种权限和范围均受制于制度的约束，随着经济金融环境的变化而随时进行动态的调整。而市场主体可根据自身的需要选择适合各自经济金融活动的金融资源，这在企业的投资和居民的理财活动中表现得最为明显。此外，金融资源还存在量的积累和功能的积累，当金融资源的累积达到了质变的需要，金融资源的开发便具有了重要的意义。在数量和功能的累积就体现了金融资源的“贮藏”特征，比如信贷资金的投放，这种量的积累达到一定程度才能发挥对创新的积极促进作用。

第二，金融资源的开发、配置对现实需求的满足与未来发展之间的依存和制约的关联性这两个方面的特殊性使金融具有了资源的本质属性，这是金融资源理论的核心所在。金融资源的开发在金融资源理论体系中指的是金融的创新，其开发的程度依赖于既往金融资源累积的“存量”、当期的实际需求量。金融资源的开发和配置是相互伴随的，开发的目的是适应金融资源配置的客观需求。有效的金融资源配置对经济社会发展具有积极的推动作用，无效的金融资源配置不仅仅导致了金融资源的浪费，也制约了一国或地区积极的增长。如同自然资源一样，金融资源也具有有限性，其开发和配置活动受制于量的累积和功能的累积。尽管金融资源代表着社会财富的索取权，其索取权的大小亦非无限的，受制于金融资源存量的限制和金融功能的发挥程度。

低碳企业创新的金融资源配置系统是一个复杂的系统，主要包括低碳企业创新的金融资源配置系统的主体、客体、载体、机制以及效率等子系统。各个子系统之间是紧密联系并相互影响的，配置主体对配置客体发生作用，发生作用所需的物质就称为载体也可以成为配置渠道，发生作用的内在原理是配置机制，对整个过程的评价就是配置效率。

该部分我们主要讨论配置主体、配置客体以及配置载体这三个子系统。其中，低碳企业创新的金融资源配置系统的主体是低碳企业创新的金融资源配置系统的组织要素，是低碳企业创新的金融资源配置系统的执行者，低碳企业创新的金融资源配置系统的主体子系统主要包括企业、政府、个人和金融当局等主体要素。就像研究其他资源的配置一样，作为金融资源配置主体的人是金融资源配置全过程唯一的能动性要素和触发性要素。通过配置主体我们可以控制金融资源配置的全过程，通过提高配置主体的能力和素质可以改善金融资源的配置效率；配置客体是指金融资源配置过程中被操作和作用的对象。金融资源配置客体主要包括用于低碳企业创新的货币资金、金融制度资源和金融组织资源；配置载体，也就是配置主体对配置客体发生作用时所需的物质，是强化低碳企业创新的金融资源配置系统更好执行的基本保障，配置载体子系统包括各类服务机构。低碳企业创新的金融资源配置系统的运行是在一定的社会和经济环境下进行的，配置主体子系统依托配置载体子系统、配置客体子系统进行有效分配和使用，在此过程中，配置主体、配置客体、配置载体、配置机制和配置效率这五个子系统就形成了有效的互动。

政府、企业、个人和金融当局等配置主体作为配置系统的决策者，主动开展各项金融资源配置工作并作用于低碳企业创新的货币资金、金融制度资源和金融组织资源等配置客体，配置主体的意愿能够有效影响配置客体的分布方向、规模和结构，最终使金融资源配置能够更加符合配置主体的要求；反过来，配置客体规模、分布和结构等也会影响配置主体，让配置主体的决策行为更加客观准确；配置载体能够引导、催化、规范和辅助配置主体开展创新活动，也能够为配置客体的交易、流动和传播提供必要的平台，是低碳企业创新的金融资源配置系统中不可或缺的一部分。金融资源配置系统是一个复杂的、动态的多输入、多输出系统，随着社会经济水平的逐步提高与科技创新能力的提高，低碳企业的金融资源配置评价指标体系内容也是在不断发展变化的。

11.1.2 低碳企业创新的金融资源配置过程

金融资源配置主要是指资金的配置，而低碳企业对资金的需求是金融资源配置影响企业创新的前提。金融市场通过影响储蓄和投资，来影响金融资金的流量和存量变化，从而影响生产要素的分配，进而影响产业资金的变化，最终对产业结构造成影响。从金融资源配置作用主体的角度来看，目前学术界最主流的讨论是金融资源可以通过银行配置和资本市场配置这两种不同的配置主体来影响产业资金的流向，从而对产业结构产生影响。

在我国，金融资源银行配置主要是指通过银行业发放贷款对金融资源进行重新配置，为企业创新技术或服务提供资金保证。金融资源资本市场配置主要是指通过股票、债券等金融工具募集资金，并在证券市场中流通，为企业提供资金来源，使其拓展现有业务或开展新业务，以实现企业的升级改造。

1. 银行主导的金融资源配置

在一个经济体中，存在多个资金富余的单位或个人，同时也存在多个资金匮乏的单位或个人。而资金富余的单位或个人通常缺乏投资项目或投资途径，资金匮乏的单位或个人则通常拥有较好的项目但是缺少资金支持。由于信息的不对称性，常常会导致双方不能形成有效合作，浪费资源。而这时银行作为金融中介，则能为双方搭建桥梁，依靠融资制度的有效约束，充分利用银行信息引导社会资金进入。通过对富余资金的有效重新配置，储蓄和投资水平总体提升，也就增加了生产要素的投入，从而促进产业结构发生转变，进而可以促进国民经济的发展。

在此过程中，银行既要实现自己的利润收益也要保证投入资金的有效回收，确保投资者资金安全，所以他们必将以收益、安全、流动为基础，将储蓄资金合理分配，优化资金配置进行风险组合投资，使资金在充分利用的同时尽量满足收益最高风险最小。而且银行还拥有一定的权利，可以采取一定的监督方式，督促被投资企业充分有效利用投入资金，提高其资金使用率和生产效率，从而推动资金资源从衰落的产业部门向新兴的产业部门流动，由此对产业结构产生影响，甚至是推动产业结构升级。

另外，在中国，银行也是一些政策性金融的直接体现。为了尽快实现产业结构转型升级，需要为其提供一个较为合适的宏观环境，这就需要进行资金投向引导。这时政府将会出台相关产业政策，通过对贷款利率的优惠或信贷选择政策，将资金引入低碳企业，促进其发展壮大，进而推进产业结构转型的步伐。具体的配置路径具体如图 11－1 所示。

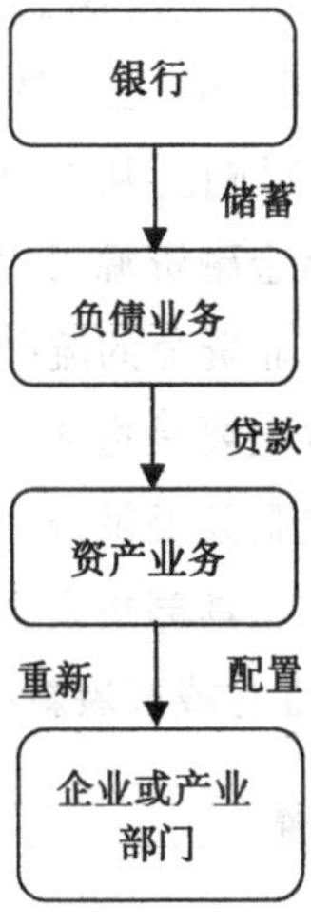

图 11－1　银行主导的金融资源配置

2. 资本市场主导的金融资源配置

改革开放以来，我国资金的配置方式由财政主导型逐步转换为银行主导型。近年来，由于资本市场的迅猛发展，整个金融市场不再是银行独大的资金配置方式，而是多元化的融资模式。资本市场拥有一个较完善的体系，它既能调整资本增量，又能重组资本存量，改变资本结构。资本市场的资本流动更加敏捷快速，能够更好地适应这个瞬息万变的金融市场，可以更好地应对产业结构的变化，使资金与产业结合得更加贴切。随着金融制度的逐步完善，为我国市场经济发展提供了法律保障，趋于市场化将会是产业结构转型过程中的重中之重。市场化融资需要的资金主要来源于资本市场，因此根据动态发展的眼光来看，资本市场将会在产业结构转型升级过程中有着举足轻重的作用。配置路径具体如图 11－2 所示。

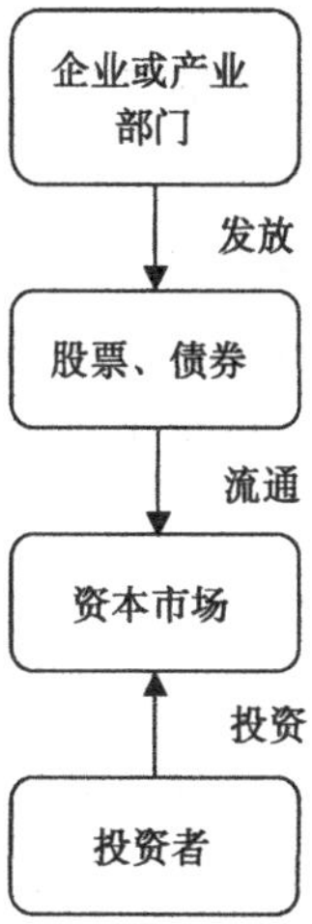

图 11－2　资本市场主导的金融资源配置

资本市场的形成和发展与产业结构升级调整有密不可分的联系。资本市场是随着生产社会化的不断演进，其中包括技术的不断进步，程度的日益加深以及资金规模快速扩张，为了更好地适应当前金融市场应运而生。资本市场在低碳企业创新过程中起着至关重要的作用，其作为资本社会化的途径之一，既为投资者提供了更多的选择空间，又为资金短缺企业提供了脱离银行等金融机构束缚的机会，为新产业的形成开拓了新的融资平台。总而言之，资本市场通过对资金增量和存量的再配置，来促进绿色低碳产业的形成以及核心产业的发展，从而对产业结构产生一定的影响。

11.2 低碳企业创新的金融资源配置系统的构成分析

11.2.1 低碳企业创新的金融资源配置系统的主体分析

金融资源的开发配置，主要研究的是各类市场参与主体的金融资源开发和配置行为活动，为确保金融资源合理的开发，避免金融资源的过度开发提供规范性的理论指导。具体而言，中央银行是货币资源、金融法律法规、货币政策以及宏观调控等方面的开发主体，其他金融机构均无权参与其中，中央银行在金融资源的开发中处于垄断地位。商业银行是金融商品、金融资本、商业银行经营活动的具体实施细则以及包括金融文化等在内的金融非正式规则的开发主体。其他各类金融主体亦有自身的金融资源开发领域，当然金融资源的开发受制于正式制度的约束，是一个动态调整的过程，并非一成不变。

低碳企业创新的金融资源配置是一系列针对低碳企业创新的不同阶段权利的交易活动。低碳企业创新的金融资源配置的实质是对一系列低碳企业创新的交易权利或产权的金融安排。低碳企业创新的金融资源配置系统不仅是配置的对象，同时也配置其他资源，在这层意义上，低碳企业创新的金融资源配置系统主体是指根据低碳企业创新的金融资源的特有属性在低碳领域内对资源的使用权、配置权、处分权以及让渡权作出的金融安排，从而形成低碳企业创新的金融资源配置系统的行为主体。由于不同的低碳企业创新的金融资源配置系统中配置主体对低碳企业金融资源的开发与利用因其配置权的不同，形成了不同的低碳企业创新的金融资源配置领域及其权利层次以及不同的配置功能。不同的配置主体具有不同的功能和特点，低碳企业创新的金融资源配置的优化配置的实现就需要不同的配置主体在充分发挥分工与合作所产生的比较优势的基础上，相互合作与协调配合，从而提升低碳企业金融资源配置效率。将低碳企业创新的金融资源配置系统的配置主体划分为两个层次：一级主体和二级主体。

1. 金融资源配置的一级主体

政府、中央银行作为国家宏观调控的主要指挥者，是低碳企业创新的金融资源配置的一级主体。政府的配置领域为国家产业政策、财政政策以及一系列金融制度。其主要通过四个方面实现对低碳企业创新的金融资源的配置：①制定国家产业政策。政府通过制定国家产业政策来调整国家发展战略的方向，释放产业倾斜信号，制定与低碳企业发展配套的金融政策，促进低碳企业的创新发展；②制定法律法规。政府通过制定相关法律法规来规范市场经济主体的行为，如设置金融机构的市场准入门槛，降低金融风险，为金融机构的运行创造良好稳定的制度环境；③制定财政政策。政府通过稳健或积极的财政政策来影响货币政策，从而实现两者的协调配合，制定财政补贴、贷款贴息、政府采购以及政策性担保等政策性文件直接或者间接地引导科技发展，鼓励金融机构为低碳企业的创新提供融资支持；④监管功能。金融机构、资本市场作为市场经济的主要参与者，具有主观能动性，因此，需要政府的宏观调控，确保市场经济的正常运行。

中央银行及其他金融监管部门配置的主要领域为基础货币以及一系列金融制度。中央银行主要通过宽松或紧缩的货币政策对金融中介机构以及科技资本市场等进行监督管理，负责控制国家货币供给与信贷条件，对金融体系进行监管，为政府筹集资金，是为实现国家宏观经济目标而服务的。其政策工具主要包括存款准备金率、再贴现率和公开市场业务，通过运用这些工具影响利率水平以及货币供应量，调整货币的流量与规模，影响金融机构的现金储备，进而改变储蓄规模与投资规模、方向以及融资水平，从而影响资金流向低碳企业领域的规模，调控国民经济。

政府或金融当局是货币、金融制度等金融资源的开发配置主体，居于支配地位。下面我们具体分析一下作为金融资源一级配置主体的政府或金融当局所能配置的金融资源。首先是货币，虽然有一些学者根据现今的货币理论，如内生货币供给理论，认为货币具有一定程度的内生性，但一般都认为货币供给是由一国的中央银行所控制的。我们在此依照这种观点，认为货币资源也就是基础性金融资源是由作为金融当局和政府代表的中央银行所控制的。中央银行可以根据自己对国家整体宏观经济形势的认识把握和所要达到的政策目标以及自己的偏好，通过一定的货币政策手段，开发出目标规模的货币资源数量，实现货币资源数量的合理配置。而货币资源作为基础性的金融资源，对其他层次金融资源的开发配置发挥着基础性的制约作用，所以，一般国家都由中央银行代表政府控制着这一资源的开发和配置。这既是这一层次金融资源基础性的体现，又是一级配置主体高级性的体现。

2. 金融资源配置的二级主体

商业性金融机构、政策性金融机构等属于低碳企业创新的金融资源配置的二级主体，主要包括商业银行、证券公司、保险公司、信托公司、基金公司等金融机构，其配置领域主要为货币资金、股权资金、债券资金以及信贷资金等。低碳企业创新的金融资源的配置主要是由这些分散的金融机构来决策和完成的，如银行通过吸收居民或者企业资金形成储蓄，向经过筛选出的具有发展前景的低碳企业的创新项目提供融资支持；政策性金融机构主要以国家信用为基础，通过优惠的存贷利率向政策性扶持对象或者重大关键战略技术提供政策性贷款，实现信贷资金在企业的配置。低碳企业创新的金融资源配置的二级主体更多体现的是低碳企业创新的金融资源的市场配置。

企业和个人虽然是二级配置主体，级别低于一级配置主体，但是在数量规模上却远远大于一级配置主体。二级配置主体主要是一级主体所设定的环境中发挥自己的主观能动性进行金融资源的开发和配置，实现自身的效用最大化和利益最大化。对于二级主体中的企业，有必要对之所从事的具体行业进行一下区分：金融企业和非金融企业。因为所从事的行业不同，在金融资源配置过程中所担任的职责和功能也不一样。很明显的一个例子就是关于金融工具的开发配置领域，主要是金融企业例如投资银行、保险公司等的活动。也就是说，金融商品资源的配置主要是银行、保险公司等这样一些金融企业的职责。当然，他们开发和配置金融资源并不是完全凭自己的主观意志而任意开发和配置，尤其是不顾监管环境和经济金融发展水平的开发配置无异于对金融资源的乱砍滥伐。所以，金融企业进行金融资源的开发配置，主要是在自身谋利目标的驱动下，遵照相关的法律规章和制度，结合当时的经济金融发展水平尽力地迎合市场的需要。而这些外部因素又都具有相当的客观性，这也是金融资源客观性的又一个体现。

对于非金融企业和个人，我们可以把它们归为一类。市场经济的一个重要前提假设就是企业追求利润最大化和个人追求效用最大化，在这里也一样。非金融企业和个人都是在一级主体所造就并由金融企业所参与的预设环境下，根据自身利益最大化的要求通过自身的活动去实现对金融资源的配置。非金融企业和个人所能配置的金融资源，具体来说，主要是包括商业银行存款、票据、信用证等。应该说这些金融工具资源都是由金融企业开发出来，但是由金融企业和非金融企业和个人一起参与配置的。

11.2.2　低碳企业创新的金融资源配置系统的客体分析

低碳企业创新的金融资源既是配置的对象，也配置其他经济资源。低碳企业创新的金融资源配置客体是指低碳企业创新的金融资源配置过程中被操作和作用的对象。低碳企业创新的金融资源配置客体指用于低碳企业创新的货币资金、低碳企业创新金融制度资源和低碳企业创新金融组织资源。对低碳企业创新的金融资源配置客体的分析，可以反映我国低碳企业创新的金融资源的状况，为今后低碳企业创新的金融资源配置相关方面与问题的研究提供一定的依据。

1. 货币资金

货币资金是金融资源的基础层次，它在金融资源领域属于最基础性的、核心性的方面，这是因为金融活动最直接的表现就是货币资金的借贷，当货币资金有了剩余之后，金融活动的雏形便开展起来；即便是经济发展问题也需要货币资金的有效配置；金融系统的内部是由货币资金关联起来的。货币资金的配置是否有效直接关系着社会经济的发展状况。货币资金主要包括货币以及货币资本。货币主要是金融机构从大量居民或企业手中吸收的存款，这是货币转为货币资本的前期过程。当储蓄通过金融机构向资金需求方发放贷款形成中长期资本时，货币就转化为货币资本。对于企业来说，货币资金是指在企业生产经营过程中，处于货币形态的那部分资金。货币资金按其形态和用途不同，可分为库存现金、银行存款和其他货币资金。它是企业中最活跃的资金，流动性强，是企业的重要支付手段和流通手段。商业企业在经营过程中，大量的经济活动都是通过货币资金的收支来进行的，一个企业货币资金拥有量的多少，标志着它偿债能力和支付能力的大小。货币资金是投资者分析、判断财务状况的重要指标，在企业资金循环周转过程中起着连接和纽带的作用。因此，企业需要经常保持一定数量的货币资金，既要防止不合理地占压资金，又要保证业务经营的正常需要，并按照货币资金管理的有关规定，对各种收付款项进行结算。对于低碳企业而言，其主要包括两部分：

(1) 低碳企业创新财政等公共性低碳企业创新金融投入的货币资金。公共性低碳企业创新的金融投入是低碳企业创新金融资源的重要组成部分，由于低碳企业创新的正外部性、风险性等特征，使在低碳企业创新的金融市场存在市场失灵现象，如基础研究阶段私人部门投资不足问题，创业风险投资阶段后移问题，低碳企业创新金融市场的供给不足，需要政府干预，利用公共性低碳企业创新金融投入的杠杆效应，引导市场性低碳企业创新金融投入的规模和流向，主要弥补由于低碳企业创新的公共物品性及正外部性所引起的市场失灵和市场残缺。其主要表现形式通常为财政补贴、财政贴息、财政科技投入以及相关科技税收优惠等。政府根据不同阶段的低碳企业创新活动的风险性大小、公共物品性大小、技术创新项目的性质等特征，决定公共性低碳企业创新金融投入的配置方向和配置规模，充分发挥公共性低碳企业创新金融的引导示范作用，为低碳企业创新提供服务保障支持，引导市场性低碳企业创新金融资本和社会资本进入对国家发展具有重大战略意义的技术领域，集聚科技创新所需的资金。

(2) 基于市场性低碳企业创新金融投入的货币资金。市场性低碳企业创新金融投入是低碳企业创新金融资源配置的主要内容，是创新主体的主要融资来源，其主要包括低碳企业创新贷款资金、风险投资资金、股权资金以及债权资金等，其主要通过金融中介机构、创业风险投资机构、低碳企业创新资本市场等机构实现资金的配置。市场性低碳企业创新金融主体追求投资回报率，在进行投资选择时，会综合考虑所投项目的技术含量、市场潜力、发展前景以及预期收益，同时也会对创新主体如低碳企业创新型企业或创业企业家的财务状况、企业家的声誉和信用状况进行审查，筛选出优质低碳企业创新项目进行投资，以获取高额收益。

2. 低碳企业创新的金融制度资源

金融制度资源是包括央行、银监会、证监会和保监会对银行业、证券业、保险业等进行调控、监管、准入所形成的一系列制度安排。一般而言，金融制度资源是保证其他层次金融资源有序、有效运转的关键资源，其供给的有效性取决于决策的程序和各种配置主体参与程度。一般而言，对最高层以及中间层所涉及的重要的金融制度应由中央银行以及相关的国家金融监管机构进行开发和供给。如货币制度、货币政策、银行制度、市场准入、利率、汇率调控政策以及对金融监管政策、开放政策等。而对中间层所涉及的其他制度资源，如内部管理制度和基础层中的日常交易活动规范则可以由其他配置主体进行开发。这是因为信息的不完全和不对称的存在，由一级主体供给这类资源会大大降低资源配置的效率。

低碳企业创新的金融制度资源是低碳企业创新研发、成果转化和产业化阶段的各种制度创新投入，低碳企业创新的投入需要有效的制度安排。不同的制度安排对低碳企业创新的投入具有不同的作用，如以银行为主导的金融制度和以市场为主导的金融制度对低碳企业创新形成了不同的融资方式，从而影响不同的低碳企业创新的融资模式；而专利保护制度、知识产权保护制度可以激发低碳创新型企业进行技术创新的积极性。因此，低碳企业创新的金融制度资源是低碳企业创新金融系统健康运行的基础性保障资源。

3. 低碳企业创新的金融组织资源

低碳企业创新的金融组织资源是指与低碳企业创新活动有关的相关机构、组织及其组合资源的手段和方式。这些组织主要包括政策性金融机构、商业性金融机构、低碳企业创新资本市场、创业风险投资机构、低碳企业创新担保机构以及低碳企业创新保险等。低碳企业创新金融机构在低碳企业创新金融资源配置过程中的主要作用方式是为具有潜在成长性和高收益性的低碳创新型企业提供融资支持和风险管理。不同的低碳企业创新金融机构的作用内容也不尽相同：低碳企业创新银行机构通过对低碳创新型企业的基本财务信息和创新项目的创新性及成长性和收益性进行审查，从而决定是否为低碳创新型企业提供间接融资支持，其表现形式主要债务融资和风险管理；创业风险投资机构和低碳企业创新资本市场主要为处于种子期、初期和成长期且具有高成长性和高收益性的低碳创新型企业尤其是高新技术低碳企业提供直接融资和风险管理，其主要表现形式为权益融资；低碳企业创新保险机构主要针对具有技术风险、运营风险和低碳企业创新金融工具所具有的风险进行保险和融资，分为政策性的低碳企业创新保险和商业性的低碳企业创新保险，由于低碳企业创新保险具有准公共物品的性质，需要政府的引导和补充作用来弥补市场失灵，以降低和分散低碳企业创新金融活动的风险性，为低碳企业创新金融资源的流动提供保障。

综合对各类低碳企业创新金融资源作用的分析可知，在低碳企业创新金融资源配置过程中，各类低碳企业创新金融资源之间是相辅相成、相互制约的，科技金融制度为货币资金的有效配置以及低碳企业创新金融组织的正常运行提供保障，规范低碳企业创新金融组织的行为，各类低碳企业创新金融资源的协同匹配和组合有助于促进科技创新发展，提高低碳企业创新金融资源的配置效率。合理的低碳企业创新金融资源配置，是实现低碳企业创新的重要保障。当低碳企业创新对一国经济发展的贡献占主要地位时，其对低碳企业创新金融资源的需求也将不断增大。低碳企业创新金融资源对低碳企业创新发展发挥着重要的影响作用，而低碳企业创新金融资源的稀缺性则使其合理优化配置显得十分重要。由于低碳企业创新金融对低碳企业创新的支持主要体现在资金融通方面，重点考察货币资金在低碳企业创新领域的配置情况。

11.2.3 低碳企业创新的金融资源配置系统的载体分析

1. 低碳企业创新的金融资源配置载体要素

低碳企业创新的金融资源配置载体要素是低碳企业创新的金融资源配置主体开展创新活动所依托的支持平台。其主要的功能包括：整合、协调、引导和催化和风险控制等四个方面。整合功能表现为根据低碳企业创新活动的需要对低碳企业创新的金融资源进行市场化整合；协调功能表现为促进各低碳企业创新的金融资源配置主体之间的协同作用，减少重复金融资源浪费的情况，并协调解决低碳企业创新的金融资源配置过程中的“系统失效”和“市场失效”问题，实现低碳企业创新的金融资源配置主体与客体之间的优化联结，提高区域创新能力和效率；引导和催化功能主要体现在搭建低碳企业创新的金融资源配置主体之间的金融资源现状和成果交流平台，引导低碳企业创新的金融资源向市场需求的方向流动，同时实现低碳企业创新的金融资源配置系统的溢出效应，催化各低碳企业创新的金融资源配置系统配置主体金融资源配置成果的配置效率；风险控制功能主要体现为组建信息发布和交流平台，为各低碳企业创新的金融资源配置系统配置主体提供低碳企业创新的金融资源活动开展的内部和外部环境中面临的创新风险，或通过提供适当的资源降低所承担的特定项目的创新风险。

（1）金融机构。自改革开放以来，随着我国金融结构体系的逐步健全，我国金融机构体系形成了以国有商业银行为主体，股份制商业银行为补充，大中小金融机构体系共存的金融结构体系。金融机构包括银行和非银行的金融机构以及国有和非国有的金融机构，金融机构可以单独作为一种资源，是因为一方面组织本身就是一种资源，金融机构这种组织资源不同于其他组织的显著特征是，它是一系列权利交易的集合。金融机构不仅通过自身配置可再生产出资源和各种金融工具，而且更重要的是它通过配置资源的使用权，直接影响实体经济的生产能力。另一方面，中国金融转型的重点在银行特别是国有银行。

金融机构一方面通过行使金融资源的配置权，把财产所有权和使用权联结起来，在弥合储蓄投资分离的同时，决定着金融资源在时间、空间上的分布，进而影响实体经济的产出；另一方面，货币政策等制度资源要依靠金融机构的实施和贯彻；此外，也许更重要的是，它既是金融创新的动力源泉，又是累积风险的市场。如信贷风险、流动性风险、利率风险、汇率风险等。当一家金融机构出现问题，往往会影响到其他金融机构，甚至引起整个金融体系的危机。

随着经济体制的改变低碳企业创新活动的开展仅靠政府的财政投入是远远不够的，正如前文所说，低碳企业创新金融资源还包括企业、个人和金融当局的研究开发经费，金融机构通过提供各种金融渠道解决了各类创新资源配置主体，尤其是企业的创新资金问题，这不仅仅解决了低碳企业创新金融资源投入不足的问题，还解决了低碳企业创新金融资源使用的有效性、风险与责任问题，进而提高了低碳企业创新金融资源配置系统的配置效率，并促使低碳企业创新活动更紧密地结合和跟随市场需求的方向。

（2）低碳企业创新中介服务机构。在西方文献中，“中介”一般指的是“专业服务机构”。在中国，传统上的“中介”一般都理解为涉及第三方的活动，中介主要指在需方和供方之间起沟通、联系、促进交易作用的个人、组织及其服务活动。一般文献中有社会中介服务机构、市场中介服务机构提法，社会中介机构是指在社会、经济发展过程中起沟通政府与企业、个人以及社会与经济主体之间的信息，平衡社会利益冲突，协调各方行为的社会第三方组织。它主要服务社会各成员，服务的对象较广，服务门槛较低，需要知识和专业化程度也低，社会中介机构所具有的风险相应也低，如物业、婚姻、通信等社会中介服务机构。在市场经济发展和完善的过程中，买卖双方由于各自利益的对立和信息的不对称性，往往使交易难以完成，为了能够促进交易的顺利进行，并且提高成交率，减少交易费用，出现了交易的第三方，即市场中介。市场中介服务机构服务的主体是企业，与社会中介服务机构相比，服务的门槛相对较高，需要一定的市场和企业管理的知识，专业化程度较高。企业在市场机制运作中，具有较大的不确定性，因此，市场中介服务机构具有一定的风险性。

低碳企业创新中介服务机构是指为低碳企业创新的金融资源配置系统的配置主体提供专业化、社会化服务的机构，它们活跃于个人、金融当局和企业等低碳企业创新金融资源配置主体间，通过技术搜寻、评估和传播，实现低碳企业创新的金融资源配置系统内的广泛传播，并对系统内的薄弱环节提供补偿作用。低碳企业创新中介服务机构大致主要包括下两类：一类是利用专业知识为低碳企业创新金融资源配置主体提供咨询服务的机构，包括知识产权事务中心、低碳企业创新评估中心、情报信息中心、低碳企业创新招投标机构等；另一类则是直接参与低碳企业创新的金融资源配置活动的机构，包括低碳企业创新研究中心等机构。

2. 区域创新资源配置系统的载体子系统

低碳企业创新的金融资源配置载体要素作为低碳企业创新的金融资源配置活动的服务机构，虽然不直接从事低碳企业创新的金融资源配置活动，但作为主要的辅导者和支撑平台，在促进低碳企业创新的金融资源配置系统配置主体协调发展，提升低碳企业创新的金融资源配置效率的过程中，发挥着重要的作用。金融机构和低碳企业创新中介服务机构等载体要素提供不同的服务功能，共同构建了低碳企业创新的金融资源配置系统的配置载体子系统。金融机构则为低碳企业创新的金融资源配置系统的配置主体开展金融资源配置活动提供更丰富的低碳企业创新的金融资源，加速低碳企业创新的金融资源配置成果的形成；其他的低碳企业创新中介服务机构则旨在提供专业的咨询服务和相关辅导。

由此可见，各个载体要素各尽其责，互为补充，共同发挥了低碳企业创新的金融资源配置系统配置载体子系统的支撑和服务功能。从宏观上看，该配置载体子系统拉近了政府、企业、个人和金融当局等金融资源配置系统配置主体之间的距离，通过共同攻克金融资源配置难题，实现金融资源配置最优化满足低碳企业创新发展和企业自主创新的共同需求，同时，配置载体子系统还可以实现对现有的金融资源配置客体即金融资源进行战略重组和系统管理，激活潜在的金融资源并尽可能为己所用；从微观上看，配置载体子系统通过实施标准的法规、政策和管理制度，为各金融资源配置主体提供了公开、公平、便利的金融环境，极大地提高了金融资源配置主体对低碳企业创新的认可。

11.3　低碳企业创新的金融资源配置系统的结构差异

低碳企业创新的金融资源配置系统中配置主体、配置客体和配置载体是该系统的各个部分，他们相互依赖，相互联系，共同组成一个整体。尽管低碳企业创新的金融资源配置系统的组成部分是相同的，但各组成部分的地位变化会直接影响整个配置系统的结构变化。在低碳企业创新的金融资源配置系统中，配置行为的主要决策者是配置主体，在配置主体中，政府和市场的地位长期受到争议，以我国为例，改革开放之前，在计划经济体制下，政府一直被作为资源配置的最重要的主体，直到中共十四大时提出要使市场在国家宏观调控下对资源配置起“基础性作用”，党的十八届三中全会进一步把市场在资源配置中的“基础性作用”修改为“决定性作用”，同时也更强调要“更好地发挥政府的作用”。可见，政府和市场是决定资源配置的最重要的主体，下文也将分别探讨市场驱动、政府驱动和政府—市场协同驱动也就是平衡驱动三种模式的低碳企业创新的金融资源配置系统的结构。

11.3.1 政府驱动的低碳企业创新的金融资源配置系统的结构分析

1. 政府在低碳企业创新的金融资源配置中的作用与功能

从政策性角度来说，金融支持指政府在国家法律法规赋予的权力范围内，为支持某一产业或特定领域的发展，运用普适性或定向性的优惠金融政策，以期实现特定的经济社会发展目标的行为。在金融体系不完备、处于发展初期阶段的经济体不可避免地会出现金融机制失灵问题。作为市场失灵的一个外在表现，当金融配置资源的机制失灵时，政府可以通过政策导向作用，以惠利性金融政策激发宏观经济活力和刺激微观实体，政策性金融支持行为的牵引作用可以发挥金融资源的合理配置作用，有利于解决市场失灵和金融机制失灵问题。政策金融支持能够调整和校正金融资源配置偏差，提高宏观经济和微观实体的资源配置效率。从目前来看，我国针对节能环保产业发展所制定的部分金融支持政策已经切实起到了重要的带动作用和良好的政策基础。为引导和鼓励金融资源支持节能环保产业的发展，我国政府制定和颁布了一系列的财政和金融支持政策。国务院、财政部、中国人民银行、银保监会和证监会等政府部门分别从信贷支持、金融服务、外资准入、创业投资等专业角度出台了相关政策文件，以支持节能环保产业的发展。同时，为了有针对性支持节能环保产业的发展，财政部也采取专项财政补贴和成立专项基金多种方式加大财政支持力度。例如，实施沼气工程补贴、太阳能发电补贴和生物质燃料锅炉补贴等对特定节能环保项目给予专项财政补贴，成立中国环保基金、节能减排基金等专项基金支持节能环保产业发展。

政府驱动的低碳企业创新的金融资源配置系统是一个由政府主导的，企业、个人和金融当局参与配合的模式。作为宏观经济政策的制定者，通过全面把握市场经济的规律和金融发展的规律来进行低碳企业创新的金融资源的配置，主要包括低碳企业创新的金融资源分配、管理、调控和评估等具体环节，使低碳企业创新的金融资源配置达到最佳效率，实现创新驱动的发展目标。政府从低碳企业创新发展的需要出发，统筹考虑各部门、各领域的实际情况，通过制定指令性的金融资源配置计划，对金融资源的配置领域、配置地区和配置规模进行全局性规划，并进行统筹分配，其他配置主体则在政府规划下积极执行各项金融资源配置计划。常见的政府驱动的低碳企业创新的金融资源配置系统包括单一政府主导的低碳企业创新的金融资源配置系统和科技计划主导的低碳企业创新的金融资源配置系统两种。

2. 政府驱动的低碳企业创新的金融资源配置系统运行方式

单一政府主导的低碳企业创新的金融资源配置系统中政府的职责相对比较狭窄，所有的金融资源几乎都由政府统一划拨，定向配置，企业、个人和金融当局等其他的创新配置主体不能主动配置金融资源，在配置系统中，也缺乏活跃的金融资源配置载体，低碳企业内的金融资源也不能自主地交易、流动和传播，整个系统呈现出政府独大的结构，由于政府并不能准确地把握市场的金融需求，因此，会严重影响低碳企业创新的金融资源配置效率和低碳企业的创新能力。

科技计划主导的低碳企业创新的金融配置系统中，政府主要采用科技计划来主导低碳企业创新的金融资源的配置，具体而言是根据该低碳企业创新与经济发展需要，由政府宏观引导和优化配置金融资源，以科技计划为手段集中力量提升低碳企业创新的金融资金配置能力。政府科技管理部门利用科技计划对金融资源进行优化配置的主要过程涉及前期战略研究、制定科技计划项目指南、确定金融资源配置对象、过程管理和后评估。前期战略研究为制定科学的科技计划提供可靠的依据，根据低碳企业创新的金融资金需求科学配置有限的金融资源，提高配置的合理性；制定科技计划项目旨在确定重点支持领域，集中创新金融资源，实现重点产业的有限发展；确定创新金融资源配置对象旨在考察前期的研究基础和能力，并通过政策倾斜，促进创新金融资源配置的具体对象，通过政策倾斜，鼓励创新金融资源的内部流动和整合；过程管理旨在保障创新金融资源的高效利用，通过对创新金融资源配置对象进行经费、信誉等方面的监督与控制，保证创新金融资源配置的效果；后评估旨在对创新金融资源利用情况，创新金融资源配置效率、应用及推广情况开展后续评估，提高金融资源配置主体从事后续金融资源配置的主动性和积极性。

在低碳企业创新过程中，政府可通过以下两个主要方面发挥作用。第一，企业创新的投入，需要政府职能的发挥。培育重大的、基础性的技术创新项目，尤其是一些关于国计民生的技术创新项目，其中的资金投入巨大，创新风险巨大，一般很难通过金融市场解决资金问题。比如，关于长期战略发展的新兴产业，信息技术、生物、高端装备制造、新材料等，而这些战略新兴产业有着准公共性、外部性以及高风险等一系列有别于传统产业的特征，其在演变和发展阶段中可能会存在着相应的“市场失灵”。同时，这些高端创新型产业由于西方国家长期的技术封锁，导致几乎不可能对其进行“引进—消化—吸收—再创新”的模仿式创新过程，只能依赖于政府的参与，通过政府职能的提升，加大对此类产业中的技术领先企业的扶持力度，并借助金融制度的设计，引导优质的创新资源向高端创新型企业汇聚，提升此类型企业创新资源的集中度和利用率，这其中政府职能的作用就显得尤为重要。第二，企业创新的收益需要政府职能的有效发挥。企业技术创新所具有的外部性特征往往使技术创新收益会面临着无法予以保障的风险，挫伤私人企业从事创新活动的积极性，存在市场失灵。这时，技术创新的市场化就需要外部力量的参与，其中最有效的手段就是寻求政府的帮助，通过政府发挥其有效的职能，保障企业创新的收益。另外，与市场相比，政府在创新研发、转化以及市场应用等一系列配置资源的环节上，都有着显著的优势，可以推进自主创新中充分利用内外向企业创业创新战略。制度经济学的理论认为制度的主要功能包括：通过实现外部利益内部化来降低交易成本，使创新主体的私人利润率与社会利润率相接近。政府的显著特征是可以采用政府采购以及转移支付的方式实现有部分倾向地引导创新资源配给。所以，企业获取优质创新资源需要政府职能的发挥。

3. 政府驱动的低碳企业创新的金融资源优化配置系统结构

政府对于科学研究与发展领域的主要金融支持作用体现在合理运用政策性金融手段，补充市场“缺位”，同时有效地组织、引导和带动其他金融资源进入创新领域并且逐步增强科技创新金融支持体系的作用与功能。其主要措施有：第一，财政投入。其投入方向主要侧重于基础研究、部分应用研究和其他公益性研究，用以支持参与科技创新活动的研究机构、企业和高等院校等，主要形式包括以财政科技拨款为代表的财政直接投入和以税收优惠为代表的财政间接投入，还包括政府采购、政府担保、政策性科技贷款和科技保险等。如果政策性金融能够充分运用市场机制和题选机制，通过示范效应引导其他资源的流向，包括私人资本和金融中介在内的其他金融机构向科技企业投资的信心就会逐渐增加，那么“死亡之谷”的资金缺口就能得以弥补，从而提高科技创新金融支持体系的整体功效。第二，出台相应的政策、制度。不断建立和完善优惠政策和法律法规，不仅有助于创造科技创新金融支持体系的制度环境，而且对保障市场中研发活动的外部性、报酬内部化、提高金融服务者的收益也有重要作用，从而使市场中的金融支持科技创新的行为具有可持续性。第三，综合服务作用。政府职能决定了其能够为科技企业提供各类综合性服务，帮助企业解决除资金问题以外的其他许多问题。如通过建立政策性担保公司、完善担保体系结构，构建科技创新金融支持体系的金融保障体系；通过为科技企业解决信息问题搭建平台、加强对科技企业技术人才和管理人才的培养，构建科技创新金融支持体系的信息服务体系等。

无论是在传统的单一政府主导还是科技计划主导的低碳企业创新的金融资源配置系统中，政府都是绝对的配置核心，中央政府和地方政府的关系基本限于行政命令。政府通过各种行政指令约束和规范个人、金融当局和企业等其他配置主体，形成一种“上传下达”的低碳企业创新的金融资源配置系统。政府除了进行政策配置外，还掌握着整个低碳企业创新的金融资源，依据低碳企业创新发展的方向，政府向企业、个人和金融当局有计划地配置创新金融资源，以期有序地实践低碳企业的创新计划。除政府外，其他的金融资源配置主体都在市场环境中，在接受和执行政府的科技计划时，仍需要在市场中实现自身的金融资源配置。低碳企业创新的金融资源配置载体作为配置系统的支撑平台，也在市场环境中，以政府的科技计划为导向，为企业、个人和金融当局的配置行为提供一定的专业咨询服务、技术指导，同时也为创新金融资源配置提供规范的平台。在政府主导的低碳企业创新的金融资源配置系统中，配置载体的主要功能和作用也受制于政府的政策。因此，尽管其他配置主体和配置载体都位于市场环境中，但所开展的创新金融资源配置行为却不完全遵循市场规律，在很大程度上会受到政府政策的左右。政府驱动的低碳企业创新的金融资源配置系统能以企业整体利益出发，从宏观上配置金融资源，各创新金融资源配置主体按照科技计划指令开展创新金融资源的配置活动，避免了单纯市场机制的盲目性和无序的竞争性，但这一系统也容易造成上传下达过程中的信息失真和闭塞，并在一定程度上打压其他创新金融资源配置主体的积极性。

11.3.2 市场驱动的低碳企业创新的金融资源配置系统的结构分析

1. 市场在创新金融资源配置中的作用与功能

从市场角度来说，金融支持是资金供给主体将社会闲散资金集聚到资本市场，并通过市场机制向资金需求主体提供支持的行为，以期实现募集长期资金、分散市场风险和提高资产流动性等目标。作为国民经济发展的核心支撑，资本市场是资金资源最充沛、最直接的来源，是经济发展和微观实体进步的重要依托。经济发展和微观实体的发展速度、深度和效益直接受资本市场功能能否充分发挥的影响。宏观经济和微观实体的稳定健康发展离不开资本市场高效完善的投资融资机制、风险收益机制和主体退出机制。可见，发达、高效、完善的资本市场拥有充分发挥资本配置功能，顺畅的债务融资或者股权融资渠道为资金需求主体或者产业主体提供充足的金融支持。

市场的创新金融资源配置作用就是在社会范围内对各种创新金融资源

进行安排，通过逐利行为来调节创新活动，进而影响创新金融资源的配置。为了提升竞争力，企业、个体和金融当局等配置主体会对创新产生一定的需求，而创新金融资源的供给者在经济利润的驱动下，必然将金融资源投入到获益最大的领域中，因此，市场通过供给和需求功能，自动调节创新金融资源的配置，以此实现低碳企业创新的金融资源的优化配置市场在金融资源配置中所表现的功能主要体现在以下两方面：一是集聚功能，市场可以将各种金融资源、创新金融资源的需求者和供给者都集中到市场上；二是供求对接的功能，在市场上，金融资源供需双方可以进行自由、等价的交换，这一过程使创新金融资源的供给者和需求者，创新成果的研发者和需求者成功对接，更高效地将创新金融资源应用到创新活动中去。

2. 市场驱动的低碳企业创新的金融资源配置系统的运行方式

市场机制是将商品和劳务的供求双方以价格高低为交易依据，双方协商并自愿共同决定标的商品或劳务的价格和数量的机制。市场机制的基本规律是供求规律，市场通过价格和数量的不断波动，自发达到供给和需求的均衡。新古典经济学派认为，在完全信息，充分竞争的理想情形下，市场机制能够通过价格的制定和调节以实现资源的最优配置和帕累托最优状态。奥地利经济学派认为，市场机制是发现、传播和利用知识的强有力机制。市场能够通过争胜竞争、优胜劣汰和生存检验过程，能够实现资源的优化配置。

市场驱动的低碳企业创新的金融资源配置系统遵循一种开放的、依托市场运行的社会经济机制，反映了金融资源配置中各种价格波动、市场供求和主体竞争等错综复杂的现象。总体来说，该运行机制主要由价格机制、供求机制、竞争机制和风险机制等要素构成。价格是市场的核心信号，价格信息能够反映供求关系，也能调节生产、流通、消费等环节；价格机制是指低碳企业创新的金融资源的价格会随着创新资源的供求关系而变动，并且这种市场价格还能进一步调节金融资源的供给量和需求量，影响金融资源配置中各种要素的组合，旨在实现低碳企业创新的金融资源的供求平衡和金融资源配置的优化，除此之外，价格机制还可以促进竞争和激励，调节金融资源的区域和行业布局等。供求机制是指市场能够通过商品劳务的供给和需求情况，来影响人力、资本等各种生产要素组合的机制。竞争机制是指市场中各个经济主体，尤其是企业为实现自身利益最大化而展开竞争，市场根据优胜劣汰的法则来调节市场运行，从而促进企业能够提供更好的商品和服务，增加消费者剩余；低碳企业创新的金融资源的竞争机制是指各金融资源配置主体为了实现利益的最大化，通过价格竞争和非价格竞争等手段展开激烈的竞争，遵循优胜劣汰的自然法则来调节金融资源的配置，从而使各金融资源配置主体形成持续的金融资源的投入。风险机制是市场运行的约束机制，指市场竞争可能给市场主体带来亏损乃至破产的可能性，从而反向促进企业提高市场竞争力和风险控制能力。风险机制是指各个金融资源配置主体在进行金融资源配置时所面临的盈亏之间相互作用机制。市场的竞争机制和风险机制共同调节市场的供求关系，影响市场价格。市场机制的良好运行需要满足一定的条件。市场运行需要在包括信息对称、完全竞争、成本收益内在化、针对私人物品和现有资源等要求的边界内才能实现资源的优化配置和福利最大化。如上文所述，在市场驱动的低碳企业创新的金融资源配置系统中，配置行为遵循市场规律，是逐利的，因此企业是最活跃，也是主导这个配置系统运行的配置主体。

3. 市场驱动的低碳企业创新的金融资源配置系统结构

市场在企业创新过程中一直扮演着重要角色。第一，企业想要进入某一市场领域，无论是自身开发产品还是模仿他人产品，要想占有一定的市场份额并获得利润，就必须要创新，才能使自己的产品具有更大的潜在交换价值。第二，市场机制能够提高创新效率。一方面，市场竞争能够对企业产生创新压力和鞭策作用，如果企业不创新，其产品或服务将被勇于创新的企业所淘汰；另一方面，如果企业创新成功，该企业和企业家便会获得超额收益和垄断利润，从而诱使企业加大创新资源的投入。另外，创新成果的非独占性使该超额收益只是暂时的，从而鞭策企业继续创新来努力维持超额收益。第三，市场机制能够分担和分散企业的创新风险。市场机制能够通过资源配置与风险配置，对企业创新过程中所面临的非系统性风险，包括企业的技术风险、管理风险、财务风险等私人风险，进行风险分散和有效监督，从而降低企业因自身或行业因素而造成的创新风险，提升企业的创新动力。

劳动价值理论强调资本积累与技术进步的内在联系，但对资本的来源以及资源的市场化运作没有给出具体的解释。而内生增长理论关注技术创新的各个环节，强调市场性资源对技术创新的重要作用。并且，与政府性金融资源不同，市场性金融资源并不直接投资于低碳技术的前期研发阶段，这主要由于市场资金具有风险规避性，尤其是对于高风险性的低碳创新活动，因此，银行等金融机构为低碳创新活动提供中后期创新贷款等融资支持。熊彼特在金融与创新理论里指出，信贷在创新活动中发挥着十分重要的作用。信贷的供给主体主要是各大商业银行等金融机构，作为资本集中与配置的商业银行，通过广泛吸收个人、社会团体等储蓄形成规模资本，根据低碳创新的效果性和收益性，银行等金融机构对放款对象进行有效甄别，从而将社会优质资本投向创新研发的关键阶段，并伴随着技术创新项目的推进，实现金融资源跨地域、跨时间、跨产业转移，以此为成果预期较好、社会效益较高的技术创新提供资金支持。

市场驱动的低碳企业创新的金融资源配置系统遵守市场的运行机制，要求金融资源配置主体运作的市场化、创新活动的市场化、金融资源和创新成果交易的市场化。企业是市场中最活跃的主体，金融集成企业便是市场驱动的金融资源配置系统的主导力量，市场的逐利性决定了金融资源将自动流向高收益的创新活动，政府、个人和金融当局也将以金融集成企业的创新需求为导向，进行金融资源的配置。政府在该系统中不再作为金融资源配置的主导者，引导低碳企业创新的金融资源发展的方向，而是作为金融资源配置的参与者、监督者和服务者，遵循市场金融需求的方向，为金融集成企业营造良好的金融环境、维护和监督企业金融资源配置的公平竞争，并尽可能地为金融集成企业引入更多的金融资源，以期带动低碳企业创新的金融整体的发展；个体和金融当局也将以金融集成企业为导向持续不断地为其输送金融资源，其主要作用也是作为配置系统的参与者，协助金融集成企业实现金融发展。作为配置载体的金融机构和低碳企业创新中介机构将遵循市场运行的价格机制和供求机制，调节低碳企业创新的金融资源的价格、供给和需求，从而使金融集成企业选择最佳的金融资源配置组合；遵循竞争机制，激励创新集成企业保持持续的创新动力，加速创新发展；遵循风险控制机制，保障金融集成企业在金融资源配置中的利益。市场驱动的金融资源配置系统能够最大限度地激活低碳企业创新的金融资源的积极性，但也会出现自发性、盲目性和滞后性等问题，且金融资源难免会受到各种市场风险的影响。并且，市场资源配置要求市场主体的收益和成本均需内部化，如果企业通过成本投入获得的成果收益却无法完全归自身所有，或者企业从事某项生产活动需要他人或社会承担部分损失，即产生额外收益或额外成本的话，市场机制就无法高效配置资源。能够产生正外部性的经济活动，如公共物品、技术创新等就会出现供给不足，供给量会小于社会的最优需求量；相反，产生负外部性的经济活动，如以牺牲生态环境为代价谋取盈利等行为，会在市场机制的驱动下层出不穷。

11.3.3 平衡驱动的低碳企业创新的金融资源配置系统的结构分析

政府驱动的低碳企业创新的金融资源优化配置模式是从企业的全局利益出发，通过政府制定指令性计划来统一配置金融资源，有利于企业整体金融资源配置的协调发展，但这一模式的实现有赖于政府对于信息把握的充分和完整，且配置计划的执行者必须是绝对忠诚的；市场驱动的低碳企业创新的金融资源配置模式是遵循市场规律来配置金融资源的，金融资源配置系统配置主体根据价格、供求等信息来配置自身的金融资源，有利于低碳企业创新的金融资源配置效率的优化。然而，我国出台的对低碳企业创新的金融支持政策仍然不够全面和具体，甚至有些金融支持政策在实施过程中出现资金分配不均衡、追逐政策热点、执行不到位等问题，并没有发挥其对低碳企业创新的金融支持作用。而市场驱动的低碳企业创新的金融资源配置系统又可能会面临“市场失灵”等问题，所以，为了真正达到金融政策引导金融市场、金融市场支持低碳企业创新发展的目的，需要金融政策与金融市场高效融合，而这种高效融合可以通过一种介于两者之间的配置模式实现。这种模式既不是政府驱动，也不是市场驱动，而是政府和市场各司其职，共同驱动低碳企业创新的金融资源配置系统的模式，称为平衡驱动的低碳企业创新的金融资源配置模式。

1. 平衡驱动模式下各配置主体的作用与功能

如前所述，政府与市场在支持企业创新方面的配置资源方式各有优势和发挥作用的领域，但也有其固有的不足。政府支持更加凸显创新的国家战略导向和支持力度，而市场更加反映创新效率和市场认可程度。但是，政府和市场背后固有的政府失灵和市场失灵，使其在支持企业创新方面难以兼顾效率和公平，短期利益和长期利益的统一。因此，促使政府与市场平衡驱动，是高质量支持低碳企业创新的必然选择。由于低碳企业创新兼具公共属性和私人属性，企业的逐利性和技术创新的高风险性、高外溢性使低碳企业创新需要政府与市场的协同支持。财政是政府干预经济、配置资源的核心，财政运行能够为政府提供公共物品筹集资金，并将其用于国计民生、经济结构调整等市场失灵的领域。金融是市场配置资源的核心，金融能够通过信息生产、资金供给和风险控制等方式实现资金的跨期调配，金融的逐利性能够有效找到当期缺乏资金，但风险可控，未来有利可图的企业。低碳企业技术创新，需要耗费大量的人力、物力、财力。在资金、设备、人才、土地等众多生产要素中，资金起到决定性的作用。资金是创新的基础，在市场经济条件下，只有有了足够且持续的资金来源，才能够吸引人才，购买研发设备，为长期的研发创新工作提供物质保障和风险抵御能力。财政和金融，作为政府与市场配置创新资源，支持企业创新，帮助企业缓解资金约束的核心手段，两者在助推企业创新的方式上存在差异且各自存在不足，因此应通过协同两者之间的关系形成新的低碳企业技术创新模式。

政府和市场协同支持低碳企业创新，能够实现两种手段，或两种政策的优势互补。具体包括政府支持公共性和市场灵活性的互补，财政支持稳定性和金融供给动态性的互补，财政资金集中优势和金融资源规模优势的互补，以及财政无偿支持和金融有偿激励的互补。财政金融协同支持企业创新，具体措施可以分为财政金融的政策协同机制和组织协同机制。政策协同机制，是财政与金融的外部结合，具体包括财政政策与金融政策以协同配合的方式支持企业创新，以及财政通过支持商业性金融机构来激励金融支持企业创新两种方式。组织协同机制，是财政与金融的功能结合，从而形成一个兼具财政特征和金融特征的独立组织体系，即政策性金融，具体包括政策性银行、政策性保险公司、政府产业引导基金等。

总之，当代经济环境与金融资源配置系统日趋复杂，单一主体驱动的金融资源配置模式已经很难适应这一复杂的金融资源配置系统，各个配置主体需要在低碳企业创新的金融资源配置的过程中深入合作、优势互补，才能进一步提高低碳企业创新的金融资源的配置效率。政府居于宏观层面，具有资金和组织调控能力方面的优势，主要负责把握金融资源配置发展方向的把握，制定中、长期金融资源配置计划，对重大创新项目进行金融资源的倾斜与支持，对低碳企业创新的金融资源的环境进行规范和管理；企业、个体和金融当局均位于微观层面，企业直接面对市场，能够把握创新的最新动态；个体和金融当局的主要是为其他金融资源配置主体提供金融资源及相关信息，发挥其高密集的金融资源优势。在平衡驱动低碳企业创新的金融资源配置模式下，政府、企业、个体和金融当局虽然位于各自的层面上，但具有很强的“互动自反”效应，这里的“互动”是指配置主体之间会打破各自的界限，形成互动网络，深入合作，“自反”是指每个配置主体在完成自身使命的同时，也兼而扮演其他金融资源参与者的角色，各个金融资源配置主体呈现彼此独立又“你中有我”的相互交错中，实现金融资源配置系统成为政府、企业、个体和金融当局的共同目标和链接纽带。

2. 平衡驱动模式下低碳企业创新的金融资源配置系统的运行方式

低碳企业创新所需的金融资源的资金集中配置机制需要有多个主体共同参与、相互作用，一方面，政府部门以创新补贴、政策金融等方式弥补市场失灵，降低市场性低碳创新型企业的科研风险；另一方面，银行、证券、保险等金融机构通过科技贷款、资本融资、风险投资等方式为低碳创新型企业提供直接和间接的资金支持。同时依托相应的传导渠道将资金集中配置到研发、成果转化、产业化等不同阶段中去，从而对企业的低碳技术创新产生影响。

在传统的金融资源配置理论中，配置过程主要是由企业和政府共同完成的，个体和金融当局往往被认为只有提供相关信息的功能。如今各金融资源配置主体“交迭”的地方是低碳企业创新的金融资源配置系统的核心单元，各个配置主体相互配合、相互作用，最终达到配置效率最优化。要处理好政府和市场的关系、以生产关系的调整进一步解放和发展科学技术这一第一生产力，真正使市场在资源配置中起决定性作用和更好发挥政府作用是我国科技创新金融支持体系有效运作的关键。首先，政府应继续在关系国计民生和产业命脉的基础前沿研究和公共科技领域积极作为，为科技创新营造良好的外部环境，明确科技创新的重点与方向，集中力量弥补市场残缺。其次，重视各类创新主体、供给主体之间的利益关系，从经济社会发展的全局需求完善政策体系和激励措施，同时要突出发展导向、问题导向和市场导向，抓住科技体制改革中存在的突出问题，把企业科技研发的重点引导到强化技术创新和形成创新集群效应上来，把科研院所和高等学校科技研发的重点引导到原创突破和为企业提供创新服务上来，让技术市场、金融机构、科技中介等为产学研用搭建创新平台、提供支持和保障。加强政策性金融的宏观统筹与协调的主要方向是进行科技管理体制改革。中国目前实行的科技体制改革主要是以基层机构为重点，对于政府科技管理部门的科技管理体制则改革较少。改革与市场经济不相适应的科技管理体制，既要解决权力过于集中的问题，又要解决行政干预过多的问题。改革的内容涉及管理体制的核心范围和权力分配的问题，改革的重点是上层科技管理的体制，并以此带动相关方面和基层的改革。

3. 平衡驱动模式下低碳企业创新的金融资源配置系统结构

平衡驱动模式的低碳企业创新的金融资源配置系统中，各个配置主体出于共同的目标，打破原来所固有的地位和边界，共同推动金融资源配置的进行，不再存在任一主体主导整个配置系统的情况。政府、企业、个体和金融当局形成的交迭空间，不断推动金融资源配置效率最大化。金融机构和低碳企业创新中介服务仍然是这个系统中不可或缺的配置载体子系统，但不再受制于政府，也不仅仅关注企业创新需求，而是服务于各配置主体交迭的互动网络，以实现金融资源配置优化为根本目标，来发挥配置载体的支撑作用。由此可见，在平衡驱动的低碳企业创新的金融资源配置系统中，政府、企业、个体和金融当局通过互动、协同等方式，构建官产学联盟，共享区域创新资源、优势互补，风险共担、利益共享，全面提升低碳企业创新的金融资源的配置效率。

在金融发展与科技创新协同的过程中，没有成熟的模式可供借鉴，需要不断进行探索，政府的作用一方面体现在出台相应的鼓励和扶持政策，形成相对完善的、系统的执行框架，积极营造适合金融发展与科技创新协同的外部条件和业态环境。通过跨部门、跨层级的协调沟通，加强科技、财政、金融等政策的协调性，突破原有体制机制的障碍束缚，将科技部门在项目和信息等方面的优势与金融部门在产品和服务的方面的优势结合起来，实现创新资源与金融资源的有效对接。另一方面体现在政府对创新主体和金融部门给予适当的风险补偿，用以弥补市场失灵。当科技创新的风险过大时，金融投资可能无法实现预期回报，甚至遭受严重损失，在这种情况下金融服务可得性差，如果缺少必要的风险报酬补偿机制，则难以实现持续运营。除了采取传统的财政补贴、税收减免优惠等方式外，政府还应出资设立了各类创新基金、引导基金等，致力于将已有的科技成果转化为实际生产力，通过发挥杠杆效应，吸引民间资本和外资资本进入创业投资领域，调动投资热情、降低投资风险。科技创新还必须依靠市场的力量，金融机构也应实现市场化运作。作为科技创新的主体，企业应始终把握市场的方向，与高校和科研院所保持密切联系，加大研发力度，提升创新成果的质量，吸引金融资本注入。银行业金融机构则要完善信贷管理机制，创新信贷产品，根据企业成长情况，利用贷款利率定价和浮动计息等规则，动态分享创新收益；还要与保险、担保等机构合作，为降低风险损失、实现稳健经营提供保障。此外，还应探索符合创新规律的多元化融资渠道，鼓励企业利用债券市场融资，在场外交易市场挂牌或在新三板、创业板上市，充分发挥市场在资源配置中的决定作用。这是因为在创新风险总量既定的情况下，承担风险的经济主体越多，平均预期损失和成本越小，反之则可能因为超过承受能力而丧失可持续性。通过相应的产品设计和制度安排，让多家机构共同参与对科技创新活动，按照出资额度、投资方式合理确定权重，分享创新收益、共担创新成本，可以达到管理和分散风险的目的。

11.4 本章小结

本章首先分析了低碳企业创新的金融资源配置系统整体结构；其次对其构成部分中的配置主体、配置客体以及配置载体进行了分析；最后，从不同配置主体角度，对低碳企业创新的金融资源配置系统的结构差异进行深入探讨。具体结论有：①低碳企业创新的金融资源配置系统是一个复杂的系统。主要包括金融资源配置主体子系统、配置客体子系统和配置载体子系统，其中配置主体要素主要包括企业、政府、个体和金融当局；配置客体要素主要包括用于低碳企业创新的货币资金、金融制度资源和金融组织资源；配置载体要素主要包括金融机构和低碳企业创新服务中介，配置主体、配置客体和配置载体子系统之间的有效互动，共同构成了低碳企业创新的金融资源配置系统。②在配置系统中，低碳企业创新的金融资源配置主体的地位差异，会引起配置系统的结构差异，进而影响金融资源配置系统的运行和效率。政府驱动的低碳企业创新的金融资源优化配置系统中，常见的运行方式包括单一政府主导和科技计划主导的金融资源配置两种，无论哪一种方式下，政府对低碳企业创新的金融资源配置具有绝对的支配权，其他配置主体和配置客体的行为都受制于政府；市场驱动的低碳企业创新的金融资源配置系统中，金融集成企业作为金融行动的主要驱动者，遵循市场机制，完全实现金融资源配置的市场化，政府在该系统中只担任服务者、监督者和参与者，但该系统也会面临市场失灵等风险；平衡驱动的低碳企业创新的金融资源优化配置是指各配置主体为实现金融资源配置效率最优化发展的共同目标，打破原有的地位和边界，构成金融资源的互动网络，实现金融资源共享，优势互补，全面提升低碳企业创新的金融资源优化配置能力。

第12章　低碳企业创新的金融资源配置模式选择

在市场经济快速发展的今天，在企业发展自身的同时也会因为本身的各种活动而对环境产生影响。由于这一问题的存在，国家提出了可持续发展战略，因此低碳企业成为国家重点发展的新兴企业，低碳企业的创新也成为了低碳企业发展的重要方向。我国低碳经济发展起步较晚，资金短缺是阻碍我国低碳经济目标实现的主要问题之一。金融作为经济的核心，引导并决定了资金的配置。低碳企业的创新需要大量的金融资源，对此如何有效地对金融资源进行配置成为了低碳企业创新的重要内容，因此对低碳企业创新的金融资源配置模式选择的相关理论进行论述。

由于中国的渐进式改革导致了市场机制和政府干预在资源配置领域长期并存，这客观上形成了两种迥异的金融资源配置方式：一种是市场机制下的金融资源配置，另一种是政府干预下的金融资源配置。不同的金融资源配置方式对区域创新能力的影响机制存在差异性。市场机制下的资源配置被认为是人类社会最为有效的资源配置方式，其能够通过减少政府的干预和支持非国有经济的发展等两个途径促进区域创新能力的提升。政府干预下的金融资源配置对区域创新能力的影响分为两种：一种是基于商业银行的干预，另一种是基于政策性银行的干预。

12.1　低碳企业创新的金融资源配置方式

一国的经济体制决定着金融资源配置的宏观环境。经济体制的主要核心为政府与市场在资源配置过程中的关系以及如何实现政府与市场的协调配合，即在资源配置过程中，政府发挥主导作用还是市场发挥基础性的作用。当政府在资源配置过程中占主导地位，市场发挥辅助作用时，为计划经济体制；当市场在资源配置过程中发挥主要的基础性作用，政府发挥辅助性作用时，为市场经济体制，即政府在需要提供公共物品或者存在市场失灵或者市场残缺的领域内进行适当的干预，这种体制则为市场经济体制，这种经济体制通过市场的基础性作用在具有竞争性和经营性的领域内实现资源配置，使资源流向最具效率的领域，有助于经济效率的提高。

资源的配置即如何合理分配和有效利用有限的资源，最大限度地实现目标。而金融资源的配置就是将企业现有的和可以筹集到的金融资源进行合理有效的分配和利用，以最大化地利用金融资源实现自己的目标。按照金融资源配置的主体的不同可以将金融资源的配置方式分为市场调节配置方式、政府调控配置方式和社会资本配置方式三种。

12.1.1　市场调节配置方式

市场调节指的是由价值规律自发地起作用来调节经济的运行，即价格的波动由供求关系的变化引起，通过价格的变化来调整各个生产部门劳动力和生产资料的分配。市场调节可以合理地进行资源的有效配置，让企业的生产经营活动同市场紧密结合，促进企业间的竞争。市场通过价格、利率和税率等经济参数调节经济资源的配给，使资源在市场上的配置得到优化。其次，调节不同利益群体之间经济利益的分配。市场调节的基本手段——价格机制，会引起所有市场参与者对利益的追求，通过竞争调节经济利益的分配。再次，价格受价值的影响上下波动，使社会劳动在各生产部门之间的分配得到调节，从而使生产和需求的关系趋于平衡；市场调节可以反映出市场的供求关系，并且能灵活地调节，从而引导生产和消费，企业可根据市场需求有效地进行生产和经营；也可促使企业展开竞争，实现优胜劣汰；同时也可提高企业和劳动者的生产积极性，使市场更加具有活力。

买卖交易能够顺利进行的前提是市场，它是由交换规则、价格机制、市场主体法人化、生产要素自由流动等要素构成的。这些要素间的相互影响与作用促成了市场调节功能的形成。市场的这种调节功能不是任何外力干预促使其产生或强加的，而是市场在自运行过程中自发形成的。市场的各种运行机制的相互影响、相互作用使市场的功能可以实现并且进一步完善，其中资源配置功能是市场的本质功能。金融资源要素市场同一般的市场形成过程类似，其对金融资源进行自动配置的机制是在市场自发形成的过程中形成的。

金融资源的市场配置方式是指借助市场运行机制配置金融资源的方式。在这种配置方式下，每个配置主体在资源配置领域都具有明确的界面，如低碳企业会直接和市场进行联系，以达到低碳指标要求并实现自身利润最大化为目标，以利益最大化为原则的各个配置主体，依据市场信号，匹配自己的各项金融资源。市场配置金融资源最大的优点在于：在有效的市场中，只要依靠市场的自发调节，遵守一定市场规范，各微观的低碳企业创新主体就能使自身的金融资源处于合理的配置状态；市场配置在微观领域可以有效地激发经济主体的活力，能够做到财尽其用，物尽其用，发挥金融资源的功能；能及时、灵活地反映市场上的需求和变化，给企业传递关于市场发展的相关信息，对低碳企业在创新过程中所需的金融资源进行合理的配置；能提高低碳企业进行创新的积极性，推动低碳企业技术进步，实现可持续发展的目标。

尽管市场调节拥有这样种种优点，但是马克思在针对资本主义经济市场进行研究时还是发现了市场调节有很大的缺陷。虽然表面上看，通过市场经济中价值规律的作用，以价格机制、供求机制调节着生产资源在社会各部门不断地流通，但是市场调节在深层次还存在着一些问题。例如，由于市场机制在作用时会因为盲目性和滞后性的影响而产生金融资源供给和需求的不平衡，使金融要素与市场信息不匹配，从而导致市场的秩序混乱等情况。另外，如果各配置主体处于一个信息不对称、信用缺失的市场环境中，则会极大地影响创新效果。

12.1.2 政府调控配置方式

由于市场有着自身内生性的缺陷，会导致市场经济实际运行中出现市场失灵的问题，如不进行纠正会导致经济下滑或是不健康发展的后果，这就需要政府适时地进行宏观调控。宏观调控的说法最早由凯恩斯提出，指的是在经济运行过程中国家运用政策、法规和经济手段为优化产业结构、保障国计民生、实现国际收支平衡而合理对经济运行状态和经济关系进行调节和干预。宏观调控的行使主体是国家权力机关，主要通过包括利率、税率等经济措施和颁布相关法律法规等法律措施，以及行政手段进行调节。在市场经济中，政府调节发挥着举足轻重的作用。

斯蒂格利茨认为，各种市场失灵现象可以界定政府活动的基本范围，他认为要实现市场的有效配置就必须要有政府的干预。在市场机制充分作用的情况下，如果市场无法通过自身的内部调节对各项资源进行最优化的配置，就说明市场处于失灵的状态。目前公共产品、外部性、不完全竞争、不完全信息以及不确定性等几个方面原因被普遍认为是导致市场失灵的主要原因。同样地，在进行金融资源配置的过程中市场调节配置方式也会存在失灵问题，这也就使政府调控的存在是合理的。

中国特色社会主义理论基于中国改革开放实践对马克思的观点进行了发展和创新。过去我国采取计划经济体制，政府是资源的配置者，造成了经济的僵化和低效率。党的十四大将社会主义市场经济确定为市场在国家宏观调控下对资源配置起基础性作用。在这种体制下，市场的调节作用和范围进一步扩大，扩大范围的市场需要政府调控，包括面向市场的政府规制和面向宏观总量均衡关系的财政政策、货币政策等。在党的十八届三中全会上，社会主义市场经济有了新的界定，这就是市场对资源配置起决定性作用和政府更好发挥作用。“使市场在资源配置中起到决定性作用”和“更好发挥政府的作用”二者是有机统一的，不能相互否定，不能把二者分割开来，对立起来。既不能用市场在资源配置中的决定性作用取代甚至否定政府的作用，也不能用更好发挥政府的作用取代甚至否定使市场在资源配置中起决定性作用。要把政府和市场关系视为一个整体、一个系统，注重发挥二者的协同作用。

依据党的十九大对我国经济体系建设作出的战略部署，当前改革过程中的一项重要议题是“使市场在资源配置中起决定性作用，更好发挥政府的作用”，需注重构建市场机制有效、微观主体有活力、政府调控有度的经济体制。政府作为市场经济的主体，通过行政手段与经济手段（主要是财政手段），实现以经济主体为主导、经济主体与经济客体的对称关系为核心、经济结构平衡与经济可持续发展的经济行为就是政府调控。政府调控配置方式是指在进行金融资源配置的过程中借助行政权力、行政手段和行政机制，通过自上而下的运行方式地来实现。这一方式的特点是：在对金融资源进行配置时，以政府为绝对的配置核心，政府通过行政指令来约束和规范低碳企业、高等院校、科研机构等主体，政府与其他主体是一种不平等的关系，政府通过行政机制配置金融资源，政府权力凌驾于市场价格之上。

政府调控配置方式的主体是政府，决策权集中在政府部门，政府的偏好和意图在很大程度上是由这一配置方式体现的，因此政府调控配置方式也就成为了金融资源配置过程中的一种主要配置方式。为有效地整合各种金融资源，解决低碳企业创新和市场缺乏的问题，确保能够有序地配置金融资源，政府运用法律保障机制、激励约束机制、利益协调机制和公共服务机制来发挥其“有形之手”不可替代的作用，致力于金融资源配置的秩序和制度环境的建设，以弥补市场“无形之手”的不足。然而，在这种配置方式下，资源供需双方处于不平等地位，是一种上下级关系，各主体缺乏积极性，并且容易导致寻租行为的产生，因而会导致“政府失灵”。

12.1.3 社会资本配置方式

“社会资本”的概念起源于社会学研究领域。最初这一概念是由简雅各布斯提出的，之后经过其他社会学家的发展和完善，已建立起相对完整的理论范式。他们认为，存在于社会中的关系网络是人与人之间建立信任、合作和采取集体行动的基础，能够为社会网络的参与者带来回报，进而强调个人参与群体的重要性，强调个人价值通过与他人的合作得到提升，即个人可能通过对社会网络进行投资来获得社会资本。20 世纪 90 年代以来，发源于社会学的社会资本被广泛使用，政治学、经济学等多种学科领域都涉足对社会资本的研究，但至今为止，社会资本尚没有统一定义，但学者们对罗伯特普特南的观点表示基本认同，即“社会资本指的是社会组织的特征，例如信任、规范和网络，它们能够通过推动协调的行动来提高社会效率”。

具体而言，社会资本具有几下特征：①社会资本具有无形性。社会资本既不同于厂房、设备和货币等实物资本，也不同于存储于劳动者之中的人力资本等无形资本。它是存续于社会网络之中、不同主体之间，能感觉到却又看不见、摸不着的一种无形资本。它的无形性决定了社会资本需要社会意识形态影响和改变它；②社会资本具有公共产品属性。社会资本作为一种社会资源，具有社会公共产品的性质，它不因任何社会成员的使用而减少。相反，社会成员之间的联系互动越频繁，社会资本越增值，即社会资本具有网络体内的共享性和非排他性；③社会资本具有独特性和不可转让性。社会资本总是与具体的个人或组织结合在一起，个人和组织的个性化特征决定社会资本具有一定的独特性和不可转让性；④社会资本具有长期累积性和路径依赖性。社会资本需要长期和连续的投入（如时间、精力、感情及物质投入），通过长期的交互作用和学习过程来积累，以使偶然的、简单的社会关系演变为一种持续的、稳定的网络联系。社会资本具有稳固性的特点，并具有一定的路径依赖性；⑤社会资本具有客观性。社会资本在现实生活中无处不在，它是不以人的意志为转移的客观存在。尽管对社会资本理论的研究尚不完善，但它确实存在于一定的社会网络之中并与实物资本和人力资本一样成为不可或缺的资本。

社会资本的作用方式与作为正式制度安排的政府和市场明显不同，它一般是通过社会关系网络渠道表现和发生作用的。社会资本进行金融资源配置时有着自己的特点，社会资本以信任关系、信息共享和行为规范等能够给行为主体带来利益的社会因素嵌入到关系网络中。在社会资本对金融资源进行配置时，资源供需双方处于平等关系或是等级关系，通过运用网络联接机制、相互信任机制与有效沟通机制，使配置能够通过信任和承诺顺利进行。一定规模的网络可以保证信息具有无偏性和完全性，可以避免欺诈等行为的出现，使交易成本降低，这使社会资本可以成为金融资源配置的“第三只手”，以弥补前“两只手”出现的“双失灵”。金融资源配置是配置系统中的多个主体及它们之间对各类金融资源交互作用的动态过程，社会资本的概念体现了这种交互的特性，它通过三个基本维度嵌入配置系统当中，对金融资源的利用和低碳企业的创新都具有重要作用。

可见，市场、政府和社会资本是金融资源配置的三种主要方式，在这三种配置方式对配置主体和配置客体发生作用的过程中，其配置机制逐渐完善、配置功能不断得到强化，从而形成了市场拉动、政府推动和社会促动等三大配置力量，这三种配置方式彼此独立又互相影响，共同在对金融资源的配置中发挥重要作用。

12.2 低碳企业创新的金融资源配置机制

“机制”最早起源于希腊文，机制最基本的概念解释是指“机器的构造和动作原理”。后来在生物学和医学中进一步引申发展其含义，之后逐渐在其他学科领域进行应用，机制是用来对在系统中发挥基础作用的系统内部组织和运行规律进行描述。资源配置机制归根结底是一种制度安排，资源配置机制的本质是通过合理调节资源使用数量、规模、结构和方向，有效实现人类资源配置的目标。金融资源配置机制是指在配置金融资源的过程中逐渐形成的金融配置主体之间的相互关系以及自身的功能及制度安排，主要是指金融资源配置主体之间以及主客体之间的结合关系，作为内在作用机制并决定在低碳企业创新过程中不同主体、不同阶段、不同领域以及不同用途上分配的金融资源，金融资源配置效率的高低通过其运行情况来决定。

根据经济学的一般原理，市场机制和政府行政机制是资源配置的两种基本机制。其中，市场机制是一种价格型的资源配置机制，它是通过价格来传导供求信息，通过市场规律来配置资源的；政府行政机制则是政府从战略高度充分考虑国家的政策和规划以及地区发展的现实情况，通过计划指标来传导供求信息，调整各种经济关系，支配各计划主体的经济活动等方式来进行资源配置。随着改革开放之后我国市场经济体制的逐步确立和完善，中国金融体系的市场化程度也有了很大提高，市场机制的配置功能逐渐得到加强。不过由于我国金融业一直属于高度管制的行业，政府对于金融资源配置仍具有相当大的决定权，市场机制并未占据支配地位。现阶段，我国金融资源配置机制是处在两者共同作用的状态下，还没有形成清晰的界限，但无论是政府主导机制还是市场主导机制，均存在一定的局限性，在金融资源配置的某些领域会出现市场失灵和政府失灵的现象。

新古典学派主张市场能够完美地配置稀缺资源；凯恩斯学派主张国家

干预是弥补市场失灵的有效手段；马克思指出："权力永远不能超出社会的经济结构及由经济结构所制约的社会的文化发展。"这些研究资源配置的经济学理论思想涵盖了对资源进行配置的三大动力，即市场拉动、政府推动和社会促动。金融资源在这三种配置动力的交互协同作用下，配置主体之间及其对配置客体不断地发生联系与作用，促成了资源配置机制的形成。因此，科学、合理与完整高效的金融资源配置机制应该包括市场机制、政府机制和社会机制三个方面。

12.2.1 市场机制

亚当·斯密认为，市场机制将提供一只"看不见的手"以使各种资源能够找到其合理的去处，在那里这些资源将最具价值、最能增加国民财富。福利经济学第一定律"在资源的有效配置与这些资源的价格之间存在着紧密的相互联系"，充分表明了市场机制在经济发展中的重要性。市场内的供求、竞争、价格等各个要素之间的有机联系及其功能，通过相互作用关系逐渐形成市场机制。在金融资源配置过程中市场机制发挥基础性的作用，通过市场竞争释放金融资源市场价格信号，从而实现金融市场供求匹配。

市场机制作为一种制度安排，本身具有金融资源优化配置功能。完善的市场体系可以为各类经济资源进行资本化提供交易平台，可以在无数重复类似的配置活动中沉淀出有效率的配置主体和制度，把那些导致配置失误的主体和制度淘汰出局，它是一种能够提供金融资源组织化发展的动力机制。但市场机制也存在弊端，即其本身是一种优胜劣汰机制，难以保持长久的稳定性。

金融资源的市场配置机制是一种多元化的资金投入机制，主要指风险投资机制。一方面市场的激励机制发挥作用，能自动地使投资主体为得到丰厚利润而甘愿冒险，为创新提供资金支持，这有利于促成低碳创新的多元化，能够减少因为投资单一创新项目而产生的风险；另一方面由于市场的价格机制的引导，使金融资源向配置效率高的主体流动，以最优化的配置方式来配置金融资源。金融资源的市场调节机制就是在充分发挥价格机制、供求机制、竞争机制、风险机制及激励机制等各项机制作用的基础上，通过各项机制的相互制约和联系，调节金融资源的配置，从而促进低碳企业创新的发展。

在市场经济中，资源配置的主要机制是市场机制，也称为市场调节机制。市场机制是指市场上直接发生作用的价格、供求、竞争等市场因素相互适应、相互制约、自行协调、自行组织的有机体系，即价格机制、供求机制与竞争机制的结合，市场功能的实现也是通过三种运行机制的相互作用来完成的。新古典经济学认为，完全市场竞争条件下，交易主体在市场上自由选择与交换，可以通过供求调整影响价格，最终使资源得到有效配置，实现“帕累托最优”的生产发展状态。下面，分别就市场机制中的价格机制、供求机制和竞争机制对金融资源配置的影响进行阐述。

第一，价格机制是市场机制中的核心调节机制。低碳企业在金融资源配置过程中，主要是通过金融市场上价格变动和供求关系变动的相互影响与相互制约，来引导和调节金融资源在各个金融市场参与主体间流动，使其趋于平衡，这有利于实现微观层次金融资源的合理配置。其中，对于货币资本而言，就是通过金融市场的价格机制——利率机制来进行配置，即通过资金的竞买竞卖来实现资金的最佳配置状态。第二，供求机制是各种金融资源要素供给与需求之间的内在联系和相互作用方式，会受到价格、主体之间竞争等诸多因素的影响。其主要作用是可以在一定程度上将金融资源的内在矛盾和均衡关系状态等信息反馈给金融资源的供给者和需求者，进而通过其他机制的协同作用实现金融资源的合理配置。第三，竞争机制主要是指由于价格与需求关系变动所引起的金融资源供给者之间和需求者之间竞争的作用机理。对于以盈利为目标的商业性金融机构而言，竞争机制一方面会通过价格变化促进金融资源流向那些为高竞争力而不断改革进而效益较好的金融机构，另一方面会通过优胜劣汰促进金融机构的重组或兼并，实现金融资源的有效利用与重新配置。市场体系的完善是发挥市场机制在金融资源配置中基础性作用的前提。国内外市场经济发达的国家和地区的经验证明，市场机制的有效性与其完善程度成正比，并且直接决定全社会的生产效率和一个国家或地区的整体竞争力。

但是市场在资源配置中的“失灵”现象导致市场失调、生产过剩，最终形成一波又一波的经济危机。尤其是金融资源的公共物品属性，在引导金融资源配置过程中市场往往会出现“市场失灵”或“市场缺陷”的问题，无法自动实现优化配置，这就要求政府通过宏观调控的手段来引导金融资源配置，以满足经济发展对低碳企业的发展与创新的需求。人类社会经济发展的实践表明，市场机制是迄今为止最有效率、最具活力的资源配置手段和经济运行机制，它具有其他任何手段和机制都无法比拟的功能优势。但是，由于市场自身的弱点和不足，如自发性、盲目性、滞后性等，如果完全摒弃政府干预，就将不可避免导致市场失灵，表现为“难以保证经济发展的社会收益、难以保障基础设施和公益事业的建设、难以克服风险投资的障碍”等。经济学理论普遍认为，市场失灵是指单靠市场机制不能实现资源的最优配置，主要表现为公共产品性、外部性、不完全竞争、不完全信息、不确定性等。正是由于市场机制存在不可克服的弱点，因此需要通过国家制定经济计划、实行宏观调控来解决。有了政府的积极干预，我们所建立的社会主义市场经济运行机制，才能达到“应当能够灵活巧妙地运用市场和计划两种手段，成功地双向克服‘市场缺陷’和‘政府失灵’”这一要求。

12.2.2 政府机制

将机制概念或机制原理引入政府管理中，并通过制度性安排，形成相对稳定的管理模式，就构成了政府机制。例如，按照机制的概念设计而成的政府决策规则和过程，就是政府的决策机制，按照机制的概念确立的政府提供公共服务的模式，就是政府服务提供机制。类似于这种机制与政府相结合而形成的政府管理模式或机制，可以统称为政府机制。从现象上看，符合或类似机制概念的政府管理方式一直就有，如中国历史上千年的科举制，对照机制定义，就可看作是当时历史条件下通过考试竞争来录用选拔政府官员的一种机制，只不过在机制概念被引入之前，人们并没有从机制角度来理解和解释科举制，正如当时的朝廷或官员不叫政府一样。而有意识地将机制和机制原理引入政府管理，运用机制原理在政府管理中设计建立各种机制，才有政府机制概念一说。在机制一词引入政府管理之后，越来越多的人开始采用机制的提法，又出现了随意使用机制一词的泛化现象，似乎政府动态管理过程都可以成为机制，有的只有机制之名而无机制之实。

现代经济越来越显现出是一种混合经济，既有市场的调节，又有政府的干预。在进行金融资源的配置过程中市场配置会出现市场失灵的问题，为了有序地对金融资源进行配置，解决市场无效的问题，政府必须建立完善的市场秩序和制度环境，通过有效的政府调控来弥补市场失灵、提高资源配置效率。市场调节是经济规律自发起作用的过程和表现，市场对资源的配置能及时、灵活地反映市场供求变化，传递供求信息，实现资源合理配置。金融资源配置的政府调控机制主要包括引导激励机制、服务保障机制和监管机制三个方面。

引导激励机制主要体现在两方面：一是政策引导机制，目前我国低碳企业正处于发展初期阶段，行业环境尚待完善，低碳创新的高风险性、收益不确定性及信息不对称性，使风险与收益不相匹配，导致低碳企业在进行创新时对金融资源的利用率不高，这时政府就要通过制定相关法律法规和科技、金融优惠政策，提高和保障金融资源参与主体的利益，降低金融服务风险，保障金融资源配置参与主体的合法收益，引导金融资源的流向；二是示范补充机制，低碳企业创新的高投入、高风险等特征容易导致市场失灵或市场残缺等问题，作为金融参与主体的政府就需要凭借资金投入等手段直接或间接进入金融风险较高的领域，为低碳创新活动提供稳定的资金支持，释放国家产业政策信号或区域发展政策信号，吸引金融市场资本和社会资本进入该领域，促进低碳企业创新的快速发展。

服务机制主要体现在建立和优化金融法律法规等政策环境以及基础建设方面，如通过设立政策性担保机构、加强建设与完善金融担保体系等，降低由于信息不对称而导致的低碳企业创新过程中的风险；加强社会信用体系建设、加快金融法律法规体系和保障体系建设，对金融资源配置参与主体的行为进行规范和约束，为各个参与主体间的合法权益提供保障，营造良好的金融资源配置环境。

政府的有效监管是使金融市场正常运行以及有效实现金融资源配置的重要保障。政府监管机制主要是通过制度安排实现的，对金融资源配置主体的行为进行约束，保障参与主体的合法权益。在配置过程中的信息不对称使金融资源供求双方之间容易产生供给方的逆向选择与需求方的道德风险问题，导致金融体系的运营风险增加。因此，政府需要通过一系列法律制度对金融市场主体进行监督，对金融市场中各主体的行为进行规范，对金融市场是否正常运行进行有效的监管，不断完善金融生态环境，促进金融市场快速有序地发展。

市场失灵是对政府干预的客观要求，从这一角度，本书认为政府干预是市场经济的内在要求。由于市场体系的不完善和市场功能性缺陷，在大都市圈经济整合中政府干预是不可或缺的。但政府干预也是有限的，并且也有其局限性，有“过”和“不及”两种情况：一是政府对经济的干预过度，干预的范围和力度超过了弥补市场失效和维护市场机制正常运作的合理需要。二是国家干预力度不足，不能满足特定经济发展阶段弥补市场失灵和维护市场机制正常运作的合理需要，或者干预内容和干预方式不适合经济发展的要求，一些环境因素使市场机制无法正常发挥作用。因此，在金融资源的配置过程中需要政府机制与市场机制形成互补，同时需要引入社会机制，克服二者的不足。

12.2.3　社会机制

社会参与金融资源配置体现为金融资源配置过程中的市场机制，是在特定的社会经济制度与区域文化背景下形成的社会关系网络对新兴企业尤其是低碳企业融资的作用机制，主要表现为社会资本尤其是民间资本，通过网络关系嵌入政府或市场配置金融资源的过程中，其功能是通过市场和政府配置来实现的。社会机制依靠社会关系网络降低金融市场上金融需求主体与科技金融供给主体之间的信息不对称性，有利于弥补科技金融市场失灵和市场残缺造成的空缺，是市场机制和政府机制的重要补充和辅助。无论是政府配置还是市场配置，都是为了在金融资源的配置过程中更大程度地吸引社会资本进入，促进企业发展。金融资源社会机制的作用由于不同的社会制度或者文化背景的影响而产生一定的差异：在重视社会关系的国家，社会机制在金融资源配置过程中往往发挥着重要的作用，而在重视法律的西方发达国家，社会机制作用的发挥则受到限制。我国是一个重视家庭和社会关系的国家，因此在金融资源配置过程中社会机制将发挥重要的补充作用，主要在贷款市场和创业风险投资市场上发挥作用。社会资本主要具有结构、认知和关系三个维度，而这三个维度则表现为社会机制中的网络机制、沟通机制和信任机制。在社会机制下，各融资主体依靠社会关系参与低碳技术金融资源配置。在我国特有的文化背景下，社会网络和社会信任机制可以在一定程度上有效弥补低碳技术金融资源供求双方的信息不对称，作为科技金融资源配置的补充机制。此外，民间资本在政府机制和市场机制的引导下进入技术领域，协调低碳技术金融资源配置。社会资本的结构维度使金融资源配置系统内各主体能获得有效的联接，关系维度能提高各主体之间的信任程度，认知维度能使各主体实现有效沟通。通过社会资本三个维度的作用，金融资源配置主体之间的合作将愈加成熟与高效，从而使金融资源配置系统不断升级和优化。其中，实现沟通机制和信任机制要以网络机制为基础，通过各金融主体之间建立合作关系，发生沟通，进而产生信任。反过来，信任的进一步加深能够促进长期合作，有利于长期资本的形成。因此，社会机制的三个机制是相互作用和相互联系的，缺一不可。

社会机制是政府机制与市场机制的有效补充。无论是市场机制还是政府机制，都会存在双失灵的情况，这时候就需要引进社会资本来弥补这种“双失灵”。例如，对于低碳创新型中小企业融资问题，由于低碳创新型中小企业规模小，无形资产多而有形资产少，缺乏可抵押物品，财务信息不规范、公司治理结构不健全，使其通过正规金融渠道获得贷款或上市受到限制，商业性金融机构的投资意愿低，而仅仅依靠政府的财政科技投入又不足以满足低碳技术创新的资金需求，这使低碳创新型中小企业只能通过社会关系网络来寻求民间金融机构等的资金支持，这就是社会机制对市场机制与政府机制的补充作用的体现。

12.2.4 三种机制的相互作用

金融资源配置涉及不同领域、不同主体等，是一个复杂的动态过程，金融资源的优化配置无法单独凭借一种机制而实现，而是需要三种配置机制的互相协作和互相补充。在不同的国家发展战略和社会文化、不同的经济发展水平以及不同的低碳创新能力等条件下，这三种机制在金融资源配置过程中发挥的作用大小、方式均不相同，具有各自不同的作用边界，三者互补协同，更好地配置科技金融资源。在低碳市场中，市场配置能够形成自组织机制，资本的逐利性使资金向高新技术产业流入，在市场机制价值规律的作用下优化低碳技术资金配置；但由于低碳企业创新活动外部性较为明显，容易产生市场失灵现象，使市场自组织机制无法独立完成金融资源的优化配置，需借助于有效的政府调控和社会资本的引导、规范来实现。政府调控主要是运用制度手段来实现的，制度作为文化的载体体现了文化的特征。制度的有效供给与运行需要低碳创新活动人员的理解与认同，人们在文化方面的契合程度决定着制度的运行成本及其绩效，当出现市场失灵现象时，制度作为一种调节手段是以现存的市场状态为依据的。社会资本是以信任为基础的一种资源配置方式，它以社会关系网络为载体并借助于信任、制度、风俗习惯和传统文化等为表现形式，是低碳创新人员在长期从事低碳创新活动过程中不断形成并发挥作用的，它对金融资源的市场配置和政府配置进行有效的补充；同时政府调控的有效性和市场的健康发展能够不断地规范和完善社会资本的配置功能。

低碳技术创新具有明显的系统性，是一个多元要素参与的系统过程，在这个系统过程中企业是主体，政府是主导，科研机构、中介组织等其他要素发挥着不可或缺的作用。因此，积极创造条件，建立中介服务机制及产学研合作机制等，完善科技创新的社会机制，为低碳技术创新提供良好的社会环境。现阶段，我国处于经济转型与赶超期，低碳技术的金融资源配置的政府机制、市场机制和社会机制各具优势、互为补充，需要三大机制通过功能和范围的协调配合实现各自作用边界的协同，优化科技金融资源配置。低碳创新成为我国国家发展和经济战略的核心，其面临的巨大的资金需求，不仅需要市场与政府的配合，同样也需要通过这两种机制作用的发挥引导潜在的社会资本介入低碳创新活动中，形成“三位一体”的金融资源配置方式，从而提高金融资源配置效率。

12.3　低碳企业创新的金融资源配置模式

金融资源配置模式是指在低碳企业创新过程中金融资源配置的运作方式。它由各种配置主体、配置客体、配置方式和配置机制所组成，并通过一定的配置途径来实现。不同学者从不同角度对与低碳企业创新及金融资源配置相关的模式问题进行了研究，通过分析总结得出了各不相同的模式。借鉴这些研究成果并进行归纳和提炼，遵循金融资源配置的方向，按照金融资源的三种配置方式在金融资源配置中的地位和作用不同，考虑到金融资源的配置途径，并结合配置主体的不同情况，将金融资源配置模式主要归纳为市场主导型模式、政府引导型模式、网络集成型模式及综合优势发挥型模式。这几种模式并不互相排斥，只是在不同的应用领域和范围，其地位和作用有所不同。

12.3.1 市场主导型模式

市场导向型的金融资源配置模式是指：金融资源的配置与配置主体的配置活动全部由市场上的需求决定，行政计划的干预较少或者完全没有。在当前世界经济文化环境下纯粹的市场导向型模式只属于理论模型，现实生活中的市场导向型主要是指市场在金融资源配置过程中发挥主导作用，政府政策仅起辅助引导作用。该模式的优势主要体现在：一是该模式的运行所需的财力资源由企业独立进行配置，这可以使我国低碳企业创新摆脱单独依靠政府供给的单一局面。二是由于该模式由企业主导，因而一般选择具有市场发展潜力、能加速转化应用并可带来高收益的技术，或者能够为企业提供稳定发展前景的新技术。三是市场上的顾客也会加入低碳企业的创新活动之中，而企业也会有更加明确的创新方向，因此可以更好地进行金融资源的配置和利用。具体而言，一方面，对低碳企业而言，由于市场中其他企业的介入，可以借鉴其他公司的创新水平，提高自身的创新能力，降低由于创新水平低和创新技术落后所导致的高昂的资金成本，更有助于提高低碳企业创新的成功率；另一方面，对农户而言，通过合作经济组织把分散农户联合起来形成合力，形成了一种对公司的有效约束和制衡机制，从而在降低市场交易风险的同时，也提高了对公司交易时的谈判地位，为农户合理地分享农产品加工和销售环节的利润提供了制度上的保证。我国目前农业企业的整体技术水平较低，缺乏自主创新的能力，可能会使产业发展所需要的技术得不到及时供给，出现产业趋同及企业带动能力弱的情况。

随着政府国家战略、制造业低碳发展激励政策以及环境规制等相关政策的推动，刺激市场中产生政策性需求，企业由被动地响应政府政策到主动转变企业战略，市场需求的变化使企业能够发现产业发展中长期被忽视的低碳产品缝隙市场，进而对缝隙市场进行开发，明确缝隙市场的具体需求，进行生产工艺的改进、低碳产品的生产、低碳服务的提供等，与此同时市场中如果某一低碳产品或者低碳技术受到市场广泛接受，就会给企业带来巨大的机遇，促使企业进行相关的研发，迅速占领缝隙市场，并构筑有效的低碳壁垒，形成产品低碳竞争优势。随着低碳经济的不断发展，消费者低碳意识不断提高，引发消费者对低碳产品的需求，消费者是低碳产品、低碳服务的最终消费者，也是实现制造业低碳发展良性循环的最终环节。除了消费者低碳意识不断提高以外，企业家低碳意识的提高也能够产生重要的市场需求，企业为了利润最大化的低碳利益需求以及企业低碳形象的需求，都会使企业为了生产更优质的低碳产品对上游原材料等产生低碳产品需求，进而形成行业性的低碳市场需求，促进行业共性低碳技术研发与引进，实现制造生产低碳化的良性循环。市场的低碳消费需求以及企业的低碳发展需求共同构成了市场的低碳需求，对制造业行业的低碳发展发展产生拉动作用，从而促进制造业的低碳转型发展。除了市场需求的变化外，市场机制在制造业转型中也发挥着重要的调节作用，这种作用主要是通过发挥市场资源配置功能实现的，具体来说是通过价格调节机制和市场竞争机制，促进制造业资源的优化配置，使更多的资源向低碳化方向流动，制造企业通过政府政策的引导、市场低碳需求的拉动以及自身技术创新的推动等内外部环境的影响，研发低碳技术、生产低碳产品、提供低碳服务，而且制造企业不仅是低碳产品与服务的供给者还是市场中低碳需求的重要组成部分，制造业的低碳生产离不开低碳生产技术工艺以及低碳原材料的供应。但无论是政策性的低碳需求还是制造企业生产性的低碳需求，消费者的低碳需求都是制造业低碳转型的落脚点。

信贷配置模式是金融宏观调控政策之一，目前我国经济中存在结构性不平衡现象，如区域不平衡、城乡不平衡、产业不平衡等，弱势地区、弱势产业、弱势群体等都迫切需要各种扶助；同时，我国经济体制尚处于转轨时期，中国特色社会主义市场尚处于逐渐成熟的初级阶段，市场主体的逐利性常常造成“市场失灵”，仅靠市场自我调节难以实现资源最优配置。在这种环境下，我国信贷配置模式具有引导信贷投向、推动信贷创新、促进结构调整、辅助特定群体等多重目标，与其他货币政策相比，信贷配置模式在促进结构调整、扶持弱势群体方面具有天然的优势。目前，我国现阶段信贷配置模式既不同于计划经济模式，也不同于市场经济模式。一方面，随着传统计划经济体制的全面转轨，我国金融体系的市场化程度有了很大提高，市场机制的配置功能逐步加强；另一方面，我国金融业仍属高度管制的行业，政府对于金融资源配置仍有相当决定权，市场机制并没有占据支配地位。目前我国金融资源配置模式更多是处于中间状态，但政府机制发挥了基础性作用。

12.3.2 政府引导型模式

在建立企业创新体系的社会环境上，政府负有不可推卸的主导作用。因为，企业技术创新活动具有很高的不确定性，往往会引发社会利益与企业利益、长远利益与眼前利益、开放与保护、商业目标与研究目标、合作与竞争等多方面的矛盾甚至冲突。尤其是，尽管市场竞争环境是造就企业技术创新体系的基础，但在促进创新上，单纯的市场机制有其局限性。市场调节往往很难使创新过程中的这些利益关系得到较好的协调。为此就需要政府有一套政策和体制来激励、引导、协调、保护企业的创新活动和创新成果。政府的这种作用能在企业创新中发挥明显的催化作用。

政府主导型是指政府强大的行政力量对金融资源进行全面的指令性计划配置和管理的模式。由于我国现有的发展政策，所以低碳企业创新成为了国家发展的重要方向，因此政府要在低碳企业创的过程中发挥重要作用。由于金融资源是实现低碳企业创新的重要资源，因此政府在金融资源配置的过程中需要进行引导，使金融资源更好地实现自身的职能，促进低碳企业的创新。在政府主导型模式中，主要是指政府推动进行低碳创新项目或者进行低碳创新的计划规划。该模式的优势主要体现在：一是在该模式下，低碳企业进行的创新有明确的方向，并且能够受到政府的支持，包括技术支持、金融支持、政策支持等，由政府引导金融市场中的金融资源在各个创新主体之间进行合理配置；二是在政府介入金融资源的配置过程中，减少金融欺骗和由于信息不对称造成的金融资源的浪费，有利于低碳企业创新过程中的金融资源的快速转化。政策性引导是低碳经济主体快速发展的必要保证。经济的发展必须依托自然资源禀赋，因地制宜地制订适合区域经济发展的产业规划，并辅之与行政、资金、技术等相配套的政策跟进扶持，引导对低碳经营主体投入，有效提高融资能力。

中国建国以来的金融改革逐步引入市场机制，大大加强了金融对经济建设的支持作用，提高了资源配置效率。但是，改革主要由政府推动，且政府依然发挥着对金融体系的主导作用，并引导金融体系继续为国家发展建设服务。这种注重发展建设的金融模式在过去极大地支持了国民经济发展，然而，当我国经济发展到了一定程度、基础设施较为完善、历史遗留问题也得以解决之后，这种金融模式的弊端日益凸显：金融资源配置效率低、金融机构发育不足、居民财富投资回报低等，这些弊端的根源都在于政府干预过多。导致这种模式存在如下缺陷：第一，由于以往计划体制的惯性导致的我国政府各部门处于条块分割状态，各部门在制订项目计划以及审批项目时缺乏沟通与协调，造成重复交叉申报与资源浪费的现象，降低了资金的使用效率；第二，以项目为依托缺乏连续性，低碳技术的发展是一个长期积累与持续的过程，低碳创新项目具有更长的时滞性，只有立足于长远的连续性技术创新才会发挥其创新作用，而以低碳创新项目为配置模式的做法，难以保持低碳创新的连续性；第三，该模式没有统一的管理规定，各个部门在低碳创新项目的申报、经费使用、评估检查及验收鉴定等各个程序中要求迥异。另外，项目管理部门是因某一项目而组成的临时性组织，这使管理人员随着项目的不同频繁更换，这些又使低碳创新项目模式更加缺乏连续性。

并且，发展经济学早期文献认为，由于发展中国家的经济结构具有刚性，对价格信号缺乏敏感性，从而在发展中国家存在严重的“市场失灵”现象，并由此得出政府应该出来校正市场失灵，在资本积累和投资分配中起主导作用。发展中国家的政府在其经济发展的初期大都采取了政府主导型的经济发展战略，政府广泛干预经济发展过程。政府干预的初期效果还是比较明显，但随着发展过程的推进，实际发展绩效开始下降，不断滋生的寻租行为，导致资源配置状况恶化，结果出现了大量的“政府失灵”现象，并且在有些场合，“政府失灵”比当初希望校正的“市场失灵”更糟。国家主导型发展政策的成本远远超过了其所得收益。正如世界银行指出“政府从事的是富于幻想的活动。由于对公共政策和领导者的坚定不移缺乏信心，私人投资者踌躇不前。腐败变成通病，发展蹒跚而行，人们忍受着贫穷。国家主导型的干预，强调市场的失灵和政府纠正这种失灵的中心作用，但从整个世界来看，这种隐含的制度假定太简单化了。”欠发达国家的真正困境不是市场失灵，而是政府失灵，即政府未能在保护产权、实施合约和不干预市场方面做得很好。

12.3.3 网络集成型模式

网络集成型模式主要是依靠社会关系网络来配置金融资源。社会关系网络自身并不是经济资源，而是动员经济资源的渠道。由于资金、信息、职位、生产要素等往往是稀缺资源，因此，在这些资源的获取上，个体行为者常常会采用社会关系网络这样的非正式关系制度安排的方式获取。这一方面是由中国的社会结构决定的，另一方面，在中国转型期，社会关系网络呈现出一种新的趋向——资本化。社会关系网络资本化的社会动因是利益驱动，其现实化的原因在于制度缺失。谋求建立社会关系网络被人们当作占有社会资源的捷径。社会资源最重要的特点是它的稀缺性、有限性。就个人或企业来说，要不断地取得更好的发展就必须获得这些稀缺的资源，但资源总是稀缺的，这表现为资源的供给总是小于需求。由于社会资源是潜存于社会关系网络之中的，因此人们就会将社会关系网络看作是重要的支持手段，即把社会关系网络本身当作一种能够带来更多社会资源的特殊的社会资源。此时社会关系网络便成为一种社会资本。由于社会资源的稀缺性和有限性，通过正常的渠道获取社会资源有时不仅需要极高的社会成本，而且缺乏成功的保障。高成本、高风险促使人们寻求稳妥、可靠的捷径。与所需社会资源潜存的或能支配所需社会资源的社会关系网络建立强关系，就可以依靠特殊主义信任原则而具有优先获得的可能。学术界对于社会资本存在一种相对普遍的认知：社会资本是指社会组织的特征，例如信任、规范和网络，它们能够通过推动协调的行动来提高社会效率。而网络集成型模式适合在社会资本较为丰富的区域运用。该模式具有一定的灵活性，由于产业集群的组成成员之间是平等、自愿地结合在一起的，组织的活动是通过自主而非强制方式开展的。这对于信息交流、整合和分配资源是有利的，企业可以通过社会关系网络组织对实现资源配置的管理成本和交易成本之和进行帕累托改进，从而大大提高集群内资源配置的效率，并为集群外企业进入集群内提供了直接诱因。

该模式的优势主要体现在：一方面，该模式可以实现内部金融资源的组织整合。低碳企业产业集群的存在使其内部的各主体紧密地联系在一起，为他们提供了一种有效的金融资源组织方式，降低了金融资源获取和资源转换的障碍。集群通过发挥其对内部金融资源的组织调节优势，利用其所特有的紧密网络关系，将未处于活跃状态的金融资源有效地整合，使以集群为单位的所有金融资源得到最佳配置，使其在各主体内得到最有效的利用；另一方面，该模式可以实现外部金融资源的聚集优化。低碳企业产业集群通过对外部投资者的吸引进而对金融资源产生聚集效应。如此产生良性循环，为集群内部各创新主体从事创新活动提供充足的金融资源，也使各集群间的金融资源配置不断优化。但该模式的缺点是：产业集群中成员之间的关系主要是靠非正式制度来协调的，与企业内部使用管理权威来协调内部关系的方法不同，它并没有强制性和权威性，主要是靠社会资本来维系的，以社会关系网络的形式存在。正是这种不同为低碳企业产业集群的高效运作带来隐患。相互独立的各个组织因被产业集群的集聚效应所吸引而集合在一起，但其各自利益常常是不一致的，集群中会出现机会主义的倾向。这会极大抑制集群创新优势的发挥。

12.3.4　综合优势发挥型模式

综合优势发挥型模式主要是指低碳科技园区辐射带动型模式。该模式是指通过低碳创新科技园区集成、组装、辐射、扩散低碳新技术、新产品，实现金融资源合理配置的模式。该模式是由政府引导、企业主导、社会参与共同驱动来实现的，通过依托高等院校、科研机构、低碳技术推广机构以及低碳企业等技术力量和较雄厚的经济实体，建设低碳技术创新、开发和生产示范基地，引进、吸收国内外低碳创新成果。进一步发展低碳企业自身的创新活动，促进我国低碳企业快速发展，尽快实现低碳发展目标。

从管理模式来看，它一般是由各级地方政府组建并进行管理，具有融合政府政策资源、企业创新资源和市场的优点。从我国低碳创新科技园区发展的情况来看，它起到了有效推进低碳技术创新的重要作用。低碳创新科技园区能够极大地促进研究开发与市场之间的有效衔接，为科技成果应用于生产提供了有效的切入点和载体，进而加速了科技成果转化的进程。政府是连接各个主体、客体的桥梁，所以，通过政府的作用可为低碳企业融资拓宽渠道，如成立政府担保制度，为市场中的金融机构提供信心，为低碳企业进行技术创新融通资金。政府担保制度，即经政府评估之后确认价值的创新项目由政府担保，之后再筹集资金为技术创新设立专项风险投资，以政府投入为导向，引导企业及社会资本投入，鼓励企业采用多种融资方式获取创新资金，例如股份制、股份合作制等建立创新成果奖励制度，对获得重大创新成果的企业给予经济或者荣誉奖励，激励企业加大创新研发投入，加大政府对大学、科研单位和企业的研究开发的财政拨款，设立科学事业费、科技专项费、科学技术基金、中小企业转向发展基金、企业改制上市资助资金为资金转移提供咨询服务，加大技术创新资金转移的监管，尤其是对企业和科研单位合作产生的资金转移的监督，尽量保证其权、责、利明确合理控制银行贷款风险，减少坏账出现的概率，保证资金市场的良性运转。

从国内低碳创新科技园区发展实践来看，各地先后涌现一大批低碳创新科技园区，但部分园区缺乏科学论证的建园设想和思路，忽视科技、生产、市场的有机结合，造成科技资源、人力资源、财力资源和物力资源的巨大浪费。园区建设要考虑当地实际情况，对园区的功能、规模、发展方向进行科学合理的定位，注重科技、生产、市场的有机结合，并充分考虑周边实际的生态情况与低碳创新需要。另外，目前园区内各相关主体相对分散、各自独立地运行，不利于实现优势互补，必须从组织模式上进行创新，即采用联盟式运作模式，才能使金融资源的效能更好地发挥，实现低碳企业创新。

市场主导型模式、政府引导型模式、网络集成型模式和综合优势发挥型模式作为几种主要的金融资源配置模式，都有各自的优势与适用条件，也都有自身难以克服的缺陷，认识到这一点对于合理配置金融资源具有重要意义。要充分考虑到各种模式的适应性，因地制宜地、与时俱进地建立和选择不同配置模式，才能使各个配置主体能够充分发挥自己的功能，并通过主体之间的协同作用合理配置金融资源，通过一定的配置方式和机制，实现金融资源的优化配置。

12.4　本章小结

本章主要研究了低碳企业创新的金融资源配置模式选择的问题，主要从低碳企业创新的金融资源配置方式、配置机制和配置模式三方面进行。金融资源在低碳企业进行创新的过程中发挥着重要作用，因此要对低碳企业的金融资源进行合理高效的配置，以便于低碳企业更好更快地发展。在进行金融资源配置的过程中，除了要满足低碳企业创新的需要，还要充分发挥金融资源的作用，减少不必要的金融浪费，以最少的投入实现最大的产出，完成可持续发展目标的要求，促进国家低碳经济进一步发展，尽快使我国成为生态大国。因此，在低碳企业创新的金融资源配置方式方面，提出市场调节配置方式、政府调控配置方式及社会资源配置方式。在低碳企业创新的金融资源配置机制方面，也重点研究了市场机制、政府机制及社会机制，同时对三种机制的相互作用关系进行系统描述。在低碳企业创新的金融资源配置模式的研究方面，提出市场主导型模式、政府引导型性模式、网络集成型模式及综合优势发挥型模式四种主要的金融资源配置模式。

第 13 章　优化低碳企业创新金融资源配置的策略研究

决定一国低碳企业创新水平的关键在于其能否形成完善的创新推动机制，金融资源配置在创新推动机制中发挥着至关重要的作用。因此，研究低碳企业创新体系与金融资源的相互关系及具体作用机制具有重要理论价值。由于我国各区域各产业经济发展、产业结构、社会文化水平差异明显，高度统一的经济金融政策很难在所有产业达到提高金融资源配置效率的作用，应当制订具有针对性的产业创新金融资源配置政策。目前我国企业创新资源配置效率处于下降趋势，且金融资源配置处于非协调均衡状态，本章从以下三个方面探讨优化低碳企业创新体系与金融资源配置。

13.1　合理优化低碳企业创新金融资源配置的投入产出

对发展中国家来说，未来发展中煤炭仍然会是能源消费结构的重要组成部分，所以对于煤炭方面的技术突破对发展中国家来说依然是头等大事，只有在煤炭技术方面获得了技术优势才有可能大幅度降低温室气体的排放量。包括煤炭能源、清洁能源和可再生能源在内的所有能源使用和普及应用都依赖于技术，只有在技术上获得突破性的创新才能从根本解决环境问题。企业的低碳技术创新投入力度会直接影响到技术产出的效果，低碳技术创新在企业中能否顺利有序地开展，要依靠企业对低碳技术创新的重视程度、相关创新资源的投入等先决条件。低碳技术创新的投入包含对低碳技术研发资金的投入、对低碳技术创新人员的培养、低碳技术创新设备的更替等，只有企业保证了充足的创新资源要素投入，才能使整体低碳技术创新系统有序持续地正常运行。因此，企业对于这些低碳技术创新的关键资源要素投入越多，低碳技术创新产出的效果越好。企业除了应具备发掘项目开发中具有更加高效技术产出能力的低碳技术人员的能力以外，同时应该对现有设备使用中具备对原操作流程等应用低碳技术降低原设施设备耗能的技术人员进行培养或者激励，使企业的低碳技术创新系统形成良性循环，使企业的低碳技术创新系统获得源源不断的动力，从而实现由技术进步向颠覆性低碳技术创新的飞跃。

13.1.1 高效配置研发经费与人员投入

1. 优化创新研发经费与人员的投入结构

当前，我国低碳企业创新体系整体水平不高，国际竞争力不强，资金和技术缺乏是低碳企业创新体系与金融资源配置难以有效调整的重要因素之一。可以采取有效措施利用资本和技术辅助完成这一过程，比如对我国来说，可以考虑鼓励外商投资一些创新技术，对老旧企业进行技术改造升级，同时更要考虑采取优惠政策，引导外资流向国内低碳企业资源聚集的区域，从而调整优化低碳企业创新体系与金融资源配置结构。

研发能力是低碳企业创新的核心能力，研发资金则是进行创新的物质基础和制约其发展的因素。低碳企业应当站在战略的高度，拓宽企业的融资渠道，加大创新资金投入，提高研发经费在营业收入中的比例，满足研发创新对资金的需求，如无锡市“十二五”规划中就明确提出无锡市各大中型企业到2015年之后，研发强度以上到达1.5%以上，这是对企业自主创新的要求。同样由于低碳技术存在较多种类，中国并非对所有技术都能深入掌握，低碳企业可以在引入国外的低碳技术环节加大资金上的投入，如引入国外能源替代技术、在新能源上的研发技术以及减少碳排放量的前沿技术，引入一些提高能源利用效率的改善技术，将国外的低碳技术与本国企业的生产发展模式结合起来，对其进行改良，并由此增强自身的创新能力，走可持续发展的低碳之路。

在优化低碳企业创新体系与金融资源配置的过程的诸多要素中，人才资源与研发经费的投入结构的影响处于核心位置。促进低碳企业创新体系的可持续发展，保障金融体系的实施和完善，需要大量既懂技术又懂金融的专业化人才，国家在培养和引进创新型科技人才队伍的同时，更加需要注重对综合性人才的培养与引进。同时，要进一步完善专业人才的管理、使用、流动、评价、激励机制的建设，确保科技金融专业人才计划具有活力。经济全球化使人们清楚地认识到，大到国与国之间，小到企业与企业之间，正面临一场日益激烈的人才竞争。而竞争的结果必然是人才的变动和转移。低碳企业的创新领域的竞争也是如此，我国要想在经济全球化进程中尽快赶上发达国家低碳企业创新体系与金融资源配置的发展水平，就要采取各种措施，吸引全世界的科技人才，特别是尖端人才。近年来，研发财力资源投入不断加大，突出了其在直接投入中的重要性，而研发人员投入相对滞后，增长潜力巨大。因此，要提高低碳企业创新金融资源配置，不仅要加大研发财力的投入，也要壮大低碳企业创新体系研发人员总量，从长远来看，研发人员投入的作用效果相对明显。

2. 合理配置基础、应用与试验发展 R&D 经费与人员

伴随着经济全球化进程的加快，金融资本的国际化程度不断提高，金融日益成为一个国家经济建设与发展的“神经中枢”，世界各国都把如何维护金融安全问题看作事关国家经济安全稳定的重大战略问题。加入世界贸易组织后，伴随着金融服务市场的逐步开放，金融资本在国内外市场的流动速度进一步加快，在这种情况下，国际市场的波动以及国际投机资本的投机取向，都进一步增强了我国财政金融领域面临的安全风险。当前，我国财政金融体制与社会主义市场经济还存在一些不相适应的地方，与西方发达国家相比较，我国金融监管体系还存在许多需要完善的地方，抗风险能力还比较弱，因此，面对日益开放的国际金融市场，如何应对国际市场的波动以及国际投机资本的投机取向所带来的各种冲击与挑战，成为我国维护财政金融安全面临的重大问题。

提高 R&D 投入效率是提高我国工业企业技术创新效率及保持经济持续性增长的重要影响因素。一个国家的经济长期增长的动力主要是技术进步，如今随着全球化经济的到来，技术引进的难度加大，如果我国工业技术创新效率不能稳步上升，仍然依赖劳动密集型和资源密集型的产品，未来中国工业经济增长将不可能持续，因此，必须提高 R&D 投入效率，才能提高我国工业技术创新效率。近几年来，中国工业技术创新效率实际上是缓慢地增长，R&D 产出弹性虽然很低，但仍然为正，R&D 人员对技术创新的提高也是促进作用，这些都说明，R&D 投入还是最基本的促进经济增长的因素，所以，中国还是需要继续增加 R&D 投入，尤其是 R&D 人员的投入，持续积累知识资本存量和高素质人员的存量。

创新体系与金融资源配置是一个协同过程，各部门要会同试点企业，构建行之有效的资源汇集体系。创新部门既要在具有产业化目标的创新计划和专项加大用于创新成果转化、小企业支持和战略性新兴产业培育经费的比例，又要提高科研开发中基础研究经费的比重，为科技与经济的发展提供源泉与后盾。研发经费支出应用领域分为三类：基础研究、应用研究及试验发展研究。基础研究和应用研究主要是拓展科学技术知识，试验发展研究重点强调新的应用领域，其涉及新产品、新工艺、新服务上的实质改进。基础研究和应用研究是创造知识和技术的过程，而试验发展研究则是与生产活动直接相关的。当前，各低碳企业的创新研发经费与人员在基础研究、应用研究以及试验发展研究中的配置都不尚合理。试验发展研究占比重较大，而基础与应用研究比重较小，这种配置结构不利于重大突破性创新的实现。因此，各省政府部门应合理配置基础研究、应用研究与试验发展研究的支出比例，给予基础研究更多的经费支持，资助交叉学科、前沿学科、重大技术的基础与应用研究；结合国际技术发展趋势，抓住全球战略性新兴技术，加大经费与人员投入，重视低碳企业的长期发展，为低碳企业创新发展配置相应资源。

3. 构建多方位的研发经费融资渠道

我国研发经费渠道来源中，企业研发经费内部支出占了较大比重。2010—2013 年，企业研发经费内部支出占全国研发经费支出比重分别达 56.8%、68.9%、69.9%、70.22%。显而易见，企业处于创新财力配置的主体地位，且呈现逐年上升的趋势。2013 年，企业的研发经费内部支出资金中政府资金、企业资金、国外资金和其他资金占比分别为 4.3%、95%、0.65%和 3.9%。由此可知，企业的研发经费的资金来源渠道单一，政府投入和外资投入都很少。因此，要提高低碳企业研发经费的投入强度，发挥企业创新资源配置的主体地位，各地方政府就需要进一步提高地方财政科技拨款的力度，并通过税收政策和特殊的补贴政策促进企业加大研发经费支出比重。多元化金融支撑体系是解决我国创新发展中融资瓶颈的关键。在我国多元化金融支撑体系的建设中，首先，应充分发挥多层次资本市场的金融支撑作用；要构建完整的资本市场体系，建立以风险投资和股权投资等为主体的多层次股权投资结构，同时，还要积极鼓励创新型企业集合债券、中小企业私募债券等创新金融工具的使用，充分发挥资本市场对低碳型创新企业的融资功能。其次，应继续发挥政策性金融的支持作用，发挥政府职能，加强对低碳型创新企业的扶持。政府可以采取优惠补贴措施，加强对低碳型创新企业的扶持力度，如财政补贴、贷款贴息、减税和提供担保贷款等优惠措施；完善相关优惠政策和法律法规，鼓励民间资本参与创新融资，同时激励拥有科技专利的个人、企业、科研机构等充分利用金融资源实现科技成果的市场化。最后，应完善银行为低碳型创新企业服务的融资体系。商业银行要充分认识到低碳型中小企业的重要性和发展前景，制定对其的贷款政策，解决贷款过程中出现的问题，如建立合适的信用等级评估制度，完善贷款的风险管理机制，提高商业银行对低碳型企业贷款的积极性。

一方面，完善直接融资渠道，强化信贷资金对低碳企业发展的支持作用至关重要，但传统和单一的融资渠道却难以满足新能源产业全部的融资需求，大力发展直接融资，充分发挥直接融资特有的风险承担与风险分散功能，可以更好地促进产业资本与金融资本的有效结合，从技术层面推动新能源产业向纵深发展。具体有两个途径：一是积极发展各类低碳企业基金。设立创业投资引导基金。鼓励社保基金、保险公司、企业年金管理机构等机构投资者加大对创业投资基金的投资力度，积极引导社会资金、民间资本进入创业投资领域，增加创业投资基金的长期稳定的资金来源，以此不断加大对处于创业早期的低碳企业和中小低碳企业的投资力度，确保其不断发展壮大；大力发展低碳产业发展基金。通过建立低碳产业发展基金，专款专用于低碳产业的开发利用、技术研发、薄弱环节建设以及项目承建和管理等，为低碳产业提供持续的融资渠道，促进低碳产业逐步走上产业化、规模化的发展道路；二是健全多层次资本市场体系，充分利用主板市场的融资功能。大力支持和推动符合低碳企业发展要求的企业上市融资，并优先支持优质低碳企业上市公司增发新股和配股，进行后续融资；尽快修订相关法律法规，加快股票市场的场外市场建设和新三板的扩容，为更多企业特别是低碳企业进入资本市场融资创造条件；继续推进新股发行制度改革，完善新股发行机制，积极推动符合条件的创新型低碳企业到创业板上市，推动成长性好的低碳产业通过创业板并购重组做大做强；积极发展债务融资工具，加快债券市场发展步伐。积极探索开发低信用等级高收益债券和私募可转债等金融产品，鼓励符合条件的低碳企业根据自身产业发展特点选择发行不同种类的债券融资，进一步拓宽低碳产业发展的投融资渠道，对集中在开发区或者是科技园区的低碳产业，应以园区为载体，通过发行联合票据、联合债券、联合信托等来解决低碳企业的融资问题。

另一方面，加强间接融资支持，目前，尽管直接融资发展取得了长足的进步，但在我国的社会融资结构中，以银行信贷为主导的间接融资仍然占据了主导地位。银行贷款在满足微观经济主体融资需求方面仍发挥着主渠道作用。因此，在支持低碳产业发展方面，商业银行任重道远。商业银行要适应低碳产业发展需要，通过改变传统思维、优化信贷结构、开展产品创新、完善信贷流程等方式，提升对低碳产业重点领域的支持力度，提供多样金融服务，满足新能源产业多元化、个性化金融需求。具体有四个途径：一是改变传统思维，我们需要改变银行的传统思维方式并鼓励银行采用非传统的方法对新能源中小企业贷款，从源头上支持这些中小企业逐步发展壮大；二是通过促进设立专营机构提供专门服务，加大对低碳产业的及时有效的服务，有条件的商业银行可以适当增设内设部门或专营机构，专司为低碳产业提供金融服务的职能。同时加强人才储备，逐步建立专门服务于低碳产业产业的专家评审团队。一些低碳产业产业项目在进入市场争取融资的时候，专门化的服务要求金融机构从投资回报和法人治理等多方面加大调查和评审力度，如此可以有效防止和避免低碳企业的项目走弯路；通过制定差别化的信贷管理政策提供特殊服务。商业银行应充分考虑低碳产业的发展特点，适当提高风险管理容忍度。要立足长远，结合低碳产业发展全局，不追求短期利益，寻求长期利益并充分考虑社会价值，完善金融机构单独的考核体制，优化低碳产业金融服务流程，从信贷额度、审批环节等方面给予倾斜，设置低碳产业产业金融服务的“绿色通道”，保证低碳产业及时、有效、快捷地获取发展资金；三是优化信贷结构。商业银行要充分发挥信贷资金的杠杆作用，推动低碳产业在重点领域率先取得突破。发挥政策性金融的政策优势，将融资优势与政府组织协调优势相结合，强化对低碳产业的资金支持；发挥信贷资金的导向作用，拓宽低碳产业领域信贷支持范围，提高信贷服务质量，全面做好低碳产业的金融支持服务，努力挖掘和仔细甄别成长性好、拥有核心技术和自主知识产权的低碳企业，促进具有成本优势、竞争优势和创新活力的低碳企业顺利成长、做大做强；四是开展产品创新。商业银行要深入了解和掌握低碳产业的生产经营和资金需求情况，根据低碳产业所处的不同发展阶段、不同发展模式以及产业链不同环节的发展特点，积极开发金融创新产品，提升金融服务水平。在加强传统金融产品如抵押贷款、流动资金贷款、银行承兑汇票等支持的基础上，有针对性地研发设计出种类多样的非标准化金融产品，如网上信用证、金融租赁、第三方担保、履约保函、预付款保函、关税保函等，以满足低碳产业企业多元化、多层次、个性化的金融需求。

13.1.2 提高低碳企业创新的金融资源配置的能力

1. 兼顾创新资源配置实力与潜力的培养

经过近30年的艰难发展，资本市场使大批中国企业得到了价值发现和价值重估，这为企业金融资源优化配置和企业融资优势的发挥，提供了有效的市场机制。上市公司价值倍增效应和比照效应的存在，为那些仍未走入资本市场的公司提供了未来进行资本运营的范本，也提供了给予其价值衡量的基准。资本市场的健康发展，是中国众多企业价值重估的最为重要的市场机制。中国资本市场发展的良性循环，有利于价格发现功能的充分发挥，对于企业经营治理及投资者保护等起到至关重要的作用。为进一步推动经济转型，改变中国金融体系结构失衡这一弊病，使金融资源越来越多地通过市场化方式配置，促进资本市场健康发展，应发展以资本市场为核心的金融市场体系，形成主板、中小板、创业板、“新三板”和区域性股权市场，券商柜台市场共同构成的“正金字塔型”的多层次资本市场框架，为经济主体提供多元化融资服务。

在进行金融资源配置行为时，需要从整体上把握其配置机制的有效性。实体经济是金融资源配置的基础，只有真实进入实体经济生产行为的金融资源才是被有效配置的金融资源。当前我国的金融资源配置效率下降与金融资源未能有效进入实体经济有很大关系，因此保证金融资源被真实有效地投入实体经济是提高低碳企业创新体系金融资源配置效率的必要举措，与此同时，注重潜力培养与激发，二者相互结合提高创新体系金融资源配置能力。低碳企业创新金融资源配置实力强调的是将创新资源快速转化为经济发展增量的能力，以低碳企业资源配置能力为核心；潜力强调的是基础性创新资源的配置能力，以高校及科研机构的创新资源配置能力为核心。从短期来看，以企业创新资源配置能力为核心的实力影响着区域创新资源配置绩效的优劣；但从长期来看，以高校及科研机构创新资源配置能力为核心的潜力影响着未来低碳企业创新资源配置绩效的优劣。因此，地方政府应该兼顾培养各低碳企业创新体系与金融资源配置的实力与潜力，对企业、高校及科研机构的创新都进行合理的扶持和培养，实现各省域低碳企业创新资源配置的可持续发展。

2. 缩小低碳企业创新体系金融资源配置绩效差距

在中国的市场化改革进程中，我们发展了许多中小型金融机构。根据金融资源的等级分类，中小型金融机构作为推动中小企业发展的重要力量，有利于解决中小企业的融资难问题。在中国的金融体系中，大型金融机构仍然占据主导位置，如何激励和引导大型金融机构通过中小型金融机构这一途径为中小企业进行融资，决定了中小企业的发展前景。从金融机构的内部权力分配来看，金融机构更愿意强化贷款审批权的向上集中，以规避不良资产风险，提高集约经营水平。但这一模式使银行的基层支行没有权力、缺乏动力为中小企业进行信贷服务，难以形成银行业绩提升、基层支行业务发展与中小企业发展的目标协同。上级行不愿意将贷款权更多地交给基层行，主要是由于代理问题。如果发生企业向基层行行贿或地方政府干预，会造成基层行将贷款放给不具备条件的企业，从而增加银行风险和减少盈利。银行对分支机构授权，确实存在代理成本和道德风险，而且中小企业还存在信息不对称问题。解决这一问题主要依靠实际有效的激励机制，调动金融机构的分支机构贷款营销的积极性。在一些大中型企业存在的地区，依靠上级行所掌握的信息对这些大中型企业进行信贷服务；在一些只有中小企业的地区，金融机构要激励其分支机构服务客户，让基层行的薪酬与中小企业贷款业务的利润挂钩。

全国省级区域的创新资源配置效率总值差异性较大。除了北京、上海、江苏、浙江等经济发达地区的低碳企业创新资源配置相对有效，一些经济不太发达的地区如贵州、陕西、甘肃等省的低碳企业创新资源配置的效果不明显。相比而言，一些经济相对发展较好的地区，如河北、福建等地的创新资源配置效率反而表现一般。又如，山西省的政府财政科技支出在2013年达62亿元，在全国排名第14位，然而其创新资源配置效率低，不少的投入并未带来相应的创新资源产出。以上说明，经济发达地区的低碳企业创新资源配置效率不一定会高，部分经济落后地区的效率很可能高。地方政府如果增加创新资源的投资，将会得到相对更大的产出增加；而部分经济发展尚可的地区，投入更多的财力，其创新产出的增加可能更小。因此，政府应鼓励发达地区向不发达地区进行技术输出和产业转移，不发达地区要不断提高自身的技术消化吸收能力，发挥创新资源的扩散、规模与集聚效应，不断缩小区域间创新资源配置绩效差距，提高我国整体创新资源配置能力。此外，缩小各区域低碳企业创新资源配置绩效差距，应促进跨区域低碳企业创新资源配置的协同发展模式。具体来看，地方政府间应破除行政垄断，加强各地区间的交流和合作，这项内容需要国家从宏观层面制定相应的区域间低碳企业协同发展机制与政策。从理论上看，创新资源的配置应该是市场为导向，而不是以行政区域为导向的。因此，要想降低各省级区域间低碳企业的创新资源配置绩效的差距，必须转变思路，重视不同区域间低碳企业创新资源配置网络的互动与融合交叉，更大程度地发挥创新资源的作用，提高低碳企业的创新资源配置绩效。

3. 完善金融保险与金融担保体系

在中国国内具有实际意义的，是发挥好融资性担保机构进行风险管理和信用增进的作用。融资性担保行业就是经营信用、管理风险的行业。这一行业可以将不完全具备融资条件的企业和个人，尤其是中小微企业，增信为具备融资条件。由于风险管理也是难度较大、技术要求水平较高的事情，因此需要担保机构健全内部治理机制，提升管理信用的技术水平，并要积极推动担保机构与银行等金融机构的合作。双方实行地位对等、风险共担、互惠共赢的合作，共同提升融资性担保机构的行业地位，以此促进金融资源配置的优化。

金融保险与金融担保为银行与企业之间的信息不对称、风险防控构建了第三方风险共担机制，缓解了低碳企业创新资源融资难题。完善金融保险与信用担保体系，要针对当前存在的显著问题着手，逐步改善。①完善金融保险体系，针对许多低碳企业保险意识差的问题，保险公司要加大保险业务宣传，使企业充分了解保险的内容和业务流程，认识到保险的重要性和必要性，提高参与保险的积极性；保险公司也要加大金融创新力度，针对各类低碳企业所处生命周期、实际需要、风险承受能力创新金融保险产品，帮助企业拓宽融资渠道，分担风险；②建立金融保险数据库，作为产品开发的依据，可考虑与国外知名保险公司合作，共同开发适合中国产业发展情况的金融产品；③保险公司与商业银行、风险投资公司、证券公司担保公司等金融机构相互合作，资源共享、风险共担，相互推荐优质客源，携手防范风险；④拓宽保险试点领域与金融服务范围，开发关键技术研发险、高管人身意外险、关键研发人员人生意外险、关键设备意外险等适合低碳企业需求的险种，通过人生险、寿险、财险、健康险、信用保险等多方位保险产品组合，在低碳企业发展不同阶段对企业的生产、经营、研发以及创业人员的人身安全形成多层次安全保险网络，降低低碳企业创新风险，提升企业生存能力。

金融为低碳企业创新提供有效支持作用的发挥，与国家整体金融生态环境、信用体系状况直接相关。①完善金融担保体系，成立站门为低碳产业创新体系建设服务的信用担保公司，参照日本、德国的先进经验，可以由政府出头成立专门服务于低碳型企业的信用担保公司，政府划拨一部分财政资金作为担保公司的风险补助或风险代偿基金，以政府资金引导商业资金投入，以市场化的经营原则、考核机制将财政科技投入与金融资源有机结合，针对低碳企业对担保业务需求设计担保产品，畅通担保机制，在帮助低碳企业解决由于资信不合格而遇到的贷款困难的同时，提升政府低碳投入资金的利用效率与质量；②组建全国性质的信用保证协会，参考日本经验，可以由政府出面成立一个全国性质的信用担保协会，在对全国信用担保机构进行担保管理的同时，可为担保公司提供担保业务的再担保。另外，也可由全国知名企业联合成立企业信用联合协会，与信用保证协会相互合作，对信用保证协会的担保损失进行风险补偿，实现风险分散与风险共担；③完善风险评级制度，大力发展风险评级机构的专业化水平与服务能力。加强对风险担保公司与从业人员的素质培训，提高担保公司的专业化水平和从业人员的业务水平，提高其风险辨别、风险预测与危机应对能力。

建立促进金融机构低碳信贷业务的激励和约束机制，需要做好以下工作：①加快制度设计与创新。制定统一的环境风险等级标准、分行业绿色信贷指南和标准，建立可量化、可核实、可报告的绿色信贷统计指标；制定高耗能行业进入准则、限额管理与退出机制，确保金融资源向有利于碳减排和环境保护的领域倾斜。②强化金融机构的环境意识。引导和鼓励国内商业银行加入国际标准“赤道原则”，将贷款企业的环境风险作为贷款审核的重要内容，对不符合环境标准的企业，提高贷款利率、减少甚至拒绝贷款额度。③建立有效的奖惩机制。最大化收益是金融机构决定信贷资金配置流向的重要因素，政府对商业银行信贷支持节能减排项目的收入，给予优惠税率或奖励，提高其直接和间接资金回报率。加强与商业银行的信息共享，提高公共服务水平，降低商业银行支持低碳经济的经营成本。对信贷支持造成环境污染和环境事件的银行，予以公开披露和经济处罚，奖惩并举，提高商业银行推行绿色信贷的积极性。

13.1.3 加强低碳企业创新的金融资源配置的人才投入

1. 培养具有交叉学科及综合能力背景的人才

进入21世纪，自然科学迅猛发展，信息、能源、材料学科、生命相互交叉融合。而这种全球的学科交叉的创新趋势，对低碳企业创新金融源配置系统升级意义重大。因此，未来区域乃至国家的创新发展都需要关注“融合创新”，而具有交叉学科及综合能力背景的人才培养便是此战略的关键所在。从长远来看，具有交叉学科背景的人才决定了未来创新金融资源配置的能力与效率。培养具有交叉学科及综合背景的人才需要做到以下几点：①首先，要改革大学教育，现有的大学教育更强调专业教育，而非综合教育。学生从大一开始就从事单一的专业学习，这种教育制度限制了学生综合能力的培养。应适当改革教育体制，使专业性教育和综合性教育并存，平衡好专业型人才和复合型人才的培养比例；提倡学生自由选择，提高学生申请转专业的便利度及学分对接转移制度。②企业需求与人才应用方面，积极在企业内部实施轮岗制度，培养员工的多种技能，并给予同时掌握多种技能的员工奖励激励；储备多学科背景的员工，尤其是对于高技术企业而言，其研发活动如果有综合背景的人才参与，更容易激发突破性创新，但同时需要研发部门建立良好的跨背景沟通及合作机制。同时，企业也可派员工去进修，不断丰富自己内部员工的学科与能力背景，为未来创新活动奠定足够的人才基础。③政府也适时地从宏观层面支持多学科背景人才的培养，如人工智能技术人才的培养、生物信息人才的培养。

低碳企业要积极创建学习型组织，提高企业的学习文化氛围，不断调整员工的知识结构，比如岗位知识的考核、新知识的培训等，培养新思想、新知识、新思维，培养具有创新意识的员工，提高员工学习的积极性和能力，从而促进企业的创新能力开发。这样的组织形式能够激发企业的创新活力，提高认识、掌握、运用知识的能力，同时对解决新问题，提供新思维提供了良好的创新平台。企业需要加快培养现有人才，可以与一些研究机构合作培养，派送一线科研人员去发达国家进修，同时，应当有针对性地引进国内外科技人才，才能内外并蓄，从根本上与国际先进思维水平接轨。

2. 强化紧缺人才的培养与引进

积极引进国际高水平人才是当前高新技术企业谋求发展所不可缺少的资源，大量人才的聚集可以大大提高技术创新效率。最重要的是深化教育改革，培育科学精神与创新文化。要构建多样化、多层次的办学体系，进一步扩大或放宽高校办学自主权；鼓励校企合作、企业办学或联合培养，拓展创新型人才培养的教育模式；把深化高校创新创业教育改革作为高等教育改革的突破口，完善高等教育阶段的科技教育，系统提高学生科学意识、创新精神和创新创业能力，鼓励在校大学生开展创新性实验、创业训练和创业实践，切实改变传统教育教学模式，从而真正为高质量发展筑牢人才基础。与此同时，还应强化和完善基础教育阶段的科学教育，培养中小学生科学探索精神，增强中小学生科学技术领域的学习能力与实践能力，构建多层次的高质量人才培养体系。

如今各区域的人力资源配置形势不容乐观，一方面技能型人才缺乏；另一方面，非应用技能型人才过剩。企业创新主体的能动性是金融资源配置顺利实现的重要前提。因此，在低碳企业金融资源领域，需要大力注重金融人才的培养：①加大基础教育以及科学与数学教育的投入规模，提高未来金融所需的人才基础；②政府通过科学计划等项目积极引导、鼓励、资助大学与企业合作，培养基础研究的科技开发人才；③建立金融中介机构人才培训中心，培训内容主要包括技术咨询、投融资、技术专家等方面的人才，加快培养创新金融复合型人才、创新金融法律人才，提高创新科技金融服务质量；④加强高校、科研院所应当加强对创新人才的培养意识，在增强技术创新硬件的同时也要加大对创新人才软实力的培养，为创新金融市场输送复合型人才；⑤积极推动创新金融市场人才价格机制与体系的形成，逐步形成创新金融市场化的公平竞争机制，创新金融市场机制的实现需要政府与市场创新金融主体的共同合作，不断推动创新金融各参与主体的“自负盈亏、自我发展、自主经营”的发展机制的建立，确立创新金融系统的“创新项目先导、创新企业载体、金融资本纽带、创新金融人才为本”的创新金融服务方针。

应结合经济社会发展及产业结构升级的要求，大力发展职业教育，推进民办高等职业教育的发展，同时应积极完善成人教育体系、在职教育以及其他继续教育。加强技能型紧缺人才培养工程，比如现阶段的紧缺型人才重点领域为：新一代信息技术、新材料、高端制造、生物与健康、时尚创意、新能源及节能环保、新能源汽车、人工智能等专门职业人才。此外，大力推进硕士研究生教育的改革，增加硕士专业学位型学位点在总体中的比例，以培养满足经济社会发展对应用型、符合职业导向的人才的紧迫需求。我国创新型国家建设离不开尖端、高层次人才，这些人才往往也是很紧缺的。因此，各低碳企业应该鼓励当地的高校与国外知名大学联合办学，共同培养高层次和高尖端的技术人才；实施高尖端、高层次人才资助计划，鼓励优秀人才去国外一流的高校及科研机构进修学习；地方政府出台相应的高尖端、高层次人才引进政策，组织举办高级人才洽谈会，面向海内外公开招聘紧缺型高级人才，为低碳企业创新金融资源配置提供雄厚的智力支持。沿海省份及相关城市在这方面都已经行动起来，比如浙江省的“海外高层次人才引进计划”；福建省每年赴欧美引进紧缺高层次人才，并给予特殊政策补贴，吸引高端人才；相比之下，内陆的省份或多或少在此方面都没有积极行动起来。

3. 培养促进低碳企业发展的创新人才

人才在企业创新发展中的地位一直不能忽视，需要全面提升低碳企业创新人才的数量和质量，建立优秀人才的激励措施和引进办法，充分发挥人才在低碳企业创新发展中的推动作用。低碳专业人才，就是在与低碳相关的产业或行业中具体从事低碳研究、低碳技术研究和应用的专业技术人才以及从事减排机制的碳交易人才。低碳专业人才必须是创新型人才和前瞻型的人才，低碳经济离不开低碳产品研发和低碳技术创新的支撑。具体从事低碳技术创新和开发应用的低碳专业人才，必须是一批掌握先进技术并具有较强创新意识和创新能力的人才。在低碳经济视域下，企业为取得持久发展的动力，就要加强低碳专业人才的培养。

（1）积极吸引创新人才。促进低碳企业内人才资源流动或吸引企业外高素质人才进入企业，有利于打破传统“高碳”企业的发展平衡，促进低碳经济的不断演进。从人才引进、人才培养等方面不断健全人才政策体系，以保障低碳企业持续稳定且良好运行，具体策略如下：一方面是各级政府及产业创新生态系统中核心主体应制定强制性的人才培养政策，要求相关主体提高现有的人才培养投入水平。另一方面是低碳企业创新生态系统核心主体应制定具有一定吸引力的人才引进政策，广纳对高技术产业发展产生重要作用的各类高端人才，并做到人尽其用，用尽其才。

（2）注重自身行业人才的培养。一方面，低碳企业应以制度形式建立健全人才激励政策或相关机制，给予对低碳创新发展具有贡献的人才一定奖励，激发起企业内相关人员的创新活力与动力。另一方面，在低碳企业内部，为创新优秀人才提供继续深造学习的机会和渠道，提升专业素养。同时，企业应将创新人才培养纳入人才培养体系中，针对不同类型岗位的创新人才制定不同的培训内容，比如基层员工应着重培养其岗位创新能力，中层工作人员应着重培养其管理创新能力，高层管理人员应着重培养企业战略创新能力。根据企业不同层次的培训内容制定培训考评体系，以培养出真正符合企业发展战略的创新型人才。

（3）建立“统分结合”的人才培养体系。搭建高素质创新人才培养基地，对于优秀人才的初步甄选标准的制定以及人才培养计划的具体实施，进行合理的统筹安排，为低碳产业后续发展输送高素质人才，加强后备人才队伍的储备和建设。企业应搭建交流平台，为提升人才的创新能力营造一个良好的氛围，在网络化的时代，企业可以利用网络提供一个交流平台，加强企业员工与各类人才的之间的相互交流，资源共享，营造一个良好的创新环境。

13.2 有序引导低碳企业创新金融资源配置系统向更高级结构演化

13.2.1 推动低碳企业创新的金融资源配置系统主体的三螺旋协同

知识经济时代，从宏观层次上看，官产学协同的三螺旋结构是区域及国家发展的创新战略，也是对创新资源配置系统主体及关系的理论阐述。当前，我国传统企业正处在转型调整之中，一方面要承受由计划向市场转变的巨大转轨阵痛，另一方面还要面临西方发达国家的竞争压力。为提高我国低碳企业创新体系在世界范围内的市场竞争力，保障我国低碳企业创新金融资源配置系统持续发展，建议国家根据低碳企业的特点和需求，进一步采取有力有效财税优惠措施，对低碳企业实行政策扶持，使我国低碳企业能够轻装上阵，不断提升在国际市场上的竞争能力。政府是创新资源配置的重要主体，一方面政府通过财政科技支出直接配置创新资源，促进科学技术的商业化、产业化；严格管控过度金融投机，遏制金融体系与实体经济争夺金融资源的行为。在当前经济不景气的大环境下，实体经济的投资回报率和风险都有所上升。而金融体系中的一系列监管套利、过度投机行为如承诺收益、改变资金用途、投资产品刚性兑付等严重扰乱了金融资源配置，使大量金融资源基于账面风险收益比的考虑涌入金融体系，造成金融资源空转，降低金融资源配置效率。应当严格监管、制止以上违规行为，落实风险共担、收益共享的原则，把市场投资收益率从扭曲中恢复，减少实体经济在获取金融资源上的劣势。此外，对融资过程中不必要的环节予以取消，减少中介机构数量，最大程度地降低金融资源配置过程中的损失。

高校与科研机构不仅仅是科学知识与技术的培育者及创造者，更重要的是其兼顾了“技术转让”与“创业型高校与研究机构”的功能。高等院校既是科技成果的创造者，又是科学技术转化为生产力的实现者；高等院校既是教育的主体，又是科研的主体，还是生产的主体。这是一种较早的产学研结合模式，典型的实例如北大方正、清华同方、东大阿尔派、复旦复华以及江中制药等一批著名校办高科技企业或集团。随着经济社会的不断发展，科技不断进步，竞争不断激烈，产品包含的技术日益复杂，市场变化的节奏日益加快，科技创新活动面临更大的市场风险，需要更多的要素投入。科技的这种发展趋势越来越超出单个企业和高等院校、科研机构的承受强度，无论是高等院校、科研机构还是企业都很难独立承担起科技创新的投入和风险。正是在这一环境背景下，官产学三螺旋协同模式成为必然的选择。而且，如今新兴技术的突破变得越来越复杂，学科交叉性也越来越强，更新换代的速度也进一步加快，这些特点都决定了很难有任何部门占据全部优势，官产学三螺旋协同创新的组织模式，实现了知识基础研究、技术创新与应用研究的整合。

官产学三螺旋协同模式中，大学不仅是科学知识与技术的创造者，更重要的是实现了“技术转让”与“创业”功能；产业中的企业积极吸收最前沿的科学技术用于新产品开发；政府从宏观政策导向上给予产业发展营造良好的环境。坚决落实去产能政策，淘汰僵尸企业，减少资源黑洞。不少两高一剩行业的大型企业普遍存在经营效率低下、利润滑坡严重的情况，根据资源优化配置的角度被排除在资源配置的目标之外。但因其国家背景或基于维稳考虑，仍然能持续地大额融资，进行无意义的扩张。因为其自我造血功能已经无法负担长期累积的债务，造成该类企业不断地吸纳金融资源，以新换旧，形成一个金融资源黑洞。这不仅降低了金融资源配置的效率，还对整个金融系统累积了大量的违约风险。因此，在金融资源配置的思路上必须改变以往存在的所有制和企业规模歧视，以及改变过于侧重于“大项目”“大产业”等过度依赖外部资源投入的项目。例如，日本在2009年实行的项目“革新型蓄电池尖端科学基础研究”中，采用了官产学协同的组织模式，参与项目的主体包括丰田、日立、日产等企业，以及京都大学、产业技术综合研究所等共22家单位，共同开发共性基础技术。

创新金融资源配置系统具体的演化方向主要取决于各主体间协同创新博弈矩阵的参数值及系统的初始状态；在区域创新资源配置的过程中，创新资源配置主体间存在着复杂的非线性相互作用，应该通过主体间的协同机制促进区域创新资源配置能力及效率的提高。比如，对主体间的协同行为给予正向激励；同时惩罚“搭便车”行为。应当遵循经济、产业发展的规律，充分结合政府在宏观经济趋势把控的优势以及市场机制在资源灵活配置上的优势，鼓励消费拉动型产业，支持自我造血能力强的企业发展壮大。改善实体经济投资回报率及风险收益比，形成金融资源投入实体经济的良性循环。最后，把握金融资源配置效率影响因素中的信贷结构这个变量，在其突变效应发生的节点上进行优化配置，对实体经济水平、金融市场行为等影响因素所产生的阻碍进行弱化、动力予以加强。其具体可体现为当金融资源不足，实体经济资金紧张时，在现有存贷比监管允许下，适当提高贷款发放额度，以此提高信贷结构指标。三螺旋协同关系强调政府、企业及高校突破原有的传统角色，如推动创业型大学建设，在高校建设孵化器；政府及企业投资高校与研究机构的创新活动；政府、企业、高校及科研机构之间人员、资金多要素资源的广泛互动，高校建立有效的技术转移中心，形成与企业对接的有效机制。

13.2.2 降低低碳企业创新的金融资源配置系统的资源熵

根据热力学的理解，熵是对系统无序程度的量度，而产生这种无序状态是因为系统进行了消耗，因此消耗伴随着熵的产生。而资源扩散能力是人类对资源的消耗能力，因此把资源扩散能力、消耗能力和熵联系起来，从而引出一个新名词——资源熵。从熵的角度理解人类消耗资源的过程：当人类消耗资源时，自然界的资源进入经济系统，发挥其扩散能力，同时在消耗资源过程中，排出的熵进入自然界，因此一方面是资源进入经济系统，另一方面是熵进入自然界。任何一种资源利用都与熵有关联，故此，利用资源的过程是利用资源扩散能力的过程，这个过程实现了资源所蕴涵着的潜在熵差能力，由“潜能”到“现实”，是典型的熵增过程。因此可以把资源熵理解为资源对经济系统具有潜在的、有用的扩散能力，对自然界具有潜在的熵增能力，而且熵增能力是随着扩散能力而进行的。熵增能力就是指当资源扩散到经济系统时，对自然界造成混乱无序状态的度量。

降低低碳企业创新资源配置系统的资源熵，旨在实现系统向更高级结构演化。首先，应保持低碳企业创新资源配置系统的资源高效流动。低碳企业创新资源配置系统的资源熵降低的过程，是以低碳企业创新系统内与外界环境资源交换与使用为前提的。如果知识、技术、信息、资金、人才、设备等资源在流动和使用的过程中受到某种因素或制度的阻碍，就必然会提高系统中的资源熵，致使系统的无序化演化。反映在现实中，这种资源熵的增加预示了创新资源配置主体拥有的创新资源的无效率利用、浪费使用或资源缺乏。因此，降低系统的资源熵，关键是消除创新资源流动的障碍，增加负熵流，优化创新资源配置体系的配置效率与能力。

加强金融政策、金融改革、金融创新和金融服务的协同配合。在金融政策方面，人民银行要加强窗口指导，同时会同其他金融监管部门加强对低碳行业领域资金投放的监督管理、法规建设、政策引导和战略制定，通过出台各种政策制度安排和指导意见，带动金融机构资金和社会资本投向新能源产业；在金融改革方面，应推动成立专属低碳行业金融机构和低碳行业金融市场，专司扶植低碳产业发展的职能；在金融创新方面，通过研发多种金融产品和金融工具，满足低碳产业发展的多样化需求；在金融服务方面，有效发挥银行、证券、保险等金融机构和评级公司、会计师事务所、审计事务所、自律组织等中介机构的作用，形成政府引导、市场主导和社会参与的多元化金融支持格局，提高政府相关政策的适配性。政策本身具有主观性及不确定性，这导致难以发挥其既定的功能。因此，在以市场机制为主导原则的前提下，明确地方政府的宏观调控职能。我国的资本市场不同层次之间缺乏有效的衔接机制，而且各层次之间也没有“上下畅通”的流动机制和退出机制，这使我国的资本市场结构失衡，各市场系统相互分割、不能形成统一效力。要建立主板、二板市场、创业板市场与场外交易市场之间的转板衔接机制。对于那些发展迅速、盈利能力强的企业，可以由场外交易市场推荐进入创业板市场或主板市场，达不到主板和创业板市场要求的企业可以申请退出到场外交易市场，由柜台交易做市商对公司进行调查监督，真实反映企业的经营状况；建立健全的信息披露和监管机制。建立与低碳企业特点相适应的信息披露机制，既要维护投资者利益，又要考虑低碳公司的承受能力和披露成本，建立维护市场有序运行的监管制度，保证市场公正、规范运行。具体来看，需要把区域的税收、财政、人才、知识产权、金融等政策与低碳行业创新资源配置系统的资源禀赋和现实条件进行匹配与协调。

13.2.3 强化低碳企业在金融资源配置系统中的主体地位

政府、企业、高校及科研机构是低碳企业创新资源配置的三个主体，企业处于核心地位。从本质上看，技术创新活动是一个经济过程，市场为导向，企业是市场经济的核心，因此企业在创新资源配置系统中处于核心、主体地位。优化区域创新资源配置的绩效需要不断强化企业的主体地位，重点包括下两个内容。

1. 培养拥有关键技术的新创企业

在当前国家生产分工格局中，发达国家已经在很大程度上垄断了国际市场和先进生产技术，后发国家的产业技术大多从技术引进和技术模仿起步，技术的模仿虽然可以使经济短期内得到快速发展，但经济的可持续发展却没有保障。因为从外国引进技术的成本比本国自主研发要低，后发国家就没有了自主创新的动力，长此以往会形成一种路径依赖和惯性稳态，核心技术的缺乏会严重制约产业竞争力的提升。Lechevaliereta 认为，如果一个国家的创新创业水平低，那么整个国家的创造能力也低。而新成立的企业在创新创业活动中较活跃且占据较大比重。新企业以及与新企业的合作是新兴产业产生的关键环节。此种情况下，究其原因，低碳企业掌握了前沿的知识技术，跟随国家政策导向。而新的知识与技术是创新活动的核心。例如，19 世纪 90 年代许多“互联网”新创企业的进入，推动了互联网产业的诞生；美国 ICT 产业的形成主要是新兴企业驱动，而非在位企业。拥有前沿关键技术的创新低碳企业，往往具有变革性力量。这些企业可能是从已存的大企业分离出来的新创公司；也可能是高校及科研机构的科研工作人员创业成立的公司。无论是以哪种形式成立的低碳企业，它们都是具有变革力量的创新源泉。因此，政府应重视培养拥有前沿关键技术创新低碳企业的发展。这类企业在发展初期，资金较缺乏，政府应设立专项基金，资助拥有创新性关键技术的企业发展。这类新创企业不仅关系到区域创新能力的提高，还关系到整个国家的创新能力与国际竞争力的提升。

低碳技术企业的自主创新是一项系统且复杂的工程，离不开企业自身作用的发挥，也离不开政府相关部门、高校、科研机构以及中介机构的参与和支持，当然，低碳技术企业自主创新主体的建设最为重要的是要不断促进企业自身成为自主创新的核心主体，使其能够在自主创新活动中不断发挥主观能动性。首先，企业应考虑如何创造需求，突破竞争，比如可建立明确的蓝海战略思维，积极寻求消费者隐性需求，同时从自身所拥有的核心能力出发，进行需求甄选，发现市场机会，将有限的资源投入能够促进高新技术企业长期发展的领域中，以此进行自主创新。其次，建立健全管理制度，完善企业运行机制，强化自主知识产权管理，为高新技术企业自主创新主体的建设提供保障。再次，打造具有前瞻性和创造性的企业家队伍，企业家应通过自己的创新精神培育企业自主创新文化氛围，以自身高水平的经营管理能力开拓市场，优化资源配置。最后，构建虚拟性学习团队，积极引进和培养创新型人才，使其通过自己专业技能攻克技术难关，实现资源内聚和外取，为高新技术企业自主创新主体的构建提供动力支持。

目前，中国低碳企业技术和设备的国产化程度不高，低碳行业中多数企业利用的大部分核心技术和设备制造依赖进口。当前，我国要加快低碳企业创新体系产业发展，必须面对现实，立足长远，大力推进自主创新和自主研发，加强关键技术攻关，实现核心技术集成创新与跨越，实现低碳企业发展从进口依赖型、政府依赖型向市场驱动型和创新驱动型转变。低碳经济是我国发展的重要方向，低碳企业技术创新的主体地位应得到进一步的强化。低碳企业的技术创新应重点发挥龙头企业和规模企业的骨干作用和带动作用，充分发挥低碳企业的科技智力资源优势，促进创新资源的高效配置和综合集成，推进产学研用协同创新，提高创新体系的整体效能。企业应重点加强融资能力和人才薪酬激励体系建设，以维持企业资金和人才的稳定性，更好地保障低碳创新活动持续顺畅进行。在这个转变过程中，国家政府部门、企业、科研机构、高等院校、教育培训机构、中介机构等所组成的国家创新体系必须形成合力，突破制约新能源产业发展的核心技术瓶颈，抢占未来低碳产业发展先机。具体来说可以分为以下三个方面，一是促进产业和科技的有效对接，将科研成果迅速转化为现实生产力；二是加强应用技术研究，满足企业生产型和市场型技术商品的需要；三是提高科学技术交易市场的功能和服务水平，发挥其应有的桥梁和纽带作用。

2. 支持低碳企业的创新活动

当前正在孕育的可能拉动全球经济增长的低碳企业的发展，对正在崛起的中国来说，是不可多得的历史机遇，也是一个严峻的挑战。政府部门、中央银行、金融监管部门以及金融机构应齐心协力，对我国新能源与可再生能源发展的现状和特点进行全面深入地了解和认识，着眼长远和发展全局，紧紧围绕扶持低碳产业的发展和崛起战略，充分发挥金融市场配置金融资源和聚积社会资本的功能，使金融支持重心由传统产业逐步向低碳行业领域倾斜，满足低碳产业转型升级和可持续发展的资金需求。促进创新体系与金融资源配置紧密结合，其核心是强化低碳企业创新主体地位。近年来，国家出台了一系列政策明确了低碳企业在创新中的主体地位。这就要求国家相关职能部门在制定产业政策时，围绕如何建立以企业为主体、市场为导向、产学研用结合的技术创新体系进行改革。而提高技术创新的管理水平可以提升科技成果转化效率，并最终提高企业的技术创新能力。提升科技成果转化效率的关键在于加强产学研的合作，一方面，企业在人才、规模等方面受到制约，自身的研发能力难以支撑独立研究开发，另一方面，科研机构有能力开展创新研发，但缺乏对市场需求与企业营销的了解，科研成果往往脱离市场而难以规模化生产，因而，加强产学研合作就要促进企业内部研发团队与科研院所或高等院校等科研机构之间的技术交流与合作，鼓励企业同科研机构共同研发基地，双方优势互补，分工协作，共同促进发展。双方产学研的合作，加强了企业市场与研究开发等各个创新主体之间的联系，充分利用企业内外部的资源，使有限的资源得到优化配置，从而促进企业技术引进的消化吸收和推广应用，提升企业的技术创新能力。

科学、有效的技术创新运行机制必须能促进科技与经济的有机联系，而促进科技与经济有机联系的关键环节之一是就是实现产学研之间的有效结合。产学研的有效结合是指企业、高等院校、科研机构着眼于市场需求、凭借各方的资源优势、在政府及科技中介服务机构等的支持下在科技创新领域的协同与合作，力图将教育、科研、开发、中试、生产、销售等集为一体，是科技创新上、中、下游的对接与结合。国内外实践证明，产学研的有效结合，有利于坚持市场导向原则，促进科技资源的优化配置，是科技成果转化的有效机制，能促进科技与经济的有机联系，提高国家科技创新整体实力。目前，我国产学研合作已取得了显著效果，极大地促进了科技创新整体能力的提高。因此，为有效提高产学研效率，建议相关职能部门进一步消除部分体制上的壁垒，打通创新资源向企业流动的渠道；制定能够调动企业自身创新积极性，增加低碳企业创新动力的产业政策；鼓励企业尤其是民营企业牵头或参与国家科技计划，提高产业竞争力等。坚持改革与发展的思路，深化发展金融市场，加快形成多元化、多层次、多渠道的能源金融市场投融资体系和服务体系，打破当前存在的阻碍新能源产业实现产业化规模化发展的壁垒。同时，坚持有所为有所不为，注重金融支持的适度性与合理性，有效促进我国低碳产业持续健康发展。低碳企业在实施产融结合时不能只把在资本市场获取巨额收益当做产融结合的根本目的，应特别关注现行法律法规的要求尤其是在当前的市场法律体系尚未达到完善的状态下，规避政策风险和法律风险是低碳企业进行产融结合时应当考虑的要素，并能够在产业资本和金融资本之间以及涉足的金融机构所涉及的业务之间创立有效的防火墙，最大限度地预防产融结合风险的聚集与传染。

在发明专利和新产品产值中，有许多是低碳企业创造的。与普遍的企业相比，低碳企业知道只有不断地创新才能在激烈的竞争中生存。因此，低碳企业是新发明、新技术的主要源泉。低碳企业的发展已经起步，然而缺乏充足的互补资产资源，这往往是制约低碳企业发展的主要障碍。这种情况下，政府部门理应出台支持低碳企业发展的政策，以保证产学研合作创新的顺利开展。各级政府应组织设立专门的组织管理机构，同时赋予机构强有力的协调功能。机构由政府有关部门、重点科技企业、高等院校、科研机构组成，在职能上发挥产学研各环节间的纽带和桥梁作用，为各类科技成果转化或吸纳提供活动场所，定期公布企业亟待解决的科技难题，协助高等院校、科研机构选择研究课题，或接受企业委托组织科研攻关、开发新产品，协调解决合作过程中的矛盾和问题，为科技成果转化提供科学论证和优质服务，切实落实专门的财政与税收政策。除此之外，也要努力为低碳企业提供配套服务，如作为桥梁，推进低碳企业与高校科研机构的技术合作；给低碳企业做服务咨询等。也可鼓励企业间构建研发联盟，鼓励企业与高校间的技术转让行为，加速新技术商业化的过程。

13.3 差别完善低碳企业创新的金融资源配置系统环境

13.3.1 完善知识产权保护与创新成果转化机制

1. 设计合理的知识产权保护体系

知识产权，如专利和版权，在创新资源配置系统中具有战略性的作用。因为，创新需要大量的研发投入，而知识产权则是研发投入最有效的回报方式。地方政府对低碳企业创新发展的作用，一方面通过金融间接影响，另一方面通过政府自身行为产生直接影响。后者会显著加剧碳排放、阻碍低碳经济发展，这表明地方政府推动低碳企业发展的积极性，受唯GDP考核机制以及地方政府财政压力影响十分显著。在巨大的财政压力下，发展低碳经济往往被置于次要地位。因此，需要改革对各级政府官员考核的指标体系，将环境治理此类隐性指标显性化，引入民意调查和评判，激励地方政府强化环境监管行为，淡化GDP指标在政府考核中的作用；改善地方与中央政府间的财税制度，平衡地方政府的财权与事权的关系，完善中央财政转移支付体制，减轻其财政压力，促进地方政府着眼于长远利益，考虑本地经济发展，增强各地发展低碳经济的积极性。

完善的知识产权保护体系是解决系统问题的关键。当前，很多传统科研机构对知识产权的管理只停留在专利、商标、软件著作权等具体事物的管理上，没有将知识产权管理工作融入科研机构经营活动的全过程。忽视研究开发、物资采购、生产、销售、展览、人才引进、参观接待等活动中的知识产权管理，存在巨大的知识产权风险。比如，在科研项目立项及开展当中不进行知识产权分析，存在重复研究或研究成果的知识产权侵权问题；在采购环节，未在合同当中约定知识产权条款或者虽有知识产权条款却未对相应资质进行查验，导致引入侵权产品而承担连带侵权责任，严重影响业务开展和声誉；在销售方面，新产品上市前未做知识产权风险分析，导致新产品上市引发知识产权纠纷，在海外销售之前，未对海外目标市场进行知识产权风险排查，导致海外知识产权风险；在产品展览之前，未进行展览的知识产权风险排查，导致展览知识产权风险；在生产环节，未重视知识产权管理，导致关键技术或工艺泄密，投资损失巨大；在人才引进方面，未开展人才的知识产权背景调查，引进与要求不相符的人员或存在竞业限制的人员，导致知识产权纠纷，在人员离职时未进行知识产权审查，对掌握关键技术的人员未实施竞业限制，存在核心技术流失风险；在参观接待活动当中，未规定接待区域和保密要求，导致技术泄密。新型科研机构应当实施全业务、全流程的知识产权管理要求，重视知识产权管理体系的建设，围绕全业务环节（项目立项、研究开发、采购、生产、销售）开展知识产权管理体系的建立与持续改进；将知识产权管理与业务工作相融合，明确知识产权组织机构和管理职责，编制知识产权管理文件，以制度和流程来规范知识产权的管理；将知识产权管控要求传递、落实到业务终端，有效降低知识产权风险。

众所周知，医疗器械、医药以及通信行业的专利量申请巨大。这说明，知识产权体系的设计和运行对低碳企业创新资源配置具有深远影响。知识产权保护激发了创新主体的创新热情，尤其是对小型的新创企业而言，技术是其收益的主要来源，知识产权保护政策一旦缺位，那么这种创新型小企业将无法生存。然而，太强的知识产权保护政策也会阻碍创新，比如工具型专利的增加，会形成专利丛林，由于需要前人专利的明确许可，这必然会增加研发成本。这一问题在电子信息产业尤其突出。发明专利的保护年限是 20 年，而电子信息领域的技术更新非常快，有著名的“摩尔定律”。而20 年的期限从本质上阻碍了企业创新资源配置系统的差异性研究创新。在实际中，一个电子产品商业化之前需要清理几百个专利。因此，建立技术领域专利池和相互授权是专利持有者寻求共赢的手段，然而这些战略往往被实力强大的公司所采用，小型公司往往没有协商和联盟能力。因此，在设计知识产权保护体系时，应平衡好激励效应和限制效应两个方面；另外，针对不同的行业及技术领域应该有不同的制度，例如，医药行业完成一个商业化新产品可能需要几年甚至十几年的时间，这不仅包括漫长的研发过程，还要经过很长时间的临床试验，如果医药产品的专利保护时间由20 年缩短到10 年就不甚合理。

构建知识产权信息服务平台是设计合理的知识产权保护体系必不可缺的一步。长效的体制和机制是开展服务的重要保障，近几年，高校知识产权信息服务中心的成立和发展为知识产权服务体系的建设和完善提供了良好的平台，“高校图书馆、知识产权信息服务中心”作为研究的新兴热点也进一步说明从业人员对于相关的研究有着迫切的需求和兴趣。现有研究探讨了各高校现阶段开展的知识产权信息服务内容，同时出现了关于国外高校知识产权服务成功经验的相关研究，为国内各高校知识产权服务的开展提供了有益参考，未来应积极吸收服务经验，进一步结合服务的实践效果以及体制、机制的配套等，深入研究高校知识产权信息服务内容的体系化、制度化路径，从而保障相关服务的有序开展。高校通过资源优化、技术支撑等强化平台功能，使平台具有一定的可复制性、推广性，其知识产权信息服务也逐渐趋向系统化、规范化、制度化。高校国家知识产权信息服务中心在复制推广阶段通过平台赋能，延伸了知识产权信息服务的范围，价值主体由单一群体扩展至校内的项目团队、技术转移部门、知识产权学院、科研管理部门以及校外的政府部门、科研机构、技术创新企业、商业知识产权机构等。一方面，平台积累了丰富的数据及场景化交互经验，基于供需契合为用户定制个性化的信息服务；另一方面，越来越多的主体参与到平台的价值创造活动中，促进了平台对资源价值的重构和服务优化，最终实现基于服务主导逻辑的价值共创。构建良好的高校知识产权信息服务平台生态，需要不断完善平台的生态环境，将其建设和发展提升到战略层面，搭建涵盖行业政策导向、行业发展趋势、标准制修订、从业人员培训、技术合作和服务评价等内容的知识产权信息服务平台，以提升高校知识产权信息服务的标准化、规范化。如，中国石油大学（华东）知识产权信息中心制定了《中国石油大学（华东）知识产权信息服务中心五年规划》，提出“拓展专利技术信息检索服务”“建立我校知识产权信息库”“建立高校知识产权协同创新管理系统”等十二项主要任务，从顶层设计的层面绘制了知识产权信息服务的蓝图。此外，中国海洋大学、中山大学、贵州医科大学、山东大学、扬州大学等逐步建立并完善了知识产权信息服务规章制度和机制，推进知识产权信息服务规范化、制度化。

2. 优化知识产权成果转化机制

科技成果转移转化已不仅仅是一个从实验室经过小试、中试到最后生产的直线过程，而是有关各方直接或者间接地参与整体创新过程中，是一种信息不断反馈、研发和转化路径不断修正的过程。我国科技成果转移转化成功的核心在于发挥好我国政府组织优势，系统安排各主体之间关系，在创新这一关系网中的协调机制及各主体内部机制方面积极探索，力争借助新的知识产权成果转化机制实现科技成果转移转化潮流。同时，针对目前突出存在的在科技成果转移转化中企业环节薄弱的问题，尽快完善市场机制，充分发挥市场机制作用，调动广大企业，特别是中小企业科技创新的积极性，化劣势为优势，跨越发展。此外，还需要完善科研评价导向，构建基于科学贡献、经济社会影响为导向的评价体系。完善用人制度，出台促进人才流动的法律法规，构建科技人才市场，为衡量科技人才价值提供基础保证。同时发挥财政资金作用，创新体制机制，引导支持技术要素的扩散与应用，特别是在技术要素流动市场失灵的区域，要利用财政在二次分配中的杠杆作用，向技术要素流动适当倾斜，实现科技与经济的紧密结合。

当前，传统科研机构的专利等知识产权的转化实施率较低，存在着大量“沉睡专利”。专利技术未能进行转化实施，不仅未给科研机构带来经济效益，反而需要每年缴纳大笔的维持费用，越发成为科研机构的负担，导致很多管理者认识不到专利的实际价值，对专利的申请和维护只有数字方面的简单认识，从而不愿投入相关资源。导致传统科研机构的专利转化实施率较低的原因有多个方面，既包括原本专利技术就未贴合市场技术需求，找不到目标市场，或者专利技术并不成熟，未经过中试试验验证，导致市场担心技术风险而不愿购买；也包括体制机制问题，因担心固定资产流失等问题而不敢转化或不愿转化；还包括想转化却找不到转化的途径和方式，缺乏相关的市场需求信息。专利技术只有得以转化实施，才能创造经济价值，促进科技和社会进步；只经过市场检验才能验证专利的质量高低及专利保护方式是否合理。进行低碳技术创新的相关机构应当围绕国家、社会经济发展的战略需求开展技术研发工作，围绕国家战略性新兴产业进行技术积累和突破，从技术源头上提高专利的价值；从专利申请开始就应当重视专利的转化和实施，以能否转化和实施来倒逼专利申请质量提高，通过转化和实施来验证专利质量；通过转化和实施，可形成正向激励，刺激研发人员申请高价值专利。加强知识产权保护，完善专利保护制度能够补偿技术溢出效应造成的企业技术创新损失，有效增加创新企业绿色技术投资回报，打破企业技术创新研发投入的“囚徒困境”；另外，鼓励创新企业有偿技术转让，以技术创新扩散提高行业内企业整体创新能力，进而推动产业链协同创新和产业集群技术创新。

在研发阶段重视成果转化实施的主体即企业的参与，加强产学研的紧密结合，增强科技成果的实用性和可操作性，契合市场实际需求。应该分阶段地对科研进程进行有效评估，尤其是要将科研成果的转化和承载的主体企业吸收进来，及时评估其市场化应用的可能性，并根据评估结果进行必要的矫正和完善，从而朝着为最终成果能够及时转化提供更多便利的方向努力，提高转化的成功率。需要指出的是，政府在此过程中应加强引导产学研合作，将应用研究与基础研究结合起来，各得其所，最终要使企业真正成为应用研究投入的主体，科研院所在加强基础研究的同时，为企业应用研究提供扎实的理论支撑。这样，有了企业的介入，创新的科技成果转化为现实生产力就可能顺利得多，成功的可能性就高得多。

1980 年美国颁布了拜杜法案，1999 年日本颁布了拜杜法案。其中，美国颁布的拜杜法案规定科研人员对由政府委托和资助的研发项目所产生的发明享受发明所有权。这些法案的亮点在于：一方面激励了科研人员去申请专利；另一方面促进了他们自己对专利进行商业化或转让给企业。2007 年，我国修改了《中华人民共和国科学技术进步法》，从法律层面规定了由项目承担单位享有财政资助低碳项目中的知识产权，然而法案实施后并没有提高我国的成果转化率，此法案并没有对科研人员起到激励作用，且高校法人化改革尚不到位。此外，美国、日本大学都建立了专门负责技术转让的技术许可办公室，有一套完整的运行体系及机制。相比而言，我国缺乏一套系统的技术转移机构及运行机制。有的大学存在技术转移中心，如清华大学国家技术转移中心，华北电力大学技术专利中心；有的大学由科技开发部、科技处或研究院负责技术转让工作，如北京大学科技开发部、北京化工大学科技处、北京理工大学科学技术研究院，总之，全国各省区的都缺乏统一的技术转移机构单独负责高校技术转让事宜，这也是未来改革的方向。

3. 完善创新金融法律制度体系

在促进低碳技术创新中，知识产权制度中的专利法律制度尤为重要。政府通过制定与完善创新金融相关法律体系，规范各参与主体的行为，确保各参与主体的合法权益，为低碳技术创新打造良好的生态环境。投资人的热情和投资决策很大程度上会受到行业前景和预期投资回报的影响。相对于传统科技创新，低碳技术创新一般要求长期固定的资金投入和人员支持。因此，低碳技术创新需要传统专利制度作出一定的适应性调整，以充分发挥专利制度促进低碳技术创新和技术成果转化的作用。低碳技术创新的专利申请授予程序决定了低碳技术商业化开发和利用的速度，直接影响着低碳技术的创新热情与成果转化效率。常规专利申请审查程序复杂且耗时较长，不便于低碳技术的及时取得和后续技术落地，旨在推动低碳技术更快进入市场并促进研发的"绿色专利快速审查制度"应运而生。我国现行有效的专利快速审查规范性文件为 2017 年 8 月 1 日施行的《专利优先审查管理办法》（以下简称新《办法》）。较之 2012 年开始施行的《发明专利申请优先审查管理办法》（以下简称原《办法》），新《办法》将专利优先审查的适用范围扩展到互联网、大数据、云计算等领域。遗憾的是，原《办法》强调的低碳技术、节约资源等直指绿色科技的内容并未在新《办法》中得到延续，对于绿色专利审查的针对性明显降低。在审查程序上，新《办法》简化了办理手续，但同样明确优先审查请求需要经过省级知识产权局审查推荐。两版《办法》架构下的我国专利快速审查制度，也是当下以及过去十年时间里我国绿色专利快速审查的主要依据和法律基础。

对于我国低碳专利快速审查制度的现状研究和问题分析，学界早有讨论，且在诸多内容上基本达成共识。比如，两版《办法》法律位阶均较低，相关法律制度之间衔接不够紧密，快速审查适用范围宽泛不够明确、界定不够合理，优先审查请求的前置程序背离快速审查的初衷等。根据2018年国家知识产权局发布《中国绿色专利统计报告（2014—2017年）》（以下简称《报告》），2014—2017年我国绿色专利申请量达24.9万件，其中2017年单年申请量为8.1万件，占同期发明专利申请量的6.4%。可以看出，这一时间段我国绿色专利申请量呈现较为活跃的态势，绿色技术创新能力相应也在不断提高。那么这些绿色专利申请又有多少是通过专利优先审查程序完成的？国家知识产权局专利局审查业务管理部相关负责人曾指出，2017年我国发明专利申请的优先审查请求受理量达到1.8855万件。对比同期数据，2017年绿色专利申请量为8.1万件，但通过发明专利优先申请渠道递交申请的仅为1.8855万件，而且还包含其他非绿色专利。当然，绿色专利申请优先审查量较低有多种原因，比如申请人的积极性等主观原因，但无疑也在一定程度上应和了学界关于中国绿色专利快速审查制度存在明显问题的讨论。

创新成果转化与产业化提供法律制度保障，具体可以从以下方面采取相关措施：①制定与完善创新管理法律制度，比如加快完善《中华人民共和国专利法》《中华人民共和国著作权法》《中华人民共和国民法典》等知识产权保护法，完善《中华人民共和国科学技术进步法》《中华人民共和国证券法》等规范创新金融主体行为的法律制度体系，确保创新金融市场健康运行；②加大创新金融法律制度的执法力度，对于创新金融主体的侵权（专利权、商标以及版权）行为，政府或者相关创新管理部门应进行严厉的打击，加大惩罚力度，保护知识产权拥有者的合法权益；③建立专门的区域创新金融管理部门，对创新金融进行统筹管理，同时制定《创新金融法》，明确创新金融参与主体的权责、利益分配等范围，使创新金融活动的有法可依，提高创新与金融机构的合作概率与创新金融资源的配置效率。

13.3.2 构建开放式的金融资源配置服务平台

金融为低碳企业创新体系建设提供有效支持作用的发挥，与国家整体金融生态环境、信用体系状况直接相关。一国金融生态环境的状况对各低碳企业金融互动能否良性发展产生重大影响。金融生态环境不佳，不仅会影响金融体系有序运转，降低金融服务质量，而且会限制低碳企业金融资源的有效结合，影响金融资源整合效率。因此，构建良好的金融生态环境推动低碳企业金融的发展息息相关。金融环境体现在经济环境、法制环境、信用环境、制度环境等诸多方面，构建良好的金融生态环境就是要构建稳定的经济环境、完善的法治环境、良好的信用环境和较高的金融发展水平，加强法制建设，完善金融法律，加强金融司法公正和执法效率，提高执法的规范化、制度化、高效化，降低司法成本，打消科技企业、银行、金融中介机构的维权顾虑，为金融发展打造良好的法制环境。严厉打击金融领域违法违规行为，惩处金融腐败、金融欺诈、监管失职渎职，净化金融法制环境。同时，可以创新金融服务模式，打造“科技型企业 + 金融机构”新型合作模式，这种合作模式的特征是资源共享、信息共享、利益共享、风险共担，该模式构建的是一种科技型企业与金融机构的亲密合作双赢关系，使科技型企业能够潜心科技创新，开拓市场。当然这又要求合作方金融机构具备较为先进的金融科技手段，建立为创新驱动企业量身打造的特有的风险定价体系、风控体系，且最好具备银行、证券、保险、信托等金融业全牌照，并能够提供综合性金融服务。完善企业债券、公司债券市场和股票市场，加快发展资产证券化，降低企业融资成本，满足不同规模、性质和发展阶段企业的多样化融资需求；发展和完善科创板和各种全国性、区域性产权交易中心；加快发展天使投资、VC、PE 等风险资本投资方式；切实完善股票市场制度体系，尤其是完善上市公司退市制度、大股东减持制度、信息披露制度和奖惩制度，以促进上市公司优胜劣汰，切实保护广大投资者利益，使股市真正成为投资者和融资者双赢的良好融资和财富管理通道，并伴随着我国经济的转型，成为金融发展高效地支持经济增长的一个愈益重要的渠道。

低碳企业创新资源配置系统并不是封闭的系统，而是一个开放的系统。因此，要从开放系统的视角，构建创新资源配置的服务平台；注重低碳企业之间的创新资源配置互动与学习；努力引进与消化吸收国外创新资源配置的高端成果。开放式的创新资源配置服务平台主要涉及到两个方面：一是开放式的技术交易市场的构建；二是完善开放式的创新资源配置的金融服务体系。目前，我国已经形成了逐步完善技术交易市场体系，如北京产权交易所有限公司、北方技术交易市场，内蒙古常设技术市场、上海技术交易所、武汉光谷联合产权交易所、湖北技术交易所等共369家国家技术转移示范机构。知识经济与全球化的背景，支持创新资源配置的创新服务平台日益成为一个国家和区域的重要战略资源，在竞争中具有战略地位。因此，政府应积极号召动员社会相关机构与资源参与到服务平台的建设中来。例如，李开复在2009年开办了创新工场，创新工场是一个全方位的创新平台，重点培养新兴的高技术企业及创新人才，为创业者提供所需要的资金、市场、法律、培训等一揽子服务。虽然创新工场是一个私人性质的解化器，然而其对区域甚至全国创新资源的配置都有正面的影响。此外，创新资源配置系统的优化离不开金融机构的支持。从本质上说，金融机构也是一种服务机构与平台。金融机构应加大对符合低碳标准和发展方向的民营企业的金融支持。一个客观事实是，这类民营企业正处于发展初期，自身的财务信用不高，缺乏国有企业的政府隐性担保，同时处于研发期的低碳技术风险也远远大于其他企业，商业金融机构在对这类企业的支持过程中往往面临更大的信贷风险，违背了商业性金融追求自身效益最大化的目的，金融机构缺乏主动开展低碳金融业务的积极性。因此，建立商业金融支持低碳发展的激励机制尤为重要。

政策性金融是体现政府意志的非营利性金融机构，是低碳型民营企业发展初期重要的支持力量。政策性金融率先进入低碳产业给予一定的扶持，使前期低碳型民营企业获得基本的发展条件和信用资质，这对于吸引商业性金融后期跟进具有重要作用。建立政策性低碳经济发展银行途径有两个：一是专门成立一个支持低碳经发展的金融机构；二是在现有3家国家政策性银行基础上改革，使其业务向低碳经济领域倾斜。新的低碳经济发展银行由政府发起成立，同时积极引进私人部门，使其同时具有政策性和商业性双重性质；其职责是配合国家低碳经济发展政策，开展低碳经济领域的信贷业务；其投资方向主要是对低碳经济发展所需的基础设施和低碳技术研发进行投资，其目的是解决低碳项目融资市场失灵问题，同时缓解国家财政资金的沉重负担，实现“低碳发展”与“经济效益”双重目标。低碳经济发展银行通过对商业银行不敢试水的领域和项目进行尝试，积累信贷支持经验，为商业金融跟进提供可供参考和借鉴的经验和教训。

这种“政策性金融尝试与引导 + 商业性金融跟进与发展”的模式，可以较好地解决我国低碳转型中的资金问题，保证一系列的低碳转型计划的顺利实施。我国的企业研发投资大多由企业自身承担，金融机构并没有起到很大的作用，尤其是对新兴小企业来说。因此，政府应引导低碳企业创新资源配置系统与金融机构服务平台建设相结合，解决创新资源配置过程中面临的资金瓶颈。进一步规范信用担保机制、风险投资机制及评估机制，建立以及创新投融资为主的风险投资系统，充分发挥产权交易所在技术成果和产权交易中的枢纽作用，使银行资金成为低碳产业创新与产业化的强大支撑，形成企业研发投入为主体，政府财政科技投入、创业风投、银行等机构共同扶持创新融资的多元化局面。

13.3.3　借助财税政策优化低碳企业创新的金融资源配置

在低碳经济财税政策构建方面，葛察忠和任雅娟（2009）认为，我国实现经济社会可持续发展必须走发展低碳经济的道路，而我国的低碳经济发展路径离不开财税政策的大力支持。温辉和杨洁（2010）认为，财税政策是政府宏观调控最重要的政策工具之一，可以有力地发挥政府的公共管理职能，是对市场配置资源的合理有利补充，鉴于此，政府应加大财税政策低碳经济发展各个环节的支持力度，这有利于实现我国低碳经济的发展目标、实现经济社会的可持续发展。杨全社和付强（2010）认为，随着国际社会对气候变化问题的重视程度日益增加，低碳经济已经成为世界经济发展的必然趋势，因此在我国建立一个以支持发展低碳经济为宗旨的财政税收政策支撑体系非常必要，并且由于我国发展低碳经济较晚，时间也很紧迫。罗宏等（2011）在研究分析了国内外低碳经济发展政策经验的基础上，提出了中国低碳经济政策存在的问题，认为中国的低碳经济政策体系框架应由强制性、激励性和自愿性三大类政策组成。制定强制性政策包括完善低碳经济法律法规、建立碳排放强度考核制度、对现行环境管理制度的拓展、编制低碳经济规划技术指南并制定碳排放总量控制方案。建立激励性政策包括税费政策、碳交易政策、补贴及投融资政策等。构建自愿性政策包括低碳消费引导政策、清洁能源消费政策、加强信息公开与公众参与。

我国低碳企业创新的金融支持体系是必须在我国既有的政治经济体制中存在并发挥其作用的，这决定了我们对金融体系的改进必须考虑中国的特有的国情和特色，而不是简单地借鉴使用国外经验。在中国的社会经济制度中，政府尤其是中央政府掌握着巨大的社会资源，同时也承担着更多的社会经济责任，这决定了我国低碳企业创新的金融支持体系建设首先还是要发挥政府“看得见的手”的作用，政府应是低碳企业金融环境的营造者与培育者。金融创新与创新体系建设的实现需要积极良性的金融环境，这一金融环境的构建涉及社会政治体制、经济体制的完善、法律法规的建设、制度漏洞的弥补、诚信文化和公平观念的培育，是一个涉及多方的复杂系统工程，紧靠个别组织和一般个体根本无法完成，只有依靠政府统筹领导、协调各方，推动金融大环境的有序建设，对相应制度体系的顶层设计，对金融、科技资源的引导与调控，对新兴低碳行业的支持与帮助，实现人才、资金、技术、知识在创新活动中的有效结合、循环使用、价值增值，达到创新资源与金融资源的最佳组合。政府直接掌握着创新资源，如政府每年都会拨财政科技支出，也会投资重大创新项目，如 863 计划。同时，政府也会出台一些相关的财税政策法规，而财税政策对于低碳企业创新资源配置而言，更多的是营造了一种有利的环境。

低碳企业创新资源配置系统是一个动态变化的系统。在不同的阶段，系统的内外部条件各异。政府在低碳企业创新资源配置系统发展的不同阶段扮演着不同的角色。在初期阶段，政府的角色特征是引路人。首先营造鼓励低碳企业创新的良好氛围，在财税政策上给予区域创新资源配置系统优惠，鼓励研发投入。在中期阶段，政府的角色特征更多的是保障者。政府应以低碳企业主体为核心的创新资源配置存在的障碍，有针对性地制定与低碳企业创新资源配置配套的相关财税政策、法律法规及管理办法，尤其是涉及产权界定、风险承担、利益分配、成果归属等问题。在后期阶段，低碳企业创新体统与金融资源配置系统逐步进入常规化运行阶段，此时政府的角色特征为后勤服务人。此阶段的工作重点是推进低碳企业创新资源配置的服务平台建设、技术咨询服务、财税政策与信息咨询服务，建设以市场为主导的金融监管创新，进一步完善价格机制；切实围绕低碳企业需求开展创新政策，建立低碳企业信用担保机制；提高监管效率，使创新活动得到更多的制度支持。

借助政府完善征信体系建设，缓解银企信息不对称。政策性金融与商业性金融是互为补充的金融形式，在商业性金融对创新的支持不足时，政策性金融机构可以发挥自身的调控属性，依照我国的发展规划进行投资，从而引导商业性金融机构的投资方向，提高金融支持效率。政策性金融的引导作用主要体现在两方面：一是体现国家的政策意图，通过有选择地进行投资，可以表明当前及未来一段时期内政府重点发展与扶持的领域，为金融资源配置提供指导方向；二是为商业金融介入创造有利条件，商业性金融强调盈利性，在投资前景不明确时进入的意愿较低，在政策性金融支持创新获得一定成效以后，投资前景将更加明确，有利于商业性金融机构的介入。加快建立公共征信平台，降低信用采集成本，大力推进低碳产业中小企业信用信息的征集、统计和更新，同时整合如中介机构、工商、行业协会、财政、税务等多部门的企业资信数据，完善企业和个人信用信息数据库，缓解市场信用主体信息不对称问题，促进低碳产业内中小企业与金融机构信息对接，减少信贷担保对抵押品的过度依赖。整合财政扶持资金，有效发挥其杠杆作用，对支持低碳产业发展的财政资金的具体支持方式作出进一步的明确规定，更好地发挥税收资金、行政管理资金和政府财政资金的引导和撬动作用，出台相关实施细则和操作方案，引导包括金融机构、民营资本、国外资本在内的多渠道资金支持低碳产业的发展。以完善研发费用加计扣除政策为例，借助财税政策优化低碳企业创新资源配置，一方面放宽享受加计扣除政策的范围。除规定不宜扣除的活动和行业外，企业发生研发支出均可享受优惠。试制产品检验费、专家咨询费、外聘研发人员劳务费及合作或委托研发发生的费用等可按规定纳入加计扣除。显而易见，关于研发费用加计扣除的财税政策，间接地鼓励了企业的研发投入，促进了低碳企业创新资源的有效配置。

13.4　本章小结

立足于我国当前低碳企业创新体系与金融支持不足困境的多方面原因，本章从政府、金融资源和服务的提供方（即金融机构）和需求方（即低碳企业、科研院所及创业个人）以及金融行业相关从业者出发，重点对低碳企业创新体系与金融资源配置系统优化的对策与建议进行了阐述，强调了低碳企业创新资源配置的投入与产出、系统整体结构的有序演化、系统环境的有效完善三个方面的内容。具体包含以下几点内容：①在低碳企业创新资源配置系统中，直接投入的创新人力、物力及财力资源是影响创新体系资源配置的最为关键的因素，应合理配置研发经费与人员投入，加强低碳行业创新体系资源配置的人才建设，同时也要提高低碳企业创新资源配置的能力及效率。②低碳企业创新资源配置系统是一个复杂的系统，首先要推动系统主体间的三螺旋协同发展；其次是应保持创新资源配置系统的资源有效流动，提高政府相关政策的适配性；最后是强化低碳企业在创新资源配置系统中的主体地位，培养拥有关键技术的新创企业，通过这三个方面来引导低碳企业创新资源配置系统向更高级结构有序演化。③实现低碳企业创新体系与金融资源配置系统的优化，必须完善低碳企业的创新资源配置环境。首先，完善知识产权保护与创新成果转化机制，优化知识产权成果转化机制，设立统一的技术转移机构，单独负责高校技术转让事宜。其次，构建多种形式的创新资源配置服务平台，如技术交易市场、创业孵化器等。最后，明确政府在创新资源配置系统发展的不同阶段应有的角色，即引路人、保障者和后勤服务人。

第14章　结论与展望

全球经济经过几百年的发展，给世界人民带来巨大的物质财富和精神财富的同时，也对生态环境产生了大量不良影响，高能耗、高碳排放带来了全球气候变暖问题。在世界现代化、全球化、绿色化发展的今天，绿色、低碳和环保成为企业发展的牵动点。世界经济需要向低碳模式转型，低碳经济的提出即指人类已将环境保护和经济发展视为同等诉求，缺一不可。低碳企业作为低碳经济发展不可或缺的元素，其良好发展对于经济和环境两者矛盾的调和具有重要意义。在21世纪我们已经进入了绿色经济的时代，技术创新对于企业的生存与发展起到了至关重要的核心作用。因此，对低碳企业创新体系与金融资源配置问题展开系统研究，可以形成系统的低碳企业创新体系，本书对创新体系的各要素之间的作用关系进行详尽分析，并提出低碳企业创新体系的运行模式及运行机制，在此基础上分析低碳企业创新的金融资源配置系统整体结构，探索最利于低碳企业创新的金融资源配置系统。这对丰富低碳企业创新体系及评价标准具有重要意义，对发展我国低碳经济具有重要实践意义。

14.1　研究结论

本书分别对低碳企业创新与金融资源配置的相关研究进行梳理、归纳、总结，通过对相关理论进行分析，界定了低碳企业创新体系及金融资源配置的内涵，剖析了两者之间的作用机理以分析两者之间的关联度，对促进低碳企业发展的环境及影响因素进行了探讨，并探索了低碳企业发展的路径，构建了低碳企业创新体系，并且通过实证研究对低碳企业创新体系的有效性进行了评价。通过对低碳企业创新的金融资源配置系统的结构以及低碳企业创新的金融资源配置模式进行分析，本书提出了优化低碳企业创新金融资源配置的对策建议。本书的主要结论如下：

（1）对低碳企业创新体系的概念内涵、体系构成、构建过程及其有效性评价进行了研究，可有效指导企业开展创新活动。基于对低碳经济、低碳企业和技术创新的概念内涵分析，结合企业创新的特点，界定了低碳企业创新体系的概念，即在推行企业创新体系实施的过程中，要以观念创新为先导，以技术创新为战略发展目标，以制度创新为基石，以管理创新为发展的根本动力，使这四个方面整合为一个有机创新互动网络，形成一个一体化的创新过程；进一步对低碳企业创新体系的构成及其构建过程进行了具体的分析，指出低碳企业创新体系的构建过程中如知识资本观念、技术、市场及其他重要因素，从而形成适应低碳企业核心创新需求的创新体系，并且可以根据这一创新体系的构建指导低碳企业优化创新体系。

（2）通过对低碳企业内生型自然演进模型的构建及效率分析，发现低碳企业必须要通过不断积累核心资源才能长远发展。企业外生因素对我国低碳企业外生型变迁路径的效率总体呈推动作用。其中，随着企业自身创新意愿的提高、政府和科技机构对企业的资金投入的增大以及企业的所有制形式优化，我国低碳企业外生型变迁路径效率会提高。但是，随着政府研发投入中国有成分的提高，低碳企业外生型变迁路径效率会降低。市场结构、产权结构以及企业规模总体而言对于企业外生型变迁效率呈不利影响。通过对低碳企业混合型发展路径三维模型的构建，发现低碳企业在内生成长因素及外生成长因素的共同作用下会逐步发展为更高级的形态。

（3）以华电公司为例，本书从观念创新、技术创新、制度创新和管理创新四个角度构建了华电公司创新体系，并对该体系进行了网络分析评价，评价结果表明该企业达到并且超越了制造业创新型企业的平均标准。本书提出可以通过增强金融机构信贷支持力度、健全支持低碳企业发展的金融机构体系等方式为低碳企业提供用于技术创新的资金支持；并且提出为使企业更加良好运营，应提升企业产品及服务质量，更好地为需求者提供有针对性的服务，树立品牌效应等。

（4）在综合分析现有研究资料的基础上，本书对低碳企业创新和金融资源配置之间的关系进行了探讨。发现低碳企业创新对金融发展有促进作用，金融发展对低碳企业创新具有反促进作用，两者相辅相成，共同促进。在低碳企业创新体系构建的基础上总结了低碳企业创新的特征、阶段特征及资金需求，分析我国低碳企业创新金融支持体系现存的问题，并且分析了低碳企业创新金融支持体系的结构，深化了现有的关于低碳企业创新金融支持的理论研究。

（5）通过对低碳企业创新的金融资源配置系统的结构进行理论分析，发现政府驱动的金融资源配置系统主要在低碳企业发展初期对企业用于技术创新的资金起主要的配置作用，但是这种配置系统容易造成信息失真从而导致金融资源使用效率低下的问题。而市场驱动的金融资源配置系统具有灵活性且可以提高金融资源的配置效率，但是该系统会放大金融资源的逐利性，导致收益不显著的低碳企业会面临较大的融资约束，不利于低碳企业发展。而平衡驱动的金融资源配置系统可有效结合政府驱动和市场驱动的优点并弥补两个金融资源配置系统的局限性，在保证低碳企业技术创新的基础发展资金供给的基础上，提高金融资源的配置效率。

（6）通过研究低碳企业创新的金融资源配置模式，发现市场主导型模式由企业作为主导，可以最大限度地引导企业自发地向有发展潜力且具有高度转化为实际应用的新技术投以目光，并且可以根据自身的需求导向为技术研发提供思路。政府引导型模式可以更好地引导企业进行具有长远利益的创新活动而不是聚焦于只能短期牟利的技术创新，并且根据国际大势引导企业向着具有国际竞争力的方向进行创新。网络集成型模式可以充分利用社会关系网络为企业进行创新活动集结资金，是扩大企业获得资金的一种渠道。综合优势发挥型模式是融合以上三种模式优点的一种配置模式，可以调动各个群体的力量为企业创新提供支持和发展动力。

基于上述结论，本书从企业自身及生态环境两个角度，对低碳企业创新的金融资源配置的优化，提出如下建议：第一，企业应该加强内部员工及领导者的低碳意识，并积极与外部创新主体进行低碳创新合作，从而提升自身的低碳创新能力。这样可以培养其与利益相关主体之间的信任，从而提升低碳企业技术创新效率。第二，企业应该提升配置研发经费与人员投入的效率，拓展融资渠道，引进、培养并留住技术人员，提高低碳企业技术创新的内生因素，提高低碳企业可持续发展的内在动力。第三，强化低碳技术创新体系中低碳企业的主体地位，助力打造拥有关键技术的新型低碳企业，完善金融体系，降低金融资源配置系统的资源熵，完善低碳技术的知识产权保护体系的同时使创新成果更加可复制。最后，政府作为低碳经济的最初推动者，应积极加入低碳活动中，监督企业的低碳行为，以财税优惠政策等方式支持低碳企业发展，从而督促低碳企业进行技术创新。

14.2 研究贡献

在低碳经济的发展背景下，本书从微观企业的角度出发，探讨低碳企业的创新体系以及低碳企业的金融资源配置，研究各自的发展状况，并深入剖析两者之间的内在关联，进而为促进低碳企业的创新发展提供建议，本书的研究贡献归纳如下：

（1）将低碳经济与微观主体进行融合。截至目前，学术界对低碳经济的研究大多是宏观层面的，以更为具体的碳捕获、碳封存等低碳技术为主体进行研究。本书从企业微观层面研究我国低碳经济的发展，通过对企业技术创新的深入分析，发现我国企业低碳发展的主要路径。在低碳技术尚未规模化的背景下，本书为了更加符合我国低碳经济转型期间的研究背景，将企业为实现减排目标而进行的所有技术创新活动视作低碳技术创新，以此为视角，研究企业的低碳发展路径。

（2）构建了低碳企业的创新体系及发展路径。一方面，本书结合各类创新要素，分析了我国低碳企业创新体系的运行机制；另一方面，归纳了我国低碳企业的发展路径，具体分为低碳企业内生型自然演进路径、低碳企业外生变迁路径以及低碳企业混合型发展路径三种不同的发展路径。并对低碳企业每一种路径的内涵、路径特征和发展路径效率进行深入研究，以揭示不同路径的不同特性与适用条件，最后对低碳企业三种不同发展路径进行比较分析，更为明确地指出三种路径的差异与关联。为技术推动企业升级路径选择提供了现实的指导作用，促进低碳企业合理、及时、快速转型升级。

（3）完善了低碳企业创新的金融资源配置模式。本书主要从低碳企业创新的金融资源配置方式、配置机制和配置模式三方面进行。在低碳企业创新的金融资源配置方式方面，传统方式主要是从市场调节和政府调控来分析资源的具体配置方式，本书将社会资本也作为一种资源配置方式引入，差异化地研究这三种资源配置方式。在低碳企业创新的金融资源配置机制方面，也重点研究了市场机制、政府机制及社会机制，同时对三种机制的相互作用关系进行系统描述。在低碳企业创新的金融资源配置模式的研究方面，提出市场主导型模式、政府引导型性模式、网络集成型模式及综合优势发挥型模式四种主要的金融资源配置模式。

（4）探索了低碳企业创新体系与金融资源配置的复杂关联。分别从低碳企业创新对金融发展的促进作用与金融资源配置发展低碳企业创新的反促进作用两个方面进行分析，系统全面地识别两者的复杂关联。深入探讨了金融资源配置促进低碳企业创新的作用机理，研究了金融资源的资金集中功能、风险管理功能、信息揭示功能及项目治理功能对低碳企业创新的影响，以及低碳企业对金融发展的作用机理，研究了低碳企业对金融结构变迁、金融市场创新及金融风险管理的影响。

14.3　研究局限与展望

基于减排政策及全球低碳经济的大背景，本书对企业低碳技术创新的相关问题进行了探讨，但受限于作者的研究能力和研究精力，本书还存在一定的局限性。经整理，本书研究中的局限和对未来的展望总结如下：

（1）低碳企业技术创新问题本身是一个内涵丰富的系统性课题，而且目前研究还缺乏完整统一的标准体系，很难做到分析得全面和透彻，本书主要从低碳企业创新体系结构、创新体系要素、创新体系运行模式、创新体系运行机制四个角度构建了低碳企业创新体系。本书主要是以华电公司作为低碳企业代表而展开的研究，该公司不能完全代表整个低碳行业，所以得到的研究结果可参考的范围有限，对于电力公司以外的其他低碳企业进行技术创新的可参考性有限。因此，后续的相关研究可以考虑采用多案例、多方法的比较研究，从而提高相应研究结论的有效性和概化能力。

（2）在对低碳企业创新能力进行评价的过程中，最初的指标选取是根据阅读大量文献获取的，由于作者精力有限在选取过程中可能出现遗漏指标的问题。再者，PCFA 和灰色关联度方法虽然在缺少部分数据的情况下是最优的评价方法，但是这一过程中通过专家打分确定各指标的权重一定程度会受到专家本身的主观影响，这就导致评价结果可能会有误差。

（3）关于金融资源配置与低碳企业创新体系之间的关系研究，本书主要是通过阅读大量文献，总结相关资料从理论视角深入分析两者之间的关系。现有低碳企业大部分没有上市，导致无法获取相关的统计数据，从而使本书的研究结果不能以更直观的更明确的具体数据表达，致使本书的实证结果相对宽泛，很难根据实证结果找到更为明确具体的低碳企业发展方式。对于我国低碳企业发展路径及创新体系和金融资源配置的前瞻性探讨尚未完备，普适规律不强，可借鉴的理论价值和现实意义有限，未来将以研究成果为基础，在后续的研究中做进一步探索。

低碳企业创新发展研究是一个多因素、多部门的研究，本书仅就低碳企业的创新体系、发展路径、金融资源配置体系以及彼此之间的关系进行了初步的分析研究，而此类问题还有很多需要进一步研究的部分。下一步可以从以下几个方面开展进一步研究工作：

（1）细化和扩大研究对象和范围。本书在探索低碳企业的创新发展和金融资源配置的过程中，以华电能源股份有限公司为研究对象来分析金融资源配置问题，本书在这里探讨的大型发电企业低碳竞争力的定义，是想从理论层面对大型发电企业低碳竞争力进行一个清晰的界定，对后续的研究起到一个抛砖引玉的作用，存在研究不够深入、系统的问题。而低碳企业不仅仅包含的电力产业，应该对各行业的低碳发展均进行深入的分析，进行差异化分析，进行两者之间的对比分析，那么研究结论将会更加完善和科学。

（2）本书虽然对我国低碳企业的创新体系和金融资源配置进行了分别的分析论述，分别分析了这两者的各项构成要素。但是这些影响因素之间是如何相互影响的，在实践的过程中，该如何实现各种影响因素间的协调，以达到效用的最大化，在进一步的研究中，可以将两者之间进行融合研究，探讨彼此之间的各要素关联，明晰影响的具体机理。

(3) 低碳竞争力的影响因素进行了划分与分析，对每种影响因素都作出了具体解释，但是这些影响因素之间是如何相互影响的，在实践的过程中，该如何实现各种影响因素间的协调，以达到效用的最大化，受研究水平所限，对这些问题没有进行讨论，这也将是未来的一个研究方向。

(4) 在低碳企业创新能力评价方面，可考虑建立一个更加科学、更加完善的指标体系；在其中研究对象的选定范围和数据及政策资料的收集处理等方面需要更加全面；进行实证研究时扩展研究对象，提高研究结果的普适性，这些都将是作者今后有待进一步加强的地方。在可以预期的未来，低碳化问题将会受到越来越多的重视，如何调整金融资源配置以推动低碳企业成长以及实现技术创新，提升我国企业竞争力和可持续发展，关系到国家社会经济发展改革大局和国际影响力。

参考文献

[1] Amit R., Schoem P. J. H. Strategic Assets And Organizational Rent [J]. Strategic Management Journal, 1993, 14 (1): 33 -46.

[2] Michael. International competitiveness [M]. Spence and Healther A. Pensacola: Ballinger Publishing Company, 2015: 39 -51.

[3] Andrew Inkpen Nandan Choudhury. The seeking of strategy where it is not: Towards a theory of strategy absence [J]. The Journal of Strategy Management, 1995, 16 (4): 313 -323.

[4] Ann P. Kinzig, Daniel M. Kammen. National trajectories of carbon emissions; analysis of proposals to foster the transition to low - carbon economies [J]. Global Environmental Change, 1998, 8 (3): 183 -208.

[5] Aneel Karnani. Equilibrium market share - a measure of competitive strength [J]. Strategic Management Journal, 1982, 3 (1): 43 -51.

[6] Averch H., Johndson L. L. Behavior of the firm under regulatory constraint [J]. American Economics Review, 1962, 52 (5): 1053 -1069.

[7] Andrea Baranzini, Jose Goldemberg, Stefan Speck. A future for carbon taxes [J]. Ecological Economics, 2000, 32 (3): 395 -412.

[8] Abernathy W. J., Utterback J. M. Patterns of industrial innovation [J]. Technology Review, 1978, 80 (7): 40 -47.

[9] Barney J. B. Firm resource and sustained competitive advantage [J]. Journal of Management, 1991, 17 (1): 99 -120.

[10] Beamon B. M. Measuring supply chain performance [J]. International Journal of Operations & Production Management, 1999, 19 (3): 275 - 292.

[11] Barney J. Firm Resources and competitive advantage [J]. Journal of Management, 1991, 17 (1): 99 - 120.

[12] Caterina Brandoni, Alessia Arteconi, Giovanni Ciriachi. Assessing the impact of micro - generation technologies on local sustainability [J]. Energy Conversion and Management, 2014, 87 (11): 1281 - 1290.

[13] Chin - wei Huang, Yung - ho Chiu, Wei - ta Fang et al. Assessing the performance of Taiwan's environmental protection system with a non - radial network DEA approach [J]. Energy Policy, 2014 (74): 547 - 556.

[14] Cleyton M. Cavallaro, Joshua M. Pearce, Roman Sidortsov. Decarbonizing the boardroom? Aligning electric utility executive compensation with climate change incentives [J]. Social Science Electronic Publishing, 2018 (37): 153 - 162.

[15] Chen W., Song X., Guarda T. et al. Enterprise management innovation in the internet of things from the perspective of contingency [J]. Journal of Intelligent & Fuzzy Systems, 2019, 37 (5): 5829 - 5836.

[16] Cong R., Lo A. Y. Emission trading and carbon market performance in Shenzhen, China [J]. Applied Energy, 2017, 193 (C): 415 - 425.

[17] Christopher Flavin. Building a low - carbon economy [M]. Washington D. C.: Worldwatch Institute, 2008: 71 - 79.

[18] Changfeng Wang, Qiying Hu. Knowledge sharing in supply chain networks: Effects of collaborative innovation activities and capability on innovation performance [J]. Technovation, 2020 (94 - 95): 102010.

[19] Christian Marheine, Lukas Gruber, Andrea Back. Innovation durch den Einsatz von enterprise IoT - Lösungen: Ein modell zur bestimmung des innovationspotenzials [J]. HMD Praxis der Wirtschaftsinformatik, 2019, 56 (6): 1126 - 1143.

[20] Chen S., Shi A., Wang X. Carbon emission curbing effects and influencing mechanisms of China's emission trading scheme: the mediating roles of technique effect, composition effect and allocation effect [J]. Journal of Cleaner Production, 2020 (264): 121700.

[21] Orlitzky Matten, Jeremy Moon. Corporate social responsibility educa-

tion in Europe [J]. Journal of Business Ethics, 2011, 54 (4): 323 - 337.

[22] David Kidney. The UK's transition to a low - carbon economy will depend on a strategic approach at all levels [J]. The Engineer, 2010, 295 (8): 16 - 20.

[23] Dasgupta M. Business model innovation: responding to volatile business environment in the Indian banking industry [J]. Journal of Asia - Pacific Business, 2019, 20 (4): 260 - 280.

[24] Dong F., Yuan J., Zhang S. N. Can a carbon emission trading scheme generate the porter effect? evidence from pilot areas in China [J]. Science of the Total Environment, 2018, 653 (Feba25): 565 - 577.

[25] Freeman C. Economics of industrial innovation [M]. Routledge, 2013: 34 - 39.

[26] Ghaffari Sina, Arab Alireza, Nafari Javid, Manteghi Manuchehr. Investigation and evaluation of key success factors in technological innovation development based on BWM [J]. Decision Science Letters, 2017, 6 (3): 295 - 306.

[27] Ghisetti C., Quatraro F. Green technologies and environmental productivity: A cross - sectoral analysis of direct and indirect effects in Italian regions [J]. Ecological Economics, 2017, 132 (a): 1 - 13.

[28] Goh Brian K. P. Comment on "A comparison of the learning curves of laparoscopic liver surgeons in differing stages of the IDEAL paradigm of surgical innovation" [J]. Annals of surgery, 2019, 270 (6): 366 - 379.

[29] Hu Y. C., Ren S. G., Wang Y. J. Can carbon emission trading scheme achieve energy conservation and emission reduction? Evidence from the industrial sector in China [J]. Energy Economics, 2020, 85 (c): 104590.

[30] Hargreaves G. H., Samani Z. A. Reference crop evapotranspiration from temperature [J]. Applied Engineering Agriculture, 2015 (1): 96 - 99.

[31] Hill J. Thinking about a more sustainable business - an indicators approach [J]. Corporate Environmental Strategy, 2001, 8 (1): 141 - 144.

[32] IPCC. Intergovernmental panel for climate change fourth assessment report [R]. Cambridge University Press, 2007: 15 - 22.

[33] Ibikunle G. , Gregoriou A. , Hoepner A. G. F. , et al. Liquidity and market efficiency in the world's largest carbon market [J]. The British Accounting Review, 2016, 48 (4): 431 - 447.

[34] Jeffrey Sonnenfeld. Measuring corporate performance [J]. Long Range, 2014 (4): 89 - 98.

[35] J. Jeswie. Carbon emissions and CESTM in manufacturing CIRP annals [J]. Manufacturing Technology, 2008 (1): 17 - 20.

[36] Johannessen J. A. , Olsen B. Knowledge management and sustainable competitive advantages: The impact of dynamic contextual training [J]. International Journal of Information Management, 2003, 23 (4): 277 - 289.

[37] Jong - Sung, Song Kun - Mo Lee. Development of a low - carbon product design system based on embedded GHG emissions [J]. Conservation and Recycling, 2010, 94 (9): 547 - 556.

[38] J. W. Tester et al. Sustainable energy: Choosing among options [M]. US: MIT Press, 2015: 95 - 112.

[39] Jong T. , Couwenberg O. , Woerdman E. Does EU emissions trading bite? An event study [J]. Energy Policy, 2014 (69): 510 - 519.

[40] John A. Mathews. How carbon credits could drive the emergence of renewable energies [J]. Energy Policy, 2008, 36 (10): 3633 - 3639.

[41] James Nelson, Josiah Johnston, Ana Mileva, et al. High - resolution modeling of the western north American power system demonstrates low - cost and low - carbon futures [J]. Energy Policy, 2012, 43 (3): 436 - 447.

[42] Johnston D. , Lowe R. , Bell M. An exploration of the technical feasibility of achieving CO_2 emission reductions in excess of 60% within the UK housing stock by the year 2050 [J]. Energy Policy, 2005, 33 (13): 1643 - 1659.

[43] Joe Malale. In SinkErator's commitment to ASA, the industry and product innovation [J]. Supply House Times, 2020, 63 (3): 1121 - 1139.

[44] Jessica Jacobsen. Tea's next innovation wave [J]. Beverage Industry, 2020, 111 (4): 179 - 190.

[45] Jun Liu, Huihong Chang, Jeffrey Yi - Lin Forrest, Baohua Yang. In-

fluence of artificial intelligence on technological innovation: Evidence from the panel data of China's manufacturing sectors [J]. Technological Forecasting & Social Change, 2020, 158 (Sepa): 120142.

[46] Koji Shimada, Yoshitaka Tanaka, Kei Gomi, Yuzuru Matsuoka. Developing a long - term local society design methodology towards a low - carbon economy: An application to shiga prefecture in Japan [J]. Energy Policy, 2007, 35 (9): 4688 -4703.

[47] Kunmin ZHANG, Zongguo WEN, Liying PENG. Review on environmental policies in China: Evolvement, features, and evaluation [J]. Frontiers of Environmental Science & Engineering in China, 2008, 2 (2): 129 -141.

[48] Li Qun, Ling Kang. Blur theory synthesis evaluation of business enterprise technique innovation ability [J]. Mathematics in Practice and Theory, 2014 (5): 41 -46.

[49] Li F., Xu X., Li Z., et al. Can low - carbon technological innovation truly improve enterprise performance? The case of Chinese manufacturing companies [J]. Journal of Cleaner Production, 2021, 293 (15): 125949.

[50] Li Xiaodong, Zhang Xia. Research on the statistics index system and evaluation method of high and new technology industry development [J]. Journal of Harbin Institute of Technology, 2014, 11 (3): 334 -337.

[51] Li Shoude, Li Dong D. Quality improvement and process innovation of a firm facing reference price effects in a dynamic monopoly [J]. Applied Economics, 2022, 54 (30): 3537 -3556.

[52] Laubengaier Désirée A., Cagliano Raffaella, Canterino Filomena. It takes two to tango: Analyzing the relationship between technological and administrative process innovations in Industry 4.0 [J]. Technological Forecasting & Social Change, 2022 (180): 121675.

[53] Li Suicheng, Wu Mengchao, Zhu Mingwei. What's in it for me? The occurrence of supplier innovation contribution in the context of supplier - dominant innovation: The supplier's perspective [J]. Industrial Marketing Management, 2022 (104): 182 -195.

[54] Liu X., Gan Z., Shang Y. Analys is of the path to improve the ener-

gy saving technologies and management levels in chemical industry [J]. Energy Procedia, 2011 (5): 1269 -1273.

[55] Ma Xueqin. Theory and methodology of measuring enterprise competiveness [J]. Pioneering with Science & Technology, 2015 (5): 92 -93.

[56] Michael E. Porter. Green competitiveness [M]. New York: Times, 1991: 69 -77.

[57] Michael Grubb, Lucy Butler, Paul Twomey. Diversity and security in UK electricity generation: The influence of low carbon objectives [J]. Energy Policy, 2016, 34 (18): 4050 -4062.

[58] Mingook Lee, Sungjoo Lee. Evaluating internal technological capabilities in energy companies [J]. Energies, 2016, 9 (3): 145.

[59] Munnings C., Morgenstern R. D., Wang Z. M., et al. Assessing the design of three carbon trading pilot programs in China [J]. Energy Policy, 2016, 96 (Sepa): 688 -699.

[60] Mu Yu, Bossink Bart, Vinig Tsvi. Developing a classification scheme of service innovation: Synthesizing degree and type of change in service innovation [J]. Annals of Tourism Research, 2022 (95): 103411.

[61] Martini A., Neirotti P., Appio F. P. Knowledge searching, integrating and performing: Always a tuned trio for innovation? [J]. Long Range Plan, 2017 (50): 200 -220.

[62] Mohnani Krsna. Promoting innovation: A student's perspective [J]. Medical Teacher, 2020 (42): 626 -642.

[63] Master Peace Solutions Ltd. Master peace solutions' director of launch pad operations, William Olsen, to speak at the lean innovation educators summit [J]. Technology News Focus, 2019: 556 -572.

[64] Murmura F., Liberatore L., Bravi L., et al. Evaluation of Italian companies' perception about ISO 14001 and Eco management and audit scheme Ⅲ: motivations, benefits and barriers [J]. Journal of Cleaner Production, 2018 (174): 691 -700.

[65] Nong D., Nguyen T. H., Wang C., et al. The environmental and economic impact of the emissions trading scheme (ets) in Vietnam [J]. Energy

Policy, 2020 (140): 111 - 132.

[66] Neuhoff K. Large - scale deployment of renewables for electricity generation [J]. Oxford Review of Economic Policy, 2015 (1): 88 - 110.

[67] Nigel A. Lcock. Businesses must face the realities of a low carbon economy [J]. Strategic Direction, 2008 (6): 13 - 15.

[68] Novikov L. L. The efficiency of atomic power stations [J]. Atom-maya Energiya, 2009 (11): 40 - 69.

[69] Nicholas Stern. The economies of climate changer [J]. American Economic Review, 2008, 98 (2): 1 - 37.

[70] Neil Strachan, Ramachandran, Kannan. Hybrid modeling of long - term carbon reduction scenarios for the UK [J]. Energy Economics, 2008, 30 (6): 2947 - 2963.

[71] Nick Hacking, Peter Pearson, Malcolm Eames. Mapping innovation and diffusion of hydrogen fuel cell technologies: Evidence from the UK's hydrogen fuel cell technological innovation system, 1954 - 2012 [J]. International Journal of Hydrogen Energy, 2019, 44 (57): 699 - 712.

[72] Penman H. L. Evaporation: An introductory survey [J]. Netherlands Journal of Agricultural Science, 2016 (4): 7 - 9.

[73] Paulo Antônio Zawislak, Edi Madalena Fracasso, Jorge Tello - Gamarra. Technological intensity and innovation capability in industrial firms [J]. Innovation & Management Review, 2018, 15 (2): 189 - 207.

[74] Parikh J, Panda M, Ganesh - Kumar A. CO_2 emissions structure of Indian economy [J]. Energy, 2009, 34 (8): 1024 - 1031.

[75] Yuke C, Weidong M, Yan Z, et al. Alliance strategy of vertical co-operation innovation enterprises under the condition of competition [J]. New West Indian Guide, 1981, 55 (1): 174 - 224.

[76] Qin Q., Li X., Li L., Zhen W., Wei Y. M. Air emissions perspective on energy efficiency: An empirical analysis of China's coastal areas [J]. Applied Energy, 2017, 185 (1): 604 - 614.

[77] Ross J. R. Benchmarking: Improving performance through standards of comparison [J]. Stores, 2007 (11): 53 - 54.

[78] Ramakrishnan Ramanathan. A multi – factor efficiency perspective to the relationships among world GDP, energy consumption and carbon dioxide emissions [J]. Technological Forecasting & Social Change, 2016 (73): 483 – 494.

[79] Rinku Skaria, Pratik Satam, Zain Khalpey. Opportunities and challenges of disruptive innovation in medicine using artificial intelligence [J]. The American Journal of Medicine, 2020, 133 (6): 536 – 551.

[80] Jr R. B. W. D. A global business perspective on development and the environment [J]. Foreign Affairs (Council on Foreign Relations), 1992, 71 (4): 202.

[81] S. Giblin, A. Mcnabola. Modeling the Impacts of a carbon emission – differentiated vehicle tax system on CO_2 emissions intensity from new vehicle purchases in Ireland [J]. Energy policy, 2009, 37 (4): 1404 – 1411.

[82] Soete L. From industrial to innovation policy [J]. Journal of Industry, Competition and Trade, 2007, 7 (3 – 4): 273.

[83] Shu C., Liu C., Gao S., Shanley M. The knowledge spillover theory of entrepreneurship in alliances [J]. Entrepreneurship Theory and Practice, 2014, 38 (4): 913 – 940.

[84] Saebi T., Lien L., Foss N. J. What drives business model adaptation? The impact of opportunities, threats and strategic orientation [J]. Long Range Planning, 2017, 50 (5): 567 – 581.

[85] Sheriff G. Optimal environmental regulation of politically influential sectors with asymmetric information [J]. Journal of Environmental Economics and Management, 2008, 55 (1): 72 – 89.

[86] Streimikiene D., Roos I. GHG emission trading implications on energy sector in Baltic States [J]. Renewable & Sustainable Energy Reviews, 2009 (13): 854 – 862.

[87] Stern Nicholas. Stern review on the economics of climate change [R]. Cambridge University Press, 2017: 26 – 33.

[88] Salimi Meysam, Della Torre Edoardo. Pay incentives, human capital and firm innovation in smaller firms [J]. International Small Business Journal:

Researching Entrepreneurship, 2022, 40 (4): 169 -258.

[89] Sun Yahui, Luo Shougui. Selective R&D subsidies and firms' application strategies [J]. Applied Economics Letters, 2022, 29 (11): 135 -151.

[90] Shin Kiyoon, Lee Jeong Dong. Impact of public procurement for innovation on firm productivity [J]. Applied Economics Letters, 2022, 29 (11): 116 -129.

[91] Sun Xiuli. Human capital, radical product innovation, and product proliferation: Evidence from China [J]. Emerging Markets Finance and Trade, 2022, 58 (7): 691 -706.

[92] Treffers T. Faaij, Sparkman J., Seebregts A. Exploring the possibilities for setting up sustainable energy systems for the long term: Two visions for the dutch energy system in 2050 [J]. Energy Policy, 2015 (33): 1723 -1743.

[93] Thakur P. C., Cabrera D. D., De Carolis N., et al. Innovation and commercialization strategies for three - dimensional - bio printing technology: A lean business model perspective [J]. Journal of Commercial Biotechnology, 2018, 24 (1): 78 -87.

[94] Tõnurist P. Framework for analyzing the role of state - owned enterprises in innovation policy management: The case of energy technologies and eesti energia [J]. Technovation, 2015 (38): 1 -14.

[95] Tõnurist P., Karo E. State owned enterprises as instruments of innovation policy [J]. Annals of Public and Cooperative Economics, 2016, 87 (4): 623 -648.

[96] Tang Y., Mack D. Z., Chen G. The differential effects of CEO narcissism and hubris on corporate social responsibility [J]. Strategic Management Journal, 2018, 39 (5): 1370 -1387.

[97] Thomas Eichner, Marco Runkel. Efficient policies for green design in a vintage durable good model [J]. Environmental and Resource Economics, 2015, 30 (3): 259 -278.

[98] Teece G., Pisano Shuen A. Dynamic capabilities and strategic management [J]. Strategic Management Journal, 2017 (18): 509 -534.

[99] Toshihiko Nakata, Diego Silva, Mikhail Rodionov. Application of energy system models for designing a low - carbon society [J]. Progress in Energy and Combustion Science, 2011, 37 (4): 462 - 502.

[100] Ayyagari M, Demirgüç - Kunt A, Maksimovic V. Firm innovation in emerging markets: The role of finance, governance, and competition [J]. Journal of Financial and Quantitative Analysis, 2011, 46 (6): 1545 - 1580.

[101] UK Energy White Paper. Our energy future creating a low carbon economy [M]. London: TSO, 2003: 37 - 51.

[102] Ugur Soytas, Ramazan Sari. Energy consumption, economic growth, and carbon emissions: Challenges faced by an EU candidate member [J]. Ecological Economics, 2009 (68): 1667 - 1675.

[103] Viebahn P., Nitsch J., Fischedickl M., et al. Comparison of carbon capture and storage with renewable energy technologies regarding structural, economic and ecological aspects in Germany [J]. International Journal of Greenhouse Gas Control, 2007, 1 (1): 121 - 133.

[104] Von der Gracht H., Vennemann C. R., Darkow I. L. Corporate foresight and innovation management: A portfolio - approach in evaluating organizational development [J]. Futures, 2010, 42 (4): 380 - 393.

[105] W. B. Tye. Competitive access: A competitive industry approach to the essential facility doctrine [J]. Energy Law Journal, 2011 (3): 337 - 379.

[106] World Bank. World development report: Development and climate change [R]. Washington, 2010: 5 - 10.

[107] Wang Y., Roijakkers N., Vanhaverbeke W., Chen J. How Chinese firms employ open innovation to strengthen their innovative performance [J]. International Journal of Technology Management, 2012, 59 (3/4): 235 - 254.

[108] Wagner S., Wakeman S. What do patent - based measures tell us about product commercialization? Evidence from the pharmaceutical industry [J]. Research Policy, 2016, 45 (5): 1091 - 1102.

[109] Witt Anne C., Colino Sandra Marco. The Incursion of Antitrust into China's Platform Economy [J]. The Antitrust Bulletin, 2022, 67 (2):

452 - 461.

[110] Wilson Electronics. Wilson electronics' we boost home complete named as CES 2020 innovation awards honoree [J]. Electronics Newsweekly, 2019: 556 - 578.

[111] Xiao Li. Discussion on the present situation and countermeasures of college students' innovation and entrepreneurship guidance [J]. Aussie - Sino Studies, 2019, 5 (4): 228 - 242.

[112] Yaisawarng S., Klein J. D. The effects of sulfur dioxide control son productivity change in the U. S. electric power industry [J]. Review of Economics & Statistics, 2004, 76 (3): 447 - 460.

[113] Yi J., Hong J., Chung Hsu W., Wang C. The role of state ownership and institutions in the innovation performance of emerging market enterprises: Evidence from China [J]. Technovation, 2017 (62): 4 - 13.

[114] Yan Junwei, Ye Yang, Wang Jia. A model - based evaluation system of enterprise [J]. High Technology Letters, 2015 (2): 175 - 178.

[115] Yamasue Eiji, Kosai Shoki, Stanisavljevic Nemanja. The paradox behind green innovations [J]. Waste Management & Research, 2022, 40 (7): 69 - 78.

[116] Zhang Xingping, Cheng Xiaomei. Energy consumption, carbon emission and economic growth in China [J]. Ecological Economics, 2009 (68): 270 - 271.

[117] Zhu Xuehong, Zuo Xuguang, Li Hailing. The dual effects of heterogeneous environmental regulation on the technological innovation of Chinese steel enterprises - based on a high - dimensional fixed effects model [J]. Ecological Economics, 2021, 188 (Octa): 107113.

[118] Zhou W. Political connections and entrepreneurial investment: Evidence from China's transition economy [J]. Journal of Business Venturing, 2013, 28 (2): 299 - 315.

[119] Zhang Y. J., Hao J. F. Carbon emission quota allocation among China's industrial sectors based on the equity and efficiency principles [J]. Annals of Operations Research, 2017, 255 (1 - 2): 117 - 140.

[120] Zhang J., Zhang L. Impacts on CO_2 emission allowance prices in China: A quintile regression analysis of the Shanghai emission trading scheme [J]. Sustainability, 2016, 8 (11): 1195.

[121] Zhao X. G., Wu L., Li A. Research on the efficiency of carbon trading market in China [J]. Renew Sustain Energy Rev, 2017, 79 (Nova): 1-8.

[122] Zhao X. G., Jiang G. W., Nie D., et al. How to improve the market efficiency of carbon trading: A perspective of China [J]. Renewable and Sustainable Energy Reviews, 2016, 59 (Juna): 1229-1245.

[123] Zhang Y., Liu J. Does carbon emissions trading affect the financial performance of high-energy-consuming firms in China? [J]. Nat Hazards, 2019 (95): 91-111.

[124] Zhang Y., Zhang J. Estimating the impacts of emissions trading scheme on low-carbon development [J]. Journal of Cleaner Production, 2019, 238 (20): 117913.

[125] Zona Fabio, Zamarian Marco. The behavioral agency model and innovation investment: Examining the combined effects of CEO and board ownership [J]. Group & Organization Management, 2022, 47 (3): 556-571.

[126] 包玉香. 高效生态经济与低碳能力建设的耦合作用机制研究 [J]. 山东师范大学学报（人文社会科学版），2014，57（2）：86—93.

[127] 巴曙松，严敏，吴大义. 后金融危机时代中国绿色金融体系的发展趋势 [J]. 金融管理与研究，2014（2）：9—11.

[128] 陈齐櫟，郗永勤. 低碳企业供应链协同知识创新的激励机制研究 [J]. 发展研究，2017（6）：85—89.

[129] 陈文婕，曾德明. 低碳技术合作创新网络中的多维邻近性演化 [J]. 科研管理，2019，40（3）：30—40.

[130] 崔新进. 中小城市低碳发展的融资问题研究 [J]. 浙江金融，2014（3）：30—32，9.

[131] 巢来春，余玉龙. 构建民营企业创新体系研究 [J]. 经济与管理，2003（11）：41—42.

[132] 陈端计，杭丽. 低碳经济理论研究的文献回顾与展望 [J]. 生

态经济，2012（11）：32—38.

［133］程松涛．中国加速推进能源绿色转型［J］．生态经济，2021，37（10）：9—12.

［134］崔满红．金融资源理论研究二：金融属性［J］．城市金融论坛，1995（5）：10—15.

［135］杜明军．基于低碳经济发展约束的企业战略选择［J］．企业活力，2014（1）：8—12.

［136］邓玉萍，王伦，周文杰．环境规制促进了绿色创新能力吗？——来自中国的经验证据［J］．统计研究，2021，38（7）：76—86.

［137］杜群阳，周方兴，战明华．信息不对称、资源配置效率与经济周期波动［J］．中国工业经济，2022（4）：61—79.

［138］杜雯秦，郭淑娟．双碳目标下我国绿色能源效率提升路径研究［J］．管理现代化，2021，41（6）：96—99.

［139］丁参，戴建平．应对气候变化——资本主义的挑战与社会主义的道路［J］．自然辩证法通讯，2022，44（2）：23—30.

［140］段万春，王晓萍，许成磊，孙永河．新时期云南绿色能源扶贫的关键影响因素识别研究［J］．生态经济，2021，37（8）：200—205.

［141］杜金岷，韦施威，刘立夫．金融科技促进了实体企业未来主业发展吗？［J］．当代经济管理，2021，43（11）：80—89.

［142］董秋云．低碳经济视角下的企业发展探讨［J］．生态经济（学术版），2016（1）：270—276.

［143］冯之浚，周荣，张倩．低碳经济的若干思考［J］．中国软科学，2009（12）：18—23.

［144］冯之浚，周荣．低碳经济：中国实现绿色发展的根本途径［J］．中国人口·资源与环境，2016，20（4）：1—7.

［145］冯之浚，牛文元．低碳经济与科学发展［J］．中国软科学，2009（8）：13—19.

［146］冯果，袁康．反垄断区域下的金融资源配置和社会公平［J］．法学杂志，2011（8）：35—39.

［147］傅学良，刘淑华，王晓田．国外发展低碳经济的政策工具选择及启示［J］．科技导报，2013，28（19）：120—121.

［148］范德成，张修凡．绿色金融改革创新对低碳企业可持续发展能力的影响研究［J］．科学管理研究，2021，39（3）：85—90.

［149］范莉莉，褚媛媛．中国冶金企业环保规制、低碳技术创新与企业绩效［J］．软科学，2019，33（4）：62—65，74.

［150］范太胜．基于系统动力学的低碳经济发展模式研究：以福建省为例［J］．华东经济管理，2013，27（8）：12—16.

［151］龚关，胡关亮．中国制造业资源配置效率与全要素生产率［J］．经济研究，2013（4）：4—16.

［152］高寒，黄斌全．基于创新规划制定之道的企业创新体系架构研究［J］．企业改革与管理，2020（13）：3—6.

［153］工商银行江苏省分行课题组，戴巍，徐晓岚，邱亚光，葛祥，王思维，唐建梅，包建春．江苏低碳经济发展的金融支持路径研究［J］．金融纵横，2013（9）：3—7.

［154］顾伟，任勇军．车联网中路边设施的分布式调度策略的研究［J］．南京信息工程大学学报（自然科学版），2021，13（5）：605—610.

［155］高喜超，范莉莉．企业低碳竞争力探析［J］．贵州社会科学，2013（2）：136—141.

［156］龚晨，毕克新．低碳情境下制造企业社会责任对创新绩效的影响研究［J］．预测，2018，37（1）：43—48.

［157］郭华，罗彤，张洋．金融资源配置水平与经济高质量发展［J］．统计与决策，2021，37（23）：136—140.

［158］龚关，江振龙，徐达实，李成．非金融企业影子银行化与资源配置效率的动态演进［J］．经济学（季刊），2021，21（6）：2105—2126.

［159］郭华，岑霞，罗彤，张洋．农村人口结构与金融资源配置的时空耦合水平测度及影响因素研究［J］．宏观经济研究，2021（6）：146—160.

［160］郭新明，郭大勇，刘念，彭恒文，唐晓婕．竞争中性、信贷资源配置与货币政策传导［J］．上海金融，2020（12）：2—18.

［161］公衍磊，邓辛，杨金强．全要素生产率、产能利用率与企业金融资源配置——基于中国上市企业委托贷款公告数据的经验分析［J］．金融研究，2020（7）：57—74.

[162] 胡志伟，刘勇．低碳经济视角下的省域竞争研究［J］．中国工业经济，2013（4）：69—78.

[163] 胡永铨，江慧芳．基于全球价值链视角的企业创新体系构建［J］．科技进步与对策，2009，26（23）：93—96.

[164] 侯正猛，冯文韬．一种面向未来能源系统的综合能源架构——基于能源多板块智能耦合的绿色能源系统 ENSYSCO［J］．工程科学与技术，2022，54（1）：5—15.

[165] 黄晓冬，端木帅飞，毕敬，苑海涛．服务延迟保障的混合绿色云数据中心成本最小化方法［J］．计算机集成制造系统，2021，27（8）：2416—2425.

[166] 胡鞍钢．中国实现2030年前碳达峰目标及主要途径［J］．北京工业大学学报（社会科学版），2021，21（3）：1—15.

[167] 黄锡光．寻觅缺失的冲击效应重建失灵的均衡机制——试解人民币升值与外贸顺差同步增长之迷［J］．世界经济研究，2006（11）：60—64.

[168] 韩冰，孟凡生．我国装备制造企业低碳技术创新外部驱动机制分析［J］．工业工程与管理，2018，23（3）：42—49.

[169] 侯世英，宋良荣．金融科技、科技金融与区域研发创新［J］．财经理论与实践，2020，41（5）：11—19.

[170] 胡俞越．中国期货市场的发展回顾与展望［J］．北京工商大学学报（社会科学版），2020，35（4）：11—20.

[171] 贾林娟．安徽省科技金融支持低碳产业发展研究［J］．重庆科技学院学报（社会科学版），2017（12）：51—54，63.

[172] 贾林娟．我国科技金融支持低碳产业发展的影响因素分析［J］．新疆财经，2015（4）：14—20.

[173] 江洪，李金萍，李秋雁．政府发展性支出、产业集聚与绿色能源效率［J］．技术经济，2022，41（1）：53—65.

[174] 蒋长流．多维视角下中国低碳经济发展的激励机制与治理模式研究［J］．经济学家，2012（12）：49—56.

[175] 简泽，徐扬，吕大国，卢任，李晓萍．中国跨企业的资本配置扭曲：金融摩擦还是信贷配置的制度偏向［J］．中国工业经济，2018

(11): 24—41.

[176] 柯健. 低碳经济: 我国经济可持续发展的必由之路 [J]. 中国矿业大学学报(社会科学版), 2013, 12 (2): 68—73.

[177] 康志勇, 张宁, 汤学良, 刘馨. "减碳"政策制约了中国企业出口吗 [J]. 中国工业经济, 2018 (9): 117—135.

[178] 李响. 论低碳经济的法律规制 [J]. 学习与探索, 2010 (2): 110—112.

[179] 李相银, 杨亚平. 论企业创新体系 [J]. 科技管理研究, 2002 (1): 78—80.

[180] 李平. 基于低碳经济的金融体系的构建 [J]. 生态经济, 2013 (8): 121—124.

[181] 李平. 低碳经济的金融支持研究 [J]. 理论探讨, 2015 (5): 67—70.

[182] 李平. 低碳产业集群的推进路径和策略研究 [J]. 特区经济, 2015 (10): 185—188.

[183] 李坪, 梅林海. 低碳经济发展与广东对策研究 [J]. 生态经济, 2013 (2): 78—82.

[184] 李卢霞, 黄旭. 低碳金融模式研究: 实践考察与战略思考 [J]. 金融论坛, 2011, 15 (1): 27—35.

[185] 陆怡, 李磊. 应对低碳壁垒我国对外贸易的政策调整与法制完善 [J]. 行政与法, 2011 (1): 82—86.

[186] 梁敏, 王帅, 张莹, 张林秀, 孙彦. 农村居民幸福感与绿色炊事能源消费选择——基于中国家庭追踪调查数据的实证分析 [J]. 中国农业资源与区划, 2021, 42 (9): 241—250.

[187] 李昕蕾. 全球生态文明建设中的中国新能源外交 [J]. 人民论坛·学术前沿, 2021 (14): 97—105.

[188] 雷军, 张利, 张小雷. 中国干旱区特大城市低碳经济发展研究——以乌鲁木齐市为例 [J]. 干旱区地理, 2015, 34 (5): 820—829.

[189] 李军军, 周利梅. 福建省低碳经济竞争力评价及提升对策 [J]. 综合竞争力, 2013 (3): 75—80.

[190] 李占峰, 任福兵. 中国低碳经济发展的政策体系构建 [J]. 生

态经济，2015（10）：62—65.

［191］雷立钧．碳金融研究——国际经验与中国实践［M］．经济科学出版社，2012：29—36.

［192］刘小元，林嵩．地方政府行为对创业企业技术创新的影响——基于技术创新资源配置与创新产出的双重视角机［J］．研究与发展管理，2013（10）：12—25.

［193］林毅夫，孙希芳，姜烨．经济发展中的最优金融结构理论初探［J］．经济研究，2009（8）：4—17.

［194］李卢霞，黄旭．低碳金融模式研究：实践考察与战略思考［J］．金融论坛，2010，15（10）：19—27.

［195］兰梓睿，孙振清，蔡琳琳．低碳背景下上下游企业绿色创新投入的演化博弈［J］．科技管理研究，2019，39（16）：257—263.

［196］李光红，刘德胜．企业低碳技术创新的“云创新”模式研究［J］．理论学刊，2018（4）：40—46.

［197］李随成，杨涛．制造企业低碳能力测度实证研究［J］．吉首大学学报（社会科学版），2017，38（3）：98—102.

［198］刘名武，万谧宇，付红．碳交易和低碳偏好下供应链低碳技术选择研究［J］．中国管理科学，2018，26（1）：152—162.

［199］刘赛红，杨颖．金融资源配置与乡村产业振兴的交互作用及其空间溢出效应［J］．经济问题，2021（11）：98—106.

［200］李青原，章尹赛楠．金融开放与资源配置效率——来自外资银行进入中国的证据［J］．中国工业经济，2021（5）：95—113.

［201］梁琳．人工智能政策对我国金融产业效率的影响——基于金融产业资源配置效率视角［J］．税务与经济，2021（3）：63—72.

［202］李佳霖，张倩肖，董嘉昌．金融发展、企业多元化战略与高质量发展［J］．经济管理，2021，43（2）：88—105.

［203］廖冠民，宋蕾蕾．非正规金融与资源配置效率［J］．经济科学，2020（3）：60—72.

［204］厉华威．行政分权、财政分权与金融资源配置［J］．云南财经大学学报，2020，36（6）：54—63.

［205］卢娜，王为东，王淼，张财经，陆华良．突破性低碳技术创新

与碳排放：直接影响与空间溢出［J］．中国人口·资源与环境，2019，29（5）：30—39．

［206］孟岩，杜亚楠，李绍萍．东北老工业基地低碳发展水平的综合评价［J］．哈尔滨商业大学学报（社会科学版），2015（5）：12—20．

［207］孟凡生，韩冰．基于演化博弈理论的装备制造企业低碳技术创新动力机制研究［J］．预测，2018，37（3）：69—74．

［208］马惠荣，陈旭，周知，于帅．绿色能源驱动的移动边缘计算动态任务卸载［J］．计算机研究与发展，2020，57（9）：1823—1838．

［209］牛晓耕，王海兰．黑龙江省能源消费结构与碳排放关系的实证分析［J］．财经问题研究，2011（8）：29—35．

［210］宁立标，杨晓迪．能源正义视角下我国能源转型的法律规制路径［J］．山东大学学报（哲学社会科学版），2022（2）：175—184．

［211］聂飒．中国RPV与金融资源配置效率——基于面板阈值模型的实证分析［J］．哈尔滨商业大学学报（社会科学版），2020（6）：19—28．

［212］潘慧．“沪港通”提升上海配置全球金融资源能级了吗？［J］．上海经济研究，2019（7）：79—87．

［213］彭青龙，廖静．科技文明、生态文明与思维教育——访谈谢和平院士［J］．上海交通大学学报（哲学社会科学版），2021，29（2）：1—10．

［214］乔生，孙成成，黄昕，李冬梅，陈曦，汪洁．江苏低碳经济发展路径选择和政策设计研究［J］．科学发展，2013（9）：88—102．

［215］乔根·兰德斯．科技与人类可持续发展［J］．科技导报，2021，39（2）：15—17．

［216］秦耀辰，张丽君，鲁丰先，闫卫阳，王喜．国外低碳城市研究进展［J］．地理科学进展，2016，29（12）：1459—1469．

［217］瞿群臻，王明新．低碳供应链管理绩效评价模型的构建［J］．中国流通经济，2015，26（3）：39—44．

［218］齐闯，张长青．中小企业自主创新能力评价体系研究——以黑龙江省为例［J］．黑龙江社会科学，2010（5）：39—42．

［219］荣红霞，付林．财税金融政策支持黑龙江省低碳经济发展的对策研究［J］．全国商情（经济理论研究），2015（19）：63—64．

［220］任力．低碳经济与中国经济可持续发展［J］．社会科学家，2009（2）：47—50.

［221］任家华．基于低碳经济理念的产业集群生态创新研究［J］．科技管理研究，2012，30（23）：184—187.

［222］任卫峰．低碳经济与环境金融创新［J］．上海经济研究，2008（3）：38—42.

［223］任亚军．区域金融资源配置差异性研究［J］．上海金融，2007（3）：79—81.

［224］石巧玲，刘伟平，李焕庭，陈燕煌，陈琳，庄佩芬．福建省低碳企业规模化发展探讨［J］．台湾农业探索，2013（3）：30—33.

［225］孙小明．新常态下低碳产业的机遇与发展模式选择［J］．资源开发与市场，2016，32（8）：989—994.

［226］孙阁斐．低碳经济与中国经济可持续发展［J］．经济研究导刊，2017（14）：9—10.

［227］宋大伟．高端科技智库开展"双碳"战略研究思考［J］．中国科学院院刊，2021，36（12）：1482—1487.

［228］邵学峰，方天舒．不完全契约视角下绿色能源的政策驱动效应——以光伏产业为例［J］．财经问题研究，2021（5）：40—48.

［229］施晶莹，李灿．太阳燃料：新一代绿色能源［J］．科技导报，2020，38（23）：39—48.

［230］孙强，陈倩，潘杭萍，雍维桢，陈洋，王建学．典型区县综合能源服务实施路径比较分析［J］．中国电力，2020，53（12）：92—100，109.

［231］宋迎法，杜林．低碳经济发展中的政府角色定位研究［J］．石河子大学学报（哲学社会科学版），2015，24（4）：36—41.

［232］盛明科，朱青青．低碳经济发展背景下政府管理创新的必要性、内容与途径［J］．当代经济管理，2011，33（7）：46—51.

［233］盛天翔，张勇．货币政策、金融杠杆与中长期信贷资源配置——基于中国商业银行的视角［J］．国际金融研究，2019（5）：55—64.

［234］史贞．金融资源配置效率对实体经济发展影响的动态空间效应研究［J］．统计与决策，2021，37（19）：161—165.

［235］陶良虎．低碳经济：湖北经济发展超越的新路径［J］．湖北行政学院学报，2015（1）：24—28.

［236］同小歌，冉茂盛，杨琰军．金融资源配置效率影响因素研究——基于晋升激励的视角［J］．金融论坛，2022，27（3）：73—80.

［237］田新民，张志强．金融科技、资源配置效率与经济增长——基于中国金融科技门槛作用的分析［J］．统计与信息论坛，2020，35（7）：25—34.

［238］王璟珉，居岩岩，魏东．低碳经济研究学术报告（2012）［J］．山东大学学报（哲学社会科学版），2013（4）：30—44.

［239］王宜刚，欧阳祖友．低碳经济背景下企业融资路径选择［J］．中国商贸，2011（6）：102—103.

［240］吴昌华．低碳创新的技术发展路线图［J］．中国科学院院刊，2014，25（2）：138—145.

［241］王文军．低碳经济的概念及发展模式研究［J］．科学经济社会，2014，28（2）：69—77.

［242］王淑荣．大连发展低碳产业集群的对策研究［J］．内蒙古科技与经济，2014（17）：3—7.

［243］吴晓波，赵广华．论低碳产业集群的动力机制——基于省级面板数据的实证分析［J］．经济理论与经济管理，2010（8）：15—19.

［244］王丹，郭福春．碳金融支持低碳经济发展的机制与路径选择［J］．金融教育研究，2012，25（1）：52—56.

［245］吴金旺，郭福春．国际碳金融市场发展现状与我国对策［J］．浙江金融，2016（2）：72—76.

［246］王京安，韩立，高翀，徐昕．低碳经济发展中政府与企业之间的博弈分析［J］．科技管理研究，2013，32（22）：234—238.

［247］王军．我国低碳产业发展的问题与对策研究［J］．理论学刊，2015（2）：47—51.

［248］伍华佳．中国产业低碳化转型与战略思路［J］．社会科学，2012（8）：46—54.

［249］王成城，蒋海萍，吴婷，李敏．中国低碳研究领域知识图谱：基于共词网络的计量研究［J］．中国人口·资源与环境，2013，23（9）：

19—27.

［250］王曙光．金融发展理论［M］．北京：中国发展出版社，2010：5—10.

［251］王爱国，刘洋．政府绿色政策与低碳企业投资行为的相关性研究［J］．东岳论丛，2019，40（7）：127—139.

［252］王君安，高红贵，颜永才，易艳春．能源互联网与中国电力企业商业模式创新［J］．科技管理研究，2017，37（8）：26—32.

［253］王晋斌，刘璐．全球资本流动周期与全要素生产率的关系研究［J］．国际贸易问题，2021（5）：161—174.

［254］王艳丽，类晓东，龙如银．绿色信贷政策提高了企业的投资效率吗？——基于重污染企业金融资源配置的视角［J］．中国人口·资源与环境，2021，31（1）：123—133.

［255］王韧，李志伟．金融加速器效应与“杠杆率悖论”——基于制造业部门的实证研究［J］．上海财经大学学报，2019，21（6）：35—49.

［256］闫永，李凌飞，邵传林．金融改革与区域创新能力——基于国家金融综合改革试验区设立的准自然实验［J］．华东经济管理，2022，36（2）：32—40.

［257］徐建中，贾大风，李奉书，王玥．装备制造企业低碳技术创新对企业绩效的影响研究［J］．管理评论，2018，30（3）：82—94.

［258］徐杰明，徐红玲，田建强，肖玉刚，张敏涛．光伏企业低碳发展目标指标和实施路径研究［J］．环境与可持续发展，2012，37（1）：41—46.

［259］向海燕，张同建，刘涛．我国企业低碳绩效测评体系的设计与思考［J］．经济导刊，2014（5）：68—69.

［260］奚剑明，吴瀚然．供给侧改革中资源与能源行业去产能政策效果研究［J］．工业技术经济，2021，40（1）：113—119.

［261］奚剑明，吴瀚然．去产能背景下跨部门产业政策与技术创新［J］．科技进步与对策，2020，37（24）：63—70.

［262］肖海林，毛淑霞，刘小兰，张文倩．混合能源基站的用户关联与资源分配［J］．电子科技大学学报，2020，49（4）：555—562.

［263］徐枫，潘麒，汪亚楠．“双碳”目标下绿色低碳转型对企业盈

利能力的影响研究［J］．宏观经济研究，2022（1）：161—175.

［264］徐建中，贾大风，李奉书，王玥．装备制造企业低碳技术创新对企业绩效的影响研究［J］．管理评论，2018，30（3）：82—94.

［265］徐莹莹，綦良群，吕希琛．基于扎根理论的制造企业低碳创新绩效关键驱动因素识别［J］．中国科技论坛，2018（3）：81—90.

［266］徐莹莹，綦良群，徐晓微．低碳情境下中国制造企业技术创新采纳行为影响因素识别研究［J］．中国科技论坛，2017（11）：73—82.

［267］肖汉杰，王华．低碳环境友好技术创新扩散非对称演化博弈研究［J］．中国科技论坛，2017（8）：20—27.

［268］熊晓炼，陈加才．地方经济增长目标与金融资源配置效率——来自省级政府工作报告的经验证据［J］．海南大学学报（人文社会科学版），2021，39（4）：156—166.

［269］徐子尧，张莉沙，刘益志．数字普惠金融提升了区域创新能力吗［J］．财经科学，2020（11）：17—28.

［270］肖汉杰，于法稳，唐洪雷，彭定洪，周建华．低碳环境友好技术政产学研金协同创新演化博弈研究［J］．运筹与管理，2021，30（10）：39—46.

［271］谢贤君，王晓芳，雷明．金融结构——创新水平匹配、资源配置效率与绿色全要素生产率［J］．财经论丛，2020（7）：43—52.

［272］杨忠海，祝洪章，王心如．黑龙江省发展低碳经济的金融支持［J］．学术交流，2013（7）：90—93.

［273］尹立柱，翁丹丹．黑龙江省低碳经济发展途径探讨［J］．中国工程咨询，2013（5）：66—67.

［274］杨涤．金融资源配置论［M］．北京：中国金融出版社，2012：37—42.

［275］袁晓玲，仲云云．中国低碳城市的实践与体系构建［J］．城市发展研究，2014，17（5）：42—58.

［276］袁爱武，郑晓松，王斌，林发文．国有企业创新体系研究［J］．电子科技大学学报（社科版），2007（3）：39—42.

［277］杨明．低碳经济与煤的清洁高效利用［J］．洁净煤技术，2011，17（2）：1—2，7.

[278] 叶伟巍，梅亮，李文．协同创新的动态机制与激励政策——基于复杂系统理论视角 [J]．管理世界，2014 (6)：79—91.

[279] 姚旻，蔡绍洪．低碳经济背景下的产业结构调整研究 [J]．理论探讨，2016 (6)：94—97.

[280] 杨锦琦．构建低碳技术创新的政策体系 [J]．科技广场，2011 (8)：11—17.

[281] 杨靖．金融创新：打开科技金融结合绿色通道——关注科技金融结合 (一) [N]．科技日报，2011—5—11 (7)．

[282] 杨亦民，罗文婷，曾雄旺．金融科技赋能农村金融机构信贷资源高效配置的机理研究 [J]．湖南社会科学，2022 (2)：60—65.

[283] 余晓钟，白龙，罗霞．“一带一路”绿色低碳化能源合作内涵、困境与路径 [J]．亚太经济，2021 (3)：17—24.

[284] 杨青，韩素华，葛少华．湖北省金融资源空间非均衡发展分析 [J]．统计与决策，2021，37 (24)：166—170.

[285] 杨伟中，余剑，李康．金融资源配置、技术进步与经济高质量发展 [J]．金融研究，2020 (12)：75—94.

[286] 张伦，付林．低碳背景下黑龙江省公共服务型政府职能建设的对策分析 [J]．商业经济，2012 (22)：12—15.

[287] 张玉明，段升森．区域低碳技术创新能力评价模型研究 [J]．统计与信息论坛，2012，27 (9)：32—38.

[288] 周健．我国低碳经济与碳金融研究综述 [J]．财经科学，2015 (5)：17—23.

[289] 张延禄，杨乃定，刘效广．企业技术创新系统的自组织演化机制研究 [J]．科学学与科学技术管理，2013，34 (6)：58—65.

[290] 赵广华．低碳产业集群的发展机制建设 [J]．中国国情国力，2013 (8)：7—11.

[291] 邹才能，马锋，潘松圻，林敏捷，张国生，熊波，王影，梁英波，杨智．论地球能源演化与人类发展及碳中和战略 [J]．石油勘探与开发，2022，49 (2)：411—428.

[292] 周彦霞，秦书生，马娜．我国发展低碳技术的政策支持 [J]．科技管理研究，2013，33 (5)：41—44.

［293］张国兴，张绪涛，程素杰，柴国荣，王龙龙．节能减排补贴政策下的企业与政府信号博弈模型［J］．中国管理科学，2013，21（4）：129—136.

［294］郑良海，侯英．促进我国低碳经济发展的财税政策研究［J］．华东经济管理，2012，26（3）：141—145.

［295］张健，张再生，陈宏毅．低碳经济与政府作用分析［J］．东北大学学报（社会科学版），2015，13（1）：38—42.

［296］赵泽洪，尤强林．低碳经济发展困境：市场失灵、政府失灵与对策［J］．重庆大学学报（社会科学版），2016，17（4）：41—46.

［297］张莎莎，张建华．低碳经济技术锁定突破研究［J］．技术经济与管理研究，2013（10）：67—70.

［298］张波，雍华中，陈洪波．基于生态文明建设的企业低碳发展战略研究［J］．北京联合大学学报（人文社会科学版），2014，12（2）：113—118.

［299］曾康霖．试论我国金融资源的配置［J］．金融研究，2005（4）：12—15.

［300］赵昌文．创新型企业的金融解决方案2011中国科技金融案例研究报告［M］．北京：清华大学出版社，2011：1—5.

［301］张宁．碳全要素生产率、低碳技术创新和节能减排效率追赶——来自中国火力发电企业的证据［J］．经济研究，2022，57（2）：158—174.

［302］赵文举，张曾莲．“双循环”视角下中国八大综合经济区金融资源配置效率分布动态、空间差异及收敛性研究［J］．统计与信息论坛，2022，37（2）：61—78.

［303］张小可，葛晶．绿色金融政策的双重资源配置优化效应研究［J］．产业经济研究，2021（6）：15—28.

［304］张佩瑶，崔建军．市场化改革有助于经济去杠杆吗？——来自中国省级层面的经验证据［J］．经济问题探索，2021（10）：1—12.

［305］张洁琼，马亚明．企业影子银行化有助于优化金融资源配置吗？［J］．财贸研究，2021，32（9）：70—83.

［306］张修凡，范德成．碳排放权交易市场对碳减排效率的影响研

究——基于双重中介效应的实证分析［J］. 科学学与科学技术管理，2021，42（11）：20—38.

［307］张远为. 湖北省科技金融资源配置效率研究——基于 BCC 模型和 Malmquist 指数法［J］. 湖北社会科学，2021（9）：58—66.

［308］周军，黄瑞玲. 现代金融体系支持双循环新发展格局构建的创新策略［J］. 新疆社会科学，2021（4）：34—41.

［309］赵艳平，张梦婷，黄友星. "金融资源诅咒说"的实体经济渠道——基于劳动力配置视角的跨国证据［J］. 现代财经（天津财经大学学报），2020，40（7）：29—43.

［310］张勇. 企业纳税与银行信贷资源配置：诚信纳税能为企业带来"真金白银"吗？［J］. 现代财经（天津财经大学学报），2020，40（7）：54—70.